재일동포 한국어 문학의 전개양상과 특징

김학렬, 허명숙, 백로라, 곽원석
이정석, 김형규, 이정희, 최종환, 강명혜
김은영, 윤의섭, 조해옥, 이경수

국학자료원

* 이 저서는 2004년도 한국학술진흥재단의 지원에 의해 연구되었음.
(KRF-2004-072-AM3031)

　지난 2년간 우리가 해결해야 했던 과제는 크게 보아 두 가지였다. 하나는 재일동포 한국어 문예자료를 수집·정리하여 척박한 이 방면의 연구토대를 확보하는 일이며, 다른 하나는 '재일동포 한국어 문예물'의 내적논리를 규명하는 것이었다. 이것은 '한민족 통일문학사' 서술이라는 아젠다로 나아가는 지난한 노정에 하나의 디딤돌 역할을 톡톡히 하게 될 것이다.

　최근에 이르러 해외동포 문학에 대한 관심이 크게 고조되고 있으며 이와 관련된 연구 활동 또한 사뭇 활발하다. 특히 이념적 냉전 대결 구도의 종식과 함께 중국 조선족 문학, CIS 지역 고려인 문학의 자료발굴과 연구는 학계의 뜨거운 관심사로 떠오르기도 했다. 뿐만 아니라 '재미한인 문학'에 관심을 보여 온 연구자들의 괄목할만한 성과도 계속 제출되고 있다. 그러나 재일동포문학의 경우, 여전히 이데올로기 대립이라는 현실 조건에 얽매여 제한된 범주에서의 연구만 이루어지고 있을 뿐이다. 일본 문단에서 주목받고 있는 일부 동포 작가나 작품에 대한 연구자들의 관심에 비해 문예동 소속 문인과 작품에의 관심은 턱없이 미약했던 것으로 보인다. 하지만 이러한 문제점은 오히려 본 연구의 의미와 의의를 강화시켜 주었으며, 우리의 문제의식을 촉발하는 결정적인 계기가 되었다.

　모국어로 작품을 생산, 소비하면서 '조국으로의 귀환을 기다려온' 문예동 소속 문인들은 그동안 우리 문학사에서 철저히 배제되어 있었다. 근대사의 특수한 정치적·역사적 정황으로 인해 이들 문학이 우리 문학사의 '회색지대'에 놓일 수밖에 없었지만, 그렇다고 엄연한 그들의 존재를 언제까지나 외면할 수만은 없다. 문예동 계열의 '재일동포 한국어 문학'을 소위 '북한문예 강령'에 '복속하는 아류' 정도로 평가절하하거나, 특정 문예이론의 잣대에 기대어 그 문학성 유무만을 따지기만 하는 일도 소모적이고 비생산적인 논쟁만을 불러올 것이 뻔하다.

　재일동포 문학, 그 중에서도 문예동 소속 문인들에 의해 모국어로 창작된 문학을 한국문학이나 일본문학의 변방에 밀쳐둔 채 우리와 그들 사이의 정치·이데올로기적 '차이'를 고려하지 않았던 기존 연구자들의 시각은 차제에 재고되어야 한다. '한민족 문학연구'라는 테제 설정과 함께 한국문학사의 외연을 확대해 나가는 것은, 온전한 통일문학사 수립을 앞당김에 있어 무엇보다 중요한 과제가 아닐 수 없다. 그동안 사각지대에 놓여있던 '재일동포 한국어 문학' 자료를 체계적으로 수집하고 정리하는 작업은 해외동포 문학의 민족문학사 편입 문제와 관련하여 더 이상 미룰 수 없는 당면 현안이다. 소위 '한국어로 창작된' 재일동포 문학을 다루면서 균형감각 유지에 각별히 유념했던 것도 우리 연구의 방점이 바로 이 부분에 찍혀 있었기 때문이다.

이 책은, 일본 현지에서 수집·정리한 '재일조선인문학예술가동맹' 소속 문인들의 작품을 대상으로 그 속에 관통하는 내적논리 규명에 진력해 왔던 연구자들의 논문을 모아 엮은 것이다. '모국어로 창작된 재일동포 문학의 민족문학적 성격'이라는 아젠다 아래 진행되어온 그간의 연구결과를 두 권의 책으로 묶고 각각 『재일동포 한국어 문학의 민족문학적 성격』, 『재일동포 한국어 문학의 전개양상과 특징』라는 제명을 붙였다. 이 책에 실린 글들은 문예동 기관지 『문학예술』에 수록된 작품을 논의의 대상으로 삼은 논문들이다. 첫째 권 『재일동포 한국어 문학의 민족문학적 성격』은 본 연구의 전반적인 방향을 개관한 총론의 글, 그리고 민족 정체성 문제나 재일동포 한국어문학의 '민족문학적 성격'을 정면에서 천착한 논문 중심으로 편성되어 있다. 그리고 둘째 권 『재일동포 한국어 문학의 전개양상과 특징』에는 주로 재일동포 한국어문학의 각 장르별 특성이나 최근 동향을 다룬 논문들을 수록하였다. 이처럼 우리의 연구 결과물이 두 권의 책에 분재되어 있지만, 이 글들은 어차피 동일한 문제의식과 관점에 수렴되는 것임을 밝혀둔다. 구태여 분할의 근거를 든다면 각 논문의 입점이 갖는 근사성 정도일 것이다.

『재일동포 한국어 문학의 전개양상과 특징』에 수록한 김학렬 선생의 옥고 「재일조선시문학의 근황」은 본 연구 과정에서 생산된 직접적인 결과물은 아니다. 그러나 우리가 연구대상으로 삼았던 '재일동포 한국어 문학' 당사자의 시각과 목소리를 담고 있다는 점에서, 이 글은 자못 큰 의미를 지닌다. 본 연구에 참여한 사람들과의 논의를 거쳐 이 책에 특별히 수록하기로 했다. 어떤 글보다도 연구자들의 관심을 끌만한 것이며 재일동포 한국어문학에 대한 이해의 폭을 넓히는 데 큰 도움이 될 것이다.

본 연구의 기본 과제이자 일차적 목표라고 할 수 있는 '한국어로 창작된 재일동포 문학 자료의 수집·정리' 작업이 갖는 중요성은 아무리 강조해도 모자람이 없다. 이 작업은 김학렬 선생과 김리박 선생의 적극적이고 헌신적인 협조가 없었다면 애초에 불가능했을지도 모른다. 그리고 '민족문학'이 나아갈 길에 대해 나누었던 이 분들과의 솔직하고 진지한 대화는 오랫동안 잊지 못할 것이다. 문학이라는 울타리 안에서 상호 소통할 수 있는 여지를 찾을 수 있었던 것 역시 이분들의 문학인다운 열린 마음이 있었기에 가능했지 싶다. 재일동포 문학의 실체와 본질을 규명하여 한민족 통일문학사 서술에로 나아가기 위해, 이분들과 함께 공동 관심사와 협조의 폭을 더욱 확대시켜 나가는 일도 계속되어야 할 것이다.

본 연구의 문을 열어주고, 어려움 없이 작업에 전념할 수 있도록 해준 원동력은 두말할 것 없이 학술진흥재단의 연구비 지원(KRF-2004-072-AM3031)이었다. 그리고 출판계의 이러저러한 어려움에도 불구하고 '재일동포 한국어 문학' 연구의 가치와 학문적 생산성을 인정하여 흔쾌히 출판을 허락해 주신 정찬용 사장의 사려 깊은 혜안에 감사드린다. 아울러 적지 않은 분량의 원고를 꼼꼼히 살펴 깔끔한 책으로 묶어준 국학자료원 편집부 제위께도 이 지면을 빌려 사의를 표한다.

2007. 8.

상도동 연구실에서

한승옥 씀

제1장

시문학의 전개과정과 그 다양성

재일조선시문학의 근황

김 학 렬

<hr>

목 차

1. 재일조선문학이란?

재일조선문학이란 무엇인가?

그것은 재일조선작가에 의한 모국어문학을 가리킨다. 이 당연한 일이 일본에서는 당연한 일로 되지 않고 있다. 광복 후 60여 년이 지나가는데 여전히 조선인작가에 의한 일본어문학이 횡행하고 있기 때문이다. 물론 독자대상의 사정과도 관련되고 있으나… 그러나 이것은 정상이 아니다.

시인 김영현의 시 ≪우리들의 사랑법≫(시집≪겨울바다≫, 천년의 시작, 2002)에 다음과 같은 구절을 볼 수 있다.

> 미국의 멋진 청년과 한국의 멋진 아가씨가
> 사랑을 합니다. 영어로 속삭이며 사랑을 합니다.

어차피 사랑을 부정할 수 없고 그나마 이루어지면 다행일 수 있으나 어쨌든 조선인작가가 자기 나라 말이 아닌 일본어로 일본문단을 바라보고 사랑을 속삭이고 있는 모습이 바로 재일조선인작가에 의한 일본어문학(일본 아꾸따가와상을 수상하거나 일본문학선집 등에 삽입되어있다＝일본문학으로 취급)이다. 최근에 전 18권으로 되는 ≪"재일"문학전집≫(勉誠社, 2006)이 나왔는데 예를 들면 그 중 다데하라 마사아끼(立原正秋)라는 소설가는 자타가 인정하는 일본 미의식의 권위자이다. 적어도 그의 정신문화는 깡그리 일본의 그것이다. 문학이란 정신문화를 가리킴은 천하가 다 아는 일인데 이런 부류가 어찌 재일조선문학이 될 수 있겠는가(그리 될 수 없어서 ≪"재일"문학≫이라 하고 있으나).

'야수꾸니'사관에서 채 벗어나지 못하는지 일본문단에서는 일본어문학을 지나치게 내세워 우리 모국어문학에 대해서는 아예 망탕 무시하고 있다.

광복 후, 특히 총련 결성 후 주체확립이라는 깃발을 높이 들고 우리 말 문학이 급속히 왕성화 되었다. 그리하여 어언 반세기 어간에 우리 재일조선시역사도 꾸준히 그 발자취를 한걸음 한걸음 아로새겨왔다. 문예동(재일본조선문학예술가동맹) 기관지 ≪문학예술≫이 109호까지 나왔으며 국문 문학작품 단행본만 해도 100권을 훨씬 넘어 발간하였다. 그래서 그 중 성과작들로 평양·조선작가동맹의 출판사에서 많은 시와 소설들이 작품집으로 소개되었으며 한국에서도 6권 선집으로 자료집으로서나마 출간을 보게 되었다.

그러나 우리는 일본어문학이나 일본문학이라 해서 공격 배척할 마음은 없다. 그 내용에서 우리 민족사 발전에 도움이 되면 족한 일이며 그 형식에서 우리 민족문화 건설에 긍정작용을 논다면야 얼마나 반가울 것인가.

1940년대, 일제 식민지 암흑의 시대에 나라를 빼앗기고 창씨개명, 조선어말살정책으로 이름과 성, 말까지도 빼앗기는 고통 속에서 윤동주는 시집의 간행조차 못하였다. 조선의 작가가 조선어시집을 내려 해도 허용이 안 되는 그런 문자 그대로 비정상의 시대였다.

광복을 찾은 오늘 재일조선인작가도 식민지 시기 후과를 청산하고 이름과 말을 되찾아 민족의 얼이 담긴 민족어로 문학을 한다는 것은 지극히 당연한 일이며 주체를 세우고 민족문화 건설에 작으나마 보탬을 줄 수 있다는 것은 참으로 지당하고도 영광스러운 일이다. 그럼에도 불구하고 민족의 얼이 깃든 모국어에 의해서가 아니라 인간학이며 민족학이라 할 수 있는 문학을 식민지 종주국의 언어로 한다는 것은 결코 정상이 아님을 똑똑히 명심해 놓아야 할 것이다.

재일조선문학, 그것은 첫째로 일제 식민지 시기 빼앗긴 아름다운 우리 말(그저 전달기능으로만 보지 않음)을 되찾고 민족어에 담긴 민족정신을 회복하려는, 즉 재일조선인의 '자기 회복'의 문학이다. 다시 말하면 식민지 노예근성에서 해방되고 민족적, 인간(개성)적 주체를 똑똑히 세우는 자기 회복, 자기 투쟁의 문학인 것이다.

남북 조선 본토와 달리 여기 이국땅의 일본어사회라는 입지조건에서 조선어로 문학창작을 한다는 것 자체가 역풍을 뚫고 나가야 하는 일이고 더군다나 식민지 시기 황민화정책의 계승인 동화정책의 거센 바람 속에서 자기 언어, 자기 존재, 자기 민족정신, 민족주체를 도로 찾고 자기 회복, 자기 해방을 주장하는 그 자체가 바로 피나는 치열한 투쟁인 것이다.

도대체 광복 60년이 되는데 자기 민족어와 민족정신을 되찾지 못하고 어느 만치 민족문제, 시대문제를 작품에서 논할 수가 있겠는가.

둘째로 재일조선문학은 식민지 노예의 과거를 거절, 청산할 뿐 아니라 미일 반동들이 감행하는 동화정책(재일동포들을 귀화시키려는 방향)에 반대하여 떳떳이 살며 싸우는 오늘의 재일동포 생활상을 표현하는 '자기표현'의 문학이다.

재일동포의 실상은 바로 미일반동의 공세, 남북 조선의 복잡한 동세 속에서 부정현실을 고발하고 시대와 역사의 진리성을 보여주는 축도라 할 것이다. 따라서 재일동포의 실상이라는 것은 시대진실의 표현이며 시대문제에의 날카로운 핍박 그 자체가 된다. 재일조선문학, 그것은 오늘의 재일동포 존재의 진실한 의미(진가)를 시대와 역사 앞에 증언하는 긍지 높은 문학인 것이다.

정신문화적으로는 재일동포 형편은 일제 식민지 말기 이상의 암흑상태에 있다 해도 과언이 아니다. 해방 전에는 정신문화적으로도 일제의 포로가 되지 않기 위해 저항하고 투쟁했으나 오늘은 생활 편이를 찾아 스스로가 포로로 되려고 귀화의 길을 택하려는 판이다. 동포 1세, 2세가 적어져 가는 실정 속에서 민족성을 잃는 아픔마저도 점점 상실되어 가고 있기 때문에 재일동포사회에서 민족위기는 참으로 심각하다고 아니할 수 없다.

지금 재일동포들의 실상을 볼 때 크게 두 경향으로 나눌 수 있다. 제1의 경향은 정신문화적으로 아직 8·15해방 이전(식민지노예상태)의 ≪반쪽발이(반일본인)≫, ≪귀화인(일본인)≫, 제2의 경향은 조국(남이나 북이나)의 공민 된 자각을 가지고 민족성을 소중히 여기며 진정한 자신의 생활을 지켜나가기 위해 교포단체에 결집하여 정치, 경제 권리와, 문화교육권을 쟁취하는 투쟁에 나서는 조선인(남이나 북이나)이다.

어느 쪽인가 하면 재일조선인 일본어 문학은 제1경향의 동포들이 좋았으며 재일조선문학은 제2경향(제1의 경향을 무시하지 않는다)의 동포들이 좋았다 할 수 있다.

재일조선문학은 동포들 속에서 체념과 민족허무주의 바람이 아니라 떳떳하고도 의로운 민족정신, 민족정서의 훈훈한 바람, 아름답고도 구수한 민족 언어의 시원한 바람이 불게끔 이역의 역풍을 어엿이 이겨나가려는 문학이다. 재일동포상, 자기 존재상을 가슴 펴고 주장(자기표현)하는 재일조선문학은 그 내용과 형식에서 식민지시대적인 비애와 고뇌의 세계와 어두운 숨결의 율조가 아니라 떳떳한 정의와 양심의 눈으로 보는 ①민족애호정신, ②통일지향 반제투쟁 정신, ③아름다운 민족언어표현, ④패기 있는 시대적 맥박을 지향한다.

셋째로 재일조선문학은 통일민족의 내일과 통일문학의 내일을 준비, 건설하는 데 힘쓰는 '통일·내일 지향'의 문학이다.

그것은 통일 내일의 새 시대를 준비하고 건설하는 데 남북의 의롭고도 우수한 재능뿐만 아니라 해외 재일작가 시인들도 함께 참가함으로써 희망과 환희에 찬 새 역사의 페이지를 펼쳐나가는 그 마당에서 긍정적 역할을 놀고자 하는 것이며 거기서 제외되거나, 방해를 놓는 그런 수치스러운 반역적 작용은 절대로 말자는 결심을 품은 문학―도리어 남과 북에서 말 못하고 표현하기 어려운, 해외·재일에서 더욱 표현할 수 있는 몫을 가지고 우리 민족문학의 영역을 더 넓히고 우리 민족문학의 재부를 더 빛나게 보태는 데 이바지하자는 결심을 품은 문학인 것이다.

북(조선민주주의인민공화국)의 시문학의 부족점의 하나로 시인자신의 자아세계가 잘 노래되지 않는 측면에 대해서 시인 신경림이 다음과 같이 지적하고 있다.

"북한의 시가 생생하게 살아있는 시로 쉽게 받아들여지지 않는 것이 자아의 결여에 연유된다는 점에서 시사하는 바가 많다."(리승순 시선집 ≪풍선속에 갇힌 초상화≫작품해설, 문학수첩, 2005, P.192)

사실 북의 문학에 그런 측면이 있지만 남의 문학에서도 적지 않은 부족점이 있다. 무슨 때문에 우선 반미를 공공연히 부르짖지 못하고 북에 대해서 찬양하거나 긍정적으로 표현하는 데서 자유롭지 못한 경향이 있다. 그리고 일본문단도 그러하지만 자연이나 자아세계를 지나치게 표현하면서 아마 작가자신도 똑똑치 못할 정도로 애매한 허무와 무사상, 탈정치의 표현기교에 자기도취하는, 매명과 난센스의 상업적인 양상이 적지 않게 범람하고 있다.

2. 2000년대 재일조선시문학

여기서 언급하는 재일조선시의 근황이란 결국 2000년대 시문학을 두고서 말함인 것이다.

2000년대 재일조선시문학은 ① 1900년대의 주제사상적 측면 강조(정치이념적인 설명조가 과잉, '우리'가 지나치게 나오고 '나'의 시점이 부족)의 좌경적 경향을 시정 극복하며 동시에 ②문학적 완성도를 적극 추구(시적언어의 표현, 표상·이미지의 형상성, 재일의 리듬 창조 등에서의 부족점 극복)하는 차원에로 새 전환단계에 들어선 문학이다. 그리하여 그것은 ③남북조선의 작가시인들과 함께 통일 새 시대를 공동책임으로 불러오고야 말겠다는 결심을 품고 대국적 판도에서 지난 시기보다 한층 더 커다란 시야로 주제 영역을 넓혔을 뿐 아니라 ④시문학의 내용과 형식에 대해서도 지난 시기 부족점을 개별의 한도에서가 아니라 집체의 운동으로 근본적으로 극복해 가려는 창작활동이다. 또 그것은 ⑤6·15(2000년)정신에 따라 주로 총련(재일본조선인총연합회)계 문예동(재일본조선문학예술가동맹) 시인들 외에 리승순, 김응교 등 비총련계 시인들도 합친, 말하자면 이역에서 새로 선구적으로 남북합동을 이룬 계간시지 ≪종소리≫(2000년 1월에 창간, 2006년 12월 현재까지 정기적으로 제28호까지 발행)를 중심으로 적극 벌인 창작활동이다.(동포 모국어신문 ≪조선신보≫지가 발간수도 많고 삽시에 일본 전토에 보급되기 때문에 문예동 작가들과 일반 동포들의 일상적인 작품 발표마당으로도 되고 있으며 교또시에 재주하는 김리박을 중심으로 한 국문시지 ≪한흙≫도 정기계간으로 발행되고 있다.)

2004년에 ≪종소리시인집≫이 나왔는바 여기에는 정화흠, 김두권, 오상홍, 홍윤표, 오홍심, 서일순, 김윤호, 김학렬, 정화수의 9시인 작품들이 수록되었다. 시지 ≪종소리≫에는 위에 소개한 시인들 외에 김지영(한민통), 문중렬, 천재련(재중) 그리고 문예동 맹원들인 정구일, 홍순련, 강명숙, 오향숙, 서정인, 리방세, 류계선 등의 시작품들이 올랐다.

≪종소리≫지 작품의 공통적인 주제는 첫째, 민족성을 지켜나가는 재일동포들의 생활문제다. 그것은 바로 이역의 억압과 차별, 무권리와 악의의 바람을 뚫고 나가는 어려운 투쟁이다. 둘째, 공통한 주제는 남북통일의 뜨거운 열망이다. 특히 2000년 6·15선언, 2002년 10월 아시아

경기대회 공동출장 등등의 거사에 대한 환희의 시형상들을 비롯하여 뜨거운 민족통일 지향이 많은 작품에서 표현되었다.

공통된 주제의 셋째는 ①미일반동들의 전쟁정책에 대한 반대(반제, 반전, 평화의 호소), 그리고 ②재일동포들에 대한 압박과 차별, 동화정책을 감행하는 일본군국주의 부활 반대의 호소이다.

1900년대 시작품 형상에서 미진된 미학적 측면을 교훈적으로 시정, 극복하기 위하여 1990년대 말에 집체적으로 많은 총화 분석토론과 시학이론적 연구를 거듭하였다. 그런 결과 갓 2000년대에 들어서면서부터 우선 무엇보다도 시의 사상 표현에서 정치 이념적으로 직설적으로 설명하여 인식을 주는 데 조급해 하는 폐단을 극복하고 독자들에게 먼저 시적인 감동을 안겨주기 위한 공감되는 사상으로, 느껴지는 사상으로 시형상(시화)을 하는 데 힘을 기울여야 한다는 교훈을 찾게 되었다.

그러기 위하여 즉 문학적 완성(시형상수준 제고)을 위하여 기본적으로는 첫째로 ①회화적 선명성, ②서정성, ③극성, ④철학성 또는 상징성 등으로 담보된 표상(image)을 선행시키는 문제, 그리고 둘째로 ①진실하고도 매혹적인 존재감 있는 시어, ②폭발력 있는 시어를 안받침 하는 문제, 셋째로 긴 설명식 산문화를 극복하고 될수록 짧게, '신파조'로써가 아니라 개성적이며 민중(시민)적인 산 리듬으로, 민족과 시대의 숨결로 노래하는 문제 등에 작가적 노력을 다할 것을 목표 삼게 되었다. 그리하여 합평을 거듭하면서 집체편집으로 발간하는 방법을 취하였다. 그러면서도 아직 만족할 만한 작품들을 내놓지 못하고 있으나 지난 1990년대 시기[1]보다는 일정하게 질적인 심화를 이룩해냈다고 볼 수 있을 것이다.

---

1) 1990년대 주요 시인들로서는 상기의 시인들 외에 아래와 같은 시인들이 등장하였다. 허남기, 남시우, 강 순, 김 윤, 김정수, 김아필, 손지원, 허옥녀, 최영진, 로진용, 류인성, 리금옥, 류창하. 김광숙, 리덕호, 한룡무, 최설미, 고갑순, 류광자, 황진성, 서화호, 오순희 등등… 1992년에 문예출판사(평양)에서 나온 ≪재일조선시인시집

이 글에서는 백문이 불여일견이라 역사적인 개괄을 서술하는 것보다 실지 작품 소개를 많이 하는 방향에서 시의 개성적 특징이 두드러지게 상극된 정화흠, 홍윤표의 두 시인을 단적인 예로 들려고 한다.

3. 정화흠의 시

정화흠은 ≪종소리≫ 시인집단 속에서 가장 연로한 시인이다.

경상북도의 죽장면 석계리라는 빈한한 산촌에서 태어났으나 그는 4살 때부터 서당에 다녔고 유년시절 학교 다닐 때 눈비가 오면 식모가 따라나설 만한 집의 출신이었다. 1937년 14살에 진학을 위해 도일, 이광수의 학도병 선동연설도 들었다 한다. 일제 시기 '치안유지법'에 걸려 일시 구금되기까지도 하였다. 1950년, 일본 주오(中央)대학을 나와 주로 우리 고등학교, 조선대학교에서 교편을 잡아왔다. 시집으로 ≪감격의 이 날≫(1980, 문예출판사), ≪념원≫(1985, 문예동), ≪민들레꽃≫(2000, ≪종소리≫시인회) 등이 있다.

2000년대 ≪종소리≫지에 발표한 시들을 주제면에서 보면 크게 (1) 재일동포상을 직시한 작품들과 (2)미일반동 규탄, 민족통일 지향을 담은 작품들로 나누어진다.

1) 재일동포상을 직시한 서정시인

(1) 시관

먼저 그의 시관을 단적으로 엿보인 시작품 ≪시≫(≪종소리≫2호, 2000.4, ≪종소리시인집≫ 2004.11)를 잠깐 보기로 하자. 그의 자화상이자

· 따르는 한마음≫에는 45명의 시인들이 소개되었다.

곧 재일동포상 그 자체가 되기 때문에 우선 그의 인간적 특징을 살피는 데
서 지름길이 되는 정화흠의 시관부터 보는 것은 매우 유효할 것이다.

　　　　시는 말이 아닙니다
　　　　시는 글이 아닙니다

　　　　시는
　　　　지심에서 솟아나는
　　　　티없이 맑은 샘물입니다
　　　　삶의 상상봉에 피여나는
　　　　아름다운 꽃입니다
　　　　　　　　　　－ 《시》 부분 －

　　이렇게 떼기 시작한 《시》에서 시인은 시는 '노래'도 아니고 '유희'
도 아니다고 되풀이하면서 "눈물젖은 가슴들을 어루만지며/무르녹는 사
랑의 푸른 숲으로", "이끌어주는/향기로운 미풍"이라 불렀다.
　　그는 결단코 '유희'의 문학(부르죠아 순수문학)이나 '취미'의 문학(개
인의 틀에 박힌 문학), 또 용감한 연설(정치적 교조)같은 '말'만의 문학
을 거절하고 재일동포들의 '눈물젖은 가슴'을 설레게 하는 '미풍', 즉
서정의 바람이 되어주기를 바랐다. 그런 꾸밈새 없이 소박한 눈물 많은
서정시인이 그의 자화상이라 할 수 있다.
　　눈물이 많기는 하나 그러나 동시에 갖은 수난을 이겨내 온 재일동포
공통의 인내력 있는 끈질긴 마음속에 억센 눈길을 간직하고 있다. 그는
청직한 성미나 동시에 외고집이 강한 시인이다. 그런 개성이 시풍에도
적지 않게 반영되고 있다.

(2) 자연의 시

서정시인 정화흠의 시에는 자연을 노래한 것이 많다.

이른 봄 풍경을 읊은 시 ≪첫노래소리≫(≪종소리≫26호, 2006.4)는
다음과 같이 시작된다.

이른 아침
꾀꼬리의 첫노래소리

꾀꼴
꾀꼴

공간에 어리는
옥같은 울림
                  – ≪첫노래소리≫ 부분 –

이렇듯 그는 아름다운 시어를 엮을 줄 아는 시인임을 얼핏 알 수 있
다. 짤막한 어구, 세련된 표현, 조용한 율조가 특징적이라 할 수 있다.

이 시는 물론 그저 음풍영월식의 노래가 아니라 "늙고 병든 가슴에/
춘흥이 녹아든다"는 계속되는 구절에서 알 수 있는 바와 같이 폐암 수
술 후 요양중인 시인 자신의 자화상과 잇닿아 있다. 그의 시의 자연은
바로 자화상의 노래인 것이다.

시 ≪봄향기≫(≪종소리≫22호, 2005.4)는 다음과 같다.

눈을 털고
백매가
계절을 고한다

(중략)

반 남은 허파로
용케도 살아
가슴 가득 들이쉬는
이른봄 향기

눈물 많은
사람들아
가슴을 열라

겨울을 이겨낸
한그루 백매가
봄을 고한다
감미로운 사랑을 풍긴다
- ≪봄향기≫ 부분 -

시에 '조용한 절규'가 들리지 않는가. 봄을 우러르는 마음은 단순히 노시인 개별의 생에 대한 희구만으로 그치는 문제가 아니라 동시에 많은 재일동포들과 함께 늘상 절감하고 있는 통일 미래에 대한 희구의 문제이다. 때문에 시에서는 자신의 절실한 병 문제를 다루면서도 자연스럽게 "눈물 많은/사람들아"라고 공감 대상을 부르고 있다. 이와 같이 시인에게 있어서 자화상은 언제나 재일동포상과 철저히 결부되고 있다. 그의 시마다에는 꾸밈새 없는 자기의 문제가 있으며 넘치는 자기 실감이 있다. 2000년대 이전 우리 문예동 시인들의 시작품들에는 왕왕 자기 문제가 소홀히 되고('자기'가 없던 것은 아니나) 자꾸 '우리'를 부르짖고 있었던 경향을 상기해볼 때 이는 시작품에 더 생활적 진실성을 부여하는 데서도 확실히 전진된 측면이라고 할 수 있다. 정화흠 시인은 확실히 차 넘치는 감정파 시인이다.

시 ≪이른 봄 어느 날≫(≪종소리≫10호, 2002.4)에는 시인 자신의 사람됨이 잘 드러나고 있다.

　　　제 땅 깊이
　　　뿌리를 묻고
　　　바람이 불어도 짓밟히여도
　　　꼿꼿이 고개를 치여들고
　　　올 봄도 금빛으로
　　　피여난 민들레

　　　올해도
　　　말이 없다
　　　한점
　　　자랑이 없다

　　　민들레 꽃송이에
　　　봄이 밝아
　　　절로 눈빛이 부드러워지는
　　　이른 봄 어느 날
　　　　　　－ ≪이른 봄 어느 날≫ 전문 －

　간명한 시구성으로써 명예나 무슨 높은 지위를 탐내지 않는 시인의 솔직하고 곧은 심정이 민들레꽃의 표상과 더불어 알아남을 정도로 선명히 안겨온다.

　시 ≪느티나무아래서≫(≪종소리≫7호, 2001.7)도 나무와 시인자신의 모습을 겹쳐 이미지화하고 있다.

　"낮이면/시원한 그늘을 지어/길 가는 손님들의/땀을 씻어주고//밤이면/깃을 쳐서/날짐승들을/꿈나라로 고이 데려다주고//낮이 가고/밤이 가서/때가 오며는/자라나는 초목들의 거름이 되는//너는 느티나무!"

　이렇게 불러놓고는 다음과 같이 맺는다.

몰랐구나
내 흘러간 생의 굽이굽이에
깊이 잠든 뉘우침 소리를
말 없이 서있는
너게서 들을줄은
- ≪느티나무아래서≫ 부분 -

교육자이던 시인은 입버릇처럼 자신은 후대 학생들을 위한 '거름'이
되어야 한다고 해왔으나 말년에 들면서 다하지 못한 일들을 놓고서 사
실 많이 가슴 아프고 자꾸 서러운 뉘우침이 넘쳐나지 않을 수 없을 것
이다. 애써 싸워왔고 내일에 대한 희망과 신심도 굳이 품고는 있지만
통일의 날을 아직 못보고 미일반동이 계속 날뛰고 있는 정황 속에서 항
상 분노와 표리일체가 되면서 재일동포들과 함께 지니고 온 시인의 눈
물 젖은 고통스럽고도 어두운 심사의 단면이라 할 것이다.

(3) 망향의 노래

그의 시에는 또한 절절한 망향의 정을 노래한 것이 많다. 그런 시의
≪세월≫(≪종소리≫27호, 2006.7)은 아래와 같다.

불을 끄고
눈을 감으니
파란 하늘 바라보며
가슴이 공처럼 부풀어오르던
내 어린시절이 달려오고
현해탄 검은 물결우에
꿈을 싣고 건느던
내 어리석은 날이 보인다

그러다가
잠이 들면
백발에 죽장 짚고
이국살이 상처를 누더기로 감추며
허물어진 옛집으로
말없이 찾아드는 나를
내 어린시절이 마중나온다

세월이 이런거란 몰랐다면서
－ ≪세월≫ 전문 －

직설의 시가 많았던 과거의 재일시에서 잘 보지 않았던 환상의 수법이 무리없이 그러나 참신하게 활용된 실감있는 시이다. 백발시인이 어린 시절 자신과 피눈물 나는 마음의 상처를 품고서 상봉하는 환상의 꿈은 사실 눈뜬 대낮에도 떠오르는 심각한 현실 생활인 것이다. 시인은 흐느낌과 함께 그런 고발의 부르짖음도 시에 담았다.

시 ≪세상을 떠나서도≫(≪종소리≫21호, 2005.1)에는 '존경하는 종숙모를 추모하여'라는 부제가 달려 있다. 종숙모와 고향에 대한 절절한 심정을 토로한 작품이다.

열일곱나이에
남편을 잃고
흰옷으로 단장한 종숙모님은
닭이 울면 호미 들고
건너산 비탈밭에 나갔습니다
－ ≪세상을 떠나서도≫ 부분 －

시에는 종숙모의 모습과 그에 대한 시인의 느낌이 다음과 같이 토로된다. "일년 열두달/봄내, 여름내 밭에서 살고/겨울의 긴 밤은/길쌈으로 밝

히신 종숙모였습니다//철없는 나에게는/그런 삶이/소름이 끼치도록 싫었
습니다"

"내 일본으로 떠나던 아침/두손으로 내 손 꼭 잡고/제 고장을 잊지
말라시던/그 말씀도/나에게는/먼 산의 메아리였습니다"

그러면서 시는 이렇게 결속된다.

<blockquote>

사람의 삶이란
알듯 하면서도 모르는것
이불속에 다리를 쭉 뻗치던
어느새 싫던 그 삶이
잡아주신 두손의 그 체온이
나를 부릅니다

세상을 떠나서도
제 고장에 맴돌면서
예와 다름없이 흰옷에 호미 들고
이국풍상에 백발이 된
이 머리를
발끝까지 숙이게 합니다
</blockquote>

－ 《세상을 떠나서도》 부분 －

가슴을 후비는, 하염없는 눈물을 쏟아 붓게 하는 비애에 찬 추모의
노래다. 독자의 가슴을 찡 울리고야마는 이 시는 애써 기량을 부리고
가공한 순수 허구의 작품이 아니라 시인의 실감을 그대로 토로한, 재일
의 무겁고도 긴 실생활체험 자체가 야기시키는 그런 드라마틱한 감동
폭발을 다소곳이 담아놓은 작품이다. '흰옷' 입으신 종숙모님은 물론 개
별 실체이나 나아가서는 민족 그 자체임을 쉽게 연상시켜 주며 또 절절
한 망향의 정은 그저 단순한 애상의 정이 아니라 절절한 애향의 정임을

쉽게 이해시켜 준다.

시 ≪애호박≫ (≪종소리≫16호, 2003.10)도 고향을 그리는 간절한 마음을 선명한 표상과 세련된 시어로 생동하게 노래한 작품이다.

연초록 빛갈을
반들거리며
내 집을 찾아온
애호박 하나
둥글고 길쭉한
이 모습은 내 고장 산간마을
뜸부기 울 때면
울마다 주렁지던
그 호박이 분명하다

남의 땅에
뿌리 박고 자라서도
모양도 색갈도 변함이 없는
네 맘
하도 고와

- ≪애호박≫ 부분 -

두드러진 애호박의 표상은 바로 두드러진 고향풍경이며 두드러진 애향의 격정이다. 호박의 선명한 표상을 표현하기 위한 선명한 시어는 또한 생략된 짧은 어구와 스스럼없는 소박하고도 유순한 율조로 안받침되고 있다.

정화흠 시인은 절절한 서정의 시인이면서 또한 다듬어진 시어의 시인이다. 김소월 풍의 시 율조, 그 민족성이 넘쳐 풍긴 음악성에서 재일시인들 속에서도 으뜸에 서있다.

시 ≪사투리≫(≪종소리≫6호, 2001.4, ≪종소리시인집≫)도 놓칠 수 없는 구수한 맛을 가진 작품이다.

형님요!
죽으믄 구만 아잉기요
우야든지간에
오래오래 살아야 합니다

(중략)

내에게 고향 사투리는
가래 섞인 아버지의 음성
어머니 무쳐주신 씀바귀 저녁상
버들피리 꺾어불던
정겨운 동무들의 웃음소리

그리고
이국풍상에 멍든 가슴을
쓰다듬어 주는 따스한 손길이고
꿈이 오가는
동생과 나와의 그리운 사자
- ≪사투리≫ 부분 -

망향은 부모, 동생, 동무들 고향 사람들에 대한 그리움이며 동시에 본의 아닌 지긋지긋한 타향살이 신세의 자기가 아니라 본연의 고국 바람과 고국 물소리와 고국 음성 속에서 생활을 보내는 진실한 자기 자신의 회복된 모습인 것이다. 더군다나 고향말인 '사투리'는 숨쉬고 말하는 육친의 음성이고 어머니 솜씨로 된 맛좋은 저녁상을 비롯한 정애에 넘친 생생한 생활 자체이며 진실한 자기 자신의 재발견이다. 찡 가슴을 울리고 눈물을 금할 수 없게 하는 그 말은 시인에게 있어서는 그저 단순한 전달기능인 것이 아니라 정답고도 반가운 '사자', 체온을 지닌 고마운 그 어떤 인격자이다. 많은 재일동포들에게 공감을 주는 매우 설득력이 강한 작품이라 할 것이다.

2000년 가을, 반 세기여 만에 홍안소년이 백발이 되어서야 고향을 방문하게 된 시인이 ≪고향방문시초≫(≪종소리≫5호, 2001.1, ≪종소리 시인집≫)에서 고향의 노래를 폭발시킨 것은 당연한 일이다.

흥분된 그 시들 속에서 ≪상봉의 울음—김포공항에서≫전문을 보자.

기내에서
나는 나에게 언약했지
울지 말자고
울어서는 절대 안된다고

고향을 버리고
혈육을 등지고
한평생 돌같이 살아온 내가
울어서야 체면이 서겠느냐고

태연하게
동생들을 대해야지
서로가 안고서 딩굴지라도
이를 사려물고라도 울음만은 참자고

그런데 내가 운다
동생을 부여안고
서로 볼을 비비며
황소 울음을 터뜨린다

쑤셔놓은 벌집처럼
북적대는 사람속에서

미친듯이 내가 운다
7일간을 울기 위해
7년간을 땅속에서 자라온 매미처럼

성성한 백발을 이고
내가 운다
다시는 돌이킬수 없는
멀리로 흘러간 세월을 운다
　　　　　- ≪상봉의 울음≫ 전문 -

　정화흠 시인이 과할 만치 감정 토로하는 '감정파시인'으로서 개성적
특질을 지니고 있음을 알면서도 그 정황 속에서 그 '황소 울음'은 십분
이해가 된다. 시인은 그 울음을 '매미'의 울음으로 상징화시켰다. 그 흥
분 속에서도 시인은 동시에 자신을 냉철히 객관화시키고 있다. "7년간
을 땅속에서 자라온 매미처럼" 상징화시키고 보는 그 시점은 시인 개별
의 그것인 동시에 재일동포들의 운명 그 자체의 시점인 것이다.

　통곡의 노래이면서도 이 시의 근저에는 억울했던 재일의 삶, '다시는
돌이킬수 없는 /멀리로 흘러간 세월'을 강요한 역사의 반동들에 대한
거센 항의규탄, 투쟁의식이 토대가 되어 자리 잡고 있는 것이다. 즉 그
냉혹한 시점과 인식은 동시에 총련의 일꾼으로서 갖은 고생과 수난을
이겨 싸워온 강의한 의지력을 품은 것이며 단순한 비애만이 아닌 것이
다. 그 울음의 표면적 현상 뒤에 숨은 투쟁심의 본질적 측면까지를 노
래한 이 시는 따라서 사실주의(자연주의가 아니라)를 구현한 작품이라
할 것이다.

　≪고향방문시초≫ 중에서 시인은 계속 울음보가 되면서 시 ≪성묘—
부모님 산소에서≫를 다음과 같이 노래하였다.

63년만에
부모님 무덤 앞에
내가 선다

나는 순간
터진 물목이 된다
쏟아져 나오는 눈물
그칠줄 모르는 눈물

나는 철없는 아이가 된다
무덤에 얼굴을 묻고
목구멍이터지라고 울부짖는다
아버지를 부르며
어머니를 부르며

나는 마침내
바위가 된다
눈물도 진하고 기력도 진한
엎든채 그대로
굳어진 바위가 된다

바람소리 솔소리
지저귀는 뫼새소리
이젠 그만하라고
자꾸만 옆에서 귀띔을 한대도
나는
눈물로 굳어진 바위가 된다

- ≪성묘≫ 전문 -

이 시를 읽고서는 재일동포 독자대중들도 함께 운다. 시인 개별의 감정은 동시에 확실히 동포대중의 감정이다. 시인의 격정이 "눈물로 굳어진 바위”로 표현되었는데 또한 인상깊이 남는 시학적 표상이다. 무슨 예술적인 멋을 부린 표현이 아니라 정직한 시인의 실감이 담긴 시적표현이다. 시인의 이 실감에 기초한 사실주의적 표현이 바로 재일동포들의 공감을 부르고 또 눈물을 함께 하게 하는 것이다. 필자는 얼핏 이육사의 그 유명한 “강철로 된 무지개”라는 억세고도 아름다운 표상의 시구까지를 연상하게 되었다.

(4) 친구, 가족, 동포들의 노래

시≪생각≫(≪종소리≫6호, 2001.4)은 시인의 가장 가까운 시우인 강순에 대한 생각을 노래한 것이다.

> 굵직한 감자 같은 얼굴
> 부드러운 눈빛
> 웃으면 인정이 뚝뚝 떨어지는
> 떠난지 오랜
> 그가 생각난다
>
> 구석진 선술집에서
> 얼근히 한잔 들이키면
> 늘쌍 쩝쩝 입맛을 다시며 하던
> 그의 이야기
>
> 그까짓것쯤이야
> 붓대를 엇나게 놀리면 차려지는거야
> 하루를 살아도
> 깨끗이 살아야 그게 시인이지
>
> 낡은 입성에
> 창나간 신짝을 끌면서도

명리를 멀리 하고
한생을 낮달 같이 보낸
그가 생각난다
                    - ≪생각≫ 전문 -

   나이도 비슷하거니와 같은 학교(가나가와조고)에서 교편도 잡았으며
무엇보다 시와 술을 서로 좋아하였고 사는 지역도 같았다. 일시(1970
년 전후) 총련조직 안에서 좌경의 풍파가 휩쓸었을 때 함부로 공격을
당한 경위도 비슷하였고 1세 노지식인으로 망향의 정 한시도 가슴에서
떠나지를 못했던 그런 간절성도 공유한 사이였다. 그래서 설이면 필자
도 끼어들어 강순 시인 집에 가서 셋이서 한 잔 술을 즐겼으며 2세인
필자는 으레 두 시인의 고향이야기에 귀기울이는 편이 되곤 하였었다.
그러나 강순 시인은 그렇게나 보고 싶던 고향을 끝내 가보지 못하고 황
천객이 되시었다. 시에는 소박한 필치나마 작고시인의 외면, 내면 모습
이 확연히 바로 눈앞에 보듯이 생동하게 절묘하게 표현되고 있다.
   시≪안해에게≫(시집≪민들레꽃≫2000.8)는 문자 그대로 안해에게
보낸 사랑의 절창이다. 시인이 암 수술을 받게 되는 직전에 실지 유서
로 엮은 것이다.

   여보!
   당신과 나 사이엔 리별이란 없소
   울지 마오
   울며는 나는 없고
   웃으면 나는 어데서나 있을거요

   웃으면서 길섶을 보오
   거기에 코스모스가 피여있지 않소
   그것은 아마

당신을 반기는 나일지도 모르오

가을이면
달빛이 새여드는 창가에서
풀벌레가 은방울을 굴릴거요
그것은 당신을 위로하는
나의 노래일지도 모르오

나는 하늘중천에도 있을거요
노을이 사라진 서쪽하늘가에
작은 별이 반짝이거든
그것은 당신에게 신호를 보내는
나일줄 알아주오

나에게는 무덤도 필요없소
나에게는 제례도 필요없소
나에게는 묘표도 필요없소
바라는것은 오직
당신의 웃음뿐이요

- ≪안해에게≫ 전문 -

이 절절한 사랑은 그 어떤 허구가 아니며 (최근 사회역사적 투쟁을 외면하고 이기주의적 세계에 파묻히게 하려는 경향의, 일부로 꾸며낸 연애지상주의 드라마가 유행이나마) 아무런 허식이나 거짓이 없는 진실 그 자체이다. 시인의 그 무욕의 깨끗한 진심이 시의 진실성과 시어의 미를 안받침하고 있다. 이 시에는 무욕이라 할 만치 금전주의 인생관을 타기하고 오직 조국통일 지향의 일로를 어렵게 걸어온(이념적 이상을 양심껏 추구해왔으나) 총련 일꾼된 긍지에 안받침된 부부애, 동지애가 노래되어 있다. 그런 각도에서 이런 부류의 시들은 재일 총련 시인의 개성적 특징을 두드러지게 표현한 작품이라고 말할 수 있다.

시 ≪바람≫(≪종소리≫ 14호, 2003.4, ≪종소리시인집≫)도 식민지
시기 종주국이던 일본에 대한 사대주의 근성을 뿌리치고 주체성 있게
살려는 재일의 두드러진 특징을 과시한 작품의 하나다.

　　　　봄이 왔다고
　　　　귀띔을 해도
　　　　로목은
　　　　기척이 없다

　　　　뒤틀린 몸뚱아리
　　　　떨어진 줄기
　　　　헐어진 벌집 같은 옆구리
　　　　울퉁불퉁 땅우에 튀여나온 뿌리

　　　　얼마나 바람이
　　　　모질게 불었으면
　　　　저리도 끔찍히
　　　　상처를 입었을가

　　　　생각하면
　　　　바람 많은 섬나라
　　　　저런 참상이
　　　　어디 로목뿐이겠나

　　　　바람에 몰려 와
　　　　바람에 희생된
　　　　그리운 친우들의 검은 눈동자가
　　　　로목과 더불어
　　　　멀어 가는 내 눈에 와 박힌다
　　　　　　　　－ ≪바람≫ 전문 －

　‘로목’은 어느새 벌써 오랜 어려운 생활 역사를 지니게 된 재일동포의 과거와 현재의 상징적인 표상이다. 계절의 ‘봄’은 해마다 차례지지만 재일동포에게 있어서 그 언제 편안한 생활과 흡족한 정신세계의 ‘봄’이 차례진 적이 있었던가?(물론 조국의 희소식을 들을 때나 총련 조직의 커다란 성과에 대한 소식을 들을 때는 따스한 봄빛을 받은 듯 하였으나) ≪바람≫도 재일동포가 누구나 실감하는, 온갖 어려운 이국살이 생활환경에 대한 진실한 연상을 표현한 진실한 말이다. 무리하게 꾸민 무슨 ‘예술적 가공’의 언어가 아니다. 그런 ‘바람’에 시달리기는 하였으나 그 역풍 속에서 친구들과 많은 활동가들과 때를 같이 하여 그 역풍 속에서 친구들과 많은 활동가들과 때를 같이하여 계속 간고한 투쟁을 벌려가는 ‘로목’은 결코 패잔자가 아니라 어엿한 영웅같이도 보이는 긍지어린 ‘거목’이다.

　시인이 노래한 재일동포는 귀화와 동화를 반대하고 ‘반일본인’으로 사는 것을 거절하는, 즉 식민지 노예근성에서 벗어나 떳떳한 조선인으로서 살려고 민족자주정신과 민족 권리를 자주적으로 지켜나가는 어엿한 민족통일 희구자이다.

　자신의 삶의 의미 추구와 결부한 시인 정화흠의 시 창작에서의 문제성 제기는 무엇이었던가? 그것은 항상 재일이 무엇이냐? 재일동포의 진실한 삶이란 도대체 무엇인가? 하는 심각한 운명문제와 자신의 절실한 생활문제에 대한 진실한 해답의 서정적 추구이다. ‘감격파시인’으로서의 개성이 짙은 그의 시풍, 시의 흐름은 보다 이성적인 철학적 탐구라기보다도 너무나 적나라한 감정의 흐름, 감정의 폭발 그 자체이다. 또 서구적인 철학적 탐색보다 전통적 시풍에 익숙된 그의 시에는 전통적 율동과 전통적 시어 추구가 또한 특징적이다. 그의 시의 기본사상도 중요하게는 우선 민족성을 지켜야 한다는 주장이 두드러지게 강조되고 있다.

시인이 자연과 고향을 노래해도 거기에는 뜨거운 민족 자주의식과 자유, 평등의 삶에 대한 지향이 끈지게 맥박치고 있다. 절절한 망향의 정도 자연에 대한 감격도 내일의 꿈과 결부된 자화상의 노래인 동시에 재일동포의 운명과 희구의 노래인 것이다.

2) 미일반동 규탄, 민족통일 지향의 작품

(1) 일본의 우익화에 대한 규탄

'감격파시인'인 그의 시풍은 보통 서정성과 세련된 시어, 경쾌한 율조가 특징적이나마 미일반동에 대결하는 시율에서는 양상이 확 다른 상극을 이룬 야유와 풍자성, 파격적 언어가 두드러지다. 서정의 시가 정(靜)의 시라면 야유와 풍자의 시는 동(動)의 시라 할진대 정화흠의 시들에서 바로 그 상극상을 똑똑히 볼 수 있다.

일본 고이주미(小泉)수상의 '야수꾸니신사(情國神社)' 참배문제를 규탄한 시 ≪귀신동네≫(≪종소리≫26호, 2006.4)는 다음과 같다.

> 여기는
> 남의 땅을 앗으려다가
> 제명대로 못살고 죽은
> 귀신들이 사는 동네다
>
> 웃지 말라
> 귀신에도 종류와 등급이 있다
> 총에 맞아죽은 총귀신
> 칼에 맞아죽은 칼귀신
> 불에 타죽은 불귀신
> 바다물에 빠져죽은 물귀신
> 토굴속에서 죽은 땅귀신

하늘중천에서 죽은 하늘귀신
열대지방 깊은 쟝글속에서
배를 곯아죽은 아귀도 있고
독사에 물려죽은 독사귀신도 있다

그리고
몽달귀신
당달귀신
팔다리가 없는 둥굴대귀신
생전에는 호적에 없던
가짜귀신도 있고
위안부 배꼽우에서 숨이 진
배꼽귀신이 있나 하면
열세단 높은 마루우에서
목을 달아매인 A급전범귀신도 있다

이곳이 고향 같다고
≪대일본≫그 옛날이 그리웁다고
해마다 찾아와서
호주머니속에 짤랑거리는
백원짜리 한잎을 던져주는
린색한 미래의 귀신도 있다
- ≪귀신동네≫ 전문 -

　다 아는바와 같이 ‘야수꾸니신사’는 일본제국주의 침략전쟁 미화의 상징적인 곳이 되어있는 데다. 일본군국주의자들은 오늘 국제적인 비난도 마다하지 않고 말로는 침략과 약탈, 대량 살륙의 과거지사에 대해서 ‘사죄’하면서 교활하게도 자국의 헌법을 위반하면서 최신 군대를 갖추었을 뿐 아니라 해외 이라크에 파병까지 감행하였으며 오늘 도저히 헌법 위반의 기만을 내외에 감출 수가 없게 되어 위정자들부터가 ‘평화헌법’

개헌론의 한창 바쁜 판이다.

간사히 기만의 그 꼴을 누가 모르는가. 시인은 진실의 옷을 다 벗은 허위의 왕 신세를 가차 없이 폭로 규탄하는 데 있어서 야유의 연발을 퍼붓는 통쾌한 시적 방법을 취하였다.

'총귀신', '칼귀신', '불귀신', '물귀신', '땅귀신', '하늘귀신', '쟝글귀신', '아귀', '독사귀신', '배꼽귀신', 'A급전범귀신'에 '미래귀신'까지 이 야유는 결코 과장이 아니라 진실 그 자체의 천만 적합한 시적 표현이다.

시 ≪희한한 세상≫(≪종소리≫18호, 2004.4)은 일본 군국주의자들뿐만 아니라 무력화된 일본의 양심세력에 대한 날카로운 비판도 함께 문제제기하고 있다. 주제는 일본자위대의 해외(이라크)파병이다.

> 다 알고있다
> 총이란
> 사람을 쏘아죽이는
> 살인무기란것쯤은
>
> 그 총을 메워서
> 먼 사막지대
> 성조기 나붓기는
> 전쟁터로 내모는 사람이 있다
>
> 방아쇠를 당기면
> 순간에
> 전기가 나오고
> 의약품이 나오고
> 음료수가 폭포처럼 쏟아진다면서

세살짜리 아이들도
알고있다
총에서는
탄알밖에는 다른것은
안나오는것쯤은

그래도
세상은 잠잠하고
하늘은 여전히 푸르고
어데서 개만 컹컹 짖는다

참 희한한 세상도 있다
　　　　　－ ≪희한한 세상≫ 전문 －

　사실 일본자위대의 이라크 파병문제가 생겼을 때 이곳 일본 땅에서는
항의데모 하나 없었다. 그래도 헌법에 하나도 걸리지 않는다는 기만이
일본 전토에 걸쳐 백주에 예사로이 습관화된 것으로 애매한 채로 활보
한다. 독일에서는 지금도 나치스를 허용하지 않고 철두철미 추구한다는
데 국민성의 차이인지 여기 일본에서는 만사가 애매몽롱하고 논리성이
나 이성보다 감정으로 그때그때를 처세해가는 습관이 전통화되고 있는
것 같다. 전쟁 직후 전범이 수상이 되었고 최근에는 그 전범의 손자가
수상이 된 판이다. 이 풍토의 모순점에 대해서 재일조선인으로서 시인
은 민감하지 않을 수 없으며 또 도무지 그것을 이해할 수가 없는 것이
다. 허위를 미워하고 진실을 추구하는 것이 시인의 일인 것만큼 비판하
고 지탄할 바에야 애매하게가 아니라 위의 시와 같이 시인은 철저히 풍
자의 방법을 취하면서 역사의 주체인 사회양심이 이 나라에서는 무력한
상황에 이르고 있다는 점에 이르기까지 날카로이 문제성을 제기하였던
것이다. 실지 많은 일본 국민 자체가 침략전쟁에 대한 책임감, 과거의

죄과에 대한 반성의 정이 똑똑치 못할 뿐 아니라 오히려 내심으로는 은근히 자기 정당화의 경향까지 품고 있지 않을까 하는 의문이 날 지경의 최근 동향이다. 참으로 우리 재일의 생활이란 물질적으로나 정신적으로나 매우 어려우며 아침부터 저녁까지 애를 태우면서 터지는 화통을 꾹 참고 견디지 않으면 한시도 못사는 형편이다.

시 ≪경제대국(1), (2)≫(≪종소리≫25호, 2006.1)도 야유, 풍자의 방법을 취한 작품이다. 그 (2)를 보자.

가로우에
락엽이 딩군다
벌써
겨울이 오나부다

병자에겐
추위가 질색이다
한쪽 허파에
말라버린 풀잎 같은 몸으로
이 겨울을
어떻게 지낸담

문득 바람소리에
고개를 드니
석유값이 오른다
봄에 오른 의료비가
또 오르고
눈곱만한 년금은
내려만 가고

이거, 참
어떻게 한담

갑자기 열이 오르고
기침이 나고
숨이 가빠진다

경제대국—일본
뒤골목은
병자에겐
사철이 겨울이다

- ≪경제대국(2)≫ 전문 -

　국제적으로는 '경제대국'을 자랑하는 일본이지만 실상은 빈부의 격차가 확대해가는 모순에 지금 어찌할 바를 모르고 있다. 일본당국은 경제대국임을 자랑할지 모르겠으나 빈한자의 생활처지로 보면 '사철이 겨울'인 것이다. 시 ≪경제대국 (1), (2)≫에서 공통적으로 볼 수 있는 것은 풍자시이면서 노시인의 생활처지와 생활실감이 있는 작품이라는 것이다. 시 (1)에서는 "고운 맘씨들은/ 거북같이 살다가/ 바람처럼 가버리고// 거짓과 위선/ 탐욕과 주먹이/ 낮을 지배하는 경제대국// 참삶의 외로움/ 외로움을 이겨내는/ 삶의 어려움"이라고 찍으면서 위선과 주먹이 판을 치는 경제대국에서는 참삶이 외롭고 어려워 죽음에로 몰려있다고 하는 깊은 진리성도 간결한 시어로 철학적으로 제기하였다. 즉 이 시에서는 단지 정치성, 풍자성만으로 그치지 않고 생활실감과 생활철학, 간결하고 담백한 언어표현, 생사와 빈부의 대조를 축으로 한 구성의 세련성 등이 조용히 가미된 새 맛이 나는 양상의 시적 특징들을 보게 된다.

(2) 반미반제의 목소리

　시 ≪"자유"의 왕국≫(≪종소리≫13호, 2003.1.)은 미군 장갑차가 우리 아이 신효순과 심미선 소녀를 깔아죽였음에도 불구하고 죄가 되지 않았던 사태를 두고 풍자의 화살로 지탄한 작품이다.

　　밤도 아닌 대낮에
　　애어린 두 소녀를
　　장갑차로 깔아 죽였어도
　　죄가 안되는
　　≪자유≫의 왕국

　　≪자유≫는 참 좋구나!
　　도대체 그 나라의 최고집권자는
　　어떤 인물인가?

　　(중략)

　　긴 겨울 밤
　　이런 저런 생각에
　　창문이 밝았네
　　　　　　- ≪"자유"의 왕국≫ 부분 -

　분노로 하여 시인은 겨울의 긴 밤을 한숨도 못 잤다고 토로하고 있다. 시는 좀 단조하고 직설적이지만 시인의 솔직한 분노와 야유의 심정이 뚜렷이 표현되고 있다. 순 정치시의 경우 단순 명쾌해야 할 수도 있는 것이다.
　시 ≪"엔"이 운다≫(≪종소리≫8호, 2001.10)는 직설이 아니라 '소리'라는 청각적 표상을 통해서 '엔'의 일본과 함께 '딸라'의 아메리카를 희롱하고 있다.

　　풀숲에서는
　　풀벌레가

가는 가을을 우는 소리

산에서는
겨울을 예고하는
나무잎이 우수수 떨어지는 소리

(중략)

바다 저쪽에서는
세계무역센터 빌딩이
테로 맞아 무너지는 소리

가을은 가고
겨울은 오는데
쓸어지는 ≪딸라≫를 부여잡고
≪엔≫이 운다
자기 운명을 운다
- ≪"엔"이 운다≫ 부분 -

 '풀벌레'우는 소리, '나뭇잎'이 떨어지는 소리, '실업자들'발자국 소리에 맞추어 '세계무역센터'무너지는 그 소리가 '딸라'쏟아져 내리는 모습임을 연상시키면서 '딸라'와 공동운명을 맹세한 '엔'이 함께 죽음의 겨울시대를 맞이하게 되었다는 서언의 노래인 것이다. 시인은 가을의 밤 풍경을 통해서도 엄연한 역사의 흐름소리를 듣는 것이다. 이는 결코 억지가 아니다. 사실 우리 재일의 시인들도 함께 진정으로 절감하는 그런 사상 감정의 세계이다.

(3) 민족통일 지향의 노래

 우리 조선민족의 뜨거운 숙원인 민족통일, 조국통일 염원과 지향을 노래한 그의 작품은 많다. 여기서는 그 중의 몇 편만을 보기로 한다.

80대도 벌써 그 중간에 접어들게 된 시인의 근작시 ≪말년의 꿈≫(≪종소리≫19호, 2004.7, ≪종소리시인집≫)은 문자 그대로 마지막 날의 단 한 가지 소원을 또렷또렷 토해 놓은 것이다.

흐르는 강물 같이
구름속에 달 가듯이
나는
그렇게는 안갈거야

밤을 우는 새 같이
늦가을의 귀뚜리 같이
나는
그렇게는 안갈거야

모처럼 태여나서
한평생
갈라진 조국땅의 흙먼지 덮어쓰고
소리없이 울면서 갈수 있겠나

어차피 갈바에야
계선이 없는
저 북극의
백곰이 되여 갈테야

천고의 설원우
북두칠성 응시하는 밤
통일의 ≪한일자≫ 피로써 그려놓고
≪아리랑≫ 부르며 내 갈테야
　　　　　　－ ≪말년의 꿈≫ 전문 －

"갈라진 조국땅의 흙먼지 덮어쓰고/소리없이 울면서 갈수 있겠나"는
말은 물론 단순한 수사학적 과장이나 헛소리가 아니라 절실한 진정에서
우러나온 비장한 실토이다. 노령에 이른 시인이 마지막 운명을 바로 눈
앞에 임하면서 민족통일에 대한 뜨거운 일념을 '저 북극의/백곰'이라는
선명한 표상(이미지)으로 승화시켜 표현하였다. 영 언배런스한 의외스러
운 표상이나마 얼마나 아름답고도 공감이 가는, 우리 재일 독자들 가슴
가슴이 시원스레 납득이 되는 진실한 표현인가. 기상천외하고 극단스러
운 표상이 도리어 일종의 놀라움과 동시에 힘 있는 공명을 불러일으켜
주게 한다. 결구를 가만히 시각, 청각적으로 그리고 심정적으로 잘 새겨
보자. 시인 자신의 깨끗하고도 강의한 열정의 풍모가 겹쳐 우렷이 안겨
오지 않는가. 절대로 단순한 미화가 아니라 눈물 많은 시인의 진실한
모습 그 자체이다. 시인은 남몰래 혼자 통곡하고 있다.

시 ≪우리에겐 리별이란 있을 수 없습니다≫(≪종소리≫24호, 2005.10)
는 2005년 7월, 펴양에서 우리 남북과 해외의 작가들이 모여 열린 민족
작가대회를 끝내고 마침내 서로 헤어질 바로 그때에 시인이 새 투쟁의
각오와 이별의 서운함을 노래한 작품이다.

> 잘 가시라!
> 고선생이시여!
> 신선생이시여!
>
> 꿈같이 만나서
> 꿈같이 함께 지낸
> 남측의 민족작가대표들이
> 이제 서울을 향해 평양을 떠납니다
>
> 만남은 짧았으나

참으로 나에게는
헤여져선 못사는
잊지 못할 ≪우리≫의 나날이였습니다

잘 가시라!
백선생이시여!
임선생이시여!

석별의 그 눈물
그만 거두시라
우리에겐 리별이란
있을수 없습니다

어찌 리별이 있겠습니까
만남이 헤여짐의
시작이라면
헤여짐은 만남의
시작이 아니겠습니까

잘 가시라!
황선생이시여!
남선생이시여!

오늘의 헤여짐은
리별이 아니라
우리의 손으로 통일의 문을 열고
영광의 광장에서 다시 만나는
출발의 시작입니다

긴 리별에
눈물도 진해버린 우리에게는
더는 다시

리별이란 있을수 없습니다
- ≪우리에겐 리별이란 있을수 없습니다≫ 전문 -

난해한 모더니즘 시에 익숙한 독자들은 시어와 구성에서 너무나 평이하게 넘어가는 시풍에 뭔가 부족한 것 같이 여겨질는지 모르겠다.

그러나 우리 재일시인들은 그저 멋을 부리면서 아무 사상도 없이 시단 앞에 매명이나 해보자는 속심으로 자연이나 자아세계를 애매몽롱하게 또는 기이하게 자기 혼자 심각한 채 기교적으로 쓰는 부류의 시들에는 어지간히 싫증을 금치 못하고 있다. 사실 이 정화흠의 시에는 무슨 문제성 있는 새 발견이나 새 철학을 찾기 어려울 듯하다. 재일시인들은 동포대중들에게 알기 쉽게 써온 그 습관으로 붓을 들기 때문에 까다로운 현대시풍에 익숙한 사람들에게는 이런 시풍에 불만을 품을 수가 있을 것이다.

그런데 이 시에는 확실히 시인 자신의 체험과 생활 실감에 기초한 역사적 진리, 중량감 있는 시대진실이 노래되고 있다. "긴 리별에/눈물도 진해버린 우리" 재일의 입장에서 제기한 '리별'문제는 남북조선의 우리 동포들의 체험의 차원을 더한 새 발견임을 확인해두고 넘어가야 할 것이다. 따라서 "오늘의 헤여짐은/(중략)/우리의 손으로 통일의 문을 열고/영광의 광장에서 다시 만나는/출발의 시작입니다"는 시적 결론이 엄격히 시학적 완성도에서 따져볼 때 과연 시어냐 일반서술이냐 하는 의문을 제기할 수 있겠으나 적어도 이국에 거주하는 시인 당사자로서는 결코 빈 말이 아니며 그 수수한 어구 (말을 꾸밀 여유도 없다)에 자신의 무거운 실감과 투지를 담은 것이다. 시에서는 고은 시인을 비롯하여 신경림 시인, 백낙청, 임헌영 평론가, 황석영, 남정현 소설가를 면바로 부르면서 정세는 계속 어렵게 전개될 것이나마 통일될 내일에 대한 신심을 가다듬는 시인 자신의 모습이 뜨거운 격정으로 토로되고 있다.

3) 새로운 특징

(1) 자아세계의 노래

정화흠 시의 특징, 더 정확히 말하면 1990년대 시의 특징 (정화흠을 포함한 재일시인들의 공통적 특징)을 초극한 2000년대 정화흠 시의 새로운 특징은 과연 무엇인가?

그것은 첫째로 시인의 작품에 두드러진 자아세계가 노래되어 있다는 점이다.

종래 1990년대에 흔히 노래된 사회적 문제성을 계속 추구하면서도 거기에 머무는 것이 아니라 절실한 자기문제를 의식적으로 더 첨가시키고 있다는 것이다. 본래 눈물이 많은 감정파 시인으로서 '서정시인'의 개성을 지니고 있었으나 시인 자신의 두드러진 문제의식 밑에 시에 확실한 자아세계가 노래되기 시작한 것은 2000년대 ≪종소리≫지의 시에서부터라고 명확히 말할 수 있다. 너무 '완고'할 만치 청직성을 지닌 시인 자신의 가슴을 휘어 잡은 것은 허무와 죽음에 대결하는 생의 기쁨이며 봄의 시대에 대한 희망, 온갖 추악에 대한 지탄이다. 이러한 시인의 자아적 문제성은 동시에 바로 재일동포들의 꿈과 생활적 요구의 반영이라고 할 수 있다. 이 시기 시인이 많이 제기한 고향 문제, 민족성 문제, 새 내일에 대한 문제 등등의 사회적 문제는 항상 목적의식적인 서정자아 문제와 결부되었다. 이것은 1990년대 시작품들과는 몰라보게 다른 뚜렷한 새 특징이다.

(2) 시어와 율조의 세련성

이 시기 정화흠 시의 특징은 둘째로 시어의 완성도와 율조의 묘미에서 1990년대와 비할 때 질적으로 구별할 만치 전진된 측면이다.

1990년대까지 주제사상 선차론이 지나치게 지배한 속에서 시어와 율조의 시형식 문제를 엄격히 보지 못하고 지나치게 정치적으로, 설명적으로 창작을 해온 후과를 2000년대에 들어서면서 목적의식적으로 시정 극복하려고 힘을 기울여온 재일조선시운동의 흐름 속에서 시인 자신은 앞장서 지난 시기 부족점을 가시기 위한 투쟁에서 고심을 하고 정력을 퍼부어 온 셈이다.

고식할 만치 민족적이며 전통적인 맛을 귀중히 하는 그의 개성적 특성 그대로 정화흠 시의 시어는 구수하며 시적 세련도가 높다. 그러면서 한편 풍자적 양상의 작품에서는 대조적인 맛을 가진 풍자·야유성이 강한 파격적인 언어구조로 격렬하고도 무서운 언어폭탄을 퍼붓는다. 그리하여 유순한 시어에 유순한 율조를 자아내고서는 폭탄적 언어에 폭발적 율조를 자아내기도 한다.

(3) 난점

위와 같은 긍정적 특징을 가지면서 셋째로 그의 일부 작품에는 다음과 같은 난점도 지적할 수 있다.

그 첫째는 감정파 시인으로서 감정표현이 너무 앞서 이성적인 철학성이 상대적으로 부족하고 왕왕 시에서 감정의 흐름은 볼 수 있으나 ①새 발견과 철학적 심오성, 시대성의 결여, 또는 ②표상과 시적 비유의 결여, 과잉한 직설적 토로, ③좌경이나 우경에 치우치는 양극단화 등등의 편향이 보이기도 한다.

난점의 둘째는 때로 ①전통적인 시어와 율조가 너무 고풍의 맛(낡은 감)을 자아내게 하고 있는 점과 그리고 ②현대성의 맛, 현대적 감각과 청춘의 낙천성, 명랑성이 부족한 점, ③어두운 '허무'적 양상이 적지 않게 보인다는 점 등등이다.

4. 홍윤표의 시

시인 홍윤표는 일본 오사까, 1932년생이다. 본적은 제주도 구좌면 세화리. 해방 전 소년 시기에 일시 귀향하여 제주농업학교에도 다녔다. 1951년 3월, 일본 오사까 부립 고즈(高津)고교 졸업 후 일문시지 ≪진달래(チンダレ)≫에 참가하였으나 1955년, 총련 결성을 적극 지지하면서 주체성 있게 우리말로 창작해야 한다는 주장 밑에 ≪진달래≫ 폐간에 앞장섰다. 1956년, 총련 나까오사까(中大阪)본부 전임으로 취임된 후 조선신보사, 조선상공신문사 기자, 문예동 중앙 기관지 ≪문학예술≫ 편집책임자를 역임했다가 1970년대 초에 붓대를 끊었다. 그러다가 1990년대 말에 문예동에 복귀하고 2000년대 초부터 시작한 ≪종소리≫시인집단에 참가하였다. 특히 1990년대 문예동 문학창작에 대한 비판적 총화 분석에 적극 나섰으며 2000년대 재일조선시운동의 새로운 전환을 이룩하는데서 귀중한 역할을 놀았다.

시인자신도 1990년대 창작에서의 우결함을 비판적으로 총화분석한데 기초해서 2000년대에 새로운 면모를 가지고 다시 창작의 붓을 들었다. ≪조선신보≫와 ≪종소리≫지에 발표된 홍윤표 시의 주제를 보면 대체로 (1)재일문제에 대한 추구, (2)자화상의 추구, (3)통일문제, (4)반전·평화문제에 대한 추구 등으로 가를 수 있다.

주제의 면에서 보면 시인 정화흠의 그것과 공통적이나마 형상적 색채의 각도에서 보면 영 딴판으로 상극을 이룰 만치 서로 개성적 차이를 가지고 있다.

1) 재일이란?―문제성 추구의 사색시인

(1) '벽'에 싸인, 그 환경

홍윤표는 정화흠식 감정파가 아니라 사색파의 시인이다. 오노 또라부로(小野十三郎)는 일본의 현대시에서 봉건적 감정의 낡은 틀인 '젖은 서정'을 부정하면서 새로운 '마른 서정'을 주장하였으나 홍윤표는 투철한 사색성, 투철한 비평정신('저항자'의 눈으로 보는 정치적 예리성)으로 문제성을 파고드는, 말하자면 '한'(남의 문학에 남아있다)과 '영탄'(북의 문학에 남아 있다)의 서정이 아닌 '저항의 서정'(차별과 억압을 반대하여 싸우는 재일동포의 서정)을 추구하는 시인이다.

그는 감격이라든지 감동이 시적 계기로는 될 수 있으나 그저 감정토로의 시는 시로서는 미완전한 것이며 그 감동의 본질적 의미가 무엇인가, 그 생활적 사회적 새 의미가 무엇인가를 더 깊이 파악할 때, 즉 시인이 새 발견을 할 때 비로소 시가 성립된다는 지론을 주장한다. 시적 발견 후에 시적형상을 해야 할 것은 두말할 필요가 없을 것이다. 또 정화흠 시인도 시에 발견이 있어야 한다는 시의 기본을 이해하고 있으나 여기서 필자는 다만 그 농도의 차를 논하고 있는 셈이다. 어쨌든 홍윤표는 집요할 만치 극론적으로 자신의 지론을 시창작 실천에서 철두철미 추구하고야 마는 개성을 가지고 있다.

그런 각도에서 시인은 '재일'이란 무엇인가 하는 문제를 자신의 심각한 시적 주제로 제기하고 독창적으로 깊이 추구하고 있다. 극적이며 감동적인 생활이라 할지라도 그는 그저 소개하고 묘사하는 수법을 거절하면서 더 그 생활의 본질적인 의미를 추구하고 발견하는 시적 사색의 방법을 취한다. 그의 시적 사색은 곧 표상(이미지)의 발견이다. 표상도 그저 가시적인 회화성, 표면적인 묘사의 나열로 그치는 무감동, 무의미의 그것이 아니라 극성(감동)이 있고 철학성(은유적 의미), 문제성이 있는 시(문학)적 표상이라야 한다. 즉 그에게 있어서 시적인 새 발견, 시적 사색이란 새 맛이 있고 존재감, 중량감이 있는 극적 표상과 철학의 발견이다.

바로 그의 ≪이국풍경시초≫(≪종소리≫27호, 2006.여름)에 재일이란 무엇인가 하는 문제성 제기와 철학적 추구가 집중적으로 표현되고 있다.

≪이국풍경시초≫의 첫머리 시 ≪잠 없는 밤≫의 전문이다.

> 잠이 오지 않는 밤에는
> 더 하나
> 새 귀가 생기고
> 소리 없는 웨침을 듣는다
> 감은 눈속에서도
> 다른 눈이 뜨이고
> 훤하게
> 길이 하나 보인다
> 이국길이 아닌 길이다
> 잠을 청해도
> 잠이 아닌것을 주는 밤이 있다
> ― ≪잠 없는 밤≫ 전문 ―

'새 귀'와 '다른 눈'이라는 의외스러운 표상을 제시하면서 '소리 없는 웨침', 재일의 절규를 듣는다는 인생 철학적 표상과 결부한 표현이 있는가 하면 '훤하게' 뻗은 '길', 지긋지긋한 '이국길이 아닌 길'이 보인다면서 재일의 희망(꿈)과 요구를 아름답고도 선명한 '하나'의 '길'의 표상과 결부하여 표현하였다. 밤낮 없이 비장한 재일동포 생활의 본질적 측면을 보여주었다고 할 수 있다. 재일동포상을 '웨침'(신음?)이라는 현실상과 '길'이라는 미래 지향(현존재 속에 숨어있는 내부적 본질)의 두 가지 표상으로 본다는 것은 시인이 표면적이며 가시(可視)적인 것만이 아니라 내부적이며 불가시(不可視)적인 것도 보는 사색적 시각의 소유자임을 말하여 준다. 유순하지 않고 좀 걸치고 까다로운 면이 있으나 발견이 있는 표상과 내부적 본질에 굴절하면서 육박하는 사색성, 철학성이 홍윤표의 특징적 시풍이다.

　시 ≪굽인돌이경치≫(≪이국풍경시초≫)는 ≪손≫의 표상에다 날카
로운 사색이 가해지고 있다.

　　　　따슨 손이 있고
　　　　찬 손이 있다
　　　　어쩐지 큰 손이 작고
　　　　작아도 큰 손이 있다
　　　　이 땅의 벗들의 손은
　　　　작아도 따사롭다
　　　　주먹들이 많은 경치속에서
　　　　아름다운 손이
　　　　더 있었으면 한다

　　　　괘심한 손과는 돌가보
　　　　돌에는 돌
　　　　보에는 보
　　　　가위에는 단호 돌로
　　　　이제 밤이 되면
　　　　굽인돌이에서는
　　　　위험한 어둠이 왈칵 덤벼든다
　　　　　　　　－ ≪굽인돌이경치≫ 전문 －

　일본이라는 '주먹들이 많은 경치속'에서는 우리 재일동포들은 참으로
'아름다운 손이/더 있었으면' 하는 생각이 자꾸 든다. 그리고 사실 '밤
이 되면'(언제나 '밤'이다) 동포 사는 골목길에서는 정치적 우익이라는
'위험한 어둠'이 무섭게 덤벼든다. 바로 이것이 일본의 정치풍경이며 재
일의 처지인 것이다. 이와 같이 시인의 사색성은 날카로운 정치성으로
잇닿아진다.

　　시인은 계속해서 시 ≪벽이 있는 풍경≫에서 일본의 정치풍경, 재일
동포의 처지에 대해 추구한다.

　　　　보이지 않는것도
　　　　볼수 있는 눈을 가지라고 한다
　　　　이 땅의 풍경은…
　　　　천황폐하가 살고
　　　　최고국가권력기관이 집중하고
　　　　세계 많은 재부를 끌어모우는
　　　　대도시 도꾜 눈부신 풍경속에
　　　　벽이 숨겨져있다 한다

　　　　걸으면 같이 걷고
　　　　세 방을 찾는데 따라오고
　　　　일자리를 구함에도
　　　　장사하는데도 시비질 버티여서고
　　　　구역소 세무소 재판소
　　　　외무성 무슨무슨 출장소까지에도
　　　　따라 붙어오는
　　　　기묘한 움직이는 벽이다

　　　　이쪽부터는 보이지 않고
　　　　만질수도 없는 신기한 조형물
　　　　언제나 저쪽에서 기척을 한다
　　　　민족차별을 차고 나서도
　　　　그 가슴을 억누르는 압박의 감촉
　　　　다른데서 쿡 찌르는 복수의 손짓

　　　　벽은 없는척 하지만
　　　　눈 코 귀 입도 손도 가지고 있다
　　　　섬세하고 신경질이다

비위가 거슬리게 되면
삽시에 어마어마하게 그 모습을 나타낸다

재일의 우리와
괴상한 벽과의 다툼은 백년이 가깝다
총창이 박혀진 벽과의 시대
천대와 멸시로 도배된 벽과의 시대
서로 오랜 참을내기가 계속되고있다
무슨 습성이 그런지
집요한 위선과 우월의 버릇이다
이 땅의 화려한 풍경에는
우울한 그림자가 진하게 비치고 있다
　　－ ≪벽이 있는 풍경≫ 전문 －

　제1연에서 시인은 '보이지 않는것도/볼수 있는 눈', 정신을 차리고 사태를 똑똑히 볼 줄 아는 눈으로 경각성 있게 살아가지 않으면 재일동포들이 도저히 못사는 일본이라는 풍토적 특징을 정치적 안목으로 정확하게 찍었다. 도꾜는 어떠한 곳인가? 구 군국시대 최고상징인 천황이 그대로 있고 최고 억압기관이 도사리고 있는데다, 얼핏 보면 '눈부신' 웃음만면이나 이 나라 사람들의 속과 겉은 대체로 정반대임을 시인은 오랜 체험으로 뼈에 사무치도록 아는 판이다. 음침한 '벽'이 숨겨져 있다는 것은 벌써 소문난 지 오래인 것이다.

　제2연에서는 문제 제기된 그 '벽'이 과시 무엇인가? 하는, 그 정체 추구가 가해진다. 우리 동포들에게 항상 따라다니는 감시와 차별과 학대의 '기묘한 움직이는 벽'이다.

　제3, 4연에서 시인은 '벽'의 사악한 본성을 까밝힌다. 즉 그것은 "이쪽부터는 보이지 않고", "언제나 저쪽에서 기척을 한다"는 차별, 압박, 복수다. 그리고 눈, 코, 귀, 입, 손도 가지고 있는 "섬세하고 신경질"의 문명화된 어마어마한 탄압권을 가지고 있는 괴물인 것이다.

시 마지막의 제5연에서 시인은 일제 식민지 시기와 현재의 그 집요한 100년 역사가 있기 때문에 동포들에게 있어서 유일 생존방도는 인내성, 참을성('참을내기')인 것 같다고 본다. 사실 "집요한 위선과 우월의 버릇", "우울한 그림자"가 지배하는 일본의 "화려한 풍경"의 기만술에 속아넘어가지 않게끔 목적의식적으로 대결함이 없이 우리 재일동포는 한시도 못산다.

(2) 바람에 쫓긴, 그 과거

시 ≪건너가는 세월≫(≪종소리≫2호, 2000.4)에서 시인은 재일동포의 과거상에 대해서 다음과 같이 노래하였다.

> 그리움이 산을 넘지 못하고
> 들을 헤매다가
> 바람에 쫓겨
> 나루터의 슬픈 물결로 되었다

필자는 유랑하던 해방 전 재일동포상의 시화된 표현 속에서 이이상의 적절한 비유를 본적이 없다. "나루터의 슬픈물결"이라는 은유화 된 표상의 그 선명성과 서정성－시인의 재능이 바로 그 상상력이라 하는데 홍윤표 시인의 상상력이 낳은 이 표상의 진실성과 극성에 대해서는 필자는 지금까지 대학의 많은 강의마당에서 탄복하면서 되풀이 언급을 해왔었다. 설명이 아니라 표상이라는 시적 표현이 주는 거센 공명의 심적 파문… 지나친 말인지는 모르겠으나 이런 한 구절을 엮을 줄 아는 재일시인이 있음을 필자는 참으로 자랑스럽고 또 기쁘다. 시는 아래와 같이 계속된다.

화려한 도시의 그늘밑에선
가난이 누워 떨며
노여움을 달래지 못하고
불탄 눈들이
한곳을 쏘아보고있다

세기는 건너가려는데
화석이 된 남북분계선
철조망은 사랑의 목을 졸라
흰 눈이 하염없이 내린다

하늘과 땅 사이를
누가 곡하는 소린지
누구부르는 소린지
지나간 세월은 무정하게 놀았다

2000년대, 21세기로 세월은 건너가는데 재일의 '가난'은 계속 "누워 떨며/노여움을 달래지 못하고", "불탄눈"이 되어 "화석이 된 남북분계선", "한곳을 쏘아보고있다"… 새 세기가 건너가는 판인데 재일의 놓인 어려운 환경조건은 지난날 처지와 별다름이 없으니 이 얼마나 통탄을 금할 수 없는 노릇이란 말인가!

1923년 9월의 관동대진재 과거 처참사를 두고 시인은 시 ≪돌려라≫ (≪종소리≫ 16호, 2003.10)에서 분노를 안고 '지진보다 무서운' 일제의 죄악상을 규탄하였다.

짐승도 아닌
사람의 죽음인데도
이름들이 없다

(중략)

한 안고 한세기 가까이
잠들지 못한 유골들을
유골로 된 잊지 못할 이름들을
한사람 빠짐 없이 우리에게 돌려라
　　　　　- ≪돌려라≫ 부분 -

　　과거사의 추억을 노래한 시 ≪추억≫(≪종소리≫7호, 2001.7)에는
자기 분신과 세상을 떠난 옛 친구까지 등장하는, 환상을 도입한 그 시
적 방법도 흥미를 돋우게 된다.

추억을 찾아 가니
고개길에 떼 지어 나타나는 발자욱들
부두로 뻗어 가며
철썩이는 바닷물결 속에 사라진다

추억을 따라 가니
머리에 은비녀 꽂고 젊어진 어머니
헝겊 기운 행주치마 두르며
고향길에 백 발이 된 아들을 기다리신다

추억이 연 창문으로 보니
어린 형과 장난꾸러기의 나
이역의 달빛에 젖어
팽이치기 다투면서 지나간다

추억과 앉아 술을 마시니
가슴 치고 웨치다가 떠난 옛친구들
어느새 눈앞에 마주 술잔을 들며
묻는다, 언제까지 분계선을 헤매야 하는가고

이와 같이 "바람에 쫓긴" 재일이란 자나 깨나 가난과 갖은 시달림 속에서 고향사람들과 친구들을 그리며 복된 내일을 간절히 꿈꾸는 "슬픈 물결"(눈물보)의 과거지사를 누구나 가슴속 깊이 간직한 존재인 것이다. 때로 "불탄 눈"이 되는….

(3) 모두가 가족, 그 현재

시 ≪골목길≫(≪종소리≫12호, 2002.10)에서는 시인은 좁고 구불구불한 '골목길'의 풍경에 애착을 느끼면서 거기에 동포생활을 보고 "가게 간판, 집문패 이름이며/오가는 특징 있는 말투들/음식점의 굽고 끓이는 냄새도/팔도강산에서 모여온듯"한 골목길이란 서민의 생활력, 민족의 생명력이 넘치는 곳이며 "추억도 골목마다 살고 있는", "포근한 고향 길"이라고 단정한다. 이역이지만 옛 조선부락의 풍취가 남은 골목길에 한걸음 들어서면 지금도 과연 여기가 고향이 아닌가고 착각이 될 지경이다. 시인은 그런 골목길 풍경이 바로 동포들의 깊은 애향심의 표현이라고 해석하고 있는 것이다.

시인 자신도 포함한 우리 동포들이 불안정한 생활상 요구로 어쩔 수 없이 자주 이사(유랑)를 하면서 자꾸 주소를 바꾸게 되기 마련이다. 많은 재일이 공통적으로 체험하고 공통의식을 가지는 이사, 주소란 과연 무엇인가? 하고 문제제기를 하면서 시인은 시 ≪주소≫(≪종소리≫10호, 2002.4, ≪종소리시인집≫ 2004.11)에서 다음과 같이 뗀다.

주소를
둘 가지고 있다

　　　남겨 온
　　　기억의 길 우에
　　　주소의 자국은
　　　점점이 많다

　　　때로는
　　　뭣에 쫓긴것과도 같이
　　　때로는
　　　뭣을 찾기 위한것과도 같이
　　　주소도 짐을 묶어 신을 신게 된다

　'둘'이란 도대체 무엇인가? 이렇게 독자에게 의문을 던져 놓고서는
다음과 같이 시를 맺는다.

　　　바꾸어도 바꾸어도
　　　외국살이 내 주소는
　　　언제나 둘로 되는구나

　　　둘중의 하나의 주소는
　　　그 어데를 가도
　　　바꿀수 없는 같은 한곳
　　　마음이 살고있는 번지다

　명쾌한 애향심의 노래로 시 형식을 취하고 있으나 시에 여운을 주면
서 실상은 시인은 이는 논리가 아니라 동포들의 오랜 생활사 속에 몸에
배인 체취가 된 매우 복잡하고 심각한 우리의 공유의식임을 시사하고
있다. 간명한 시형식에 긴 역사와 깊고 아픈 내면의 여백이 담긴 시 내
용 (재일의 본질적 측면)을 공감하는 것이 중요하다.
　시≪문≫(≪종소리≫6호, 2001.4)은 재일동포상을 상징화해서 노래

한 작품이다.

권세 부리듯이 큰 문
신세타령 하듯이 작은 문
외면하듯이 닫혀진 문
웬일인지 울상이 된 문도 있다

갖가지
일본집 문들이 즐비한 속에
조선사람 여기 있소
주장하듯이
동포집 문이
가슴 내밀고 서있네

바람의 계절과
때린 비와 눈과 싸워온 듯
세월이 남겨논 그 흔적이 짙은 문
문패 석자이름도
어깨를 크게 펴 기세도 좋구나
노을 비낀 저녁때라
구수한 김치찌개 냄새도 풍겨온다

찾아가기만 하면
어서 들어오라고
량팔을 벌릴것 같은 이 문
손님을 반가이 맞는것은
조선사람 성미라 하듯이 섰네

겉보기에는 작은 문이여도
사람 드나들기 쉬운 이 문
안속도 있는

큰 문이라 하겠구나

가시길을 헤쳐온 우리 동포
배짱도 세지만 활달한 우리 동포
집문만 주인 닮으랴
이 멀어진 하늘아래서도
농악을 울리면
집까지도 좋아라
들썩들썩 어깨춤 출것만 같구나
                – ≪문≫ 전문 –

　'문'의 표상에 동포 생활과 사람됨이를 노래하면서 우리 동포가 이역
에서도 결코 비굴하지 않고 떳떳하게 가슴 펴고 살고 있음을 시화하였
다. '문'을 의인화(집 주인,동포)하면서 '문패 석자이름'도 기세 좋고 '김
치찌개냄새'도 풍겨오며 '량팔을 벌릴것 같은' 문이 겉보기에는 작지만
실은 '안속'이 있는 큰 문이라고 찍고서는 또 바로 '활달한 우리 동포'
라고 찍는다. 그래서 농악을 울리면 집까지도 "들썩들썩 어깨춤" 춘다
고 하였다. 그만치 재일동포란 꼼꼼하지 않고 자랑이 크고 기세가 높다
는 시적 주장이다.
　시 ≪가을비≫(≪종소리≫20호, 2004.10)는 비 오는 날씨에도 고향
생각인 동포상을 노래하면서도 그저 애상에 잠기는 것이 아니라 결구에
'비'의 표상과 영 상반되는 의외스러운 극적전환의 '불'이라는 선명한
표상을 가져오면서 그 굴함 없는 열화의 정신을 제시한다.

끝이 없는 이국살이
벌써 올해도 다시 가을비다
잃어버린 자기 사철 자기 풍경
얼마나 되였을가

저녁비는
가을바람도 데리고 와
사람들의 가슴마저
애수의 안개로 싸기 시작한다

비와 바람만 오가고
오늘도 기다리는 소식은 아니 온다
기여드는 어둠에 서로 격려하듯이
동포들의 집집에서 불이 켜졌다

어려운 생활 속에서 동포들이 서로 의지하고 힘 돋우며 좋은 소식이 올 것을 불같은 소원으로 믿고 살아가는 불굴의 의지가 어두운 비 속의 집집마다에 커지는 불빛의 표상으로 선렬히 안겨오지 않는가. 서로 의지하며 함께 격려해 가는 연대의식, 우리 모두가 가족이라는 우리 동포 사회 인간관계, 이것이 재일동포 현황의 진실한 모습임을 시인은 뚜렷한 시적 표상으로 힘주어 주장하고 있다. 식민지 노예근성과 사대주의, 허무주의를 거절하고 언제나 마음속에 조국과 고향, 민족심을 간직하는 재일동포 진면모의 시적추구가 홍윤표 시의 진수라 할 것이다. 조국 멀리 떨어지면서도 재일동포들은 자체의 힘으로 유치원서부터 대학에 이르는 체계적인 교육기관을 꾸리고 각 계층 단일단체와 권익 옹호 연합 조직(총련), 경제기관까지 내오고서는 정치, 경제, 문화의 각 분야에서 활발한 활동을 전개하는 유능한 인재들을 많이 배출하였다. 이것이 재일조선인의 정체다. "위선과 우월의 버릇"이 가득 찬 일본인독자에게 애오라지 아부 아첨하여 자기 아버지를 술과 여자에 미친 폭력배로 세상에 둘도 없을 만한 지독한 부정인물로 그려서 팔아먹는 그런 ≪재일문학전집≫ 어느 후레자식류 재일조선인관은 결코 우리 재일조선작가들 작품 속에서는 찾아볼 수 없다.

(4) 희망이 자라는, 그 미래

우리 재일동포의 미래는 우리 후대들이다. 우리 청소년들이 우리 희망이며 우리 내일이다. 시인 홍윤표의 우리 아동들에 대한 깊고 순진한 애착의 눈이 그대로 아름답고 웅심 깊은 시로 승화되고 있다.

시 ≪신≫(≪종소리≫1호, 2000.1)을 보자.

동포집 좁은 문간에
조꼬만 신이 한컬레
병아리신이라고 할가
이 귀여움을

재일 3세가 되는 아빠의
큰신 옆에
나란히 붙어

병아리신 꼬마주인도 자라나면
붉은 볏이 돋아나서

목대를 세워 꼬끼오! 하고
활개칠 셈이런가
이국살이 오는 아침마다
　　　　　　– ≪신≫ 전문 –

이역의 밤에 총련분회모임을 하는 집 문간에 놓인 어린애 조꼬만한 신 한 컬레의 귀엽고도 인상적인 모습을 노래한 작품이나 자그만 그 생활 소재에 벌써 커다란 감격이 깃들어 있다. 비록 비좁은 문간 한구석의 얼핏 보면 예사로운 그 모습이 얼마나 드라마틱하고 격동적인가. 시에는 또 얼굴을 내보이지 않았으나 그 "병아리신 꼬마주인"의 미래상에 대해서도 이국의 아침을 부르며 활개치는 닭의 선명한 표상으로 형상되

었다. 짤막한 시에 그러나 이 얼마나 큰 재일 미래상이 내다보이지가
않는가. 극적인 재일동포 생활에 대한 극적인 노래라 할 것이다. 홍윤표
시들 가운데서도 매우 인상깊이 남는 시다.

　시 ≪자그만 의자≫(≪종소리≫18호, 2004.4, ≪종소리시인집≫)도
자그만 표상에 커다란 문제성을 담은 작품이다.

> 생김은 작아도
> 결코
> 작지 않은 의자다
> 조선학교
> 일학년 교실안에
> 등받이를 바로 세워
> 야무지게 자리 잡은 자그만 의자
> 여기에 몸을 맡겨
> 아이들은 민족의 말과
> 민족의 마음을 배운다
> 어찌하여
> 사람은 긍지 높아야 할가를
> 날로 떳떳이
> 자라나는 얼이 앉는
> 이 의자
> 그 어떤
> 호화하고 높은 의자보다도
> 더 큰
> 자그만 의자다
> 　　　　－ ≪자그만 의자≫ 전문 －

　극적이며 선명한 '의자'의 표상에 동시에 문제성, 철학성이 담겨져 있
다. 그 '자그만 의자'에 얼마나 벅찬 감격과 커다란 인생학적 의미, 무
거운 민족문제가 깃들어 있는 것인가. 아마 먼 거리에 학교가 있고 여

러 모로 어려운 조건을 무릅쓰고 새봄에 입학을 한 신입생의 "야무지게 자리잡은" 떳떳한 모습이 눈시울 뜨겁게 안겨온다. 그 '자그만 의자'가 무엇인가? 하는 문제제기와 그것은 민족을 배우는 데이며, 진실한 인간을 찾는 마당이라는 시적 해답, 그리고 '호화하고 높은 의자'를 탐내지 말고 그 '자그만 의자'에 깃든 깨끗한 인생로의 초심을 잊지 말라는 시인은 고도한 정치적 비판까지 시에 담았다. 이 세상에 무능한 관료주의자들과 속물적 금전주의자들이 발호함으로써 성실한 동포대중들에게 얼마나 많은 해독을 끼치고 있는가!

시 《가갸표》(《종소리》11호, 2002.7)도 참신한 감동과 깊은 문제성, 철학성을 담은 작품이다.

> 일본말만 쓰던 입으로
> 가갸거겨…
> 글 읽는 소리
> 처음으로 가갸표 배운다는 젊은이다
> 서툴기는 해도 소리에는
> 자기 말, 자기 뿌리 찾은
> 안도와 기쁨이 있다
> 긍지로 떨리는 이 얼을 축복하자
> 서툰 발음이 똑똑해짐에 따라
> 마음속에 선으로만 그려진
> 텅 빈 조국땅에도
> 풀이 돋아 산이 솟아
> 강이 흐르기 시작하고
> 꽃이 피여 길조새 까치도 날아오리라
> 앞날의 그 모습이 보이네
>
> 오늘도 한 젊은 겨레가
> 가갸표를 민족의 증명서처럼

소중히 품고 동포동네로 향했다
－ ≪가갸표≫ 전문 －

"가갸거겨" 글 읽는 소리를 통해 시인은 거기에 "자기 말, 자기 뿌리 찾은/ 안도와 기쁨이 있다"고 의미부여하면서 시 속에서 시인 스스로가 "긍지로 떨리는 이 얼을 축복하자"고 호소하였다. 진실한 자기 회복, 민족 회복에 대해서 노래한 어렴풋이 그려졌던 젊은이 가슴에 "풀이 돋아 산이 솟아/강이 흐르기 시작하고/꽃이 피여 길조새 까치도 날아" 오른다 는 시구는 아름다우며 사람들 가슴에 찡 울려오는 감격을 부르게 한다. 청결한 시흥이 낳게 하는 아름다운 표상이 아닌가. 그리하여 시인은 말, '가갸표'가 그저 단순한 전달수단으로 그치는 것이 아니라 '민족의 증명 서'라는 시적 결론, 시적 사상을 내놓는다. 시의 결구에 "동포동네로 향 했다"고 표현되고 있는데 ≪동포동네≫란 어떤 구체적인 동네를 가리 키고 있는 것이 아니라 진짜 조선민족의 일원으로 가입하게 되었다는 뜻이다. "오늘도" 남모르게 일어난 하나의 자그만 사건일지 모르겠으나 기실은 그 젊은이의 미래 운명이 확 크게 달라지는 큰 사건인 것이다. 그런 밝고 큰 미래가 보일 듯한 흐뭇한 확신과 여운 같은 것이 시의 결구에서 안겨온다.

(5) 조국과 고향을 바라보는, 그 마음

재일동포의 그 누구나 마음의 뿌리같이 소중히 간직하고 있는 '그 무 엇'이 있는바 따져가 보면 결국 그것은 바로 고향과 조국에 대한 끝없 는 애착심이다. 그러나 남에 있는 고향에도 겨우 최근에야 갔다 올 수 있게 되었으나 근반세기 가고파도 마음대로 쉽게 못 갔던 데가 자기 고 향이었다. 조국이라는 평양등지에도 겨우 1970년대 들어서야 우리들의 강한 요구와 투쟁 앞에 일본 당국이 하는 수 없이 뱃길을 열게 됨으로써 자주 오가게 되었다. 그러나 그 길도 지금은 '제재' 조치 운운하면서 일본 정부는 ≪만경봉≫호 입항을 막고 있기 때문에 자유로이 오갈 수 없게 되어있다.(2007년 1월 현재, 지난 시기에도 몇 번씩이나 자꾸 뱃길을 막아왔다.)

시 ≪바다≫(≪종소리≫15호, 2003.7)는 ≪만경봉≫호 입항을 저지시킨 일본당국에 대한 항의의 노래이다. 시에는 ≪만경봉≫호요, 니이가다요라고 직접 부르지 않았으나 오히려 그런 수법이 더 절박감과 보편성을 자아내었다.

장마철이 가까운 날
배가 없는
바다를 보았다

텅 빈 바다는
적적하고 서글프다
파도도 뭣을 찾는듯 하고

배가 없어지고
바다는 원시의 태고로
돌아간다는것인가

배가 오가던
그 풍요하고 눈부신 나날
바다는 추억하듯이 물결쳤다

흐린 날의 해는 소식없이 떨어지고
배불 하나 없는 바다를
어둠이 삽시에 삼켜간다

이와 같이 직설적으로 외침을 토하는 식이 아니라 "배불"도 없는 적적하고 서글픈 심상풍경으로 항의를 표하였으므로 도리어 고성을 올린 시보다 큰 효과를 낸 듯 여겨진다. 드팀없는 애족애국의 심정과 압박정책을 취하는 당국에 대한 은근한 항의의 부르짖음이 시인의 가슴에 억세게 맴돌고 있다.

시 ≪배가 없네≫(≪종소리≫1호, 2000.1, ≪종소리시인집≫)는 총련계 동포들이 아직 자기 뜻대로 이남의 고향을 오갈 수 없던 시기 고향을 그리는 시인의 애탄 서정풍경을 울분과 더불어 토로한 시다.

배가 없네
타고갈 배가 없네
저 남해바다에 떠있는
보석함 같은 섬
제주도 내 고향
돌아갈 배가 없네

아름다운 섬을 찾아
남들은 가네
수많은 외국인들까지
섬의 량민을 대량학살했던
아메리카의 대통령도
식민지 주인행세
잊지 못하는 일본수상도

제트기 날아들고
고속선도 물결 차고 드나드는데
이 류랑하는 도민 하나

어서 고향으로 실어다주는
하늘길도 없네
바다길도 없네

- ≪배가 없네≫ 전문 -

미군이 도사리는 파쑈체제하의 고향에로의 길은 사회주의자로서의 신조를 품어오던 시인이 쉽게 드나들 수 없었다. 그것이 재일의 양심적인 지식인의 태도였다. 애국애족시인으로서 누구보다도 애향의 뜨거운 마음을 가지면서도 가고픈 고향에 반세기간 단 한번도 못 가보는데 외국인들이 털레털레 구경삼아 가는 판이고 더구나 제주도 4·3봉기 때 대량학살(시인의 친척들도 희생당함)을 지휘한 미국의 최고책임자와 식민지 종주국이던 일본의 최고책임자들까지가 오가는 판이니 얼마나 속상할 노릇인가. 조국에로의 길, 고향에로의 길도 일본당국이나 그 누가 선사해준 것은 결코 아니며 우리 재일동포들이 피땀을 흘리면서 오랜 투쟁 끝에 비로소 쟁취한 것이다. 정의의 길이란 본래 어렵고도 고독한 남모를 투쟁이 있기 마련인 것이다. 그런 고충은 이 시와 같이 작가시인들만이 증언할 수가 있는 것일지 모르겠다.

2) 자화상의 노래

(1) 시인

시인이란 누구인가. 자화상으로서의 시인이 도대체 무엇을 하는 사람인가. 그 역할과 존재 이유가 무엇인가. 즉 자기 정체는 무엇인가. 그런 문제의식을 담아 시인은 시 ≪말찾기≫(≪종소리≫20호, 2004.10),≪보물≫,≪로저격수≫(≪종소리≫24호, 2005.10), ≪출발의 노래≫(≪종소리≫11호, 2002.7, ≪종소리시인집≫) 등을 썼다.

시 ≪말찾기≫는 언어예술가로서의 시인의 본분에 대한 자신의 절실
한 실감을 노래한 홍미스러운 작품이다.

기다리는
사람과 사람 사이를
정을 싣고 오가는
나루배 같은
그런 말이 있으면 한다

다툼질을 막는 말
증오를 가시는 말
살륙을 그만두게 하는 말

가난을 이겨내고
굶주림을 없애고
병마를 물리치는 말
정치를 바꿀수 있는
그런 말을 찾아내고 싶다

그 많은 리별이
그 많은 슬픔이
그 참을수 없는 노여움이
신음소리끝에
일어서는 말들을 기다리고 있다

억압자에게
비굴하지 않고
아양부리지 않고
가담하지 않는 말
용기 있고 약자의 편에 서는
그런 말이 소원이다

총보다 강하고
권력과도 맞서는 말
진실의 힘을 가진
그런 말과 만나고 싶다

먼 길을 가는 사람들의
마른 목을 적셔주는
저 샘물 같은
그런 말을 찾고있다
　　　　　－ ≪말찾기≫ 전문 －

　시어 찾기가 말하자면 시인의 일이지만 그것은 단순한 미사려구를 찾는다는 뜻이 결코 아니다. 홍윤표 시인은 자기 시어로 ①사람들에게 '정'을 날라다주는 '나루배' 같은 말, ②"살륙을 그만두게 하는" 평화의 사자 같은 말, ③"가난을 이겨내고" "정치를 바꿀수 있는" 말, ④"깊은 슬픔이" "신음소리끝에" 마지막에 일어서게 하는 그런 힘이 되는 말, ⑤억압자에게 "아양을 부리지 않고/가담하지 않는 말", ⑥"용기 있고 약자의 편에 서는" 말, ⑦"총보다 강하고/권력과도 맞서는" 진실의 말, ⑧"길을 가는 사람들의 /마른 목을 적셔주는" '샘물' 같은 말을 추구한다 하였다. 이는 시인의 목표이며 존재리유라 할 것이다.

　시 ≪보물≫도 시어를 찾는 시인의 본업에 대해서 노래하였다.

　"글을/닦는 사람들이 있다/원고용지에 글을 대고 닦는다(중략)너무나 같은 글을 부려먹었기 때문에/상한 글을 같은 글이 많다/깎고 대고 고치기도 한다/녹쓴 글은 닦고 거듭 닦는다/마음 담아 잘 닦은 글은/빛을 뿌리기 시작한다/감동이란 빛이다"

　원고지 위에서 애쓰는 시인의 모습이 눈앞에 잘 안겨온다. 시인은 결국 감동이라는 빛을 뿌리는 시어 찾기가 시인의 일이라고 찍고 있다.

재일로시인의 그 모습을 "보물을 아끼는 소년"으로 비유하여 부귀영달과는 담을 쌓고 밤낮 사회진실을 추구하면서 붓을 드는 순진성에 대한 당당한 찬사다.

시 ≪로저격수≫ 역시 재일의 시인상이며 자화상의 노래다.

<blockquote>

사랑이 부르면
저격수로 되자
(중략)
끈지게 한자리에서
저 준동하는 증오를 겨누고있다
미친 악의의 습격으로
우리 사람들의 사랑을 죽이려고
얼씬만 해보라
서슴없이 방아쇠 당기련다
쇠총알보다 관통력이 강한
말탄알을 먹인 붓총
이 손에 가진지 오래다
</blockquote>

– ≪로저격수≫ 부분 –

그저 자연이나 읊고 애매한 자아세계의 동굴에서 헤매는 그런 한가한 무사상의 시인이 아니라 "준동하는 증오"와 "미친 악의의 습격", 미일 력사반동의 적대시와 악의의 공격에 단호히 대결하는 저격수라는 전투적인 표상을 지닌 재일시인상이다. "쇠총알보다 관통력이 강한/말탄알을 먹인 붓총"의 방아쇠를 서슴없이 당기겠다고 긍지 높이 선언한 우리 재일조선시인들은 무서운 시인집단임을 감추지 않는다.

시 ≪출발의 노래≫는 더 시인자신의 실감이 담겨진 시인상, 자화상이다.

출발할 때는

누가 부르는지
길 나서는 뜻이 부르는지
출발의 노래가 들려온다

빛발 뿌리는 아침에
힘차게 떠나는 출발이 있고
어둠이 지지누르는 밤에
묵묵히 떠나는 출발이 있다
사람수만큼 있는 출발의 수
출발의 노래

하나하나의 그 출발도
넘어지면 일어나지 않는 출발이 있고
쓰러져도 쓰러져도
일어서는 출발이 있다
상처 입은 몸이 돌아와
다시 뛰여가는 재출발도 있구나

매달리는 과거를 던지고
새로 출발점에 서는 사람은
어떤 용기 있는 노래를 부를가

같은 출발도
가는 땅이 다를수 있고
출발이 달라도
목적의 땅이 같을수 있다

서툴러도 좋다
자신의 출발의 노래를 가지자
거짓 없는 마음의 발을 위해서

숨질 마지막 출발의 그때까지

상처투성이의 노래일지라도
자신의 출발의 노래
몇 번이나 부르고 싶구나
훌륭한 노래를
한번만 부르기보다는
－ ≪출발이 노래≫ 전문 －

가식이 없고 인생 실감이 있는 솔직한 진실의 노래이기 때문에 그만치 가슴을 치는 감동이 있다. 독자에게 힘을 주고 용기를 준다. "사람수만큼 있는 출발의 노래"가 사실 많고 이역살이 우리에게는 대체로 거의 다 어려운 출발이다. 그래도 마음 다잡아먹으면서 출발의 지점에 선다. 극적 순간이다. 눈물 머금으면서 자신에게 새 용기를 재촉하지 않을 수 없다. 실패, 좌절과 새 다짐… 인생에서는 참으로 새 출발이 많은바 또 시인이란 그런 인생을 노래할 사람인데 "서툴어도 좋다/자신의 노래를 가지"고 "거짓 없는 마음"을 노래해야 되겠다고 한 시인으로서의 재확인은 무게 있는 자기실토이다. "훌륭한 노래를/한번만 부르기보다는" "상처투성이의 노래일지라도" 자기 자신의 진실한 노래를 많이 불러야 되겠다는 결구도 시인의 진짜 본분과 역할에 대한 중요한 주장이다.

(2) 저항자

재일 지식인들 가운데서는 청춘기에 놓인 그 어려운 역사적 환경 속에서 대체로 사회 정의와 민족적 양심의 신조 밑에 조국통일과 사회이상을 지향하고 그 역군으로 살려는 뜻을 품은 경향이 많았다. 농도의 차이나 우역곡절은 있어도 그런 경향, 저항의 자세를 거의 공통적으로 가졌다는 것이 역사적 사실이다. 시인 홍윤표도 그 예외가 아니었다. 따라서 그의 시에 저항의 자세, 투사의식이 엿보인 것은 마땅한 일이다.

그것은 또한 시인 자신의 자화상의 노래로 반영되었음은 당연한 일이라 할 것이다.

　시 ≪얼의 시절≫(≪종소리≫ 4호, 2000.10)은 투쟁하는 사람의 마음(≪저항의 서정≫), 곱고 깨끗한 얼로 살려는 견결한 뜻을 시화한 작품이다.

철이라면 어느 시절인가
념원의 날을 향해
줄곧 내닫는 이 나날은

사랑에 눈뜬 이 땅에
아직도 검은
배신의 그림자 끌고
하나 됨을 가로막는 자
무슨 얼이 그리도 싸늘한가
시퍼런 비수 같이

천지에
통일을 부르는 소리 가득차
민족의 새 운명
서로 받아 안는 이때
얼은 어떤 모습으로 뜨거워져야 할가

철을 맞아
일제히 꽃이 피듯이
이 땅 모든 사랑의 문
열고 여는 이때는
됨됨이 다른 사람의 얼도
다 곱게 피여야 할 철

살몸이 없어져도
영원속에서
살수 있다는 얼
후세에 남기고 싶구나
티끌 없는 깨끗한 추억을

아름다운 춘하추동이 무엇이랴
꽃과 사들만의 세월이라면
아무리 오고 다시 온들
- ≪얼의 시절≫ 전문 -

직설이 아니고 비유적인 표현을 하는 것이 홍윤표 시의 특징이나마 별로 까다로운 데도 없다. 민족의 운명이 달린 조국 통일 위업을 이룩해야 할 성스러운 이 역사적 시기, '얼의 시절'에 어찌 배신의 싸늘한 얼로 살겠는가. 민족의 봄을 맞는 이 진실한 얼의 꽃시절에 우리 얼도 곱게 피워 값있는 삶을 찾아야지 어찌 더럽고도 부끄러운 역사적 반동의 낙인 찍힌 헛된 삶을 남기겠는가. 사람값을 찾지 못하는, 그저 순수 자연 계절만의 아름다움이야 그것이 아무리 아름다워도 도대체 무슨 소용이 이겠느냐 하는 호소의 노래다. 한마디로 말해서 오늘은 그저 비인간적인 자연사의 시대가 아니라 사람의 시대, 얼의 꽃이 피는 시대, 투쟁하는 사람으로 살아야만 할 시대라고 하는 굳은 신념이 어린 시인의 메시지가 담긴 작품이다.

시 ≪바람을 향하여 ≫(≪종소리≫1호, 2000.1, ≪종소리시인집≫)는 바람을 향하는 기발로 저항자상, 투사상을 비유하여 노래하였다.

바람이 불면
바람을
등으로 받지 말자

가슴으로 맞받아가자

모래 섞인 바람이
눈을 때리고
눈물을 뺏아가도
바람 세차게 부어오는 그쪽에
앞이 트인
큰길이 보인다
넓은 벌판도 펼쳐져있다
바람을 안고가자

시람은 마치도
사람들의 운명 실은 수레를
오르막길에서 밀고있듯이
바람이 불어도
멎지 않고
앞으로만 간다

바람 없는 세월보다
바람 있는 인생이 좋구나
바람을 향하여 가자
이 몸을
기발처럼 펄럭이면서
- ≪바람을 향하여≫ 전문 -

　　역시 직설적인 설명조를 피하고 비유의 표상에 사색과 발견을 담고
생활 진리, 철학성을 추구하는 방법을 취하고 있다. 시인은 "바람을/ 등
으로 받지 말자/ 가슴으로 맞받아가자", 즉 ①'바람' 앞에서 비겁하지
말고 용감해야 한다(1연), 그리하여 ②'바람'을 뚫고 나가야 "앞이 트인/
큰길이 보인다/ 넓은 벌판도 펼쳐"진다. 즉 투쟁을 거쳐야 승리가 보인

다(2연). ③앞으로만 가는 시간처럼 늦춤없이(시간이 얼마 남지 못하고 있다) 앞으로만 가자(3연), ④"바람을 향하여 가자/이 몸을/기발처럼 펄럭이면서", 즉 투사는 기발이라고 하면서 투사의 영예와 긍지는 투쟁이 있음으로 비로소 세상에 빛을 뿌리는 것이라고 역설적으로 투사의 존재 이유를 밝히고 있다. 그뿐만 아니라 패기와 낙천으로 "바람 없는 세월보다/바람 있는 인생이 좋구나"고 호탕하게 선언한다(4연). 마치 고리끼의 산문시 ≪해연의 노래≫와 같이.

시 ≪기발≫(≪종소리≫9호, 2002.1)도 투사, 저항자의 모습, 저항의 서정을 기발에 비겨서 노래한 작품이다.

시의 도입부에 "기는/먼저 예감하고/바람을 향해/서있다"는 새 맛이 나는 발견과 더불어 그 어엿하고도 눈부신 표상을 제시하여 기발의 본질적인 의미를 탐구해 간다.

> 기발은
> 눕기를 싫어하고
> 하늘을 안아
> 색갈도 선히
> 언제나 나래치자고 한다
>   - ≪기발≫ 부분 -

이와 같이 호기 있게 기발은 "하늘을 안아" 나래치면서 천지(온 세계)를 개혁하려 큰 뜻을 안고 펄럭이고 있다라고 노래하고서는 결구에 가서 "아름다운 기발은/ 바람세 강할수록 힘이 차고/ 우로 우로 올라/ 더 펄럭이며 노래하며/ 눈부신 빛을 뿌린다"고 하였다.

그는 이상에로 향하는 자화상으로서의 저항자, 투쟁하는 사람으로 또 ≪매≫(시 ≪매와 같이≫-≪종소리≫2호, 2000.4)나 ≪돌≫(시 ≪돌

멩이≫-≪종소리≫4호, 2000.10)로 비유하면서 저항과 투쟁의 서정을
노래하였다.

3) ≪하나 되기를 위하여≫

나라 통일, 이는 크고도 극적인 민족의 운명과 결부된 심각한 문제다.
통일문제에 대한 홍윤표의 시 형상에서도 특징적으로 볼 수 있는 것은
극성이 있는 표상, 동창적인 발견, 사색성 있는 생활 진리가 똑똑히 안
받침 되고 있다는 점이다.

통일 주제 작품에서 인상적인 것은 시 ≪다리≫(≪종소리≫17호, 2004.1,
≪종소리시인집≫), ≪철길이 이어졌다≫(≪종소리≫15호, 2003.7), ≪벌
레가 운다≫(≪종소리≫12호, 2002.10) 등이다.

시 ≪다리≫에서는 다리의 표상을 추구해가면서 '민족의 마음다리'로
서의 통일문제를 제기하였다. 통일을 사회역사적인 문제로서보다 생활
정서적으로, 미학적으로 그리고 철학적으로 문제 추구하는 독자적인 시
점이 미묘한 여운을 낳게 하고 있다.

> 다리 있는 풍경은 좋다
> 떨어진 량 기슭을
> 다정하게
> 또는 엄하게 이어주고
> 길의 전진운동을
> 떠받치고있는 다리
> 가야 할 곳을 향해
> 사람들의 굳은 의지가 놓은 다리
> 길 없는데 다리는 없고
> 다리 있는데는 길이 있다

전쟁이
다리를 파괴하고 평화를 죽여도
흩어진 사람을 찾아내여
다시 소생시키자고
사람들이 놓은 새 다리

다리로 되는 말도 있고
다리로 되는 그림도 있고
다리로 되는 음악도 있다
다리는
사람들의 마음속에서
무지개처럼 뻗고있는가부다

민족의
마음다리가 있다면
어떤 다리일가
사람들의 리별도
사람들의 상봉도
다리우에서
더 슬프고 더 기쁘다

큰 다리 작은 달
크고 작은 소원들이
건너가고 건너오고
이 땅 저 땅
다리 있는 풍경은
그 땅 사람들의
마음의 한 풍경 같다
- ≪다리≫ 전문 -

　　다리란? 이렇게 문제제기해 놓고 시인은 생활정서와 시적 사색의 시
점에서 철두철미 추구해간다. 곧 다리는 ①좋은 풍경이고 ②다정하고

③엄하며 ④전진운동을 떠받친다. 그리고 ⑤사람들의 굳은 의지가 있고 ⑥길과 잇닿아있으며 ⑦평화와 ⑧사랑 ⑨소생이 있다. 뿐만아니라 ⑩말(시)이 있고 ⑪그림이 되며 ⑫음악이 떠오른 ⑬무지개와도 같다. 아니 아니, 다리는 ⑭민족의 마음다리, 통일의 상징이 아닌가. 조국 한 가운데 환영(불가시)의 다리 위에는 ⑮이별의 슬픔, ⑯상봉의 기쁨이 있고 ⑰소원이 있다. 이와 같이 열거와 점층의 수법을 끈지게 써간다. 그리하여 마지막에 시인은 주관적 욕망으로서가 아니라 일부러 냉철하게 제3자적 시점에서 "다리 있는 풍경은/그 땅 사람들의/마음의 한 풍경 같다"고 비약시켜 결구를 때린 것은 우리나라에 아직도 분계선이 남아 통일다리 풍경을 제대로 갖추지 못하였으니 조선땅 사람들은 부끄러운 마음을 금할 수가 없구나 하는 역설적인 말을 숨겨놓은 셈이다.

시 ≪아름다운 손≫도 실지 2000년 6·15 역사적인 남북 최고수뇌 자회의에서의 악수를 소재 삼아 노래하였지만 시인은 직설의 방법을 피하여 은유의 방법으로 사색을 심화하면서 시적 효과를 노렸다. '아름다움 손'이란 과연 어떠한 것인가? 하는 보편적인 문제로 제기하고서 일반 생활 풍경을 쫓다가 결구에 가서야 정치적 사건의 중대한 의의부여에로 승화·전환시키는 완곡법이다. 그러나 끝내 시에서는 정치적 사건에 대해서는 직접 일언반구도 않고 순전히 인간생활의 문제로만 취급한 그 간접적인 방법이 오히려 결과적으로 6·15의 위대한 정신을 더 심각하게 더 인상적으로 독자들의 심금에 울리게 하였다.

크게 펴진
사람의 손은 아름답구나

아기를 안은 어머니 손도
꽃을 가꾸는 손들도

사랑에 차 부드럽게 펴져있네

손과 손의 맞잡음에도
크게 펼칠수록
굳게 굳게 잡게 되리라

손은 더더욱 아름답게 펴져라
바라는 념원 기어이
잡으려 할 때는

하나 되기를 위하여
뻗쳐가는 북과 남의 우리의 손
조선의 손들은 이제
이 지구우에서도
가장 아름다운 모습으로 되어야 하리
- ≪아름다운 손≫ 전문 -

이와 같이 결구에 가서도 일부러 수뇌자 이름도 감추면서 오히려 역사적 영원성 위에 아로새겨진 뚜렷한 표상으로 그 "조선의 손들은 이제/이 지구우에서도/가장 아름다운 모습으로" 되었음을 세계 앞에 환희와 긍지의 목소리 높이 불렀다.

그런데 문제는 6·15 수뇌자회의에서의 양 수뇌자의 악수에 대한 시인의 감격이 시의 계기가 되어있음을 적지 않은 독자들이 미처 알지 못함으로써 시의 진의도를 충분히 전달되지 않는 난점이 있다.

시 ≪땅을 그린 기발≫은 2002년 10월 부산에서 열린 14차 아시아경기대회 개막식 경기장 위 집단체조에서 그려진 통일기에 대한 감동을 노래한 작품이다.

"사람들은/모든 소원을 모아/하나로 하였기에/기발이 되었구나", "북과 남의/ 마음 길을 이으니/ 아무 금이 없는/ 삼천리 지도가 되었느냐", "저

먼 별도 달도 해도 아닌/ 푸른 땅만이 자리잡은 기발"…

분계선이 없는 '삼천리 지도'의, 극성이 담긴 기발의 표상에다 시인의 사색이 심화되고 있다.

시 ≪철길이 이어졌다≫도 경의선 새 철도길공사 완공의 기쁨을 사색성 있게 구가하고 있다.

동서 가로 지르는
분계선을 뚫고
남북 세로 뻗는
우리 철길이 이어졌다

뼈처럼 부러지고 녹쓴 선로는
한탄도 함께 깎아내고
새로 소생한 민족의 철길

철길을 떠받는 새 침목들은
어떤 쓰라린 과거를 자갈로 깔았을가
새 경의선은
무슨 의지를 가지고
저 멀리 뻗고 있을가

그칠새없이 하나로 흘러도
물고기떼, 추억만이 오간다는 림진강
사람들의 손으로 이은 이 철길
무엇부터 오고갈가
어떤 목적지를 향하고있을가

온 땅 그 어데라도 통하는
념원의 철길이여
어서 타보자 해외의 우리도

희망을 가득 싣고 달릴 렬차들에

분계지점에서 멈춰버린
그 력사에게도 부탁하자
첫출발차 운전대에 단단히 앉아줄것을

인구는 이제 7천만
품은 꿈도 불어났다
래일의 번영을 태워가는 철길
다시는 녹쓸지 말아야지
날이 갈수록 닦아지고
더더욱 번득거려야지
힘찬 차바퀴의 끊임없는 회전으로
　　　　　－ ≪철길이 이어졌다≫ 전문 －

'역사'를 의인화하여 분계선의 종말을 고하며 통일의 새 첫출발차 운전대에 앉음으로써 문자 그대로 '새 력사적 출발'을 고해달라는 구절도 재미난 사색적 표현이다. '어떤 목적지를 향하고 있을가'(≪행복≫이라는 목적지임을 쉽게 알 수 있다)하는 수사학적 질문을 독자에게도 던지면서 사색시키며….

감정의 단순한 토로로 흘러가지 않고 더운 가슴으로 깊이 사색하면서 한줄 한줄 앞으로 심화해나가는 스타일, 이것이 홍윤표 시의 기본스타일이다. 독자도 사색해가면서 읽어야 할 시다. 재일독자들로서는 익숙이 채 되지 않고 있는 면도 있지만.

4) 반전·평화의 호소

(1) 반전, 반미의 부르짖음

홍윤표 시인에게 있어 반미반제사상은 그의 사상구조의 기저에 튼튼히 자리 잡고 있다. 또 직접 시적대상으로 삼아 적지 않게 작품화하였다. 그 중에서도 시 ≪지붕≫(≪종소리≫ 10호, 2002.4)은 제국주의자들이 자기 시장 확대와 체제 유지를 위한 필수방법의 하나인 전쟁에 대해 정면으로 대결하는 자세를 시로써 똑똑히 선언한 작품이다.

> 지붕 우에 새벽이 온다
> 지붕 높이 구름이 간다
> 지붕 안아 바람이 분다
> 지붕 찾아 나그네 떤다
> 지붕 뒤에 노을이 진다
> 지붕 옆에 까마귀 운다
> 지붕 밑에 사람이 잔다
>
> 큰것도 있고
> 부드러운것도 있고
> 지친것도 있다
> 신의 갓이 된것도 있는가 하면
> 잡힌 사람을 누르고있는것도 있다
>
> 지붕 밟고 전쟁이 와도
> 지붕 믿고 사람은 산다
>   - ≪지붕≫ 전문 -

아마 시적 계기는 아메리카에 의한 잔인한 공폭이다. 전쟁으로 말미암아 파괴된 집 앞에서 울며불며 죽을 고생을 강요당하는 것은 결국 무고한 인민대중이다. 그런 비참한 정경이 자주 텔레비 화면에 비치었다. 이 시는 약자의 립장에서, 진정 인도주의의 견지에서 잔인하고 지독한 원쑤인 전쟁에 대해서 반기를 든 그런 시다. 집, 지붕은 사람이다. 지구 위에 사람이 살고 사람 사는 집에 지붕이 있다. 당연한 것이나마 지구

위의 주인공인 사람이 의지하는 중요한 집의 표상을 시인은 시의 첫 연에서 집요할 만치 반복 강조하고 있다. 그 지붕을 밟고서 전쟁이 온다는 결구는 전쟁이 다름 아닌 바로 사람을 짓밟는다는 본질적 진실을 시적으로 밝히고 있는 것이다. 그러나 아무리 제국주의자들이 전쟁정책을 기본으로 삼아 파렴치하게 난동을 부려도 인민들은 "지붕 믿고", 오는 행복을 믿고 끝내 살아간다는 그 불패성, 그 강인성에 대해서도 시인은 강한 시적 리듬과 함께 강하게 시사하고 있다.

(2) 일본의 광기, 군국화에 대한 지탄

거리 한복판에서 바다소리가 난다
치는 파도소리가 몸을 싼다
큰길에 과연 나타나는구나
피묻은 흔적 같은 히노마루와
장갑차 차림의 검은 우익의 선전차
북방을 향해 한참 망언대포를 퍼붓고
음비한 주문 외우듯 일본군가를 부른다
야스꾸니정신을 이은 명문 순수종
오늘은 그 정권이 생긴 날
크게 소용돌이치는 바닷물이 떠오른다

제땅과의 갈림이 있었던 저날부터
아우성치는 세월마다 멀리서 가까이서
울리는 바다소리를 듣게 되었다
이제 또 부딪치는 물결소리다
휘몰아치는가 폭풍우 더욱 세차게
세계에서도 제일 많이 미군기지 안은 일본
그때도 이 땅에서 조선반도에
폭격기들이 떼지어 날아갔다 밤낮없이

바다도 몸부림치던 불의 기억이 되살아난다
- ≪바다소리≫ 전문 -

시 도입부의 "거리 한복판에서 바다소리가 난다"는 첫 구절부터가 독자를 놀래우는 시적 표상이다. 도대체 길 한복판에서 무슨 바다…? 그런데 결국 시인이 말하고 있는 것은 우익선 전차가 갑자기 달려와 길 한복판에서 웬 고함을 치고 있는 모양이 (확성기로 "바다를 가면" 하는 군가를 부르기도 한다) 마치나 "치는 파도소리" 같다는 것이다. 독자의 뇌리를 쾅하고 마구 때리는 폭발력 있고 박력이 있는 '시적 폭력표현', 풍자(김지하, ≪풍자냐 자살이냐≫)의 방법이다. 그런데 홍윤표 풍자시에서는 풍자에다 정치적 직설이 덧붙는다. "피묻은 흔적 같은 히노마루", "야스꾸니 정신을 이은 명문 순수종/오늘은 그 정권이 생긴 날"이라든지 "세계에서도 제일 많이 미군기지 안은 일본"이라는 표현. 이렇게 완전 풍유의 방법이 아니라 정치적 직설을 끼어들게 함으로써 더 알기 쉬운 표현으로 되고 있다.

그는 미사려구나 시적 완성도를 지닌 시어를 추구하고자 하기보다 사물이나 사태의 내부에 품은 극한적 본질, 정치적 성격에 육박하는 그런 표현을 노리는 시인이다. 그러나 단순한 산문적인 직설은 피한다. 38도선이 그어진 8월 15일을 "제땅과의 갈림길이 있었던 저 날"로, 조선전쟁 때를 '그때'로, 전쟁시기 기억을 '불의 기억'으로 한다는 식으로. 인상적이고 박력이 있는 '바다소리' 표상의 수미일치, '파도소리'와 연상된 우익 아베내각의 탄생날과 전화의 날의 비극과의 대조 등에서 표현된 시의 예리한 정치성과 시적 구조의 긴밀성에 대해서도 주목을 돌려야 할 것이다.

일본의 광기어린 우익화, 군국화에 대한 지탄의 시들에 또 ≪까마귀가 운다≫(≪종소리≫28호, 2006.10), ≪확성기≫(≪종소리≫27호, 2006.7) 등이 있다.

시 ≪까마귀가 운다≫는 야유의 색조가 특징적이다.

어쩐지 요새
까마귀가 잘 운다
뭣을 욕하고있는지 끈지게 운다

인가 지붕 우에서 울고
텔레비 안테나우에 앉아 울고
국토길에 나가 검은 새가 운다

까마귀는 국회의사당에도 가고
귀신 있는 신사에도 드나들고
자위대주둔지에서도 시끄럽게 운다 한다

역전에 모인 청중등 앞에서
피대를 세우고 선거연설하는 보수정치가
그 머리 우를 까마귀소리가 날아간다

까욱 까욱 우는 까마귀소리가
가짜 가짜 거짓 거짓
라고 들리니 묘한 일이다
                    - ≪까마귀가 운다≫ 전문 -

2연에서 "인가 지붕 우"에서 우는 실지 까마귀(요새 도꼬에 까마귀가 거리를 더럽힌다고 문제가 되고 있다)와 "텔레비 안테나 우에 앉아" 우는 텔레비 아나운서, "국토길에 나가" 우는 검은 우익선전차가 다불 이 메지로 표현되고 있다. 3연에 있듯이 요즘 일본 국회마당에서 반조, 호전의 발언과 '압력' 시책 채택소리가 요란하게 울렸으며 대신들의 야스꾸니신사 참배, 자위대의 군사연습 소동들로 갑자기 도쬬시대에 되돌아간 듯한 시세이다. 4연에서 "피대를 세우고 선거연설하는 보수정치가/

그 머리 우를 까마귀소리가 날아간다"는 연설소리와 까마귀소리를 동격화 시킨 해학의 표현이다. 마치나 논밭에 멍하니 서있는 허수아비 같이… 결구에 가서 "까욱 까욱" 하는 소리를 "가짜 가짜 거짓 거짓"으로 변형화 시킨 시적 수법도 묘하다. 표현적으로 묘할 뿐 아니라 내용적으로 올바로 일본 정치상의 진실을 드러냈다. 시적 화자와 독자들의 승자가 된 웃음소리가 들려오지 않는가. 갖은 차별과 악의에 찬 탄압 속에서도 재일은 결코 한탄만 하고 울기만 하는 그런 노예 같은 존재는 벌써 아니다는 투쟁선언이다.

시 ≪확성기≫는 우에서 언급한 ≪이국풍경시초≫에 속한 작품이다. 재일이 놓인 정치적 환경을 부연한 것이지만 일본군국주의에 대한 지탄의 대표적이 될 만한 작품이기 때문에 이 항목에서 그 내용과 형식의 특징을 살펴보도록 하였다.

　　　보다 널리
　　　보다 깊이
　　　머리들속에 박아지도록
　　　가슴들이 떨리도록
　　　퍼뜨리는 확성의 소리
　　　확성의 마력

　　　이전에는 중대방송도 라디오였다
　　　지금은 집집마다 텔레비며
　　　온갖 휴대단말(携帶端末)로 발전
　　　자동차 전차 비행물까지도 몰고
　　　확성된 소리는 순시에
　　　온 땅 온 공간을 찔러 퍼진다

　　　USA 대통령의 저 히스테리크소리

재치있게 확성하는 일본수뇌자들의 그 입
다른 목소리마저 다 삼키고말듯이
보다 크게 보다 강하게
확성된 소리는
확장주의 침략주의적 가락 맞춤이다

동해를 향해 극동지역을 향해
휘여진 포물선을 그리는 일본렬도
거대한 확성기 같다
그칠새 없이 엉뚱한 소리로 떠든다
음량도수도 높이
부리는 심술도 로골적으로

그 확성기 몸뚱아리 배꼽쯤 되는 위치
CAMP 좌마(座間)에
본국부터 큰 군단기 휘날리며 이동하는
미군 최강의 재일군단 사령부
확성기 렬도는 이제 또
무슨 괴물로 변신 진화하겠다는것인가

 지금 온갖 매스미디어를 동원하여 아침 저녁으로 반조, 반총련 소동에 미쳐 날뛰고 있는 일본의 광기, 그것은 '확성기'화한 이상야릇한 '괴물'이라는 문제성을 시적 계기로 하고서 그러면 과연 그 정체가 무엇인가? 하고 추구해가면서 시를 전개하고 있다. 우선 백이 흑으로 되게끔 자꾸 되풀이함으로써 깊이 머리에 박히도록, 가슴이 공포로 떨리도록 하는 "마력"을 가진, 그리고 최신 형태로 발전된 그것은 "순시에/온 땅 온 공간"에 전파된다. 그러나 가만히 꿰뚫어 보니 아메리카 대통령의 확장주의 말을 그대로 교묘하게 되풀이하고 있지 않는가. 또 활같이 포물선을 그린 일본열도 모습이 그대로 침략의 본성을 드러내면서 그 "거대한 확성기"가 "부리는 심술도 로골적으로" 악의에 찬 악선전을 하느라고 "그칠새 없이" 막 야단들이다. 결론적으로 결구에서 "확성기 몸뚱아리 배꼽쯤 되는" 중심위치에 미군기지 사령부가 도사리고 있으니 큰 소리를 쳐도 일본은 그저 미국에 좌지우지되는, 자기 "입"을 못 가진 열도에 지나기 않는가 하고 시인은 단정하는 것이다. 미국의 전쟁정책에 세계 제일로 따르기만 하는 일본이 미국의 요구에 따라 도대체 내일은 ≪또/무슨 괴물로 변신 진화≫를 하겠는가고 과거와 현재, 미래의 일본 정체를 야유하였다. 과거청산도 하지 않거니와 오히려 도둑이 매를 드는 격으로 현재 대대적으로 조선 적대시 소동을 벌리는 일본 정체의 역사적 변천 모습의 본질을 까밝히면서 시인은 시 마지막에 날카로운 조소의 화살을 퍼붓고 있다.

5) 개성적 특징

(1) 사색적, 정치적 예리성

홍윤표 시의 특징은 첫째로 내용면에서 예리한 비평정신(투사의식), '저항의 서정'으로 문제성을 추구한 사색성(철학성), 정치성이 짙은 점이다. 경향적으로 한마디로 말해서 그는 사색의 시인이라 불러도 무방할 것이다. 깊은 사색-새로운 발견을 축으로 하여 긴요한 문제성 제기를 하면서 그것을 예리하게 끈지게 심화·추구하며 문제 해명에로 육박을 한다. 그의 새 맛이 나는 사색성은 진실한 인생철학과 정치적 예리성에 이어져 있다. 또 예리한 정치성의 높이가 풍자성으로 시화되기도 한다.

시를 통하여 감정적으로 여운 있게 충동을 주기보다 인식적인 참신성, 의외스러운 발견으로 충동을 주는 편의 시인이다. 그 심각성과 진리성으로 독자의 심장에 육박하는 시풍인 것이다. 높은 정치적 안목, 현시대적 안목, 그리고 거대한 역사적인 스케일의 시점이 그의 개성이며 매력이라 할 수 있다. 그러나 결코 사회과학적 견지의 개념이나 이념에 쏠리는 것이 아니라 시인으로서의 견지에 서서 반드시 절실한 인간생활, 우리 동포 생활 속에서 출발하여 문제성을 절절하게 제기한다. 그리하여 미학적으로 시적 표상과 결부시켜 참신하게 날카로이 파고들며 현실사태와 존재정형의 본질(진실)추구, 과제의 시사 등에로 철저히 해명해 나가는 창작자세를 일관시키고 있다.

(2) 발견이 있는 표상-참신한 형상수법

그의 시의 특징은 둘째로 형상에서 목적의식적으로 새 맛이 나는 선명한 표상을 시의 중심에 내세우고 있다는 점이다. 즉 ①선명한 회화성을 담보하면서도 무의미하게 가식적으로 제시하고 묘사하는 식이 아니라 ②새로운 발견(의외성, 놀라움을 동반)이 있고 극성(감동성)이 있는 표상, ③철학적 문제성과 결부된 표상이다. 그런 박력과 중량감이 있고 힘 있는 인상적인 표상에 기초하면서 주제 사상적인 핵(종자, 진리성) 탐구에로 시적 사색을 심화해 간다. 참신성 있는 형상수법을 거친 그의 시작품은 모름지기 매우 참신하고 개성적이다.

그의 작품에 형상된 참신하고 개성적인 표상은 정밀한 서정, 미적 서정을 부르는 그런 '미의 표상'이라기보다 "휘여진 포물선", "확성기 몸뚱아리 배꼽" 등의, 어느 쪽인가 하면 현대과학기술적인 도리어 '추(醜)의 표상'도 적지 않다. 모두가 아니지만 간간에 사색의 심화로 된 추상예술을 연상시킬 만한 표상도 보인다. 정화흠 류의 시와 같은 전통시 경향의 시 경향과는 상극을 이루는 홍윤표 류의 시는 현대시(모더니즘) 경향의 시라 할 수 있다.

(3) 난해성, 비유순성

깊이 파고드는 사색성, 발견이 있는 의외스러운 표상은 마땅히 굴절된 의미심장한 표현을 낳게 하고 결과적으로 때로 시인의 의도가 독자에게 잘 전달되지 못하는 경우를 초래한다. 또 시가 주장하는 의미적 내용뿐만 아니라 '추' 경향의 현대과학기술적인 표상이 독자들에게 잘 익숙지 않아서 정서적으로 순순히 받아들이지 못할 까다로운 느낌을 주는 측면도 간간이 엿보인다. 다시 말하여 때로 그의 시에 난해성이 보인다.

또한 시어와 리듬에서 순순히 흐르지 않는 비유순성, 톡톡 걸치는 독특한 템포를 자아낸다. 사실 시인 당사자도 독자들이 그저 쑥 읽어나가기보다 사색하면서, 씹어가면서 음미해 주기를 바란다고 하고 있다. 현대 내재율의 시는 낭송보다 곱씹어 일구일구를 눈으로 쫓으면서 사색적으로 읽어서 인생철학, 세상의 진리성을 탐색하면서 엄밀하고도 매력있는 시적 표현세계의 묘미 속에 잠겨야만 하는 법이지만. 사실 인생철학 자체가 쉽게 풀리지가 않고 까다로우며 또 오늘 같은 스피드시대에는 오히려 천천히 사색을 깊여보는 한때가 인간시간을 회복하는, 진짜 시문학 시간일지 모르겠다. 이와 같은 철학적 난해성과 시어, 리듬에서의 비유순성도 홍운표 시의 독특한 특징의 셋째로 올려야 할 것이다.

우리 재일조선시인들도 유희적 태도와 무사상, 독자(인민대중) 무시에 대해서는 반대하지만 부단히 새로운 문학창작방향을 모색 탐구해가는 시 전문가의 입장에서 현대시 경향도 긍정적인 측면에 대해서는 적극 배워나가야 한다고 생각한다.

재일동포 한국어 시문학1)의 전개과정

이 경 수

1) 일본에 거주하는 우리 민족을 지칭하는 용어로는 일반적으로 재일교포, 재일동포, 재일조선인, 재일한국인, 재일한국·조선인 등의 용어가 쓰여 왔다. 재일교포나 재일동포는 민족적 뿌리를 강조하는 말로 국적에 대한 개념은 포함되어 있지 않은 말이다. 재일조선인이라는 용어를 고집하는 경우는 조총련에 속해 있고 북한을 지지한다는 것을 드러내는 입장과 한국도 북한도 일본도 아닌 '조선적'이라는 지구상 어디에도 존재하지 않는 국적을 지니고 있는 존재임을 자각하기 위한 입장으로 나뉜다. 재일한국인은 한국을 지지하는 입장을 지닌 재일동포를 지칭해 쓰이기도 하고, 남한과 북한을 아우르는 용어로서 이념적·체제적 차이를 통합하는 개념으로 '재일한국인'이라는 용어가 선택되기도 한다. 오해를 없애기 위해 좀더 절충적인 용어로 '재일한국·조선인'이라는 용어가 선택되기도 했다(이진희·강재언, 『日朝交流史』, 有斐閣選書, 1995, 234쪽). 김응교는 일본에서 한국어로 작품 활동을 하는 작가들의 대부분이 조총련에 소속되어 활동하는 작가라는 사실을 들어 '재일조선 시'라는 용어를 쓸 것을 제안했다(김응교, 「일본 속의 마이너리티, 재일조선 시」, ≪시작≫, 2004.겨울호). 그러나 소수이기는 하지만, 김윤, 김리박, 리승순 등과 같이 조총련에 소속되지 않은 채 독립적으로 활동하는 재일동포 작가들이 존재한다는 사실과 이들의 작품이 재일동포 한국어문학사에서 지니는 의미가 적지 않다는 점을 고려할 때 '재일조선 시', 또는 '재일조선인 시'라는 용어는 이들의 작품을 포괄하지 못하거나 이들의 작품을 조총련에 소속되어 활동하는 시인들의 시와 구별하지 못하게 하는 결과를 가져올 수 있다. 따라서 이 논문에서는 '재일동포 한국어 시문학'이라는 좀더 포괄적이고 가치중립적인 용어를 사용하기로 한다.

═══════════════ 목 차 ═══════════════

1. 머리말

이 논문의 연구 목적은 해방 이후 1980년대까지 재일동포들이 한국어로 써온 시문학 작품을 시대별 특징에 따라 개관하고 전개과정을 살펴보는 데 있다. 일반적으로 한국문학을 정의할 때 한국인이 한국어로 쓴 문학을 대상으로 해 왔으나, 광의의 한국문학 속에는 비록 국적은 달라도 한민족이 한국어로 쓴 문학이 포함될 수 있다. 특히 우리처럼 국가와 민족이 일치하지 않는 현대사를 겪어 온 경우, 통일 이후의 문학사를 염두에 둔다면 한민족이 한국어로 쓴 문학이라는 범주에는 북한 문학이라든가 해외동포들이 한국어로 쓴 문학이 포함될 수 있다. 재일동포가 한국어로 쓴 시문학의 전개과정을 살펴보려고 하는 이 논문은 통일 이후의 문학사를 전망하고 준비하는 과정의 초석을 다지는 데 기여하게 될 것이다.

재일동포의 문학에 대한 자료 수집이라든가 연구가 전무한 것은 아니었지만, 오히려 재일동포 문학에 대한 관심은 이회성, 유미리를 비롯해서 재일동포 사회에서 자리 잡은 소수의 재일동포 작가에 대한 관심에 한정되어 왔다.[2] 이들의 문학 활동도 소중한 것이지만, 그것은 일본어로 이루어진 작품 활동이라는 한계를 근본적으로 가지고 있었다. 그에 비해 일본에서 한국어로 작품 활동을 한 작가에 대해서는 산발적인 연구들이 몇몇 연구자들에 의해 최근에 이루어지고 있을 뿐[3] 본격적인 의미에서 사적으로 재일동포 한국어 시문학에 대해 살펴본 연구는 거의 없었다. 이들에 대한 연구가 오랫동안 방치되어 온 데는 특수한 역사적 사정이 있었다.

해방 이후 재일동포의 법적 지위를 둘러싼 문제에 대해 일본 정부는 물론이고 연합국사령부, 남북한 단독 정부 수립 후에는 남북한 정부까지 책임 있는 태도를 보여 주지 못했다. 1965년 6월에 이르러서야 재일동포의 법적 지위와 대우에 관한 협정을 타결하게 된다. 그런데 법적지위협정상 권리의 대부분은 협정체결 이전에도 재일동포에게 사실상 인정되던 것을 명문으로 확인한 것에 불과해서 협정이 재일동포의 법적 지위를 근본적으로 개선시키지는 못하였다.[4] 이렇게 우리가 재일동포에 대해 법적으로나 사회적으로나 마땅한 대응을 하지 못하고 있는 사이에

---

2) 유숙자, 『재일한국인문학연구』, 월인, 2000.
3) 심원섭, 「재일동포의 문학예술의 현황과 창작 방향」, 『세계 속의 한국문학』, 새미, 2002, 484~505쪽; 김응교, 「일본 속의 마이너리티, 재일 조선 시」, 『시작』, 2004년 겨울호 등이 재일동포의 한국어 시문학에 대해 부분적으로나마 살펴보고 있는 최근의 연구들이다.
4) 정인섭, 『재일교포의 법적 지위』, 서울대학교출판부, 1996, 67쪽.

이른바 '북송' 사업이 벌어지게 된다. 1959년에 시작되어 1984년까지 약 25년 동안 93,000여 명의 동포들을 북한에 정착시킨 이른바 귀국사업, 즉 '북송' 문제는 우리 정부의 무관심과 경제적 무능력, 재일동포에 대한 이념적 편견과 무지 등을 배경으로 하고 있었다.[5] 재일동포들의 경우에 친북적 성격을 갖게 된 것도 사실은 이념적 친연성에 의해서라 기보다는 '북송' 문제 등을 통해 같은 민족으로 인정해 주는 절차를 북한이 먼저 밟았기 때문이다. 재일동포의 대다수는 이념과 무관한 중하위 계층의 생활인들이었는데도 이들에 대한 지원정책을 마련하지 못한 점은 냉전의 분위기 속에서 재일동포들을 방치해 온 우리 정부의 책임이자 분단 역사의 비극이었다.

오랜 냉전 시대를 거치면서 자연스럽게 재일동포 및 재일동포 문학에 대한 관심은 우리로부터 멀어져갔다. 그러나 탈냉전의 시대를 맞이하면서 북한과의 교류도 활발해지고 재일동포 사회와의 교류도 예전에 비해 활발해지면서[6] 북한 문학을 비롯해 재일동포 및 해외동포 문학에 대한 관심이 일어나기 시작했다. 북한 문학에 대해서는 1988년 월·납북 문인들에 대한 해금조치 이후 국내에 일부 소개되기도 하고, 1990년대 중반 이후부터는 북한 문학의 전모를 파악하려는 노력이 일부 연구자들에 의해 지속되어 왔다. 반면에 재일동포를 비롯한 해외 동포들의 문학에

---

5) 진희관, 「재일동포의 '북송' 문제」, 역사비평 61호, 2002년 겨울호.
6) 재일동포 사회와의 교류가 활발해진 데는 오랫동안 미뤄왔던 재일동포의 법적 지위 문제에 대해서 우리 정부가 좀더 구체적인 관심을 보인 사실이 영향을 미친 것으로 보인다. 1988년 한일 양국은 "재일한국인 후손에 관한 제1차 고위실무자 회의"를 개최하였고, 1991년에 합의각서에 서명하였다. 1965년 한일협정 당시 그 내용에 대해 상당한 반대여론이 일었던 것과는 달리 1991년 합의각서에 대해서는 재일동포사회도 대체로 긍정하는 분위기였다. 지속적 영주권의 부여, 지문날인제도 폐지, 재입국허가제의 개선 등 중요한 가시적 변화가 있었고, 특히 재일동포의 법적 지위를 2차대전 종료 후 처음으로 '특별영주자'로 일원화시켰다는 점이 긍정적으로 받아들여졌다(정인섭, 앞의 책, 86쪽).

대해서는 국문학계에서 비교적 최근에 관심을 보이기 시작했다.

이 논문에서는 그동안 한국문학 연구의 사각지대에 놓여 있던 재일동포의 한국어 문학, 그 중에서도 양적으로 가장 많은 수를 차지하는 시 문학 작품에 대해 대략적으로 살펴보고 시대별로 개관하고자 한다. 한 인들의 일본으로의 이주와 정착이 1919년 3·1운동 이후부터 본격적으로 이루어졌다는 사실을 감안할 때 이미 일본에 정착해서 산 지 90년 가까운 세월이 흐른 재일동포 사회가 아직도 한국어를 지키며 한국어로 문학 활동을 한다는 것은 매우 특이한 현상이라 하지 않을 수 없다. 거기엔 오랜 세월동안 일본 사회에서 차별받아온 재일동포 사회의 역사적 특수성과 일본과 북한의 껄끄러운 외교 관계, 남한 정부의 책임 방기 등이 개입하고 있었다. 지금은 지구상 어디에도 존재하지 않는 '조선적'이라는 국적을 지닌 채 한민족이라는 공동체의식을 가지고 한국어를 수호하며 살아가는 사회에 의해 형성된 것이 재일 동포의 한국어 문학이라고 할 수 있다. 재일동포의 한국어 문학은 일본 문학은 물론이고 남한 문학, 북한 문학의 '바깥'에 존재하는 문학이다. 오늘날의 한국 사회에 민족을 '상상된 공동체'로 규정하며 민족주의에 대해 비판하는 견해가 널리 퍼져 있다는 점을 생각해 보면, 여전히 '민족'과 '민족어'에 집착하는 재일동포 한국어 문학이 시대착오적이거나 편협한 것으로 받아들여질 수도 있을 것이다. 그러나 재일동포 한국어 문학이 일본 문학에 스스로를 동화시킬 수 없었던 저간의 사정을 고려하지 않고는 재일동포에 의해 씌어진 한국어 문학의 민족적이고 저항적인 정체성을 이해할 수 없을 것이다. 철저하게 우리 문학의 바깥에 위치해 왔던 재일동포 한국어 문학을 통일 문학사에서 어떻게 포괄하고 다루어야 하는지는 앞으로의 우리 문학이 감당해야 할 과제가 아닐 수 없다.

2. 연구 방법 및 시대 구분

이 논문의 연구 대상은 해방 이후로부터 1980년대에 이르는 재일동포의 한국어 시문학 작품이다. 논문의 성격상 모든 작품을 총망라해야겠지만, 우선은 해방 이후로부터 1980년대에 이르는 기간 동안 출간된 시집을 대상으로 한다. 재일본조선문학예술가동맹(이하 문예동) 기관지에 발표되거나 『조선신보』에 실린 시작품도 상당수에 이르지만, 이들 작품 중 많은 수가 출간된 시집에 재수록 되었으므로 출간된 시집만으로도 재일동포 한국어 시문학의 특징을 개관할 수 있을 것으로 보인다.[7] 문예동의 기관지 『문학예술』, 일본에서 발간된 재일조선인 신문 『조선신보』, 북한에서 발행되지만 재일조선인의 시가 자주 소개되는 『조선문학』, 일본에서 발행되는 한글 시동인지 『종소리』, 종합문학지 『겨레문학』, 간간이 김윤, 김리박을 비롯한 재일동포의 한국어 시가 소개된 잡지 『한양』 등도 중요한 연구 대상임에는 분명하지만, 한 편의 논문에서 다 다루기에는 너무 광범위하고, 신문 및 잡지, 동인지 등에 발표된 작품의 상당수가 시집에 재수록 되었으므로 일단 이 논문의 연구 대상에서는 제외하기로 한다.

45년 가까이 되는 긴 기간동안 전개되어 온 재일동포 한국어 시문학의 전개과정을 개관하는 글이므로, 이 논문은 각 시기별 시의 변화를 주제별 유형화를 통해 살펴보는 방법론을 취하고자 한다. 재일동포 한국어 시문학은 미학적 추구보다는 주제의 전달을 중시하는 계몽성이 강한 문학이므로, 이러한 연구 방법을 통해 각 시기별 차이가 좀더 선명하게 드러날 것으로 보인다.

---

7) 다만 시집으로 출간된 작품들 중에는 창작 시기가 표기되어 있는 경우가 많으므로 분명히 창작 시기를 밝힌 작품의 경우에는 창작 시기를 기준으로 다루도록 하겠다.

시대별로 재일동포 한국어 시문학의 특징을 개관하기 위해서는 먼저 시대 구분이 선행되어야 한다. 이 논문에서는 재일동포 한국어 시문학을 크게 세 시기로 나누어 보았다. 재일동포 한국어 시문학은 해방 직후부터 1960년대에 이르는 형성기의 시문학, 1970~80년대에 이르는 발전기의 시문학, 1990년대에서 2000년대에 이르는 전환기의 시문학으로 나누어 볼 수 있다.[8] 단, 한 편의 논문에서 모두 포괄해 다루기에는 범위가 넓으므로 전환기의 시문학을 개관하는 작업은 후속 연구를 통해 진행하도록 하겠다. 시대 구분의 기준은 일차적으로 시문학 자체의 변화를 중시했다. 아울러 재일동포 사회의 변화를 반영하고자 했다. 특히 재일동포 한국어 시문학은 문학 담당층의 대부분이 조총련에 소속되어 활동한 작가들이므로 북한 문학의 영향을 상당히 많이 받아왔는데,[9] 이러한 특성도 시대 구분에 반영하고자 했다. 물론 통일 문학사를 서술하게 될 때에는 남한과 북한과 재일동포 문학을 가로지르는 좀더 커다란

---

8) 재일조선인에 의해 쓰여진 재일조선인 시문학사에 대한 논문으로는 손지원과 김학렬의 것이 있다. 손지원은 「조국을 노래한 재일조선시문학 연구(1)」에서 '재일조선인 시문학사'를 공화국 창건 이후 총련이 결성되기 이전까지의 시기(1948년 9월~1955년 4월), 총련 결성 이후 주체사상을 확고히 세워 개화기를 열어 놓은 시기(1955년 5월~1973년), 높은 사상예술성을 가진 작품을 활발하게 창작한 시기(1970년대 중엽 이후~1990년)로 나누어 보았다(손지원, 「조국을 노래한 재일조선시문학 연구(1)」, 『겨레문학』, 재일본조선문학예술가동맹 문학부, 2000.5.25, 70쪽). 월 단위까지 세밀하게 구분되어 있는 손지원 논문의 시대구분은 참조할 만하지만, 북한문학과의 관계를 중요한 기준으로 삼고 있어서 재일동포 한국어 시문학 전체를 개관하는 이 논문에서 그대로 따를 수는 없다. 김학렬은 「재일 조선인 조선어 시문학 개요」에서 재일 조선인 조선어 시문학을 크게 초창기(해방 후~1960년대), 발전·앙양기(1970~80년대), 전환기(1990~2000년대)로 나누어 보았다. (김학렬, 「재일 조선인 조선어 시문학 개요」, 21세기 동북아 한국어문학연구의 현황과 전망, 숭실대 인문과학연구소·숭실어문학회·중국 조선·한국문학연구회 국제학술대회 발표논문집, 2005.2.16, 22~23쪽.) 완성된 글은 아니지만 김학렬의 논문은 각 시기별 시문학의 특징을 나열하는 데 그치고 있다.
9) 문예동에 소속되어 활동하지 않은 시인으로는 김윤, 김리박, 리승순 등이 있다. 이들의 시는 재일동포 한국어 문학을 북한문학으로부터 독립된 독자적인 성격의 문학으로 이해하는 데 중요한 역할을 한다.

시대구분의 기준이 마련되어야 할 것으로 보인다. 그런 점에서 이 논문에서 택하는 시대 구분은 잠정적인 것이라고 해야 할 것이다.

3. 형성기의 시문학

이 장에서는 해방 이후부터 1960년대까지의 재일동포 한국어 시문학의 특성을 살펴보고자 한다. 이 시기의 시문학은 재일동포 사회에서 한국어로 작품을 쓰고 문단을 형성했다는 특징을 지니므로 형성기의 시문학이라고 부를 것이다.

1945∼1969년은 해방이라는 민족사 최대의 사건이 있었던 시기였다. 해방은 재일동포들에게도 조국으로 돌아갈 수 있다는 희망을 심어 주었다. 그러나 해방 이후 남과 북, 그리고 연합국이 공통적으로 보여준 태도는 재일동포에 대한 무관심이었다. 결국 송환 조치가 제대로 이루어지지 않은 것은 물론이고, 재일동포의 법적 지위 문제를 해결하지 못함으로써 재일동포는 외국인도 아니고 한국인도 아니고 일본인도 아닌 존재로 오랫동안 역사의 뒤안길에 방치된다. 1950년의 한국전쟁, 1959년부터 실시된 '북송' 사건 등은 이 시기 재일동포 사회에 커다란 영향을 미친 역사적 사건이다. 형성기의 문학은 이러한 역사적 배경 아래에서 재일동포가 한국어로 쓰는 문학이라는 민족적 정체성을 확립해 간다.

해방 직후로부터 1950년대까지는 한국어로 시를 쓰는 재일동포들의 문단이 형성되어 간 시기였다. 강순, 남시우, 허남기 등의 세 시인이 주로 활동해서 이 시기는 '3인 시대'라고 불리기도 한다.[10] 1955년 5월에

10) 김학렬, 「재일 조선인 조선어 시문학 개요」, 21세기 동북아 한국어문학연구의 현황과 전망, 숭실대 인문과학연구소·숭실어문학회·중국조선·한국문학연구회 국제학술대회 발표논문집, 2005.2.16, 25쪽.

재일조선인총연합회(이하 조총련)가 결성되었고, 이어 1959년 6월 7일에
조총련 산하 기관으로 재일본조선문학예술가동맹(이하 문예동)이 결성되
었다. 물론 그 이전에도 재일동포의 한국어 문학 활동은 있었지만, 일본
당국의 탄압 때문에 지속적인 활동을 하기는 어려운 상황이었다. 따라
서 조총련과 문예동 결성 이후에 좀더 조직적인 재일동포의 한국어 문
학 활동이 이루어졌다고 보아야 한다. 재일동포 한국어 문학 중 작가나
작품의 수로 보아 가장 큰 비중을 차지하는 것은 시문학이었다. 1959년
에 문예동이 결성되고 나서 1960년대에는 좀더 많은 시인들이 배출되었
다. 이 시기에 활동한 시인들로는 강순, 허남기, 남시우 이외에도 김두
권, 김윤호, 김학렬, 리금옥, 오상홍, 정화수, 정화흠 등이 있다.

1) 망국의 설움과 반일 감정의 시화

형성기에는 망국의 설움과 반일 감정을 그린 시가 제법 씌어졌다. 강
순, 허남기 등에 의해 주로 씌어진 이 작품들은 일제 강점기 항일 문학
의 연장선 위에 놓여 있다. 일본에 정착해서 살게 된 재일동포들은 상
당수가 일제 강점기에 일본으로 건너간 사람들이다. 1919년 3·1운동
의 실패 후에 일본으로 건너간 동포들이 많았는데, 이들 중 상당수의
도일 동기는 민족적이거나 저항적인 이유였다기보다는 경제적인 이유에
서 비롯된 것이었다.[11] 그러나 일본 사회에서의 재일동포들의 생활은
곤궁하고 비참하기 이를 데 없는 것이었다. 그들은 조선을 떠나 '바깥'
에 거주하면서 비로소 식민지 조선인으로서의 차별을 지독하게 경험하
게 된다. 그런 점에서 이들의 민족적 정서는 차별 대우에 의해 다분히
후천적으로 형성된 것이었다고 볼 수 있다. 일본이 대동아공영과 내선

---

11) 이광규,『재외동포』, 서울대학교출판부, 1999.

일체를 외치던 식민지 말기에 이들은 한낱 식민지 조선인에 불과했고, 해방 이후에도 일본 내 소수자로서의 법적 지위는 개선되지 않았다. 망국민으로서 나라를 잃어버린 설움과 반일 감정을 표출한 작품들은 일본 내 소수자로서 스스로를 인식하게 된 재일동포들의 자의식을 반영한 것이다. 이러한 경향의 대표적인 작품으로 강순의 <조선부락시초>와 『강순시집』, 허남기의 서사시 <조선 겨울이야기> 등을 들 수 있다.

이 항구는 삼돌이의 삼촌이
한생을 넝마주이로 마쳤다고 하는
그 도회지로 이어지는 항구이다
이 항구는
이쁜이의 서방님이
탄광 붕락사고로 병신이 되었다고 하는
그 광산으로 이어진 항구이다
그리고 수많은 비극과 치욕과 분노로 얼룩진
무수한 싸구려로동자합숙과 다꼬베야와
신문팔이와 우유배달을 통해
값비싼 학문을 쪼개파는곳으로 들어가는
최초의 문인 것이다

1910년에
이 항구에 내린 사람들은
망국의 슬픔을 참지 못해
태평양너머 새로운 보금자리를 찾아간 사람들
1919년에 내린 사람들은
그 3월 1일의
참혹한 패배에서
다시한번
투쟁을 일으키려고
범의 굴로

새로운 근대문명의 투쟁방법을 익히기 위해
가는 사람들

　1946년에서 1949년에 걸쳐 씌어진 이 시는 부산, 경주, 대구, 목포, 광주, 부여, 서울 등을 집중적으로 조명하면서 조선 땅을 휩쓸고 지나간 시련의 역사를 노래하고 있다. '서사시'라고 장르가 규정되어 있지만, 특정한 주인공이 등장하지 않는다는 점에서 일반적인 서사시의 공식을 벗어나 있는 시이다. 인용한 서사시의 주인공을 굳이 찾자면 조선 또는 조선 땅을 거쳐 간 역사라고 할 수 있다.

　인용한 부분은 '3. 부산시집' 중에서 '경부선'이라는 소제목이 붙어 있는 시의 일부이다. '경부선'은 재일동포의 정착의 역사를 보여주는 내용으로 구성되어 있다. 당시 부산항은 일본으로 흘러들어간 재일동포들이 거쳐 갔던 곳이므로, 시인은 그곳에 오랜 세월에 걸친 재일동포들의 한이 서려 있음을 본 것이다. 1910년의 '한일합방', 1919년 3·1운동 직후, 그리고 1924년, 1933년, 1942년에 이르기까지 일본으로 건너간 사람들이 가난 때문에 조국을 등질 수밖에 없었던 사연이 서술된다. "부산-큐슈간 현해탄의 밀선을 타려고 /재산 향수 긍지 그 모든것을 팔아 /치우고 /또다시 학분을 찾아 /먹고 살길을 개척하려고" 간 사람들을 시인은 "순례자들"이라고 지칭한다. 물론 시인이 말하는 것처럼 당시 도일해간 조선 사람들의 대부분이 항일적이거나 민족적인 성향을 띠고 있었던 것은 아니다. 그들이 일본에 가서 겪었던 경제적 궁핍은 사실이었지만, 애초부터 민족적 성격을 지닌 도일은 아니었다. 오히려 해방 이후 오늘날에 이르기까지도 적지 않은 수의 재일동포들이 한국어를 지키며 한국어로 문학 활동을 하게 될 정도로 민족적 성향이 강해진 데는 지독한 차별을 겪으며 살아온 재일동포들의 정착의 역사가 영향을 미쳤다고 보는 것이 좀더 정확할 것이다. 한의 역사를 지닌 재일동포 한국어 문학은 그 특성상 반일 감정과 항일 투쟁의 역사에 주목하다 보니 때로는 객관적인 역사적 사실을 벗어나기도 한다.

> 문패 없는 집들
> 기운 처마아래
> 해들지 않은 방이 드려다 보이고
> 거리에 불은 들어 왔는데
> 말라 붙은 코 아래서 울음이 터지며
> 남의 씨래기를 싣고 올 구루마를 기다리는
> 다리 이편에
> 찌프린 하늘이 노상 덮였다.
>
> 고단한 다리
> 주린 배창자
> 오늘이 어제를 비웃고
> 오늘밤이 가기전에 래일이 두려운
> 이 안타가운 지경의 양심이
> 눈물을 걷어 차고
> 이 너절한 지대를 살아버린 후
> 금쪽같은 생활의 풍경으로 바뀌어야할 날은
> 래일 아닌 오늘의 오늘이여야 하겠다.
> — 강순, 〈다리 이편〉(『조선부락』, 1955) 부분 —

　형성기 초기에 허남기, 남시우 등과 함께 3인 문단 시대를 이루며 활발히 활동한 강순 시인의 시에는 최하층의 궁핍하고 비참한 생활을 영위하는 재일동포의 모습이 좀더 생생하게 그려져 있다. 일제 강점기에 『시인부락』 동인으로 활동하기도 했던 강순 시인은 1960년대에는 허남기, 남시우 등과 함께 북측 조선작가동맹의 맹원으로 가입해서 활동했는데[12] 그의 시에는 재일동포들의 삶에 대한 좀더 생생하고 구체적인 실감이 묻어나 있다.

같은 동경 안에서도 일본 사람들과는 달리 "불 하나 달지 못한" 복잡하고 좁은 골목에 "문패 없는 집들"이 즐비한 곳에서 "남의 씨래기"로 연명하며 "주린 배창자"를 움켜쥐고 살아야 했던 이들의 삶은 오늘밤이 가기 전에 내일을 두려워할 수밖에 없는 비참한 것이었다. 단지 조선인이라는 이유만으로 일본에서 차별대우를 받으며 이렇듯 비참한 생활을 영위하면서 재일동포 사회에 민족정신이 싹터 간 것은 오히려 자연스러운 일이었을 것이다. 강순 시인은 <생철지붕아래> 같은 시에서도 "조각조각 인 생철" 지붕이 다닥다닥 붙어 있어서 "사시장철 해가 못" 드는 곳에 "비 새는 지붕" "맞지 않는 미닫이"로 된 집에서 살면서도 "한되 떡을 쳐도 /돌려가며 먹"고 동네 늙은이가 죽으면 "치마가 젖도록 울어주"며 서로 의지가 되어 사는 재일동포 사회의 모습을 절절하게 그렸다.

강순의 시는 이념적 지향이 좀더 앞서는 동시대 다른 시인들의 시와 비교할 때 시적 언어에 대한 고투의 흔적이 보인다. 이러한 특징은 자연주의적·예술지상주의적 경향이라는 비판을 받기도 하는데, 이념적 지향이 강한 재일동포 한국어 시문학에서 이러한 강순 시인의 존재는 특별한 것으로 평가될 수 있다. 이후 재일동포 한국어 시문학은 허남기류의 사회비판적 성향이 강한 시라든가 남시우 류의 전통적 율조가 강한 시를 주류로서 계승하게 되지만, 강순 시인의 시적 언어에 대한 추

---

12) 1960년대에 문예동에 소속된 중견문학예술인 20여 명이 북측으로 귀국한 사건이 발생한다. 형성기의 대표적 시인인 허남기, 남시우, 강순 등은 북측 조선작가동맹의 맹원으로 가입해서 한일협정반대투쟁을 벌이고 문예동의 지방조직을 강화하고 다양한 신인을 육성하는 등의 활동을 전개한다.

구는 이후 다음 세대의 시인인 김리박 등에게로 이어진다.

2) 고향에 대한 그리움

1945년 해방이 되었을 때, 초창기에 도일한 조선인의 경우에는 이미 한 세대를 산 사람들도 있었고, 그들의 2세가 일본에서 태어나 자라기도 했다. 그들 중에는 고국으로 돌아가기를 희망하는 사람들도 있었고, 이미 정착해 산 일본에 남기를 원한 사람들도 있었다. 단, 그들이 어떤 삶을 희망했든 간에 식민지 지배가 끝남과 동시에 그들의 사회적, 법적 지위는 달라져야 했다. 그러나 해방 이후 전쟁의 사후 처리를 하는 과정에서 재일동포들의 법적 지위에 대해 관심을 갖는 사람은 드물었다. 연합국 사령부도 남한이나 북한 정부도 일본 당국도 각각 산적한 문제를 처리하는 데 급급했을 뿐 재일동포의 법적 지위가 해방 이후 어떻게 달라져야 하고 그것을 법적으로 어떻게 보장해 줘야 하는지에 대해 관심을 기울일 여유도 없었고, 그럴 만한 책임의식도 가지고 있지 않았다. 그렇게 누구 하나 책임을 지지 않는 사이에 고국으로 돌아가지 않고 남게 된 재일동포들은 여전히 사회적 차별을 받았으며 법적으로도 지위를 보장받지 못했다. 그들은 오랫동안 외국인등록법에 의해 관리되었는데 일본에 거주하면서도 거주하는 외국인으로서의 대우를 받지 못했고, 북한과 수교가 되지 않았다는 이유로 식민지 시대 이전의 국적인 '조선적'을 지니게 됨으로써 실질적인 법적 권리를 행사할 수 없었으며, 심지어 귀화를 종용당하기도 했다.

남한 정부가 재일동포 사회에 대해 무책임한 태도로 일관하고 있을 때 북한 정부는 학교를 설립해서 민족 교육을 장려하도록 지원해 주는 등 재일동포 사회에 대한 지원을 시작한다. 1959년부터는 '북송' 사업을 대대적으로 벌이면서 재일동포들을 공화국의 공민으로 인정하고 조국 방문 사업을 벌이는 등 적극적으로 재일동포들을 수용하였다. 물론 이에 대해서는 전후에 북한 사회가 '천리마 운동' 등의 전후복구 사업을 벌이면서 필요한 노동력을 재일동포 사회로부터 충당한 것이라는 식의 해석이 내려지기도 했으나, 의도야 어찌 됐든 일본에서 해방 이전과 마찬가지로 핍박받으며 살고 있던 재일동포 사회에서는 이들을 같은 민족이자 공화국의 공민으로 인정하는 이러한 움직임이 상당히 의미 있는 것으로 받아들여질 수밖에 없었을 것이다.

고향, 즉 조국은 물리적으로는 조국의 '바깥'에 위치하고 정신적으로는 일본의 '바깥'에 위치한 재일동포 문학에 있어 항상 그리움의 대상이었다. 조국에 대한 그리움을 노래한 시들은 재일동포 한국어 문학의 전시기에 걸쳐 일관되게 나타나는 특징인데, 북송 사업이 본격적으로 벌어진 1960년대에 들어서면서 이러한 주제의식을 지닌 작품에서도 점차 이념적 성향이 강화되어 가기 시작한다.

나는
그리움을 간직해둘
그런 체온을 유지할 수가 없었다.

숨가쁜
異域에서의 멍든 사철만이
셋방살이라는 무거운 지붕아래서
염치없이 궁글고

나날은
나를 위해서
오고

지지는 않했다.

        - 김윤, 〈멍든 季節〉(『멍든 季節』,
          현대문학사, 1966, pp.38~39)부분 -

　　조총련이나 문예동에 소속되지 않은 채 활동한 대표적 시인 김윤의 시에는 이역에서 살아가는 삶의 고단함과 그럴수록 치밀어오는 고향에 대한 향수가 잘 그려져 있다. 그의 시집은 1968년에 서울에서 출간되었는데, 남의 땅 한구석에서의 삶을 "멍든 계절"이라고 비유할 만큼 재일동포들의 삶은 신산한 것이었다. 시인은 "보름달 /둥근 달속에서 /어머니의 노래"(＜보름달＞, 『멍든 계절』)를 듣기도 하면서 "어머니는 /어디에 있던들 /그리운 것"이라고 하지만, 고향과 어머니 조국에 대한 그리움을 간직해 둘 수 없을 정도로 그곳에서의 삶은 절박했던 것 같다. 이역 땅에서 자기 삶의 중심은 결코 자기 자신일 수 없었을 것이다. 하지만 그럴수록 고향에 대한 기억은 그를 향수에 젖게 했을 것임에 틀림없다. 이역에서의 핍박받는 삶도 그를 멍들게 했겠지만 너무나 외롭고 그리운데도 다가갈 수 없는 현실과 고향에 대한 그리움 자체가 그를 피멍들게 했을 것이다. 그러므로 그에게는 "잃어버린 말과 풍습을 외워보는 시간이 무엇보다도 귀중할 수밖에 없었다". 이것이야말로 재일동포들이 이역 땅에서 3세대가 지나도록 한국어를 잊지 않고 한국의 문화와 풍습을 지키며 살아가는 이유이다.

　　　　조용히 아름답게 봄바람에 흔들리고
　　　　하얀 나비 한마리 입 맞추고 날아 가네

　　　　어엿하게 피여 난 민들레꽃
　　　　볼수록 떠오르는 그리운 고향산천

그 옛날 고향의 향기
내 가슴에 뜨겁게 안겨 오네
　　　　　　　　　　　－ 한명석, 〈민들레꽃〉(『나그네의 한생』,
　　　　　　　　　　　　북동공업주식회사, 2002, p.15) 부분 －

　1961년 봄에 썼다고 밝혀져 있는 이 시는 자연물에서 촉발된 고향에 대한 감회를 그리고 있다. "모진 비바람"과 "엄동설한"을 이겨내고 어김없이 봄이 오면 피어나는 민들레꽃을 보면서 화자는 두고 온 고향산천을 떠올린다. 지금 화자가 살아가는 곳에도 봄이 오면 민들레꽃이 피고 나비가 날아다니지만 그렇다 해도 그곳이 고향산천이 될 수는 없다. 고향에 대한 그리움을 증폭시킬 뿐이다. 한명석의 시는 서정적인 어조로 경(景)을 통해 정(情)을 촉발하는 전통적인 시가의 창작방법을 충실하게 따르고 있다. 한명석 시인은 이미 1953년에 휴전이 성립되자마자 "끊어진 혈맥 다시 이어 /통일의 새아침 안아오"(<조국>)는 조국통일의 희망을 노래한 바 있다. 이러한 인식은 1953년이라는 시점에서는 남한이나 북한 양측에서 모두 드러내 표현하기 어려운 것이었다. 전후의 시기에 남한이나 북한에서는 모두 전후 극복이라는 문제에 매달렸는데, 한국전쟁의 성격을 규명하거나 분단 극복을 외치기에는 전쟁으로 인한 상처의 골이 너무 깊었다. 한명석의 시는 남한과 북한 어느 한쪽으로도 기울지 않으면서 "우리 민족의 유구한 역사"와 "슬기로운 우리 민족"의 힘으로 분단의 상처를 극복할 수 있을 거라는 믿음을 보여 준다.

　한국어로 쓴 재일동포 시인들의 시에서 고향에 대한 그리움은 거의 모든 시인에게서 나타난다. 앞에서 살펴본 시 외에도 강순의 <駱駝가 온 밤에>(1957) 같은 시에서 어머니 조국을 향한 간절한 그리움은 마셔도 해갈되지 않는 갈증으로 형상화된다.

3) 민족적 자부심의 각성

1959년부터 북한의 재일동포에 대한 '북송'은 본격적으로 이루어지기 시작한다. 중견문학예술인 20여 명이 북측으로 귀국한 것도 1960년대의 일이었으며, 귀국선을 타고 고국을 방문하는 재일동포들이 증가하기 시작한 것도 이 시기의 일이다. 북한에서는 북송 사업 외에도 조총련에 소속된 재일동포들을 위해 학교를 짓고 민족 교육을 지원해 주는 등의 일을 벌이기 시작한다. 경제적으로나 사회적으로 열악한 현실 속에서 살고 있던 재일동포들을 같은 민족으로 인정하고 공화국의 공민으로 받아들여 준 북한의 행보는 환영받을 만한 것이었다. 이 시기에 교육현장을 배경으로 쓰여진 시들은 대체로 민족 교육의 중요성, 민족적 자부심을 각성시키는 국어 교육의 사명 등의 주제의식을 표방한다.

> 아이들아
> 이것이 우리 학교다
> 비록 교사는 빈약하고 작고
> 큼직한 미끄럼타기 하나, 그네 하나
> 달지 못해서
> 너희들 놀곳도 없는
> 구차한 학교지마는
> 아이들아 이것이 단 하나
> 조국떠나 수만리 이역에서
> 나고자란 너희들에게
> 다시 조국을 배우게 하는
> 단 하나의 우리 학교다
> 아아
> 우리 어린 동지들아
>   — 허남기, 〈아이들아 이것이 우리 학교다〉(『재일조선
>   시선집』, 재일본조선문학예술가동맹, 1989) 부분 —

인용한 허남기의 시는 문예동 결성 30돌기념시집인 『재일조선시선집』에 1950년대까지의 시로 분류되어 실려 있는 작품으로 1948년에 씌어진 것이다. 1959년 북송 사업을 본격적으로 벌이기 전부터 북한에서는 재일동포들을 위해 학교를 설립하는 등의 지원을 해 주고 있었다. 당시 재일동포 사회에서는 한글을 가르치는 일을 민족 교육의 일환으로 받아들이고 있었다. 조국이 해방되었다고 하지만, 일본 땅에서 재일동포들이 받는 핍박과 설움은 나라 잃은 민족이던 시절과 크게 달라진 것이 없었다. 이런 현실 속에서 그들에게 후세에게 한글을 가르치고 조국에 대해 가르치는 일이 식민지 시대의 민족 교육의 정신을 계승하는 일로 받아들여진 것은 어찌 보면 당연한 일이었을 것이다. 형성기에 씌어진 시들 중에는 비록 초라한 시설일망정 우리말, 우리글을 가르칠 수 있는 학교가 세워졌다는 것에 대한 벅찬 감격을 표현한 시들이 종종 눈에 띤다.

위의 시에서도 당시 재일동포의 교육 현실이 얼마나 열악한 것이었는지는 잘 드러나 있다. "교실은 단 하나뿐이고" "책상은" 아이들이 마음 놓고 기대기라도 하면 금방이라도 삑하고 "찌그러질 것 같은 소리를 내고" 유리 한 장 넣지 못한 문창에서는 살을 에는 찬바람이 들어오는 초라한 교사(校舍)에서 이 시의 화자인 선생은 학생들을 가르치고 있다. 정말이지 눈물을 자아낼 만큼 구차한 모습의 학교이지만 그래도 "수만 리 이역에서 나고자란" 재일동포 2세들에게 "다시 조국을 배우게 하는 /단 하나의 우리 학교"라는 점만으로도 이 학교는 엄청난 민족적 의미를 지닐 수밖에 없었다. 허남기의 시는 "아이들아 /이것이 우리 학교다", "~우리 학교다"의 반복적 사용을 통해 우리말과 글을 가르치는 우리 학교를 갖게 된 감회를 격정적으로 표현하였다.

남시우의 <나는 조선공민이다>(『재일조선시선집』), 정화흠의 <새해 첫학습날에>(『재일조선시선집』), 김학렬의 <색동저고리>(『삼지연』, 조선대학교, 1979) 등은 조선민주주의인민공화국의 공민으로서 인정받고 북한의 지원을 받아 민족교육을 할 수 있는 학교를 세우고 그곳에서 아이들을 가르치는 일의 가슴 벅찬 감격과 기쁨을 노래하고 있는 시들이다. 대부분의 시들이 우리의 학교에서 우리말과 글을 가르치고 민족 교육을 할 수 있다는 사실에 대한 감격과 예찬으로 가득하지만, 1965년에 씌어진 김학렬의 <색동저고리>는 조금 색다르다. 김학렬의 시는 "요꼬짱"과 "인순이"의 대비를 통해 당시 재일동포 사회가 이미 일본에 동화되어 2세들에게 조선말을 가르치지 않는 동포들과 2세들을 조선학교에 보내 조선어를 가르치고 조선 이름을 쓰기를 고집하는 동포들로 나누어지고 있었음을 보여준다는 점에서 특징적이다.

4) 역사적 사건에 대한 비판과 풍자

형성기의 재일동포 한국어 시문학에서 또 한 가지 눈에 띄는 주제의식은 지나간 역사적 사건에 대해 비판하거나 풍자하는 유형의 시이다. 이 유형에 속하는 시들은 대개 서사시라든가 서정서사시와 같은 장르적 형식을 선택함으로써 서사성을 시 속에 적극적으로 도입하고자 한다. 이 유형의 시들이 다루는 역사적 사건은 고대의 백제 멸망의 역사로부터 갑오농민전쟁, 1946년 10월의 인민항쟁과 같은 현대사에까지 걸쳐 있다. 이때 비판과 풍자의 화살은 대개 지배계층을 향하고 있고, 민중은 역사의 주체로 그려진다. 이러한 유형의 시들은 1970~80년대 남한의 민중시의 계보와 맞닿아 있다는 점에서 주목을 요한다. 이 유형의 시들을 읽으면서 눈여겨보아야 할 점은, 역사적 사건을 다룰 때 남한도 북한도 아닌 제3지대로서의 비판적 거리를 유지하고 있느냐 하는 점일 것이다. 비판적 거리를 가지고 있느냐의 여부에 따라 통일 이후의 문학사에서 이 유형에 해당하는 작품의 위상이 달라질 것으로 보이기 때문이다.

허남기의 서정서사시 <조선해협>(1956~1957), 서사시 <조선 겨울 이야기>(1946~1949), <화승총의 노래>(1950) 등은 역사적 사건을 재구성하여 비판하거나 풍자한 대표적인 시이다.

> 그것은 때가 묻어 더러워지고
> 그것은 눈물로 어지러워지고
> 그것은 분노로 더러워지고
> 그리고 오랜 세월의
> 기나긴 굴욕의 력사와
> 1946년 10월 이후의
> 그 격렬한 투쟁으로 어지러워진 흰옷이다
> — 허남기, 〈조선 겨울이야기〉(『조국에 바치여』,
> 평양출판사, 1992) 부분 —

1946년에서 1949년까지 3년에 걸쳐 씌어진 서사시 <조선 겨울이야기>는 부산, 경주, 광주, 부여, 서울 등 고대사에서 현대사에 이르기까지 중요한 역사적 사건이 지나간 도시를 중심으로 조선의 시련의 역사를 그린 시이다. 멀리 거슬러 올라가서는 백제와 신라의 역사로부터 가까이는 1946년 10월에 있었던 '대구폭동사건', 즉 '10월 인민항쟁', 그 연장선에서 1948년 10월에 일이난 '10·19 사건' 등을 다루고 있다. 시인은 우리 민족의 상징인 흰옷이 1946년 10월을 기점으로 어지러워졌다고 하면서 조선의 산에 일제히 봉화가 오르고 핍박받은 남조선의 산이 화산이 될 날이 머지않았음을 암시하며 시를 끝맺는다.

허남기의 서사시 <조선 겨울이야기>가 말하려는 바는 명백하다. 그는 1946년 10월에 일어난 '10월 인민항쟁'이야말로 조선땅에 반복되어 일어난 '겨울'의 역사를 끊고 새로운 역사를 쓸 수 있는 분기점이라고 본 것이다. 1946년 10월은 미군정 하에서 선거가 시작된 시기이기도 하다. 보는 관점에 따라 허남기의 서사시 <조선 겨울이야기>는 민족 주체의 역사를 바로 세우기 위한 문제의식을 지닌 것으로 평가받을 수도 있을 것이다. 하지만 이러한 시각 뒤에 북한이 남한의 역사를 바라보는 시각이 자리 잡고 있음을 부인할 수는 없을 것이다.

> 준아
> 지금 너는
> 총을 닦고있다
> 너는 지금
> 동학란과
> 기미년만세사건때
> 네 할아버지와
> 네 아버지를 섬긴
> 그 녹쓴 총
> 피와 눈물과 땀에 젖고
> 바람과 비와 흙무지속에 묻혀온
> 할아버지와 아버지의 단 하나의 유물인
> 그 화승총을 닦고 있다
>
> — 허남기, 〈화승총의 노래〉(『조국에 바치여』,
> 평양출판사, 1992) 부분 —

　허남기 시인의 이러한 역사 인식은 서사시 <화승총의 노래>로 이어지면서 좀더 분명해진다. 할아버지로부터 아버지를 거쳐 준이에게로 전해진 화승총은, 준이 세대의 역사적 정당성을 할아버지 세대에 경험한 갑오농민전쟁으로부터 찾고 있다. 갑오농민전쟁으로부터 시작되어 아버지 세대의 3·1운동을 거쳐 손자인 준이 세대로 이어지는 적과의 싸움은 민중이 중심이 되어 제국주의에 저항한 투쟁의 역사로 자리매김 된다. 준이 세대가 직면한 싸움이 무엇인지 정확하게 밝혀져 있지는 않지만, 창작 시기와 "매국노들만이 걸어다닐 자유를 가진 남녘의 한낮"과 맞서 싸운다는 구절로 보아 그것이 1950년에 일어난 한국전쟁임을 짐작하기는 어렵지 않다. 허남기의 시는 한국전쟁을 '조국해방전쟁'으로 규정한 북한의 시선을 고스란히 따르면서 '조국해방전쟁'으로서의 정당성을 역설하고 있다.

갑오농민전쟁이나 3·1운동을 다룰 때 허남기의 시는 역사적 사건에 대한 날카로운 비판과 풍자의 시선을 보여 주고 있지만, 궁극적으로 그것이 냉전의 이데올로기에 봉사하고 있다는 점에서 제3지대로서의 객관적인 역사의식을 보여 주는 데 성공했다고 볼 수는 없을 것이다. 그러나 해방 공간의 역사적 사건에 대한 비판적 인식을 보여 주는 그의 시들은 이후 1970~80년대 남한의 민중시의 계보로 이어진다는 점에서 통일 이후의 문학사에서는 새롭게 평가될 가능성을 가지고 있다. 적어도 그들이 남한 문학의 '바깥'에 위치해 있다는 역사적 조건으로 인해, 1970~80년대 이전의 남한 문학사에서 오랫동안 다루어질 수 없었던 해방 공간의 역사적 사건들, 예를 들면 '10월 인민항쟁'이라든가 '4·3항쟁', '10·19사건' 등에 대해 거의 동시대에 시적 형상화를 할 수 있었던 점은 기억할 필요가 있다. 이러한 특성은 남한 문학사의 결락된 부분을 보충해줄 수 있을 뿐만 아니라, 재일동포 한국어 문학이 통일 문학사에서 독특하게 차지할 위상에 대해 시사점을 제공해 준다.

5) 이방인으로서의 자의식

재일동포 사회는 일본 땅에 거주하면서 그곳에서 뿌리를 내리고 살았지만, 해방 이후에도 그들에 대한 차별 대우는 오랫동안 개선되지 않았다. 해방 직후에서 1960년대에 이르는 형성기에 재일동포들이 겪은 참상은 두말할 필요가 없을 정도였다. 그들은 조국에 대해서도 배신감을 느껴야 했고, 일본 사회에서도 이방인일 수밖에 없었다.

재일동포들의 삶이 외롭고 비참한 것이었음은 이미 여러 차례 강조해온 바와 같지만, 소수자이자 이방인으로서의 자의식을 분명하게 보여주는 재일동포 한국어 시가 많은 비중을 차지하지는 않는다. 재일동포 한국어 문학에 북한문학의 입김이 강해지면서 이방인으로서의 자의식이 부각되기보다는 북한에 대한 예찬에 초점이 맞추어진 것이다. 이국땅에 살고 있지만 민족적 각성을 게을리 하지 않으면서 민족의 일원으로 봉사하겠다는 의식이 오히려 주조를 이루게 된다. 그런데 조총련이나 그 산하 기관인 문예동에 소속되어 활동하지 않은 김윤 시인의 경우에는 일부의 작품에서 이방인으로서의 자의식을 드러내기도 하였다.

    낯선 데서

    풍습도 그러했고
    말도 서투른데
    서로 어깨를 비벼가며
    사는 사람들

    언제부터
    그러했는지는 지금은 아랑곳 없어지고
    그렇게 해서 살 수밖에 없는
    사람들

    몽땅 까먹어버린
    선조의 유산은
    흔적마저 희미해지고

[······]

이 사람들은
정말
어디로 가야 할 것인지
— 김 윤, 〈異邦人〉(『멍든 季節』, 현대문학사, 1968) 부분 —

  예외적으로 1968년에 서울에서 출간된 김윤의 시집 『멍든 季節』에
는 일본 사회에서 이방인으로서 살아가는 재일동포들의 고뇌와 갈등이
종종 드러난다. 인용한 시는 풍습도 말도 서투른 낯선 곳에서 서로 어
깨를 비벼가며 사는 사람들의 모습으로 재일동포 사회를 형상화하고 있
다. 이미 "선조의 유산은 흔적마저 희미해"졌다는 것이야말로 그들의
현실을 솔직히 고백하는 발언이다. 고향을 향한 마음은 어쩌면 이들에
게는 당위였을 뿐 눈앞의 현실조차 가늠할 수 없는 것이야말로 이들이
직면한 현실이었을 것이다. "고향은커녕 /오늘의 위치조차 종잡을 수 없
는 /희한한 사람들"은 재일동포 사회의 현실 그 자체였다. "정말 /어디
로 가야 할 것인지" 알 수 없다는 태도는 이방인의 자의식을 단적으로
보여주는 것이다.
  재일동포들이 겪는 정체성의 혼란은 형성기만의 것은 아니었다. 오늘
날에 이르기까지 어디에도 소속되지 못한 이방인이자 소수자로서의 인
식은 재일동포 사회에 여전한 과제로 남아 있다. 한국어로 의식적인 창
작 활동을 하면서도 생활의 공간과 국가와 민족이 서로 달랐던 재일동
포 사회는 정체성에 대한 의문을 짊어지고 살 수밖에 없었다.

4. 발전기의 시문학

1970~80년대의 시문학을 이 논문에서는 발전기의 시문학이라고 부르기로 한다. 1959년 북한에서 '북송' 사업이 본격적으로 진행되면서 재일동포 한국어 문학에 북한문학이 미친 영향력은 점차 강해진다. 특히 1967년 이후는 북한 사회가 주체시대로 접어들면서 문학 역시 주체문예로서의 특징을 분명히 드러내게 되는 시기이다. 1970~80년대의 재일동포 한국어 시문학은 주체문예의 영향을 좀더 강하게 받게 된다. 양적으로는 앞선 시기에 비해 풍요로운 시대였지만, 북한의 주체문학의 영향이 지배적이 되면서 주제의식의 다양성이라는 측면에서는 오히려 위축되는 양상을 보인다. 주체시대의 북한문학이 그런 것처럼 수령 형상을 창조하거나 우상화하는 작품들이 이 시기에 눈에 띄게 창작되는데, 한편으로는 서정적 색채가 강한 작품들이 발표되면서 표현 역량의 확대에 기여하기도 한다.

1970년대에 들어서면서 재일동포 사회에서 귀화자의 수는 매년 늘어나게 된다. 1972년 일본과 중공 간의 국교 정상화 이후 재일중국인의 귀화가 늘어났고, 재일한국인의 구성도 일본에서 태어난 2, 3세들이 대부분을 차지하게 되면서 귀화자가 늘어나고 젊은 층의 연령이 많은 비중을 차지하게 되었다.[13] 태어나면서부터 일본의 풍토 속에서 살아온 2, 3세들이 귀화에 대한 심리적 갈등이 적었음은 당연한 일이었고, 일본인과 결혼하는 경우가 늘어남에 따라 귀화자의 수는 점점 더 증가하게 된 것이다. 아울러 일본 당국이 재일동포에 한해서 귀화를 적극적으로 추진하는 정책을 펼침으로써 귀화자의 증가에 기여하게 되었다. 따라서 이 시기의 재일동포 한국어 문학이 귀화하지 않고 한국어(그들의 표현

---

13) 김상현, 『재일한국인-재일동포 100년사』, 한민족, 1988, 61쪽.

을 빌리면 '조선어')를 사용하는 조총련 계열의 재일동포들에 의해 발전해 간 것은 당연한 귀결이었다. 다만, 조총련에 소속되어 있다가 이탈한 김리박 같은 시인이 나름의 개성적인 시세계를 형성해 가고 있었다는 점은 특기할 만한 사항이다.

1973년에 있었던 만수대예술단의 방일을 시작으로 문예동에 소속된 시인들이 북한을 방문하거나 북한에서 일본을 방문하는 등의 상호 교류가 활발히 이루어지고, 재일동포 2세 작가들의 활동도 더욱 활발해진다. 1980년대에는 남한에서 일어난 '광주민주화운동'에 대한 관심이 고조되면서 1970년대에 이어 남한의 독재 정권에 대해 비판하는 내용의 시들이 발표된다. 1989년에 평양에서 열린 세계청년학생축전에 임수경이 참가하면서 남북간 문화의 교류가 활발해지는 계기를 마련하는데, 그 영향은 재일동포 사회에도 미치게 된다. 재일동포 1세대인 허남기, 남시우, 강순, 한덕수, 정화흠, 정화수, 김두권, 김윤호, 김학렬 등의 괄목할 만한 창작 활동이 1980년대에 이루어졌는가 하면, 재일동포 2세대인 로진용, 손지원, 박호렬, 허옥녀, 최용진 등의 개인 시집이 발행된 것도 이 시기의 일이다.[14]

1) 조국에 대한 예찬

조국에 대한 예찬은 재일동포 한국어 문학의 형성기, 발전기, 전환기 세 시기에 걸쳐 공통적으로 나타나는 주제라고 할 수 있다. 그런데 1970년대에 들어서 '조국'과 '김일성 수령'을 동일시하는 인식이 나타나면서 수령 형상을 창조하거나 예찬하는 작품들이 대거 씌어지기 시작한다. 주체 문예를 표방한 동시대의 북한 문학의 영향 아래 재일동포 한

14) 임헌영, 「예술적 창작 중시하는 문예동의 창작 지향점-재일본 조선문학 60년 도쿄 심포지엄에 다녀와서」, 『민족 21』, 2005.1, 139쪽.

국어 문학이 좀더 직접적으로 놓이게 된 점은 이 시기 재일동포 한국어 문학의 두드러진 특징이다. 이 시기의 문학은 북송 사업이 진행되던 시대적 분위기와 북한과의 관계 등으로부터 자유로울 수 없었다. 특히 7·4 남북 공동성명을 둘러싸고 통일의 열기를 확산시키기 위한 분위기가 일어나면서 문예동 맹원들의 북측 방문과 그곳에서의 창작 강습 및 작품집 발간 등의 교류는 더욱 증대되기에 이른다.

이 시기의 재일동포 한국어 시문학에서 가장 많은 비중을 차지하는 작품은 북한의 원조에 대해 끝없는 감사를 표현한 시들이다. 북한에서는 재일조선인사회에 출판 지원은 물론이고 장학금 지원, 만수대 예술단의 격려, 민족 교육 투쟁, 지문 철폐 투쟁에 대한 원조 등을 해 주었다.

> 어이하여
> 이역의 칼바락속에서도
> 령롱한 빛 누리에 뿌리며
> 우리 가슴 자꾸만 후덥게 하느냐
>
> 아, 진달래야
> 너는 진정
> 우리 꿈결에도 사무치게 그려온
> 조국의 넋이여라
> 어버이수령님의
> 한량없는 사랑이여라
>
> — 허옥녀, 〈진달래야〉(『산진달래』, 재일본조선문학예
> 술가동맹 오사까지부, 1988, pp.30~32) 부분 —

1977년에 씌어진 이 시는 진달래를 보고 느낀 조국에 대한 그리움과 감사의 마음을 표현하고 있다. 이 시가 형성기 초기에 씌어졌다면 진달래를 보고 느낀 감회와 조국에 대한 그리움을 그리는 데 초점이 맞추어

졌을지도 모른다. 그러나 1970년대에 오면 자연물로부터 촉발된 고향에 대한 그리움도 개인적인 정회를 푸는 데서 그치지 않게 된다. 진달래를 보면서도 "어버이수령님의 /한량없는 사랑"을 예찬하는 이 시야말로 발전기의 재일동포 한국어 시의 두드러진 특징을 단적으로 보여준다. "회관 앞마당에 소담하게" 피어난 "조국의 진달래"는 이 시에서도 여전히 "우리 인민의 소박하고도 깨끗한 마음"이나 "넓으나넓은 어머니품"에 비유되지만, 그런 진달래를 피운 것은 어디까지나 "어버이수령님의 한량없는 사랑"으로 그려진다. 같은 시집에 실려 있는 허옥녀의 시 <산진달래>에는 큰비에도 아랑곳없이 피어나 이름 없는 산길에서 화자를 반가이 맞아주는 산진달래를 보면서 느끼는 고향에 대한 그리움이 서정적으로 그려져 있다. 수령에 대한 예찬이 빠져 있는 점도 이 시기 시로서는 특이한 일이라고 할 수 있다.

> 방에 들어 행장을 푸노라니
> 마음은 마냥 뜨겁기만 하는데
> 식탁에 오른 음식물에도
> 넘쳐나는 사랑 가득 담겨졌거니
> 이 마을 그 모든 산채들을, 산해진미들을
> 이 려관을 위하여 바쳐주신
> 그지없는 그 사랑이!
>
> 밤이 깊어갈수록
> 따사로운 그 은정
> 내 가슴속 깊이깊이 파고들거늘
> 래일아침에는
> 만물상 비탈길을 올라야 할 몸
> 침대에 누워 잠을 청하건만
> 잠들수 없구나

나의 베개만 젖어드는구나
- 김윤호, 〈수정봉 기슭에 흐르는 사랑〉(『내 고
향』, 문예출판사, 1987, pp.56~58) 부분 -

1982년에 씌어진 이 시는 북한을 방문한 감회를 감격적으로 그리고 있다. 북한에서 대대적으로 펼친 조국방문사업은, 재일동포 사회에 조국 산천에 대한 그리움을 안고 애타게 숨져간 부모들의 한을 갚는 일로 인식된다. 그러므로 조국과 김일성 주석이 베풀어준 은혜에 대한 예찬이 이어진다. 평양을 방문해 감격에 겨워 조국을 예찬하는 시와 '김일성 수령'의 은혜를 기리는 시들이 '조국방문시초'나 고향을 그리워하는 시의 대부분을 이루고 있다. 물론 거기에는 사회주의 이데올로기에 대한 동조도 있었겠지만, '북송' 사업을 통해 재일동포를 같은 민족으로 인정하고 받아들여 준 데 대한 민족적 일체감 내지는 감격의 표현이 담겨 있음을 놓쳐서는 안 된다.

김윤호의 『내 고향』은 '고향=조국=김일성 수령'이라는 일치된 논리를 보여 주는 시들로 이루어져 있는 시집이다. 실제로 북한에서는 주체 시대에 당과 조국과 수령과 어버이를 동일시하는 논리가 펼쳐졌다. 수령 형상화 및 수령 예찬, 주체 시대에 대한 찬양, 사회주의 조국 예찬, 김정일 동지 예찬 등을 통해 김일성 가계의 우상화에 기여하는 시작품들이 김윤호의 시집 『내 고향』을 비롯한 이 시기 시의 특징이라고 할 수 있다.

조국에 대한 예찬은 재일동포 한국어 시문학에 일관되게 나타나는 특징인데, 이때의 조국은 짐작하는 바와 같이 북한에 한정되어 있었다. 남한에 대한 재일동포 사회의 태도가 긍정적으로 변화하는 것은 2000년대 이후의 일이다.

2) 조국 통일의 염원

한국 문학의 '바깥'에 존재하는 재일동포 한국어 시문학이 조국 통일의 염원을 노래할 때 거기에는 제3자로서의 객관성이 담겨 있을 거라는 기대를 할 수 있을 것이다. 그러나 유감스럽게도 이 시기에 그려진 조국 통일의 염원은 북한문학이 지니고 있던 이념적 색채를 떨쳐 버리지 못한다. 특히 주체 문예의 영향을 강하게 받고 있던 발전기의 재일동포 한국어 시문학에 대해 제3자적인 '바깥'의 정체성을 기대하는 것은 무리한 요구일 수 있겠다.

> ≪팀 스피리트≫ 82이건 83이건
> 당장 그만두라 그 모든 것을
> 그만두고 당장 나가라
> 우리의 땅밖으로
>
>   - 김윤호, 〈우리는 나가라고 했다〉(『내 고향』,
>   문예출판사, 1987) 부분 -

1983년에 씌어진 김윤호의 시 <우리는 나가라고 했다>는 미 제국주의를 겨냥한 시이다. 남의 나라, 남의 땅에 마음대로 들어와 전횡을 휘두르며 조국 통일을 훼방 놓는 장본인으로 미국을 지목한 것이다. 시인은 미제국주의에 대해 "통일을 부르면" 분열을 외치고 "하나의 조선을 원하면" 두 개의 조선을 고집했다고 말한다. 연방과 교류를 제안하면 전쟁 위협으로 대답하면서 내 나라 내 땅에서 '팀 스피리트' 군사 훈련을 대대적으로 벌이는 미국의 행태를 비판하는 이 시는, 1960년대에 씌어진 신동엽의 반미·반제국주의적 성향이 드러난 시라든가 1980년대에 남한에서 씌어진 민중시를 연상시킨다. 이 시기에 씌어진 통일에 대한 염원과 분단 극복의 의지를 드러낸 작품들은 1980년대에 남한에서도 대대적으로 씌어진 민중시의 계보와 분명히 닿아 있다. 1980년대에는 '광주민주화운동'의 소식이 북한을 비롯한 재일동포 사회에 전해지면서 남한과 남한 문학에 대한 새로운 관심과 교류가 이루어지고 있었던 것이다.

사실 인용한 시 한 작품만을 본다면, 이 작품에 대해 '바깥'에 존재하는 제삼자의 객관적인 시선으로 반미·반제국주의와 분단 극복의 의지를 표출한 시라는 평가를 내릴 수도 있을 것이다. 그러나 이 시집에 실린 나머지 시들의 태반이 '김일성 수령'을 찬양하는 논조로 가득 차 있다는 사실을 확인하고 나면, 한 편의 시만을 따로 떼어내어 평가하는 것이 별 의미가 없다는 사실을 깨닫게 된다. 이 작품은 재일동포 한국어 시를 평가할 때 자초할 수 있는 위험을 상기시킨다는 점에서도 눈여겨볼 만하다.

3) 민족 교육의 중요성 고취

앞에서도 살펴본 바와 같이 발전기인 1970년대 이후에 오면 문예동 시인들의 북한 방문과 창작 강습 및 교류가 증대되면서 한국어로 창작 활동을 하는 재일동포 시인과 북한의 시인 사이의 교류가 훨씬 활발해진다. 물론 1970년대 이후에는 일본으로 귀화하는 재일동포들의 수도 그만큼 증가하게 되지만, 귀화를 거부하고 '조선'적을 가지고 살아가거나 '조선민주주의인민공화국'의 공민으로서 살아가기를 희망하는 재일동포들의 응집력도 그만큼 강해진다.

북한에서 지원해준 민족 학교를 중심으로 우리말과 글을 가르치고 민족정신을 불어넣는 민족 교육이 지속적으로 행해지면서 한국어로 작품 활동을 하는 재일동포 2세 작가들의 수도 증가하게 된다. 1989년에는 문예동 결성 30돌 기념시집인 『재일조선시선집』을 출간하기에 이른다.

1950년대까지만 해도 허남기, 남시우의 시가 주축을 이루던 문예동은 1970~80년대에 이르면 우선 수적으로 많은 시인들을 확보하게 된다. 그것은 조총련을 중심으로 이루어진 민족 교육 사업의 결과였다고도 할 수 있을 것이다.

> 도로찾는다
> 빼앗긴 나의 이름을
> 빼앗긴 나의 귀, 나의 눈
> 나의 노래를
>
> 외국말, 일본말로
> 보고 듣고 느끼고 생각해온,
> 빼앗긴 나자신을
> 도로찾는다
>
> 나는 부른다
> 우리는 웨친다
> 첫소리, 가운데소리, 끝소리
> 우리 말소리를 익힌다
>
> — 김학렬, 〈우리 말 학습〉(『삼지연』, 조선대학교,
> 1979) 부분 —

'일본고등학교 출신생들의 ≪70일간 우리 말 학습 운동≫ 모습을 보고'라는 설명이 붙어 있는 이 시는 재일동포들에게 한국어를 배운다는 것이 어떤 의미를 지니는 것인지 짐작하게 해준다. 그것은 일제에 의해 "빼앗긴 나의 이름"과 빼앗긴 나의 귀와 눈과 노래를 도로 찾는다는 자기 정체성 회복의 의미를 띠고 있었다. 조국이 해방되었지만 현실적 상황은 전혀 나아지지 않았던 일본 땅에서 여전히 '조선인'이라는 이유만으로 핍박받으며 살았던 재일동포들에게 일본어를 버리고 '우리말'을 되

찾는다는 것은 '조선인'으로서의 자신의 정체성을 되찾고 잃어버린 조국을 도로 찾는다는 의미를 지니는 것이었다. 일제 강점기에 황국 신민화의 압박 속에서도 우리말을 지키기 위해 목숨을 걸었던 항일민족투쟁이, 재일동포들에게는 해방 이후에도 지나간 과거의 역사가 아니라 현재 진행형의 역사로 진행 중이었던 것이다. 그러므로 우리말 학습을 통해 "나의 의식"과 "몸에 감기였던" 오랏줄이 자취 없이 사라졌다는 인식이 가능해진다. 우리말 학습을 통해 비로소 민족의 일원이자 '조선인'으로서의 '나'의 정체성을 찾고 진정한 의미에서의 자유를 획득하게 된다고 한국어로 시를 쓰는 재일동포 시인들은 생각했을 것이다.

우리말을 가르치는 일에 일제 강점기의 항일 민족 투쟁을 계승하는 민족적 의의를 부여하지 않았다면 아마도 낯선 이국땅에서 적지 않은 불편과 불이익을 감수하면서 우리말을 지키는 일은 훨씬 어려웠을 것이다. 일본의 귀화 정책이 점점 더 적극적이 되어 가고 있는 현실과 재일동포 2, 3세들의 변화된 인식을 감안할 때 재일동포 사회가 언제까지 한국어로 시작 활동을 하는 것이 가능할지는 솔직히 추정하기 힘들다. 다만 1910년을 기준으로 하면 거의 100년 가까운 세월이 흐른 재일동포 사회가 아직 우리말 교육을 하고 우리말을 지키면서 살고 있고, 심지어 우리말로 시작 활동을 활발히 하고 있다는 사실은 지금까지의 역사만으로도 놀라운 일임에 틀림없다. 냉전 시대의 비극이 그동안 재일동포들이 창작한 한국어 시문학에 대해 관심을 갖지 못하게 해 왔지만, 이제부터라도 재일동포 한국어 시문학에 대해 관심을 가지고 적극적인 평가를 해나가야 할 것이다.

4) 남한의 지배계층에 대한 비판

발전기의 재일동포 한국어 시문학 작품에도 남한의 지배 계층을 비판하는 시는 지속적으로 씌어진다. 형성기의 시문학에서도 고대로부터 현대에 걸친 한국의 현대사를 비판하고 민중들의 존재를 무시한 지배계층의 전횡을 비판했지만, 발전기의 시문학은 동시대의 남한의 지배 계층을 비판하는 데 좀더 집중한다. 특히 박정희 정권과 전두환 정권이 집중적인 비판의 대상이 된다.

박정희 정권의 경우에는 한일협정 체결 문제를 둘러싼 굴욕적인 외교정책과 고도성장 위주의 경제정책, 군사 독재 등이 비판의 대상이 된다. 최근에도 논란이 되고 있는 박정희 대통령의 친일 문제 역시 풍자의 대상이 된다. 재일동포 사회에서 이런 문제가 훨씬 민감한 사안이었음은 충분히 짐작할 수 있을 것이다.

> 그렇잖아도 세상사람들이
> 쩍하면 손가락질을 하고
> 만대에 저주받을 도둑놈이니
> 천하에 보기 드문 무능이니
> 못할 소리가 없는 판인데
>
> 날을 따라 더더욱 박쌍의 인기는
> ≪고속조락≫의 길을 마구 떨어져가니
> 그래, 거짓수자나 올려서
> ≪고도성장≫나발이라도 불어대야지
>
> 홍, 별수가 있나
>
> — 김학렬, 〈≪고도성장≫〉(『삼지연』, 조선대학교,
> 1979, pp.256~257) 부분 —

1965년에 체결된 한일수교협정은 한국이 교전국 및 전승국으로서의 지위를 상실한 상태에서 미국의 압력에 의해 맺은 굴욕적인 것이었고,

그것이 이후 재일동포들의 생활 및 법적 지위 획득에 결정적인 영향력을 행사하게 된다. 이미 친공주의적 성격이 강해진 재일동포 사회가 전승국으로서 유리한 법적 지위를 획득하는 문제에 일본, 남한, 미국 어느 나라도 관심을 갖지 않았다. 결국 한일협정 체결 이후에도 1991년 한국과 일본 양국이 재일동포의 지위 협정에 관한 합의각서에 서명하기까지 재일동포들은 불안정한 법적 지위를 가지고 일본 사회의 소수자이자 이방인으로서 살아가게 된다.

이러한 역사적 배경을 돌아보면, 재일동포 한국어 문학이 북한과 김일성 주석에 대해 일방적인 찬사를 퍼부은 반면 남한 정부와 특히 박정희 정권을 향해 인신공격에 가까운 풍자적 비판과 독설을 퍼부어 온 것도 어느 정도 이해가 된다. 이들의 풍자와 야유와 독설에 북한의 냉전 이데올로기가 들어있는 것도 사실이지만 그것이 전부는 아니다. 1991년 합의각서에 서명하기까지 남한의 정부는 재일동포 사회에 대해 무관심과 무책임이라는 태도로 일관해 왔으며, 특히 조총련에 소속된 재일동포들에 대해서는 냉전적 시선으로 배척해 왔다.

인용한 김학렬의 시에 대해서 남한의 고도성장주의에 대해 애정 없는 비판을 하고 있다고 평가하는 것은 어쩌면 쉬운 일이다. 자기 내부에 대해서는 일방적인 찬사의 태도를 취하면서 바깥을 향해서만 비난에 가까운 비판과 조롱을 퍼부을 때 그런 풍자적 태도는 신뢰를 얻기 힘들다. 그런 점에서 김학렬 시의 풍자도 그다지 성공적이라고 보기는 어려울 것이다. 재일동포 한국어 시문학에서 기법상 풍자가 차지하는 비중은 매우 크고 중요하지만 그것이 고도의 장치를 통해 효과를 발휘하는 데 성공하기보다는 이와 같이 저열한 풍자에 그치는 경우가 많은 점에 대해서는, 풍자적 기법을 채택한 시인의 태도를 근본적으로 문제 삼을 수 있다. 그러나 그에 앞서 재일동포 사회가 오랫동안 입어온 역사적 상처, 특히 우리가 입힌 상처에 대해서는 근본적인 반성이 필요할 것으로 보인다. 이러한 역사적 반성과 치유와 화해의 과정을 거치지 않고서는 재일동포 한국어 시문학의 편협성을 논하는 일이 오히려 편협한 것이 될 수 있다는 사실을 기억할 필요가 있을 것이다.

5. 맺음말

이상으로 해방 이후부터 1980년대까지 창작되어 온 재일동포 한국어 시문학의 전개 과정을 개관해 보았다. 이 논문에서는 재일동포 한국어 시문학의 변화 과정과 재일동포 사회의 변화를 고려해서 재일동포 한국어 시문학을 크게 세 시기로 나누어 보는 관점을 취했고, 그 중 형성기(해방 직후~1960년대)와 발전기(1970~80년대)에 해당하는 시기의 작품의 특성을 대략적으로 살펴보았다. 각 시기별 전개과정은 순차적으로 나열하지 않고 주제의식에 따라 시기별 시문학의 특징을 유형화해서 살펴보았다.

해방 직후부터 1960년대에 이르는 형성기의 시문학은 다음과 같은 주제의식을 드러냈다. 망국의 설움과 반일 감정을 표현한 작품들, 고향, 즉 조국에 대한 그리움을 형상화한 작품들, 민족적 자부심과 정체성을 형상화한 작품들, 역사적 사건에 대해 비판하거나 풍자하는 작품들, 이방인으로서의 자의식을 드러낸 작품들이 주조를 이루었다. 이 시기에 활동한 대표적인 시인은 허남기, 남시우, 강순 등으로 저마다 뚜렷한 개성을 지니고 있었다.

1970~80년대에 이르는 발전기의 시문학은 북한 문학의 영향을 가장 강하게 받았던 시기의 문학이다. 조국과 수령 형상에 대해 예찬한 작품

들, 조국 통일의 염원을 담은 작품들, 민족 교육의 중요성을 역설한 작품들, 남한의 지배계층을 비판한 작품들이 주조를 이루었다. 재일동포 사회와 북한 간의 교류가 활발했던 시기의 문학으로 이념적으로는 대개 주체문예의 영향권 아래 놓여 있었지만, 양적으로는 재일동포 한국어 시의 역량이 확대된 시기였다.

재일동포 한국어 시문학은 주요 창작층이 조총련 산하 기관인 문예동에 소속된 시인들이었기 때문에 북한문학과 별반 다르지 않을 거라는 편견에 오랫동안 갇혀 있었다. 이러한 편견은 재일동포 한국어 시문학에 대한 연구를 가로막는 장애물로 기능해 왔다. 물론 재일동포 한국어 시문학에 대한 이러한 진단과 평가가 전적으로 틀렸다고 할 수는 없다. 그러나 여러 가지 현실적 제약을 가지고 있었던 재일동포 한국어 시문학의 실상을 제대로 파악하기 위해서는 북한문학과의 공통점에 주목하기보다는 차이점을 찾는 시각이 좀더 생산적일 것으로 보인다. 실제로 재일동포 한국어 시문학 작품에는 재일동포 사회의 비참한 실상을 보여주는 작품이라든가 주변인이자 소수자로서의 자의식을 드러내는 작품들이 적지 않게 발견된다. 또한 분단 극복의 의식을 드러내는 작품들 역시 중요하게 다루어져야 할 것이다.

이러한 유형의 작품들은 그 자체만으로도 충분한 시사적 의미를 지니지만, 통일 문학사를 전망하고 구성할 때 남한 문학과 북한 문학의 취약점을 보완해 줄 수 있는 제3지대로서의 역할을 톡톡히 할 것으로 기대된다. 남한의 시문학사와 북한의 시문학사, 그리고 재일동포 한국어 시문학사는 서로를 비추어 보는 거울과 같은 역할을 하면서 통일 문학사를 한층 더 풍요롭게 구축할 수 있을 것으로 보인다.

참고문헌

1. 논문

김응교, 「일본 속의 마이너리티, 재일조선 시」, 『시작』, 2004.겨울호.

김학렬, 「재일 조선인 조선어 시문학 개요」, 21세기 동북아 한국어문학연구의 현황
　　과 전망, 『숭실대 인문과학연구소·숭실어문학회·중국조선·한국문학연구회
　　국제학술대회 발표논문집』, 2005.2.16, 22~23쪽.

손지원, 「조국을 노래한 재일조선시문학 연구(1)」, 『겨레문학』, 재일본조선문학예술
　　가동맹 문학부, 2000.5.25, 70쪽.

심원섭, 「재일동포의 문학예술의 현황과 창작 방향」, 『세계 속의 한국문학』, 새미,
　　2002, 484~505쪽.

임헌영, 「예술적 창작 중시하는 문예동의 창작 지향점-재일본 조선문학 60년 도쿄
　　심포지엄에 다녀와서」, 『민족21』, 2005.1, 139쪽.

진희관, 「재일동포의 '북송' 문제」, 『역사비평』61호, 2002.겨울호.

진희관, 「조총련 연구」, 『역사비평』30호, 1995.8.

2. 단행본

강덕상 외, 『근현대 한일관계와 재일동포』, 서울대학교출판부, 1999.

공봉식·이영동, 『재일동포』, 문학관, 1997.

김상현, 『재일한국인-재일동포 100년사』, 한민족, 1988, 61쪽.

김인덕, 『우리는 조센진이 아니다』, 서해문집, 2004.

김재용, 『분단구조와 북한문학』, 소명출판, 2000.

백영옥, 『'한민족공동체' 형성과정에서의 교포정책』, 민족통일연구원, 1993.

신형기·오성호, 『북한문학사』, 평민사, 2000.

염인호, 『역사교과서 속의 한국과 일본』, 혜안, 2000.

유숙자, 『재일한국인문학연구』, 월인, 2000.

이광규, 『재외동포』, 서울대학교출판부, 1999.

이진희·강재언, 『日朝交流史』, 유비각선서, 1995, 234쪽.

정인섭,『재일교포의 법적 지위』, 서울대학교출판부, 1996.
조정남·유호열·한만길,『북한의 재외동포정책』, 집문당, 2002.
오자와 유사쿠,『재일조선인 교육의 역사』, 이충호 역, 혜안, 1999.
윤건차,『한일 근대사상의 교착』, 이지원 역, 문화과학사, 2003.

재일동포 한국어 시문학의 형식적 특징 연구

최 종 환

목 차

1. 머리말

본 논문은 재일동포 시문학의 형식적 특징을 검토하는 데 그 목적을 두고 있다. 여기서 다루어 보고자 하는 것은 그 중 한국어로 창작된 시문학으로서 재일본조선인총연합회(약칭: 총련)의 문예 단체 재일본조선문학예술가동맹(약칭: 문예동)에 소속되거나 그 이념을 따르는 시인들의 작품이다. 일반적으로 일본어로 글을 써 온 민단계 시인들과는 달리 '총련계 시인들'은 한국어로 작품을 창작해 왔으며 그 때문에 그들의 작품은 한국 문학의 한 범주로 포섭될 수 있는 가능성을 드러내고 있다.

무엇보다, 총련 계열 소속 시인들은 80년대까지 북측 문예 이론의 영도 아래 작품을 창작하여 왔다. 그들은 북측에 방문해 창작 방법을 지도 받거나 창작 자금을 지원 받을 정도로 대북 의존성이 강했다. 민단 계열의 시인들이 일본 사회에 빠르게 동화되었던 것과 달리 총련계 시인들은 해방 이후의 상황이 이전보다 나아진 게 없었음에도 '재일 코리언'으로서의 지위를 고수하길 원하였다.[1] 해방 이후 재일동포들에게 민족은 '선택'의 문제로 다가온 측면이 없지 않았으며, 그들이 불가피하게 붙들게 된 것은 북측이었다. 당시 남측 정부는 그들을 방치했고 심지어 생존 투쟁까지 방해하였다. 그 상황에서 북측은 고통받고 있던 재일동포들을 물심양면으로 돌봐 주었으며, 그 배려가 결국 그들을 북측으로 경도하게 만드는 결정적 요인으로 작용하였다. 전쟁 이후 천리마시대에 접어들면서부터 북측은 총련계 문인 단체인 '문예동'에 원조를 해주는 등 재일동포 문단에 깊숙이 개입하기 시작하였다. 더욱이 60년대 주체 문예시기에 접어들어서부터는 본격적 창작 강령까지 내려주기 시작하였다.[2] 일제 강점기에서나마 다양하게 꽃피어났던 재일 한국어 문학은 그 때부터 '주체 문예 이론'이라는 교조적 문예 이론의 직접적 후광 아래 놓이게 된다. 상처를 받아 내면이 황폐해진 재일동포 시인들이 자기 정체성 회복을 위해 의존할 수밖에 없었던 것은 주체사상이 건네 준 청사진이었기 때문이다.

엄밀히 말해 총련의 이념을 따르는 재일 시인들의 시는 주체 문예 이론을 받아들이면서－북측 시인들과 차이가 없을 정도로－북 체제에

---

1) 김상현, 『在日韓國人-在日동포 100年史』, 한민족, 1988, 136~178쪽 참조.
   박 일, 전성곤 옮김, 『재일한국인』, 범우, 2005, 205~237쪽 참조.
2) 카지무라히데키, 김인덕 옮김, 『재일조선인운동』, 현음사, 1994, 14~39쪽 참조.

대한 맹목을 보여주었다고 해도 과언이 아니다.[3] 그 맹목성은 북 체제에 대한 믿음을 문학적으로 형상화해 주고자 하는 욕망으로 발전하였다. 그 과정에서 그들이 붙들게 된 것은 접근이 용이한 시 장르였다. 그러나 당시 그들의 대다수는 서구의 근대 문예 이론이나 구체적 작시법을 접하지 못한 일반 민중들이었기에 울혈의 내면을 솔직히 토로하기만 해도 될 것이라 믿어졌던 것이 시장르였기 때문이다. 그들의 시적 언술을 보면 민중에게 편안한 이야기 형식으로 말을 건네거나 단순한 재래적 비유 구조를 추구하는 면모가 여실히 드러나고 있다. 무엇보다 그들의 작품이 쉬운 시를 지향한다는 점, 이미지의 실험보다는 평면적 비유 구조, 화법, 모티프 등을 상호 교환하는 등의 측면이 강하게 나타나고 있는 것만을 보아도 그 점은 어느 정도 증명이 가능하다. 이는 재일동포 한국어 시가 문학을 통해 우선적으로 의도한 것이 인민 대중과의 '소통'이었기 때문이다.[4]

현재까지 재일동포 한국어 시문학 관련 연구는 대개 이념 문제, 정체성의 문제, 분단 극복의 문제 등을 탐색하는 데 주력을 두어왔다. 그

---

3) 재일동포 한국어 시는 북한 문학의 내면성을 추수하고 있음에도 불구하고, 경계인으로서의 자기 분열 의식을 보여주고 있다는 점에서 북한의 시학과 그대로 일치하진 않는다. 남과 북의 변경에서 찢기는 자의 고통과 울분은 북한 문학에서는 볼 수 없는 독특한 실존 의식의 발로라 할 수 있다.

4) 재일동포 한국어 시는-개별 작품집을 제외할 경우-대부분 총련의 기관지인 ≪문학예술≫을 통해 발표되었다. 사회주의적 사실주의와 주체 문예이론을 철저하게 고수하고 있는 이 문예지는 차별 속에서 고통 받는 재일조선인들을 전문 문인 비전문 문인을 막론하고 시작에 참여시켜 재일(在日)의 울분과 분노를 분출하도록 고무하였다. 무엇보다 민중과의 빠른 소통을 추구하여 이데올로기적 교화를 의도했기 때문이다. 그때 중요했던 것은 작시법의 세련도보다는 사회주의 체제의 내용을 문학적으로 보여주는 것이었다. "글에 기교는 부족하다 하더라도 내용만 좋으면 사람들을 교양하는데 도움으로 될 수 있습니다. 결국 문제는 잘 쓰고 못쓰는가에 있는 것이 아니라 내용이 충실한가 못한가 하는데 있습니다"(문학예술 65호, 1977,12)란 김일성의 권두 교시는 그것을 보여준다. 총련계 재일동포들의 시학과 관련하여 기존 연구자들이 암묵적 동의를 보여주고 있는 부분의 하나가 '소통'이란 화두이다.

때문에 작시법 및 형식적 특성과 관련된 고찰은 하나의 여백 상태로 남겨진 실정이다. 텍스트의 형식적 특성에 대한 천착을 토대로 하여 작품 분석에 들어가는 이 시도는 재일동포 한국어 시문학의 내적 논리를 또 다른 각도에서 읽어낼 수 있는 시각을 제공해 줄 수 있을 것이라 기대한다. 이 글에선 먼저 재일동포 한국어 시(이하: '재일동포 시')가 보여주는 이데올로기 문제를 언급한 후 텍스트의 형식 미학적 양상을 검토해 보고자 한다.

2. 구술적 화법에 따른 관념적 진술

우선 재일동포 시가 드러내는 언술은 이데올로기에 근거한 목적 의식에서 발현된다. 재일동포 소설의 경우엔 이른바 '전형화된 화자'의 개입으로 그 목적성이 간접화되기도 하지만 시의 경우엔 날것의 형태로 제시되는 경우가 대부분이다. 시문학에선 목적 의식을 직접적으로 전달하려 하기 때문에 언술의 주체는 많은 부분 '교술적 화자'의 모습을 띠고 있다. 텍스트엔 시인을 허구적 주체로 설정하는 일반 서정시의 언술보다는 그 맨 얼굴을 텍스트에 노출시키는 수필적 언술이 주를 이루고 있기 때문이다.

무엇보다 내면의 직접 표출이 중시되는 재일동포 시에선 화자의 감정이 사실적 상황적 국면을 앞서버리게 된다. 그 과정에서 대상과의 심리적 거리가 초과되고 종종 감정의 객관화가 이루어지지 못하는 결과가 생긴다. 그때 텍스트의 언술은 시적 오브제(objet)로 감정을 객관화시키는 '묘사형 언술 구조'보다 '진술형 언술 구조'를 우세하게 나타낸다. 진술형 언술 구조는 재일동포 시에서 구술형 언술 구조로 나타난다. 그 경우 시의 화법은 많은 부분 '가청적'(可聽的), '고백적'(告白的) 성향을 띠게 된다.[5]

① 여기 수륙천리 이국땅에서도 / 역적을 단죄하는 증오의 웨침 / 집집의 창문을 두드리고 // 참지 못해 달려나온 / 격노한 가슴들의 / 규탄의 목소리 밤하늘에 치솟는데 // 형제여 조국을 위한 붉은 피 / 헛되이 흘릴 수 없거던 / 보복을 주자, 백배 천배로! // 찾아내자! / 우리가 빼앗긴 / 그 모든 것을!

– 남시우,「찾아내자! 우리가 빼앗긴 그 모든것을」(『조국에 드리는 송가』,문예출판사,1982) 부분, 176–177쪽. –

② 내 올해는 나의 시에 / 무장을 해야겠다 / 총이라면 백발백중 / 칼이라면 단칼에 요절내는 / 그런 무장을 단단히 해야겠다 … 중략… 무엇보다 무장을 해야겠다 / 안일과 해이, 소극과 나약부터 잡아내는 / 그런 무장을 해야겠다. 나의 글 한자한자가 / 잘 맞는 총알로, 잘 드는 칼날로 되게 // 내 올해는 나의 시에 / 위대한 김일성주의로 철저히 무장을 해야겠다.

– 정화수,「무장을 해야겠다」(『영원한 사랑 조국의 품이여』,문예출판사, 1980) 부분, 98–99쪽. –

①, ②에 공통적으로 나타나고 있는 언술은, 시어의 모습을 빌린 일상적 구어에 가깝다. ①의 "보복을 주자, 백배 천배로! 찾아내자!"와 같은 구호성 진술이나 ②의 "내 올해는 나의 시에 / 무장을 해야겠다" 등의 독백적 진술은 가청성을 중시한 결과이다. 그것은 '화자'보다는 '청자'에게 자신의 내면을 그대로 보여주는 일상의 구술 화법이다. 시에서 구어를 활용하는 경우는 얼마든지 있지만, 그 경우엔 이미지의 견인력을 담보로 하는 경우가 많다. 그러나 두 편의 인용 시에는 -②에서의 '총알'의 상상력을 제외하면- 이미지와의 큰 역학 관계를 보여주지 않고 있다. 이미지의 도움으로 대상을 가시화할 경우엔 묘사(description)가 일어나게 되고 묘사가 세밀해질수록 이데올로기를 이탈하는 제 3의 의미가 도출될 위험이 있기 때문에 두 인용 시는 감정을 직접적으로 펴 보

---

5) 오규원, 『현대시작법』, 문학과 지성사, 1990, 40~44쪽, 133쪽.

이는 구술적 화법을 택하게 된 것으로 보인다. 그 때문에 시인과 화자
가 동일시될 수밖에 없고 시는 자전적 독백으로 흐르고 있는 것이다.
시 ②가 시인 자신의 체험담이나 내적 각오, 결심 등을 사실 그대로 드
러내고 있는 것도 그 구술적 화법의 영향이라 할 수 있다.

　재일동포 시에서 구술적 화법으로 인해 생기는 또 하나의 부수 효과
는 '관념적 진술'이다. 이는 시인이 감정을 그대로 텍스트에 노출시키는
과정에서 그 감정에 묻은 이데올로기가 동반되면서 나타나는 언술이다.

> 아, 수령님의 <u>위대한</u> 주체사상을 / 신의 <u>뼈</u>와 살로 다지는 이 마당
> 에서 / 한없는 <u>영예</u>와 <u>행복감</u>으로 / 젊은이들의 가슴은 더더욱 <u>설레이</u>
> <u>노라</u> // 그 무엇으로도 비길데 없는 / 수령님의 어버이 사랑 / 온갖 두
> 터운 보살피심에 안긴 / 우리의 이 <u>기쁨</u>, 이 <u>행복</u> // <u>영광</u>스러운 <u>혁명</u>
> <u>전통</u>을 / 심장으로 이어가는 이 마당
> 　　　　　　－ 김학렬, 「여기에 돌이 있도다」(『삼지연』,조선
> 　　　　　　대학교,1979) 부분, 156쪽. －(이하 밑줄:인용자)

　인용시의 이미저리는 대부분 관념적 진술에 복속되고 있다. "행복감,
사랑, 기쁨, 행복" 등의 감정언어들이 -이미지가 아닌- "영광, 위대한,
영예, 혁명 전통" 등의 관념 언어들과 오버랩 되고 있는 것은 그 점을
보여준다. 그 같은 관념성은, 이미지 매개물이 결락된 순간 화자의 호오
(好惡) 관련 감정을 텍스트에 그대로 방사시키는데 그 과정에서 관념
지향성은 한 번 더 강화되게 된다. 예를 들어

> 이 모든 것은 <u>미제 때문</u> / 해방 후 미제를 떠받들고 / 우리의 오갈
> 길 가로막은 // <u>리승만 때문</u>
> 　　　　　　－ 정백운,「낡은 사진첩에서」(『문학예술』11호, 1964.12.)
> 　　　　　　부분, 17쪽. －

에 나타난 호오 감정은 재일동포의 또 다른 텍스트에서

> 오늘은 / 이 세상에서 가장 값높은 영광 / 안겨주시니…// 아, 다함
> 없는 감사와 붉은 충성으로 / 우리의 심장 뜨겁게 타오릅니다 / 위대
> 한 수령님의 전사 된 크낙한 자랑 / 태양처럼 펼쳐집니다.
>
> — 김두권,「어버이수령님이시여」(『조국의 품에서
> 부르는 노래』,문예출판사,1983) 부분, 50쪽. —

에서와 같은 관념어를 예사로 동반시키며 나타나는 것이 그 경우이다. 구술적 발화의 과정을 주밀히 들여다보면 때때로 종교적 관념어까지 활용되는 면모가 발견되기도 한다. 사회주의의 낙원 의식이 기독교의 낙원 의식과 등가화 되면서 신앙적 관념어가 발생하고 그것이 자양으로써 활용되는 것이 그 경우이다. "이 땅에 새아침이 오기-전에는 / 새도 울지 말-어라 / 닭도 울지 말-어라 / 저 하늘에 반짝이는 별과 더-불어 / 영생의 이-야기 서로 나누리"[6]에서 발견되는 '영생'이라는 관념어가 그 것이다. '사회주의의 완성된 모델'[7]을 문학으로 구현하는 재일동포 시인들이 종교적 관념어를 활용하는 것은, 사회주의 이데올로기가 완성의 도정을 향해 나아가는 초월성을 포함하고 있기 때문이다.[8] 그 때 사회주의 이데올로기의 초월성은 기독교의 초월 의식과 효과적으로 오버랩되며 '영광, 승리, 자애, 사랑, 불멸, 위대함' 등의 낙원 지향적 관념어들이 텍스트에 퍼지게 된다. 주체문예이론이 사회주의 이데올로기의 무

---

6) 김두권, 「이 땅에 새아침이 오기 전에는」, 『아침노을 타오른다』, 문예동, 1977, 186쪽.

7) 북한의 체제를 사회주의라고 보는데는 이견이 있을 수 있다. 그러나 총련계 재일동포 시인들은 주체의 조국을 사회주의의 완성된 형태로 바라보고 있다. 사회주의 체제와 북의 체제는 다른 것일 수 있지만 본고에선 광의적 의미에서 북측의 체제를 사회주의 체제로 언급하기도 하였다.

8) 김병로, 『북한 사회의 종교성; 주체사상과 기독교의 종교양식 비판』, 통일연구원, 2000, 7~32쪽, 63~76쪽 참조.

오류성을 강조하고 있는 것을 감안한다면, 시인들이 완전성을 지향하는 종교적 언어를 활용한다는 것은 어쩌면 당연한 일일 수 있다. 초월성을 직접적으로 노출시키는 재일동포 시의 언어들은 화법 면에서 보여주기보다는 들려주기를 원하며, 그 때 필요한 것은 이미지라기보다는 진리 담론 형태로 고형화된 관념어들이다.

3. 북측 체제의 미화와 남측 체제의 풍자

이 장에서는 재일동포 시에 두드러진 '기법' 면의 특징을 검토해보려 한다.

재일동포 시인들 중에는 비총련계인 김윤이나, 김리박, 리승순 내지 여성 시인들의 경우처럼 계급적 당파성의 추구보다 자기 시세계의 집착을 보여준 시인들이 없던 것은 아니지만, 80년대 말까지 대체적으로 보여준 것은 북측 이데올로기에 대한 헌신이었다. 그 과정에서 이데올로기를 인민 대중에게 효과적으로 고무하기 위해 시급했던 것은 상황을 '과장'하는 일이었다. 그 작업은 구체적으로 북측 체제를 미화하거나 남측의 체제를 풍자하는 방식으로 나타난다. 먼저 북측 체제에 대한 미화는 '찬양'과 '영탄'의 방법을 통해 시도된다.

> 한곳만 바라볼수 없구나 / 나의 눈길은 / 보여오고 들려오는 모든 것이 / 신기롭기만 하여라 // 저 밤하늘에/불빛 쏟아지는곳은 어디인가 / 나의 눈을 이끌어 놓질 않는구나 / 아, 황홀한 건설장이여 …중략… 이름도 알길 없는 사람들이지만 /만나면 허물없이 나를 껴안아주고 / 뜨거운 가슴을 맞대이며 / 반겨줄것만 같은 마음이여…
> — 김두권,「조국의 밤」(『조국의 품에서 부르는 노래』, 문예출판사, 1983) 부분, 59쪽. —

「조국의 밤」에서 화자는 북측 체제를 극단적으로 미화하려는 의도를 보여준다. 사회주의의 건설 과정을 보는 소회가 하늘의 광휘를 통해 제시되며, 그것을 인간과 인간이 서로 끌어안고 뜨거운 가슴을 맞대는 낙원의 세계라 언급하고 있는 것이 그것이다. "아, 황홀한 건설장이여" 등에 나타난 '영탄'은 재일동포 시에 빈번히 등장하는 클리셰(Cliche)이다. 그 같은 찬양과 미화는 1세대 대표격 시인인 김학렬의 시에서 이미 "꿈 아닌 이때 / 눈익은 옥류교며 평양대극장이 / 바로 내 눈앞에 있다! / 사람마다 손저어 맞아주는 수도의 거리로 / 오늘도 람홍색공화국기발 나붓기며 / 감격의 눈물 머금고 우리는 간다."9) 등의 송가의 형식으로 이미 나타나고 있었던 것이다.

북측에 대한 미화는 반대급부로 남측에 대한 비판으로 이어지기도 한다. 그 경우엔 종종 '폭로'와 '희화화'의 기법이 활용된다. 전자가 활용된 경우부터 살펴보면 아래와 같다.

> 그뿐이랴! 한강의 기적이라 일컬으며 / 흰것도 검다고 / 례사로 사람들을 속이는데 이골이 난 / 파쑈악당들- / 조선의 슬기론 녀성들의 머리채를 뜯어서 / 양키놈들에게 팔아넘긴 가발의 수 / 남조선녀성로동자들의 피눈물보다 더 많았거늘 // 이놈들! 파쑈악당놈들! 석유쇼크 바람에 / 100억딸라 수출에 거덜이 나자 / 헌신짝 내던지듯 / 깨알같은 적은 품삯으로 / 실날같은 목숨 이어가는 녀성로동자들마저 / 대량해고의 폭거 서슴치 않거니와 / 정의를 부르짖는 조선의 딸마저 / 무참히 학살하는 살인귀파쑈정권을 / 어찌 용서할수 있으랴
> — 고봉전,「잃어버린 고향의 젊은이들」(『애기별은 빛난다』,문예동,1987) 부분, 141–142쪽. —

---

9) 김학렬,「봄꽃 피는 평양」,『조국의 품에서 부르는 노래』, 문예출판사, 1983, 106쪽.

인용시에서 화자는 남측 제국주의 체제의 모순을 폭로하고 있다. 앞서 살펴 본「조국의 밤」이 북측에 대한 미화와 찬양으로 일관된 것처럼 이 시는 남측 사회의 부정적 단면을 통렬히 폭로하고 있는 것이다. "악당놈", "살인귀" 등으로 나타나는 감정 언어는 시인이 남측 세계의 한 국면을 극단적으로 초점화하여 비난하고 있음을 보여준다. 그 같은 측면은 다른 시인 리덕호의 시에서 "거리란 거리엔 / 갈팡질팡하는 실업의 무리 / 골목마다엔 <<밥 좀 주세요>> / 어린이들의 애절한 목소리 차고 넘친다"에서 보이는 것처럼 남측 현실의 왜곡으로 치닫기도 하고, 남측 땅의 2세들을 "책가방대신 깡통 차고 헤매"[10)는 존재로 그리기도 한다.

상기와 같은 내면이 화자의 냉소와 결합할 경우, 남측 현실은 '희화화'의 대상으로 화해버린다. 비판의 도마 위엔 주로 남측의 기득권 인사들이 올라온다.

개가 / 모여든다 / 개짖는 소리도 문화적으로 / 어떤놈은 미국 <<상전>>의 말로 / <<하이!>> 라고 웨치고 / 어떤놈은 일본 <<반또>>의 말로 / 역시 <<하이!>>하고 / 팔자수염 다시한번 / 만지작거리며 / 개가 / 모여든다 // 큰개, 작은개 / 노랑개, 검둥이, 삽사리 할것 없이 / …(중략)… 개중에도 / 괴수개같이 생긴 검둥이 / 앞으로 나서며 / 고래고래 큰소리로 지르는 <<훈시>> / <<백성 잡는데 / 헌신분투할지어다 / 거꾸로 달아도 / 코피 한방울 안나오는 / 가난뱅이는 아예 멀리하고 / 사지가 멀쩡하고 / 힘깨나 쓸줄 아는놈은 / 서독으로 광부로 팔고 / 젊은년은 / 간호원으로 팔고 / 얼굴이 괜찮은년은 / 갈보로 팔고 / 말깨나 하는 젊은놈은 / 모두 잡아서 / 구치소로, 감옥으로 / 사형대로 몰아넣고 // 삼남천지는 / 모두 백성 없는 세상 / 노랑개, 검은개, 파랑개 / 흰개만이 얼렁거리는 / 개만의 세상으로 /

10) 리덕호, 「구국항쟁의 대로를 줄달음쳐」, 『해님따라 별님 따라』, 조국사, 2000, 74쪽.

하게 하라!>>고 분부하니 / 뭇개들 황공하여 / 몸둘바를 모르고 / 뛰
여나가는데

— 허남기,「개-풍자시초15」(『조국의 하늘 우러러』,
문예출판사,1980) 부분, 106-109쪽. —

　　인용시에서 화자는 민족 분열을 초래한 군사 정권을 희화화하고 있
다. 화자는 군사 정권과 하수인들을 '개'로 언급한 후, 다시 종류별로,
"노랑개", "검은개", "파랑개", "흰개"로 분류하고 있다. 무엇보다 그들
이 사는 곳을 "개만의 세상"으로 언급하는 것만을 보아도 위의 시에선
남측 사회에 대한 냉소가 극에 달하고 있음을 보여준다.[11] 재일동포 시
의 기법 면에서 미화와 풍자가 주류를 이루는 이유는 주체문예이론이
애초부터 남측 체제를 배제시키도록 만들었기 때문이다. 위의 시와 같
은 풍자적 언술은 90년대 재일동포 3세대들이 등장하여 작품 활동을
하기 직전까지 지속된 측면이라 할 수 있다.

4. 전통적 이미지 또는 전형화된 이미지의 사용

　　이 장에선 재일동포 시에서 발견되는 '이미지의 특성'과 '비유 구조'
에 대해 살펴보고자 한다. 일단 재일동포 시에선 이미지조차도 이데올

---

11) 희화화의 기법이 사용될 때 재일동포 시엔 남측 민중시의 내면성에 접근하는 부
분도 발견되고 있다. "또 한 놈 나온다 / 국회의원 나온다 / 곱사같이 굽은 허
리, 조조같이 가는 실눈, / 가래끓는 목소리로 응승거리며 나온다 / 털투성이 몽
둥이에 혁명공약 휘휘감고 / 혁명공약 모자쓰고 혁명공약 배지차고 / 가래를 퉤
퉤, 골프채 번쩍, 깃발같이 높이 들고 대갈일성, 쭉 째진 배암샛바닥에 구호가
와그르르 / '혁명이닷', 구악(舊惡)은 신악(新惡)으로! 개조(改造)닷, 부정축재는 축
재부정으로! 근대화닷! 부정선거는 선거부정으로! 중농(重農)이닷, 빈농(貧農)은
잡농(雜農)으로! …(중략)… 셋째 놈이 나온다 고급공무원 나온다 / 풍신은 고무
풍선, 독사같이 모난 눈, 푸르족족 엄한 살, 콱 다문 입꼬라지 청백리(清白吏) 분
명쿠나" -김지하,「五賊」(『사상계』1970.5.) 부분 235~236쪽.

로기와의 관련성 속에서 작동하는 면모를 보여준다. 이는 시적 이미지가 이데올로기의 특정 지점을 부각시켜 대중 선동에 활용되는 면모를 보여준다는 뜻으로 풀이될 수도 있다. 이미지 면에선 대중이 친숙하게 이해할 수 있는 '전통적 표상'이나 '전형적 표상'을 주로 활용하는 면모가 두드러지고 있다. 이는 재일동포 시인들이 일반 '대중과의 소통'을 중시했기 때문에 실험적 시어를 창조하거나 이미지에 과부하를 걸 필요성을 느끼지 못했기 때문이라 판단된다.[12]

상기의 문맥은 해방 이후부터 재일동포 시인들이 처했던 상황을 고려해 본다면 더욱 분명해질 수 있다. 일단 해방 이후 서구 문예 이론을 수용하여 스스로에게 적용시킬만한 시간적 여유가 부족했다는 사실만큼은 분명하다. 남측의 경우 한국 전쟁 이후에 혼란하면 혼란한대로 단독 정부가 세워졌고, 그 기반 위에서 서구의 다양한 텍스트 미학을 실험할 수 있는 기회가 주어졌지만, 재일 동포 시인들의 경우엔 그 기회가 사실상 불가능했다고 보아야 한다. 당시 그들은 자신의 정체성을 세워줄 법적 지위조차 얻지 못했고, 그 불리한 입지를 스스로 수습해 나가지 않으면 안 되었기 때문이다. 그 정황 속에서 그들에게 다가온 것이 주체 문예 이론이었다. 그것은 화자의 시폭을 한정시켜 자유로운 상상보다는 이데올로기성을 강조하는 미학 원리를 주입하면서 그들 시학의 특징적 한 표정을 형성시켰다. 텍스트 미학적 차원에서 접근하면 시의 행위에 놓인 이미지들은 주체 사상을 가리키는 단선적 기표가 되며, 텍스트에 제시된 상황 또한 대부분 이데올로기와 관련된 단선적 독법만을 허용하는 경우가 대부분이다. 그 점이 텍스트에 자유로운 메타포나 실험성 등을 가능케 하는 이미저리를 작동시키지 못하게 하는 결과를 초

---

12) 재일동포 문학의 소통 구조에 대한 논의는 이정석, 「 재일동포가 창작한 한국어 산문문학의 존재양상」, 『한중인문학연구』제14집, 한중인문학회, 2005. 445~448쪽 참조.

래한 것으로 보인다. 재일동포 시가 전통적 이미지들을 선호한 이유는 그것이 단순 독법에 익숙한 당시 민중들의 무의식에 접촉할 수 있는 입구를 열어주었기 때문이다. 어떤 면에선 이미저리의 재래성이 민중과의 교감 가능한 내용과 정서를 포함하고 있어 창작 면에서 활용이 자유로웠기 때문이기도 하였다. 시에 자주 발견되는 전통적 이미지들을 보아도 대개가 "된장국, 달맞이꽃, 씨름, 흙, 상여, 봉화, 색동옷, 저고리, 김치, 삼수갑산, 보선, 술래잡기, 밥보시기, 아리랑, 대추, 황소, 소설, 소한, 대한"[13) 등으로 나타나는 평이한 한국의 재래적 소재들이다.

무엇보다 전통적 표상과 관련하여 빈번히 활용되는 것은 "꽃"의 이미지라 할 수 있다. 그것은 봉오리의 열림이나 만개(滿開)의 상상력과 결합되면서 사회주의의 발전적 도상을 보여주는데 적합한 이미지로 기능하고 있다.

① 보내 주신 바람은 / 어머니-조국 / 하여 시절은 꽃철이여라 / 휘영청 꽃 다 핀 언덕길 // 이리 꽃바람 불고서야 / 아니 피고 어이하리 / 아지마다 물이 올라 / 귀염성 터져 나는 꽃송이
－ 강 순, 「꽃바람」(『강순시집』, 강순시집발간회, 1964)
부분, 147쪽. －

② 대학의 뜰에 핀 / 목란꽃, 목련꽃, 진달래꽃… / 그 꽃은 바로 / 수령님께서 조국땅에 꽃피워주신 / 주체사상 / 우리 인민의 가슴에 꽃피워주신 / 기쁨과 자랑, 행복과 희망이여라
－ 한룡무, 「대학의 뜰에 핀 꽃」(『어머니 품이여』,
예문서림, 1991) 부분, 59쪽. －

③ 서울대학 1학년생 리동수군이 / 스물셋 그 애젊은 지성이 / 휘

---

13) 최종환, 「재일동포 한국어 시문학의 내적 논리와 민족문학적 성격」, 『한중인문학
연구』제17집, 한중인문학회, 2006. 229쪽 재인용.

발유를 끼얹고 / 제 알몸에 불을 질렀거니! …중략… 아, 그대의 불웨
침은 / 격동의 민족력사에 메아리치는 / 굴함없는 마음의 시 / 진달래
꽃잎처럼 활활 타오르는 / 선명한 하나의 산 존재이다.
- 김학렬, 「분신」(『아 조국은』,문예출판사,1990)
부분, 133-135쪽. -

　　인용시에 나타난 "꽃"의 이미지는 한국의 전통 문학이나 재일 항일
혁명 문학 등에서 자주 보아왔던 전통적 표상과 동궤에 놓인다. 재일동
포 시인들은 상기와 같은 쉽고도 친숙한 표상을 사회주의 이데올로기
쪽으로 선회시켜 활용하는 면모를 보여주고 있다. 세 편 시에 나타난
꽃이 공통적으로 지시하는 것은 '사회주의 낙원'이라 할 수 있다. 구체
적으로, ①의 꽃의 아름다움은 사회주의 주체조국의 낙원을 암유하며
②에선 수령이나 사회주의 주체 조국의 아름다움을 보여주는 것이다.
그리고 ③에선 그곳으로 가기까지의 방법을 보여주고 있다. 요약하자면
꽃봉오리부터 시작하여 개화에 이르기까지의 과정은 사회주의 조국의
형성 도정이라 할 수 있다. 그것이 한민족에게 친숙한 꽃의 의미망을
사회주의 이데올로기와 교융시키고 있는 것이다.
　　재일동포 시의 이미지에 '전통적 성향'이 주류를 이룬다 하여 그것이
전체화된다는 의미는 아니다. 사회주의 이데올로기를 보다 직접적으로
언급할 경우엔 이미지는 전통 지향성을 벗어나 보다 다양하게 형성되는
면모가 나타난다.

층위	기표		전형적 기의
(대지)	봄, 봄빛, 마당, 어머니	→	민족
(천체)	오각별, 태양, 불씨	→	수령
(식물)	꽃씨, 꽃봉오리, 꽃(해바라기, 진달래)	→	사회주의 조국
(동물)	승냥이, 이리, 살인귀, 식인종	→	제국주의

　대체적으로 재일동포 시에 나오는 이미지들은 '민족', '수령', '제국주의' '사회주의 조국'의 기의를 드러내는 데 봉사한다. 특정 이미지는 관련 기의와 거의 대응 관계가 설정될 수 있을 정도로 많은 부분 전형화되어 있다. 예컨대 민족을 드러낼 때는 '봄', '어머니', '마당', '꽃' 등의 대지나 대지적 이미저리가, 수령을 드러낼 때엔 '별', '태양' 등의 천체적, 광물적 이미저리가, 제국주의를 암유할 때는 '승냥이', '이리', '도적', '식인종', '살인귀' 등의 동물적 이미저리가 사용된다. 이데올로기와 관련하여 전형화된 이미지의 구조는 아래 시에서도 확인할 수 있다.

> 날과 달, 해가 갈수록 / 수령님의 위대한 주체사상의 <u>빛발</u>은 / 조국을 더 먼 곳에까지 빛나게 하 / 고 / 세계 반제반미투쟁의 <u>불길</u>을 / 더 넓은 곳곳에 타오르게 하나니 …중략… 수령님의 위대한 주체사상, 원대한 / 구상 / 온 누리에 <u>불씨</u>로 지펴나갑니다.
> 　　　　　　　 － 정화수,「자랑이 한량없습니다」(『문학예술』43호,
> 　　　　　　　　 1972.12) 부분, 53쪽. －

　위의 시에 나타난 이미지는 향일성(向日性)을 그 기의로 하고 있다. 그 중 "빛발", "불씨", "불길" 등의 이미지는 '수령'이라는 기의의 층위에 복속되고 있다. "빛발"의 이미지는 수령의 자애로움으로 연결되거나 다시 "불길"로 확대되어 온 누리에 주체 사상을 꽃피운다는 논리를 보여주고 있는 것이다. 빛과 불의 이미지는 다른 시인의 시에서 모성적 상상력으로 발전하여 "나는 어머니의 / 그 따뜻한 손을 만질 때마다 / 조국의 아름다운 강산을 생각합니다 …중략… 수령님의 참된 딸이 되리라 / 굳게 결의다집니다"14)와 같은 민족 및 그에 대한 충성의 기의를 드러내는 진술로 나타난다. 다른 면에선 꽃의 '붉음 / 뜨거움'과 결합하여 "보시라 우리의 꽃은 / 하루를 피여도 붉게 피고 / 한평생을 피여도

---

14) 김청자, 「어머니의 손」, 『문학예술』35호, 1970.10. 84쪽.

붉게 붉게 / 수령님을 위하여 피어납니다"[15]라는 혁명의 기의를 구성하기도 한다.

재일동포 시 텍스트들을 검토해 보면 위에 제시한 층위 이외에 이미지와 기의간의 또 다른 전형성도 발견되고 있다. 화자의 '고통'이 전형화될 때엔 '서리, 광풍, 바람, 비수, 총탄, 갱도, 쇠사슬, 오랏줄' 등의 이미지가 활용되고, 극복 의지로서의 '울분/공격성'이 전형화될 땐 '욕설', '성난 파도', '용광로', '피' 등의 이미지가 활용된다. 재일 코리언으로서의 정체성이 '수인의식'과 결합하여 나타날 땐, '노예', '거지', 찢겨진 바랑', '헌신짝' 등의 이미지가 발현되는 모습을 보여준다.[16]

5. 패턴의 공유 또는 공동 창작물로서의 형식

재일동포 시 작품들을 주밀히 살펴보면 언술이나 비유, 상징 면에서 상당한 유사성이 발견된다. 이는 한 시인의 시편에 나타난 이미지나, 문장, 어법 등이 창작 과정에서 반복되고, 타시인들에게 넘어가 복제되기

---

15) 강석철, 「천만송이 붉게붉게 꽃피우리다」, 『문학예술』45호, 1973.2. 99쪽.
16) 비유 구조와 관련하여 재일동포 시에 나타나는 이미저리는 아래의 차원에서 설명하는 것도 가능하다. 그들이 재일(在日)이라는 혹독한 실존의 환경 속에서 스스로의 정체성이 붕괴되는 것을 느낄 때, 그 감정은 유랑의식으로 발전되어 '근육감각적 이미저리'를 생산한다. 여기엔 겨울, 불, 총칼, 오랏줄, 쇠사슬, 덫, 차가운 파도, 비수, 광풍, 서리 등의 기표들이 동반된다. 그들이 그러한 삶의 질고를 극복하기 위한 방법으로 사회주의 조국을 건설하려는 능동적 의지를 보일 때, 그 욕망은 색채어와 결합된 '식물적 이미저리'를 생산한다. 여기엔 진달래, 꽃씨, 꽃봉오리, 봉숭아꽃물 등의 비유체들이 반복적으로 동반되는 경향을 보여준다. 그것은 '씨앗-열매'라는 진행생성형 모티프를 내장하고 있다. 그들이 사회주의 조국의 완성된 형태를 꿈꿀 때, 그것은 견고함이나 광채를 드리우는 '광물적 이미지' 내지 '향일적 이미저리'와 결합한다. 여기엔 해, 달, 등대, 용광로, 어머니, 수령, 당, 기찻길, 뱃길, 찻길 등의 기표들이 동반되는 양상을 보여준다. 재일동포 시인들이 보여주는 그 같은 이미저리 중에서도 그들 시에서 압도적으로 등장하는 것이 '붉음'과 연관된 색채어이다.

때문이라고도 볼 수 있다. 재일동포 시에선 유사한 텍스트 담론이나 구조적 패턴이 동시대에 집단적으로 나타나며, 이 시인의 작품과 저 시인의 작품이 구별이 서지 않을 정도로 빈번히 발생하고 있다. 이는 개별 작품의 아우라보다 집단 소통성을 더 중시하는 주체문예이론[17]을 내면화했기 때문으로 보인다.

무엇보다 크게 공유되는 측면은 내용의 차원이다. 그것은 크게 ①수령 은혜에 대한 감격 ②남측 사회에 대한 비판, ③주체의 조국을 찬양 ④미 제국주의자의 횡포에 대한 비판 등에서 발견된다. 그러나 상기의 내용은 재일동포라는 집단이 우세하게 보여주는 시적 주제란 점에서 '공유'의 범주로 묶어들이기는 어려워 보인다. 여기서 말하고자 하는 공유의 의미는 텍스트에 확연히 가시화되고 있는 요소로서 시인간에 매우 빈번히 '교환'되는 텍스트의 내적 특성들이다. 그것은 크게 '시적 상황 제시'와 '어법', '텍스트 형식' 면에서 자주 발견된다. 먼저 앞의 두 측면은 함께 검토가 가능한 부분이라 생각된다.

① 어버이수령님께서는 조선사람이 되여야 한다고 / 조선사람으로 남아야 한다고 / 재일동포자녀들을 생각하시며 / 헤아릴수 없이 많은 교육원조비와 장학금을 보내주시였나니 // 세상엔 가지가지 사랑이 있어도 / 이보다 고마운 사랑 우리는 몰라라
— 한덕수, 「우리들은 행복하고 영예로운 주체 조국의 해외공민」(『만수축원의 노래』, 문예동, 1982) 부분, 103쪽. —

② 수령님께서는 / 조국을 찾아주시고 / 청춘을 찾아주시고 / 미래와 희망을 찾아주시고 / 삶의 보람을 찾아주시고 / 노래와 춤을 찾아주셨습니다 …중략… 현해탄의 거친 파도를 넘어 / 멀리 백두산으로

17) "혁명과 건설의 다른 모든 부문과 마찬가지로 사회주의, 공산주의 문학 예술도 당의 령도를 떠나서는 성과적으로 건설될 수 없다." 『주체사상의 위대한 승리 3』, 조선로동당출판사, 1982, 108쪽.

부터 들려오는 / 항일무장투쟁의 소식과 / 그 투쟁의 진두에 서신 /
수령님의 위대한 이름에서 / 멀지 않아 조선의 산천을 / 붉게 물들일
휘황한 새벽 / 희망찬 새봄의 / 서광을 찾았습니다.

– 한덕수, 「청년들은 대를 이어 혁명을 계속하여야 한다」
(『60만이 드리는 충성의 노래』, 재일본조선인총련합회,
1972) 부분, 13–23쪽. –

③ 그이께서 돌려 주신 어버이 사랑 / 조국해방전쟁의 불길속에서
도 / 전후복구건설의 어려운 나날에도 / 세기를 두고 우리 인민 품어
오던 / 배움에 대한 념원 풀어주었다.

– 리덕호, 「4월의 경사스러운 이 아침에」(『해님
따라 별님따라』, 조국사, 2000) 부분, 13쪽. –

④ 고아된 /우리들을 하나하나 찾아주셔 / 거지된 우리들을 여기저기
찾아주셔 / 우리의 어버이수령님께서 / 우리 집 총련을 세워주셨습니다.

– 로진용, 「우리집 총련」(『문학예술』81호, 1985.7.)
부분, 27쪽. –

네 편의 시에선 재일동포 시에 빈번히 공유되는 구조적 양상 하나가
발견된다. 수령의 은혜와 관련된 상황이 제시되고 바로 뒤를 이어 감사
의 마음이 '직접 반응'의 형태로 따라오는 것이 그것이다. 시들마다 '상
황-반응'의 '유사 반복'이 이루어지고 있는 것이다. ①과 ②는 동일한
시인의 작품으로 창작 과정에서 상기 패턴이 복제되었음을 말해주며,
③과 ④는 그 패턴이 타시인들에게 넘어가 집단복제화 되고 있음을 보
여주는 것이다. 위와 같은 패턴은 특히 '수령의 고난과 승리', '수령의
자애와 감격', '사회주의 조국 건설과 인민들의 노력', '제국주의의 횡포
와 그 몰락 과정', '남측 청년들의 독재 정권에 대한 투쟁', '민족학교의
수업 내용과 내일에의 다짐' 등에서 많이 발견되고 있다. 총련 기관지
『문학예술』은 물론이고 개별 시집들에 실린 작품들을 검토해 봐도 그

같은 '상황-반응'의 대응 양상이 나타나고 있음을 알게 된다. 그 같은 제시 패턴은 다시 '제국주의자들이 횡포와 그에 대한 냉소', '민족 교육을 위한 교단과 그에 대한 열심' 등을 보여주는 방향으로 변주되기도 한다.

다음으로 빈번히 나타나는 패턴은 '산문 형식의 틀'이다. 엄밀히 말해 이 경우는 텍스트에서 유사한 구조의 산문 담론이 반복 출현하는 경우라고 보아야 한다. 사실 재일동포 시는 -시의 의장을 빌린 산문이라 보아도 무방할 만큼- 산문성으로 점철돼 있다. 그 같은 경향은 이야기시나 편지시, 보고시, 담시, 상황시 등에서 많이 나타난다. 그 중 대표적인 것의 하나가 '이야기' 형식의 틀이다.

> 아침모임 알리는 종소리 찌르릉 / 회관의 모든 일군, 강당에 모였네 / 조청일군 힘있는 구령소리 맞추어 / 아침체조 하나, 둘 상쾌한 마음 // 인사도 마치고 사업보고 받자 하자 / 동시에 일어서며 말을 떼는 일군 / 그 모습 어딘지 우습강스러워 / 웃음보가 터지는 훈훈한 강당한 // 부장과 부부장이 서로 양보하는데 / 살뜰한 ≪결정≫을 내리신 위원장님 / ≪부부장이 먼저 하는게 어떻소≫ / 그 말에 부부장 얼굴이 화끈화끈 / ≪친애하는 지도자동지탄생일을 향해 / 벌려온 집중행동 첫 성과입니다 / 편입반 입학원서 넉장 받았습니다≫ / 일시에 ≪야!≫ 하는 환성이 가득 // 위원장님 일어서며 하시는 말씀 / ≪네 아이가 민족을 되찾았습니다 / 소생한 아이들에게 박수를 보냅시다≫ / 뜨거운 박수소리 강당안은 후끈후끈 / 마치도 부부장 그 아이된듯이 / 머리를 긁으며 자리에 앉았네 / ≪그러면 부장동지, 프로수가 얼마요≫ / 위원장님 말씀에 부장은 어리둥절 // 한부서서 일하는 부장과 부부장 / 같은 보고 한다는걸 벌써 안 위원장님 / 보고하는 그 기쁨 주었네 그에게도 / ≪90%입니다. 위원장동지≫ // ≪눈바람 부는 속, 수고하는 동지들께 / 박수를 보냅시다. 격려를 보냅시다 / 승리의 고지는 눈앞에 있습니다≫ / 박수쳤네 그 속에 결의도 담아
>
> — 로진용, 「박수」(『나는 들었네』, 재일본조선문학
> 예술가동맹, 1989) 부분, 49-51쪽. —

인용시는 평이한 이야기를 행만 끊어 전개하면서 글줄 사이에 대화를 끼워 넣고 있다. 시의 내용은, ① '구령 소리에 맞추어 아침 체조를 하는 광경', ② '민족 학교 편입학 허가서를 받은 학생을 축하해 주는 장면' ③ '사업 실적 보고를 하는 장면'이다. 서사시가 아닐 경우, 시작품에 세 개 이상의 장면을 제시하거나 대화를 통해 시간성을 작동시키는 것은 일반적인 시문법에서 발견되기 어려운 부분이다. 산문시의 범주를 적용시켜 본다 하더라도, 위의 시는 내장된 이미지나 암유 장치 등이 거의 발견되지 않고 있다. 포에지의 본질로서 서정성이 충일해 오르는 한 순간을 증폭시키는 것[18]보다 구술성 속으로 의미를 풀어놓는 것을 더 중시하고 있음을 보여주는 것이다. 그와 같은 이야기적 틀은 아래 최영진의 시에서도 발견되고 있다.

> 우리 반 동무들 한자리에 모여서 / ≪희망≫이란 제목으로 모임 가진 날 / 성제랑 상순이랑 목소리도 되알지게 / 과학자가 된다했지 무용수가 된다했지 // 아직도 대답못한 학생이 누구냐고 / 선생님이 찬찬히 우리 얼굴 보실 때 / 나도나도 선뜻 손을 들며 대답했지 / ≪개찰원이 되렵니다! 선생님≫ // 순간 동무들을 기웃갸웃거리며 / 의아로운 눈초리도 나를 보았네 // 개찰원이 되여서 뭘 하느냐는듯 / 너무나도 나의 희망 작다는 듯이 // 망설이다 주밋주밋 입술놀릴 때 / 선생님이 쳐준 살뜰한 박수소리 / 그 영문 알고 싶어 어서어서 말하라 / 동무들도 뒤를 따라 재촉하였네…중략…동무들아, 나는 이제 평양행차표를 / 끊어간단다 / 분계선 철조망을 끊어간단다.
> — 최영진, 「개찰원이 된단다」(『문학예술』65호, 1977.12.) 부분 154-155쪽. —

---

18) 슈타이거(E · Steiger)에 따르면 포에지의 근본 속성은 찰나적인 것에서 발생한다. 에밀슈타이거, 이유영,오현일 옮김, 『시학의 근본 개념』, 삼중당, 1978, 298~299쪽.

위 시는 시작과 끝을 이야기 구조에 기대고 있으며, 산문적 틀을 공유하고 있다는 점에서 앞서 살펴본 시와 유사한 패턴을 공유하고 있다고 판단된다. 학급 발표 시간의 질문 시점으로부터 시작되는 이 시는 질문이 끝나고 마무리되기까지 각 과정을 순차적으로 보여주며, 각 수순마다 대화를 집어넣어 서사성을 강화시키고 있다. 상황의 한 순간이 극화되며 분출되는 서정의 집중 기능이 산문의 시간 구조 속으로 풀려버리고 있는 것이다. 여기서 시학의 본질적 기능인 메타포는 거의 발견되지 않는다. 메타포가 작동하기 위한 언어 압축은 재일동포 시에서 중요한 항목이 아니기 때문이다. 이는, 재일동포 시학을 형식적 측면에서 접근할 때 그 내적 논리의 하나가 '산문성'이며 그것을 매개로 하여 텍스트 형식이 공유됨을 보여주는 것이라 하겠다.

재일동포 시에 이미지와 상황, 내적 반응, 언술 등이 공유되는 것은 재일동포 시인들이 그들 자신이 '개별 저자'로서보다는 재일 조선인으로서의 하나의 '집단 저자'가 되기를 원했기 때문일 수도 있다. 그들에게 시급한 것은 하나의 이데올로기를 구축하기 위한 동포간의 결집이었기 때문이다. 그들의 작품은 교환되고 공유됨을 통해 상호간에 신념을 재확인하고, 이데올로기를 더욱 견고히 구축할 수 있는 기능을 한 것으로 보인다.

6. 맺음말

본 논문에선 총련계 재일동포 한국어 시작품을 특징짓는 미적 형식에 대해 살펴보았다. 연구 과정에서 역점을 두어 보고자 한 것은 재일동포 한국어 시를 '그것'이게 만드는 '형식적 요소'에 대한 발견이었다. 본고는 그것을 위해 재일동포 한국어 시작품에 빈번히 반복되며 나타나는 요목들을 사회주의 이데올로기와의 관련성을 중심으로 천착해 보았다.

먼저, 재일동포 한국어 시는 북측 사회주의 리얼리즘 내지 주체 문예 이론을 추수하기 때문에 객관적 상관물에 걸어 감정을 가시화하기보다는 그것을 대중에게 직접 들려주는 가청화의 방법을 선택하는 측면이 두드러진다. 그 때문에 그들의 시는 평이한 구술로 전개되며 진술 또한 상당한 관념성을 띠게 된다.

둘째, 그들의 시는 북측 체제를 '미화'하고, 반체제인 남측 내지 제국주의자들을 '풍자'하는 형태를 면모를 보여준다. 미화와 풍자의 공통적 기반은 과장적 시각이라 할 수 있다. 과장하여 그려진 상황은 자주 극단화되며 그 속엔 과잉된 감정 언어들이 충일하게 된다. 텍스트를 주밀히 검토해 볼 경우 전자에선 주로 찬양과 영탄의 기법이, 후자에선 폭로와 희화화의 기법이 빈번히 나타나고 있다.

셋째, 시에 동원되는 이미지엔 전반적으로 전통적인 면모가 우세하게 나타나고 있다. 이는 해방 이전의 한국 문학에서 주로 사용되던 것들이라 할 수 있다. 그 이미지들은 남측 제국주의와 북측 사회주의를 지시하는 흑백 표상들로 기능하며 이데올로기와 관련된 기의의 각 층위에 대응하는 전형성을 보여주고 있다.

마지막으로, 재일동포 한국어 시엔 주체 문예 이론을 수용하는 과정에서 집체(集體) 무의식이 작동하고 있음이 밝혀졌다. 그 때문에 텍스트 형식이나 구성 요소, 어법 등이 시인간에 교환되는 면모가 빈번히 나타나고 있다. 즉, 한 시인의 작품에 들어있는 요소가 창작 과정에서 반복 출연하고, 전체 시단에서 확대 재생산되는 면모가 두드러지고 있다.

최근 재일동포 시학에서 남측 문학과의 공유 가능 지점을 탐색하는 작업이 활발히 일어나고 있다. 해외동포 문학 연구의 일환으로서 재일동포 한국어 문학을 한국 문학의 한 항으로 불러들여 우리 문학사의 폭을 넓혀야 한다는 당위적 요청이 제기되고 있기 때문이다. 그 요청이 현실적으로 충족되기 위해선 먼저 내용적, 미학적 차원에서 의 천착은 물론이고 장르론, 미학 형식적 영역에까지 연구 범위가 확대되어야 할 필요가 있다. 그 작업이 일단락 지어진 후에야 남과 북측의 이데올로기를 동시에 지양해 낼 수 있는 제3의 지점을 재일동포 시학에서 타진하는 일이 가능해 질 수 있기 때문이다.

재일동포 시문학 연구가 초창기적 단계를 막 넘어서려 하고 있는 지금 우리가 놓치지 말아야 할 점은 아직까지는 연구의 정체성이 가치 판단보다는 사실 판단에 놓여져야 한다는 점일 것이다. 그 판단 틀 위에서 우리는 재일동포 시인들이 왜 그토록 간절히 한국어를 수호하고자 하였으며, 그들의 작품이 왜 그리 천편일률적일 수밖에 없었는가에 대한 이유를 알 수 있게 된다. 생존과 문학의 경계 지점에서 후자를 전자 쪽으로 끌어올 수밖에 없었던 그들의 절실함을 이해할 수 있게 되는 것이다. 그 같은 이해는 남측 문학사가 그들에게 보여주어야 할 애정이며, 그 문맥 위에서 우리는 통일 문학사를 구성하기 위한 가치 판단도 이끌어낼 수 있게 된다. 본고가 재일동포 한국어 시학의 텍스트 미학적 양상 내지 그 관련 메커니즘을 검토한 것도 그러한 사실적 국면의 남겨진 한 여백을 채워보고자 했기 때문이다.

참고문헌

1. 기본자료

김상현, 『在日韓國人-在日동포 100年史』, 한민족, 1988.

2. 작품집

강　순, 『강순시집』, 강순시집발간회, 1964.
고봉전, 『애기별은 빛난다』, 문예동, 1987.
김두권, 『아침노을 타오른다』, 문예동 1977.
김학렬, 『삼지연』, 조선대학교, 1979.
김학렬, 『아 조국은』, 문예출판사, 1990.
허남기 외, 『조국의 품에서 부르는 노래』, 문예출판사, 1983.
남시우, 『조국에 드리는 송가』, 문예출판사, 1982.
로진용, 『나는 들었네』, 문예동, 1989.
리덕호, 『해님따라 별님따라』, 조국사, 2000.
정화수, 『영원한 사랑 조국의 품이여』, 문예출판사, 1980.
한덕수, 『60만이 드리는 충성의 노래』, 재일본조선인총련합회, 1972.
한덕수, 『만수 축원의 노래』, 문예동, 1982.
한룡무, 『어머니 품이여』, 예문서림, 1991.
허남기, 『조국의 하늘 우러러』, 문예출판사, 1980.

3. 잡지

『문학예술』제1호-제 107호, 1960. 1-1994 봄.
『사상계』통권 205호, 1970. 5.

4. 단행본

『주체사상의 위대한 승리 3』, 조선로동당출판사, 1982.

김병로, 『북한 사회의 종교성; 주체사상과 기독교의 종교양식 비판』, 통일연구원, 2000.

김준오, 『시론』, 삼지원, 1990.

김병택, 『현대 시론의 새로운 이해』, 새미, 2004.

박 일, 전성곤 옮김, 『재일한국인』, 범우, 2005.

오규원, 『현대시작법』, 문학과 지성사, 1990.

5. 번역서

에밀 슈타이거, 이유영, 오현일 옮김, 『시학의 근본 개념』, 삼중당, 1978.

카지무라히데키, 김인덕 옮김, 『재일조선인운동』, 현음사, 1994.

제라르 즈네뜨, 권택영 옮김, 『서사담론』, 교보문고, 1992.

로만 야콥슨, 신문수 옮김, 『문학 속의 언어학』, 문학과 지성사, 1989.

6. 논문

김은영, 「김윤 시 연구」, 『한중인문학연구』제15집, 한중인문학회, 2005.

김형규, 「귀국 운동과 '재일(在日)'의 현실」, 『한중인문학연구』제15집, 한중인문학회, 2005

윤의섭, 「재일동포 강순 시 연구」, 『한중인문학연구』제15집, 한중인문학회, 2005.

이경수, 「재일동포 한국어 시문학의 전개과정」, 『한중인문학연구』제14집, 한중인문학회, 2005.

이정석, 「재일동포가 창작한 한국어 산문문학의 존재양상」, 『한중인문학연구』제14집, 한중인문학회, 2005.

이한창, 「재일 교포문학의 작품성향 연구」, 중앙대학교 대학원 박사논문, 1997.

최종환, 「재일동포 한국어 시문학의 내적 논리와 민족문학적 성격」, 『한중인문학연구』제17집, 한중인문학회, 2006.

한승옥, 재일동포 한국어 문학연구 총론(I), 『한중인문학연구』제14집, 한중인문학회, 2005.

재일 한국인의 분단극복 의식
─ 김리박 시에 대하여 ─

조 해 옥

목 차

---

1. 한국문학사에서 재일 한국어 문학의 의의

우리의 문학사는 분단문학사라는 특수성을 안고 있다. 이 시점에서 분단문학사의 극복이라는 문제가 가로놓이게 된다. 남한의 현대문학사는 해방 이후부터 지금까지 정치적 이데올로기에서 자유롭지 못한 채 기술되어 왔다고 볼 수 있다. 그러나 이러한 분단문학사를 극복하려는 움직임은 북한 문학을 연구의 범주 안에 끌어들이려는 바람직한 모색으로 나타나고 있다. 북한문학이 남한 문학과 분리된 대상이라는 시각을 벗어나고, 북한 문학에 대해 객관적인 입장을 견지하는 자세는 우리가 분단 문학을 극복할 수 있는 첫걸음이 될 것이다. 또한 북한 문학뿐만 아니라, 재외 동포들의 문학도 우리의 문학 속에 포함시킬 때, 비로소 우리 문학은 온전한 위상을 정립할 수 있을 것이다.

현재 남한에서는 재외 동포 문학에 대한 연구의 일환으로 재일 동포 문학에 대한 작품 수집과 정리가 시작되고 있다. 재일 동포 문학은 북한과 밀접한 관계를 맺으며 전개되어 왔다. 그렇기 때문에 남한의 연구자가 재일문학을 정리하는 데 있어서 유의해야 할 점은 문학 자료를 대하는 객관적인 자세가 무엇보다 우선되어야 한다는 것이다.[1]

동경의 원로 문인인 김학렬 시인은 재일한국어문학을 다음과 같이 정의하고 있다.

재일조선문학은 첫째, 일제 식민지 시기에 빼앗긴 아름다운 우리말을 도로 찾고 민족어에 담긴 민족정신을 회복하는, 재일조선인의 '자기회복'의 문학이다." 일본에서 조선인이 "모국어로 문학창작을 하는 것은 바로 역풍을 뚫고 나가야할 문학창작이다. 이는 일제 식민지시기와 거의 같은 어려운 환경 속에서의 문학창작이다. 해방 60년에 이르러서도 민족어조차 되찾지 못한 상태에서 민족어 회복이 재일조선인 작가의 최대과제이다. 둘째, 재일조선문학은 식민지 노예의 과거를 거절하고 청산할 뿐아니라 미일의 동화정책에 반대하여 떳떳이 살며 싸우는 재일동포들의 오늘의 생활상을 표현하는 '자기표현'의 문학이

---

1) 재일동포문학을 시기별로 구분하면 초창기(1881-1920년대 초반), 저항과 전향 문학기(1920-1945년), 민족현실 문학기(1945-1960년대 중반), 사회고발 문학기(1960년대 후반-1970년대 말), 주체성 탐색문학기(1980년-현재)로 구분할 수 있다.(이한창, 「재일교포문학연구」, 『외국문학』, 1994.겨울호, 78~101쪽) 재일동포 문학 가운데, 한국어로 발표된 작품 대부분이 재일본 조선인 총연합회 산하의 재일본 조선인 문학예술가동맹에 소속된 문인들의 문학활동 은 북한 문학과 크게 다르지 않다. 기관지인 『조선신보』(『조선신보』는 조총련 산하 기관인 동경의 조선신보사가 1945년에 창간하여 현재까지 발간하고 있다.)에는 일본에서 활동하고 있는 재일동포 시인들의 작품들이 실려 있다.

다. 민족문제, 민족주체문제가 제기되고 있는 상황 속에서 민족성문제
와 그를 실현하기 위한 민족통일문제는 절실한 인간생활문제이다. 따
라서 체념과 민족허무주의의 바람이 아니라, 아름다운 민족정신, 민족
감정의 바람, 아름다운 민족언어의 바람이 불도록 이역의 역풍을 이
겨나가자는 문학이다. 민족 애호 정신, 통일지향의 반제 투쟁 정신의
민족 언어 표현, 현시대적 이념을 지향하는 문학이다. 셋째, 재일조선
문학은 통일민족의 내일과 통일문학의 내일을 준비하고 건설하는 데
힘쓰자는 '통일 내일 지향'의 문학이다.[2]

재일문학 연구는 일본에서 민족어를 지키려는 재일동포들의 노력이
얼마나 험난한 노정을 거쳐왔는지에 대한 연구자의 이해를 전제로 한
다. 또한 한국어를 지키면서 창작해 온 재일본조선인예술가동맹(이하 문
예동으로 지칭-필자 주) 문인들의 작품 연구와 아울러 문예동에 속하지
않은 문인들에 대한 연구도 반드시 이루어져야 할 것이다. 재일 동포의
문학에는 강렬한 조국의식이 발현되어 있다. 그들이 보기에 조국은 한
반도라는 한 공간을 의미한다. 그들은 남한과 북한이 대립하면서 서로
에 대해 가지는 인식을 벗어나 있다. 그들은 남한이나 북한보다는 좀더
객관적인 입장에 서서 남한과 북한을 바라보고 있다고 볼 수 있다.

재일조선인예술가동맹에 속한 시인들의 창작 경향을 보면, 재일동포
들에게 조선은 남과 북이 모두 고향으로 인식된다. 일본에 살고 있는
시적 화자에게 고향은 그리운 곳이며, 돌아가고 싶은 곳이다. 북조선은
김일성 수령님이 있으므로 진정한 고향의 의미가 구현된 곳이며, 남조
선은 시적 화자의 실제 고향으로 나타난다. 시적 화자에게 있어 조선의
북과 남은 대립적인 의미로 상정된다. 그러나 이 같은 대립과 반목은
통일된 조선을 꿈꾸는 화자의 의식 속에서 해소된다.

---

2) 김학렬, 「재일조선문학 현황과 과제」, 숭실대 국제학술대회 발표논문집, 『21세기
   동북아 한국어문학연구의 현황과 전망』, 2005.2.16

재일 조선인 조선어 시문학은 해방 후부터 1960년대까지 허남기, 남
시우, 강순의 3인 시인을 비롯하여 정화수, 김학렬, 오상홍, 정백운, 김
태경, 안우식 등의 시인이 활동하였다. 이 시기에는 재일조선인 1세 또
는 1세에 가까운 세대의 작가들- 앞에 열거한 시인들 외에 정화흠, 김
윤호, 김두권, 홍윤표, 서화호, 리금옥, 류인성, 고봉전, 리성조, 최설미
등의 시인이 활동하였다. 1970년대 는 조선대 졸업생들을 중심으로 한
2세들이 중견으로 등장하여 문학대오가 급속히 확산되었다. 시인으로는
한덕수, 김정수, 손지원, 김리박, 고봉전, 김민, 김수중, 허옥녀, 홍순련,
강명숙, 오향숙, 리방세, 최영진, 로진용, 오홍심, 류계선, 황진성, 정호
수, 한룡무, 김광숙, 윤정숙 등이 활동하였다. 1980년대는 모든 면에서
양적 확대와 비약의 시대였다. 허남기, 남시우, 정화수, 정화흠, 김두권,
김윤호 등이 시집을 간행하였다. 90년대는 김학렬의 시집과 허옥녀, 홍
순련, 강명숙의 3인시집이 나왔다. 90년대 문학분야의 기본 특징은 창작
의 사상예술성의 심화를 위한 작가시인대오의 질적인 심화시기라 할 수
있다. 또한 2세에 이어 3세가 창작활동을 하였다.[3]

재일본조선인예술가동맹에 속하지 않은 상태에서 한국어를 지키며 창
작을 해 온 시인으로는 김윤, 김리박, 리승순 등을 들 수 있다. 김리박
시인이 문예동 시인들의 창작 경향과 공통된 점과 아울러 그들과 변별
되는 점에 대해 논의해야 할 것이다. 그러나 문예동 시인이든 그렇지
않든간에 모두 재일조선인이라는 삶의 조건 속에서 가지는 민족정체성
의 모색이 나타난다.

김리박 시인은 현재 재일본조선인예술가동맹에서 탈퇴하여 한국어로
근 삼십여 년 동안 시창작을 지속해 온 시인이다. 그의 시작품은 '장편

---

3) 문학좌담회에서 김학렬 시인의 진술 부분을 요약하였다. 「좌담회-문예동결성 40돐
에 즈음하여」, 『문학예술』109호, 1999년. 23~35쪽.

묶음시'로 분류되는 『견직비가』4)와 시조집인 『한길』5)과 '긴 얘기 노래 글'로 분류되는 『봄의 비가』6)에 정리되어 있다. 본고에서는 이들 작품 집들을 텍스트로 하여 "서정시적 서사시" 형식이 갖는 의미와 재일동포 의 한국어 의식과 분단 극복의 시정신과 재일문학사에서 차지하는 김리 박 시인의 시적 위상에 대해 살펴보고자 한다.

2. 『견직비가』와 『봄의 비가』의 서정시적 서사시 형식의 의의

김리박 시인의 시창작의 스승은 강순 시인이다. 김리박 시인은 강순 시인이 1955년에 공책에 남긴 필사본 시집을 유일하게 소장하고 있다. 김학렬 시인은 해방 후부터 1960년대를 시문학 역량의 형성기로 구분하 고, 이 시기를 허남기·강순·남시우의 3인시대로 지칭한다. 김학렬은 강순의 『강순시집』(1964년)에 대한 평을 다음과 같이 진술하고 있다. "강순 시인은 애향심과 반일의 울분, 민족 회복에 대한 희구를 담은 해 방전 강순의 시, 사상감정이 신변에 가까은 생활실감에 안받침된 짤막 하고도 다듬어진 시적 언어와 표상, 새로운 발견으로서의 시적 비유의 옷을 입고 있다는 점에서 자못 주목된다. 시인 강순의 시적 개성의 예 술적 세련도와 그 특징을 이 시기 시들에서 벌써 엿볼 수 있다. 이 시 기 강순의 시의 특징은 조국에 대한 긍지와 재일동포들의 생활과 투쟁 에 대한 뜨거운 공감을 노래하면서도 시창작방법에서 시인의 연상, 심 상을 비낀 시적 언어 표현을 종래보다 더 목적의식적으로 탐구해가는 노력의 자취가 뚜렷하게 보인다는 것이다. 그리고 또한 토배기의 대화

---

4) 김리박, 『견직비가』, 근란문화사: 교토, 1996.
5) 김리박, 『한길』, 해풍사: 오사카, 1987.
6) 김리박, 『봄의 비가』, 근란문화사: 교토, 2001.

조로 주정을 토로하면서도 최대의 미감과도 어울린 독특한 맛의 율조를 은근히 자아내군 한다.[7]

위의 진술에서 의미심장한 구절은 김학렬 시인이 강순의 시적 특징으로 내세운 "사상감정이 신변에 가까운 생활실감에 안받침된 짤막하고도 다듬어진 시적 언어와 표상"과 "토배기의 대화조로 주정을 토로하면서도"이다. 김리박 시인은 그의 스승인 강순 시인의 영향을 많이 받았을 것으로 추정할 수 있는 이유는 그의 스승이 "토배기의 대화조로 주정을 토로"했듯이 김리박 시인은 『견직비가』와 『봄의 비가』에서 조선의 근·현대사를 이어온 민중의 생활을 토배기말에 의지하여 되살려내고 있기 때문이다. 이는 재일시문학의 1세대를 잇는 2세대 문인으로서 김리박 시인의 위상을 짐작하게 한다. 한편 김리박 시인은 재일문학 1세대의 시정신을 계승하면서도 스승과는 다른 면모를 보여주는데, 그것은 재일동포의 역동적인 생활을 담아낼 시의 그릇으로 장편시 양식을 취하고 있다는 점이다.

김리박 시인의 『견직비가』는 "장편묶음시"로 분류되어 있고, 『한길』은 "시조"로, 『봄의 비가』는 "긴 얘기 노래글"로 분류되어 있다. 여기에서 "장편묶음시"와 "긴 얘기 노래글"은 범박하게 서정적 어조와 서사시적 특성을 지닌 장편시로 이해할 수 있다. 이들 장편시에는 한국어의 고유성을 지키려는 시인의 노력이 역력하게 드러난다.

김리박 시인의 서정시적 서사시 창작은 북한의 서사시 양식의 영향을 받았을 것으로 짐작된다. 북한에서는 서사시 양식으로 많은 작품들이 지어졌다. 북한의 문학사에서 서사시 양식의 중요성은 한국전쟁기 이후부터 본격적으로, 또한 지속적으로 언급된다.

---

7) 김학렬, 「재일 조선인 조선어 시문학 개요」, 와세다대 국제학술대회 논문집, 『재일 조선인 조선어 문학의 현황과 과제』, 2004.12.11. 4~10쪽.

이 시기(전쟁기: 필자 주) 시인들은 조국해방전쟁에서 발휘한 인민 군대와 인민들의 영웅적위훈을 노래한 서정시들을 많이 창작하는것과 함께 서사시의 창작에 깊은 관심을 돌려 많은 시작품들을 창작하였 다. …… 작품은(『련대의 기수』: 필자 주, 1956년) 이야기줄거리가 굵 고 선명하며 서정이 깊고 그것이 서사성과 잘 어울리여 높은 격조와 시적 감흥을 줄기차게 자아내고있다. 시에서는 많은 사건이 취급되고 있지만 그것을 서정성과 유기적으로 결합함으로써 사건중심으로서가 아니라 영웅적인간들의 숭고한 사상정신세계를 깊이있게 보여주는데 로 형상을 지향시키고 있다.[8]

이 시기 서정서사시도 활발히 창작되였으며 사상예술적으로 우수 한 작품들을 적지 않게 내놓았다. 서정서사시들가운데서도 많은 자리 를 차지하며 또 가장 잘된 작품들은 어버이 수령님의 위대성과 혁명 적 가정을 형상한 작품들이다. 리용악의 『어느 한 논가에서』(1968년), 안충모의 『연풍호반의 새봄』(1962년)……시에서는 다양한 생활세부와 감동적인 이야기들을 여러 각도에서 선택일반화하면서 개성적인 체험 이 안받침된 서정토로로써 작품의 주제사상을 깊이있게 밝혀내고 있 다.……이 시기 시문학을 다채롭게 발전시키는데서 담시도 중요한 역 할을 하였다. 해방후 우리 문학의 력사에서 담시는 여러편 볼수 있었 으나 그것은 주체50(1961년) 이후 활발히 창작되였다. 최승칠의 『기쁨 의 담시』(1961년), 백인준의 『대동강에 흐르는 이야기』(1962년) …… 작품은 극성이 강한 이야기를 시화함으로써[9]

사회주의건설이 힘있게 진행되는 장엄하고 격동적인 현실을 반영 하여 이 시기(1980년대: 필자 주)에 서사시작품들이 많이 창작되였으 며 그 형상화의 수준이 훨씬 높아졌다. 오영재의 『대동강』(1985년), 오영재·구희철의 『조선은 빛나라』(1985년)…… 시에는 위대한 혁명 업적에 대한 칭송의 감정과 열정이 세차게 굽이치고있다. 서사시는 특징적인 시적대상을 제시하고 시적일반화와 주정토로를 유기적으로 배합함으로써 경애하는 김정일동지의 불멸의 업적과 탁월한 령도풍

---

8) 리기주, 『조선문학사』12권, 사회과학출판사: 평양, 1999. 80~87쪽.
9) 위의 책. 88~93쪽.

모, 고매한 공산주의덕성을 정서적으로 깊이있게 드러내보이고있다. 사색이 넘쳐흐르는 시적표현들과 정론성과 서정성이 결합된 주정토로, 째인 시적구조로 하여 서사시는 주제사상적내용을 형상적으로 깊이있게 구현할 수 있었다.…… 서사시에서 시인은 위대한 력사적 사변들과 사건들을 전면에 내놓고 여러 면에서 깊이있게 그려내면서도 사건묘사자체에 치우치지 않고 그것이 가지는 거대한 의의와 견인력을 정서적으로 깊이있게 드러내였으며 거기에서 환기되는 시인자신의 체험세계, 사상감정과 열정을 격조높이 토로하였다.[10]

북한의 시문학사에서 서사시, 장시, 서정서사시 등의 용어로 분류되는 시형식은 대체로 당의 유일사상체계를 확립하는 데 주력했던 1960년대 후반기에 왕성하게 창작되었다. 이들 작품이 가지는 장편의 길이와 서사적 요소는 김일성을 영웅으로 내세워서 항일 무장 투쟁의 역사를 담아내려는 당문예정책에 적합하였다고 여겨진다. 북한에서 서사시 양식의 시작품들이 활발하게 창작된 이유가 여기에 있다.

남한의 경우 서사시라는 서구의 문학 용어에 대한 비판과 함께 본격적으로 서사시에 부합하는 작품도 창작되지 않았다고 본다. 따라서 시문학 양식으로 서사시라는 용어는 쓰이지 않는다. 현재 서사시 혹은 장시 등의 용어 대신에 "서술시"라는 용어가 쓰이고 있다. 김준오는 서술시에 대해 다음과 같이 규정한다. 서술시는 서술의 요소가 우세한 것으로 이야기나 사건의 내용이 서술적인 구조를 통하여 형상화된 시를 가리킨다. 이야기는 서사시에서 소설에 이르기까지 서사장르의 본질적 요소이지만, 서술이 서사장르에만 한정되지는 않는다. 시인이 효과를 획득하기 위해 가져올 수 있는 서술적 특성은 서정장르의 요소가 된다. 현대의 서정시도 장시(張詩) 형태든, 단형(短型)이든 서술시로 불릴 수 있는 것이다.[11]

---

10) 김정웅・천재규, 『조선문학사』15권, 사회과학출판사: 평양, 1998. 166~172쪽.

이 같은 용어의 정립이 있기 전에는 서사시적 특성을 가진 시의 개념과 용어에 대한 논란이 있었다. 60년대 신동엽의 <금강>이 서사시인가 아닌가에 대한 논란을 필두로 하여 80년대에는 시분야에 있어 서정시에 대한 서술적 성격을 요구한 양식인 장시는 하나의 큰 맥을 형성하게 된다. 장시는 산문화 경향의 성격과 함께 민중시라는, 내용의 강조에 뜻을 두고 전개된 시양식이며 80년대 한국시의 특징이기도 하다. 장시에 대한 시형식적 관심이 80년대에 고조된 까닭을 대체로 평자들은 현실에 따르는 자연 발생적인 것으로 논의의 초점을 모으고 있다. 이승훈, 조남현, 최동호 제씨의 좌담12)에서 이승훈은 장시의 동기를 지금까지 우리가 알고있는 서정시의 장르적 한계를 뛰어넘고자 하는 시인들의 의욕에서 나왔다고 보았다. 조남현은, 장시 양식이 활발하게 된 양상은 리얼리즘 인식에서 기인한다고 보았고 최동호는 서정시를 서정시로 향유할 수 없는 사회적 배경 때문이며 이념적인 시에 대한 선호는 그만큼 사회의 변동이 격심한 것에 기인하는데, 장시에의 관심은 서정시에 대한 불신에서 비롯되었다기 보다 체험이 다양해지고 이야깃거리가 많아져 호흡이 길어진 것이라 하였다. 이남호는 80년대 서사시 장르가 새롭게 각광받은 것은 민중시의 한계를 극복해 보고자 하는 시도인데, 짧은 서정시가 갖는 장르적 한계는 현실의 단편 밖에 담을 수 없으며, 개인적 감상을 뛰어넘는 큰 힘을 담을 수 없다고 보고 민중차원의 역사적 사건을 긴 호흡으로 펼쳐 보임으로서 그 속에서 건강한 민중적 삶과 투쟁의 파노라마를 보여주자는 것으로 이해했다.13)

김지하 시인은 『봄의 비가』 머리글에서 김리박 시인이 전통적인 역

11) 김준오, 「서술시의 서사학」, 현대시학회 편, 『한국 서술시의 시학』, 태학사, 1998. 27쪽.
12) 이승훈, 조남현, 최동호 좌담, 「長詩의 가능성」, ≪현대문학≫, 1985.10월호.
13) 이남호, 「詩와 非詩의 辨證法」, ≪문예중앙≫, 1986.봄호.

사적 서사를 서정시의 양식으로 도전하였다고 평가하고 있다. 한국 내에서도 장편시는 생산되고 있지 않는데, 그 이유는 장편시가 나올 만큼 한국의 상황이 고양되거나 앙분되어 있지 않기 때문이라고 본다. 반면에 오랫동안의 고통과 궁핍, 정신적인 방황과 분열의 체험, 정체성 문제 등은 재일 한국인의 깊은 한을 형성했으며, 한이 깊은 곳에 문화의 창조적인 양양이 있었다고 본다. 그것의 증거가 바로 김리박 시인의 『봄의 비가』이다. "이국땅에 사로잡힌 언어의 포로 상태를 뚫고 모국어를 통해 자기 녁사와 자기 삶을 존속시키고자하는 갈망이 요구하는 서정양식 안에, 그 삶의 예언자적 모형들 안에서 격동하는 의미심장한 역사의 서사를 담고자 한 비원의 산물인 것이다."[14]

장편시는 다만 시의 길이만을 드러내는 용어이므로 본고에서 필자는 김리박 시인의 『견직비가』와 『봄의 비가』를 "서정시적 서사시" 형식으로 부르고자 한다. 서정시적 서사시 형식은 서사시적 요소인 인물과 시대의 서사를 서정적인 어조로 담아낸 시형으로 볼 수 있다. 서정시적 서사시는 한국 근·현대사의 지대한 영향력 아래 놓여 있는 재일동포의 삶을 드러내는 데 적절한 시형식이라고 평가할 수 있을 것이다. 김리박 시인이 서사시적 특성을 지닌 작품들을 창작한 이유는 북한의 시사에서 김일성을 영웅화하기 위해 서사적 시형태를 필요로 했던 것과 시대적 요구를 장시에 담아냈던 7·80년대 남한의 시사와 그 맥락을 같이 한다. 김리박 시인이 장시 형태를 통하여 그리고자 한 것은 한국의 근·현대사와 긴밀하게 맞물리는 재일 동포들의 이주사와 일본에서의 정착 과정이며, 그들의 강한 생명력이다. 또한 분열과 질곡의 삶에서 재일동포들을 끌어내 줄 수 있는 조국의 통일이다.

---

14) 김지하, 「서정과 서사, 한자와 한글」, 『봄의 비가』, 3~4쪽.

3. 재일조선인의 삶과 분단극복의 상징성

김리박 시인의 『견직비가』는 <머리 노래>와 <첫째 노래>부터 <열째 노래>까지 이어지고 <맺음 노래>로 끝을 맺고 있다. <머리 노래>는 남과 북이 분단된 이후 40여년이 지난 현재 시점에서 가지는 분단된 조국에 대한 화자의 한탄으로 이루어져 있다.

> 1년 내내 참고 견뎌야 한다 해도,
> 40년이 돼도
> 찰나(刹那)의 순간도 서로 못 만나고
> 속풀이 못 하는 부평초 신세 보다는
> 짧디짧은 단 하룻밤이라도
> 한해에 한번은
> 꼭 만날 수 있는
> 견우와 직녀가 얼마나 좋으랴 한다.
> ─ 〈머리 노래〉 부분 ─

<첫째 노래>에서 바람과 비는 남녘과 북녘을 자유롭게 오가지만, 우리의 현실은 아직도 남과 북이 쓸모없는 적개심과 불신으로 대립하고 있다. 화자는 이러한 나약한 정신을 버리자고 말한다. <둘째 노래>는 전쟁이 막 끝난 시기에 혼인을 하는 여성 화자가 나온다. 그녀는 자신의 고향이 남과 북으로 갈려 불과 십리밖에 안 되는 거리에 있는 친정에 가보지 못하는 자신의 신세를 한탄한다. <셋째 노래>는 고부 무당이 북에 가까운 동두천을 떠나 호남 진도로 가서 일년에 한 번 굿을 펼친다. 사람들은 남쪽으로는 얼마든지 갈 수 있지만, 북쪽으로는 한 발자국도 가지 못한다.

<넷째 노래>에서 화자는 분단으로 눈마저 "서로 남이라" 하는 지경

을 한스러워하면서 첫눈이 착한 백성들의 마음에 고이 내리는 모습과 "40년의 불신 주름살과 분단 세월"을 덮으면서 내리는 모습을 떠올린다. <장외(章外) 노래>는 <넷째 노래>와 <다섯째 노래> 사이에 삽입된 부분을 가리킨다. 여기에서는 남북 적십자 회담과 세계 청년학생 체육축전이 다뤄지고 있다. 이들 통일을 기대하게 만드는 행사들을 보는 화자의 심정이 잘 나타나 있다. <다섯째 노래>에서 화자는 음력 8월 추석에 달은 원래 보름달이어야 하지만, 남과 북이 분단되어 보름달도 위 아래가 반쪽씩 잘린 형국으로 떠 있다고 말한다.

  "우리가 줄곧 보고 온 달은/ 틈새에서 눈잡지는 않았는데도/ "북"쪽도/ "남"쪽도/다 반달이다.//"남"쪽에서는/ 윗부분이 없는 반달이요/ "북"쪽에서는/ 아랫부분이 없는 반달이다."(<다섯째 노래> 부분) 시의 화자는 온전한 중추명월이 되자면 우선 남과 북이 하나가 되어야 한다고 말한다. 화자는 통일의 "그날이 오면" 모든 것이 풍요로워지고 아름답고 즐거운 추석이 될 것이라고 말하고 있다. <여섯째 노래>는 한글날의 의미를 되새기고 있는 장이다. "우리 민족의/ 영혼과 삶과/ 지향과 이지(理智)와/ 감성과 솜씨를/ 남김없이 나타내고 꼴로 보인/ 인류의 거룩한 보물인 우리 한글!" 이 분단의 40년 사이에 남쪽과 북쪽의 이데올로기를 대변하는 말로 변질되었다. 본래 한글을 쓰던 한 민족이 이제 언어까지 분단된 상황에 처하게 된 것이다. 화자는 한글이 분단된 이후의 40년을 울고 있다고 진술한다.

  <일곱째 노래>는 한반도의 가을을 다룬 장이다. 화자는 단풍진 산야의 아름다움을 노래하면서 가을의 거름은 새로운 생명의 싹을 위한 의미 있는 것임을 잘 보여주고 있다. 가을은 "북녘에서 남녘으로/ 아름답게 곱게/ 사뿐사뿐 내려" 간다. 화자는 그 가을의 걸음을 따라서 남과 북을 "꿈길 가듯 가면서/ 허파 터지도록/ 우리 가을을 마시고 싶고/ 온

몸 동여 매이도록/ 우리 강토를 껴안고 싶고/ 가을 거푸집에/ 꼼짝 못하게 박히고 싶다.”고 토로한다.

김리박 시인은 <여덟째 노래>부터 <열째 노래>에 걸쳐서 재일동포들의 삶을 본격적으로 다루고 있다. 『견직비가』와 『봄의 비가』에서 재일동포들의 생활을 다룰 때, 김리박 시인의 시적 독특함이 드러난다. 조국의 분단 상황을 아파하거나 통일을 염원하는 시적 화자의 모습에는 시적 내용과 지향이 원대한 만큼 관념적이다. 반면에 재일동포들의 삶을 다룬 부분에 이르면 시인의 필치는 생동감과 구체적인 감각을 획득하고 있다고 볼 수 있다. 『견직비가』는 <맺음 노래>를 끝으로 시인의 통일 지향의식을 열렬히 표출한다. 여기에는 서사시적 특질인 영웅의 서사가 나타나지 않는다. 계절의 순차적인 흐름이 축대를 이루면서 시적 화자의 통일 지향의식을 전개시키고 있다. 그렇지만 김리박 시인은 <여덟째 노래>부터 <열째 노래>에서 재일동포들의 소박하고도 융합하는 일상을 다룸으로써 궁극적으로 분단된 조국을 통일시킬 수 있는 원동력이 어디에 있는지를 잘 보여준다. 그는 일본 땅에서 한글과 전통 민속을 지키는 민중들의 모습과 그러한 합일의지가 재일동포 사회의 분열을 극복하게 하는 힘임을 일뿐만 아니라, 분단된 조국을 통일시킬 수 있는 힘이라는 사실을 진솔한 필체로 담아내고 있다.

『봄의 비가』는 1890년부터 1990년에 이르는 민중들의 이야기를 담고 있다. 『봄의 비가』는 서정시의 어조로 백여 년에 걸친 역사적 서사를 뼈대로 한 작품이다. 역사 속의 인물들로 녹두장군, 안중근, 유관순, 김지섭, 장울화, 윤동주, 리수복, 김주렬, 최현배, 배동호 등이 등장한다. 격변의 역사 속에서 민중의 아기로 태어난 김육신의 생애와 죽음이 서사의 축을 이루고, 여기에 역사적 인물들의 이야기가 삽입되면서 전개된다.

『봄의 비가』의 구조는 <머리 노래>, <첫째 가름(1890-1899)>, <둘째 가름(1900-1909)>, <셋째 가름(1910-1920)>, <첫째 덧가름(남나라에서 끝까지 얼을 지킨 겨레들)>, <넷째 가름(1921-1930)>, <다섯째 가름(1931-1940)>, <여섯째 가름(1941-1949)>, <둘째 덧가름(백범 김구 겨레어른을 기리어)>, <일곱째 가름(1950-1959)>, <셋째 덧가름(긴 노래글 "백두산"을 지은 조기천)>, <여덟째 가름(1960-1969)>, <아홉째 가름(1970-1980)>, <넷째 덧가름(연꽃의 노래글꾼 김지하)>, <열째 가름(1981-1990)>, <다섯째 덧가름(뭇 꽃무덤)>, <맺음 노래>로 이루어져 있다.

김리박 시인은 『봄의 비가』에서 우리가 흔히 사용하는 한자어를 모두 한글로 풀어서 쓰고 있어서 한자어에 익숙한 이들에게 당황스러운 점이 없지 않다. 그러나 일본의 열악한 조건 속에서 민족어를 되살려내고 지키려는 시인의 부단한 노력의 소산으로 이해할 수 있다. 시인은 『봄의 비가』의 <지은이 뒷글>에서 "이 노래글은 '긴 애기 노래글'이기는 하지만 꼴은 지난날에 흔히 보던 꼴과는 좀 달라, 이른바 '기전체' 꼴과 비슷한 꼴을 지니고 있다. 애기 줄거리를 세로 뻗혀가면서도 그와 다른 마음들을 가로 보태어 하나의 이야기 꼴이 돼 있는 것이다."15) 보통의 서사시 혹은 장시는 한 인물의 서사가 역사와 맞물리면서 전개되는 구조이지만, 『봄의 비가』는 김육신의 생애가 중심축을 이루면서 간결한 어조로 그려낸 역사 속의 여러 인물들에 대한 전기가 삽입되어 있다. 대부분의 역사적 인물들은 김육신의 생애와는 별개의 이야기로 각 장에 삽입되지만, 역사 속의 특정 인물인 김구의 경우는 김육신과 직접적인 연관을 맺고 있다.

『견직비가』에는 또한 재일동포들의 고난에 찬 이주의 역사가 생생히

15) 김리박, <지은이 뒷글>, 『봄의 비가』, 근란문화사: 교토, 2001, 507쪽.

재현되고 있다.

> 징용과 징병으로 끌려온 남정들과
> 위안부·정신대로 끌려 온 여성들은
> 국권을 찬탈 당했고
> 국토를 모조리 앗긴
> "조센진[조선인]"이요 망국노였기에
> 상갓집 개만도 못했고
>
> (중략)
>
> 해방까지의 불과 3년 동안만 해도
> 일황(日皇)의 이름으로, 명령으로
> 숱한 동포들이
> 끊임 없이 강제연행 되어
> 제 운명도,
> 하물며
> 천명도 아닌 "운명"으로
> 왜땅의
> 이름도 없는 땅의 흙이 되었고
> 오늘도
> 진혼되지 않은
> 얼음귀신과 찬바람귀신이 되고 말았다.
> ― 〈아홉째 노래〉 부분(『견직비가』) ―

　　김리박 시인이 일본으로 이주하게 된 이력은 『견직비가』의 머리글에 쓰여 있는 것처럼, 징용으로 일본에 끌려간 아버지의 이력에서 비롯된다.[16] 「아홉째 노래」와 「열째 노래」가 그의 『견직비가』에서 가장 생동

---

16) 재일동포 김리박 시인의 도일은 아버지의 징용이라는 일제강점기의 질곡과 맞물려 있다. 한때 재일본조선인총연합회(조선총련) 산하의 문화단체인 재일본 조선

감이 넘치는 장이 될 수 있었던 이유도 김리박 시인이 직접 경험한 그의 가족과 그의 삶이 바탕이 되기 때문일 것이다. 여기에서 우리는 고난의 역사에 희생된 재일동포들의 구체적인 생활과 함께 이국땅에서도 삶의 희망을 포기하지 않았던 재일동포들의 끈질긴 생명력을 간접적이나마 경험할 수 있다.

김인덕의 『우리는 조센진이 아니다』를 보면 해방 이전부터 일본으로 이주하여 현재까지 재일동포들이 어떻게 삶을 이어왔는지 잘 알 수 있다. 김인덕은 재일조선인의 역사는 일본 제국주의에 대한 조선인의 저항의 역사라고 파악한다. 재일조선인은 식민지 피지배와 민족분단이라는 고난의 민족사가 낳은 이산민이다. 재일조선인은 일제 식민 지배의 역사적 결과로 인해 구종주국인 일본에 살게 된 조선인과 그 자손들이다. …(중략)… 재일조선인들은 일본에서 노예 같은 생활을 이어나갔다. 그러나 재일조선인은 차별과 피지배의 역사를 헤치고 일본 사회 속에서 민족적 자존심을 지키며 살아가고 있다.[17]

이광규의 『재일한국인』도 재일한국인이 어떤 역사적 과정을 거쳐서 도일하게 되었고, 해방 후에 어떤 역사를 가졌는가를 살피고 있다. 재일한국인은 경제적인 이유로 자발적으로 이주하기도 했으며, 강제연행에 의해 이주하게 되었다. 해방 후에 그들이 일본에 귀국하기도 하고 잔류하기도 했지만, 그들은 일제와 전쟁과 해방의 소용돌이 속에서 야기된

인 문학 예술가동맹(문예동)에 소속되었다가 탈퇴하여 비문예동 문인으로 지금까지 활동하고 있다. 그의 고향은 경남 창원이지만, 입국이 허용되지 않아 그는 고향에 올 수 없다. "3살 때(1944년- 필자 주) 징용으로 끌려간 지아비를 좇아 현해탄을 건느신 어머님 등에 업혀 일본에 건너 온 나는 올해(1996년) 재일생활 51년을 헤아리게 되었다. 반세기가 넘게 이국생활을 해 온 셈이다. 나이 사십이 넘은 뒤 어째선지 사향심(思鄕心)과 망향심(望鄕心)은 날이 갈수록 더해지고 고향방문이 간절하나 당국서는 오늘까지도 아무런 통기가 없다. 비통하다."(김리박, 「지은이 머리글」, 『견직비가』, 근란문화사: 교토, 1996. 8쪽)
17) 김인덕, 『우리는 조센진이 아니다』, 서해문집, 2004.

희생자라고 말할 수 있다. …(중략)… 일본 내의 소수민은 주로 재일한국인이라는 점이다. 그 때문에 다수민의 차별과 편견이 집중하는 경향이 있다. 또한 식민지 종주국인 일본과 피지배국인 한국의 관계의 특수함은 재일한국인들의 조건에 절대적인 영향을 끼치고 있다. 일본인은 재일한국인에 관한 한 일본의 패전은 없고 재일한국인에게 해방은 존재하지 않는다.[18)]

재일동포들의 일본 이주사를 살펴보면, 재일동포들은 일제강점기의 상처뿐만 아니라, 조국의 분단과 그로부터 유발된 재일동포 사회의 분열과 일본인의 차별정책 아래 이중 삼중의 질곡 속에서 고통을 받아 온 동포들임을 잘 알 수 있다. 김리박 시인은 재일 동포들의 고단한 삶의 역사를 서정시적 서사시 『견직비가』와 『봄의 비가』에서 생생하고 진솔하게 담아낸다. 그는 『견직비가』에서 견우와 직녀의 설화를 작품 속에 도입하여 통일의 꿈을 펼치고 있다. 『견직비가』에서 시적 화자는 조국이 남북으로 분단되어 언어의 뜻까지도 소통이 안 되는 지경이 이르고 있음을 한탄한다. 그러나 화자는 조국의 분단을 상징적으로 극복하고 있다. 그것은 재일동포들이 이념과 이해관계를 초월하여 하나로 어우러지는 축제의 모습을 통해서 형상화된다. 재일동포의 회갑잔치는 분열된 재일동포들의 마음을 하나로 묶어주는 매개가 되며, 아기의 돌잔치는 재일동포들의 희망찬 미래를 예언함과 동시에 조국의 통일을 예기하는 것으로 나타난다.

『견직비가』에서 전통 민속인 동짓날을 재현하면서 분열되었던 재일동포들의 마음이 합일되는 장면은 감동적이다.

　　왜땅에서의 첫 동짓날 저녁녘

---

18) 이광규, 『재일한국인』, 일조각, 1983.

"처용가" 였는지
"밀양 아리랑" 이었던지
"자장가" 였는지
꼭히 기억이 나지 않지만
새알심 비비는 나와 누님께
들려주시던 어머님의 노래소리가
동짓날 올때면 쟁쟁하고
그때의 팥죽 끓는 소리와 내음이 삼삼하다.

(중략)

모두가
"북"이요 "남"이요 하고 주먹 쥐는 일도
"한국"이냐? "조선"이냐? 하고 따지는 것도
"총련"이다 "민단"이다 해서
다투는 일이 없었던
'통일'된 한겨레
품앗이를 아는 동포들이었다.
　　　　　　　- 〈여덟째 노래〉, 부분(『견직비가』) -

　　재일동포들이 동짓날 밥집에 모여들어 전통 민속을 즐기는 장면은 관념을 뛰어넘는 화합의 장이다. 한반도의 분단과 일본의 억압이라는 이중 삼중의 고통과 질곡 속에서도 분단되기 이전의 한반도에서 지속되어 왔던 민족의 명절을 재현하는 재일동포들의 마음속에서 민족의 정체성은 회복된다.

　　동짓날 외에도 재일동포들을 하나로 묶어주는 것은 회갑잔치와 돌잔치이다. 『견직비가』의 〈아홉째 노래〉에서 환갑을 맞은 재일동포의 큰 사위는 민단 임원이고, 작은 사위는 조선 총련 일꾼이다. 그는 함께 일본으로 끌려왔다가 억울하게 죽은 고향사람들 생각으로 환갑잔치를 하지 않겠다고 사양하다가 조선 총련에 속하거나 민단에 속한 친척들과 이웃의 조선 사람들이 다 모일 것이라는 부인의 이야기를 듣고 잔치를 받아들인다.

『견직비가』에서 돌잔치는 특히 김리박 시인이 의미를 두고 있는 전통 풍습이다. "동포 최밀집지역의 하나인/ 별칭 '똥섬' 변두리"에서 구두쇠 안서방이 돈을 모아서 훌륭한 집을 짓고 가정을 이루는 과정은 척박한 일본 땅에서 일본의 차별정책 아래 경제적으로 궁핍한 삶의 조건 속에서도 재일동포들이 얼마나 끈질긴 생명력을 유지하면서 정착해 왔는가에 대한 시적 형상화라고 볼 수 있다. 『봄의 비가』에서도 김육신의 돌잔치는 『견직비가』에서처럼 "오천년을 이어온 첫돌잔치놀이"가 민중의 삶 속에서 가지는 의미는 막대하다.

<blockquote>

이이의 환갑잔치는
"민단
사람은 물론
"조선총련" 사람도 왔고
교인과 불교도는 물론
종교를 믿지 않는 사람도 왔고
주의(主義)와 사상을 달리 하는 이도 왔고
학력이 있는 이도, 없는 이도 왔고
지난날의 죄를 뉘우친 이도 모여
현 위정자들이
아직은 못 이루고 있는
민족대단결과 통일의 꽃밭이 되었다.
                    - 〈아홉째 노래〉 부분(『견직비가』) -

</blockquote>

위의 시를 보면, 김리박 시인은 분열된 재일동포들의 민족 정체성을 회복하는 구체적인 통로를 첫째, 한글을 지키는 것으로 삼고 있으며, 둘째

우리의 전통 민속을 지키는 것으로 인식한다. 이러한 민족성 회복의 궁극적인 결과가 바로 남과 북의 통일이며, 재일동포들의 화합인 것이다. 한글과 전통 민속을 회복함으로써 재일동포들의 분열을 극복하고 이는 남과 북이 하나로 어우러질 것이라는 희망이 그의 작품의 기초를 이루고 있다.

4. 맺음말

재일 한국인 한국어 시문학은 재일본조선인예술가동맹을 중심으로 그 역사가 이어지고 있다. 재일본조선인예술가동맹에 소속된 시인들은 북한의 당문예정책에 부합하는 시작품들을 창작해 왔다. 그런 만큼 그들의 창작은 북한과의 긴밀한 관계 속에서 이루어져 왔다. 그러나 그들의 작품 경향은 북한에서 창작된 시작품들과는 다르다고 볼 수 있다. 재일동포들의 작품이 북한의 시문학과 변별되는 것은 그들이 지니는 재일조선인이라는 삶의 조건과 그러한 조건 속에서 이루어지는 민족정체성의 모색이 담겨져 있기 때문이다.

재일 동포인 김리박 시인은 재일본조선인예술가동맹에서 탈퇴한 상태에서 한국어를 지키며 창작을 해 오고 있다. 김리박 시인은 그의 『견직비가』와 『봄의 비가』에서 시인의 한국어 의식과 분단 극복의 시정신을 잘 보여준다. 그는 서정적 어조를 지닌 서사시 양식을 취하여 재일동포의 역동적인 서사를 담아냈다.

서정시적 서사시는 한국 근·현대사의 지대한 영향력 아래 놓여 있는 재일 동포의 삶을 드러내는 데 적절한 시형식이라고 평가할 수 있다. 김리박 시인은 서정시적 서사시 형태를 선택하여 재일 동포들의 일본 이주사(移住史)와 척박한 삶의 조건 속에서 강한 생명력을 잃지 않으려는 민족정신을 열정적으로 그려낸다. 그는 재일 동포들이 합일해 가는 모습을 그림으로써 분단된 조국의 통일을 염원한다. 김리박 시인의 서정시적 서사시 형식에 대한 연구는 남한의 7·80년대 활발하게 창작되었던 장시 연구의 폭을 넓혀 줄 것이다.

　재일 동포들의 이념적인 분열은 조국의 분단에서 비롯된 것이다. 김리박 시인은 전통 민속이 재현된 재일 동포의 일상을 묘사하여 조국의 분단과 재일 동포의 분열을 극복하고자 한다. 그의 작품 속에서 분열된 재일 동포들은 하나로 융합하며, 자신들의 민족정체성을 발견한다. 김리박 시인은 재일동포들의 소박하고 생명력 있는 일상의 재현과 한글과 전통 민속을 지키는 재일 동포들의 모습은 열악한 삶의 조건인 일본에서 재일 동포들이 민족 정체성을 지키는 힘이며, 분단된 조국을 통일시킬 수 있는 힘임을 보여주고 있다. 이 같은 시정신의 표현은 분단문학사를 극복하는 초석이 될 것이다. 또한 김리박 시인의 서정시적 서사시 양식과 북한문학의 서사시 양식, 남한문학의 장시, 서술시, 이야기시 양식 등의 비교 연구는 우리의 시문학 장르 개념을 정립하는 데 의미가 깊을 것으로 기대하며 앞으로의 과제로 남겨둔다.

참고문헌

1. 논문

김응교, 「일본속의 마이너리티, 재일 조선시」, 『시작』, 2004.겨울호. 79~94쪽.

김준오, 「서술시의 서사학」, 현대시학회 편, 『한국 서술시의 시학』, 태학사, 1998. 27쪽.

김지하, 「서정과 서사, 한자와 한글」, 『봄의 비가』, 근란문화사: 교토, 2001. 3~4쪽.

김학렬, 「재일조선문학 현황과 과제」, 숭실대 국제학술대회 발표논문집, 『21세기 동북아 한국어문학연구의 현황과 전망』, 2005.2.16.

김학렬, 「재일 조선인 조선어 시문학 개요」, 와세다대 국제학술대회 논문집, 『재일 조선인 조선어 문학의 현황과 과제』, 2004.12.11.

송혜원, 「재일 조선인 문학의 조선어로의 창작 활동의 변천(1945-1970」, 와세다대 국제학술대회 논문집, 『재일 조선인 조선어 문학의 현황과 과제』, 2004.12.11.

이한창, 「재일교포문학연구」, 『외국문학』, 1994.겨울호, 78~101쪽.

2. 단행본

권영민 편, 『북한의 문학』, 을유문화사, 1989.

김대행, 『북한의 시가문학』, 문학과비평사, 1990.

김리박, 『견직비가』, 근란문화사: 교토, 1996.

김리박, 『봄의 비가』, 근란문화사: 교토, 2001.

김리박, 『한길』, 해풍사: 오사카, 1987.

김인덕, 『우리는 조센진이 아니다』, 서해문집, 2004.

김인덕, 『한국민족운동의 역사와 미래』, 국학자료원, 2000.

김정웅·천재규, 『조선문학사』15권, 사회과학출판사: 평양, 1998.

리기주, 『조선문학사』12권, 사회과학출판사: 평양, 1999.

박종원·류만, 『조선문학개관』, 사회과학출판사: 평양, 1986.

오정애·리용서, 『조선문학사』10권, 사회과학출판사: 평양, 1994.

윤재근·박상천, 『북한의 현대 문학 Ⅱ』, 고려원, 1990.

이광규, 『재일한국인』, 일조각, 1983.

최동호 편, 『남북한 현대문학사』, 나남, 1995.

최형식, 『조선문학사』13권, 사회과학출판사: 평양, 1999.

김윤 시 연구

― 작품의 주제양상을 중심으로 ―

김 은 영

목 차

1. 머리말

본 논문은 일본에서 창작활동을 하고 있는 재일동포[1] 시인 김윤의

---

1) 일본에 거주하는 우리 민족을 지칭하는 용어로는 재일교포, 재일동포, 재일조선인, 재일한국인·조선인 등의 용어가 쓰여 왔다. 재일교포나 재일동포는 민족적 뿌리를 강조하는 말로 국적의 개념은 포함되어 있지 않다. 재일교포(在日僑胞)라는 말은 '僑'자가 '타관살이하다', '나그네' 등의 의미를 지니고 있어서 같은 민족이라고 말하면서도 국내에 뿌리를 내릴 수 없는 이질감을 드러내는 말이라는 이유로 최근에는 쓰임이 배척되고 있다. 이에 비해 재일동포는 한겨레라는 의미를

시 세계를 주제 양상을 중심으로 살펴보고자 한다. 아울러 이를 통하여 재일동포 한국어 시문학 작품에 나타난 주제 의식과 특징을 가늠해 보는 것까지를 목적으로 한다.

'재일동포'라는 뜻은 일본의 조선 식민지 지배 이후부터 시작되어 일본을 건너오게 된 사람들을 가리키는 말이다. 현재 일본에 거주하고 있는 재일동포는 현재 약 100만 명으로 추정된다. 그 중 60만 명이 한국·조선국적을 갖고 있고 20만 이상이 귀화동포이며, 나머지는 일본체류동포이다.2) 재일동포 문학이란 이처럼 일본에 거주하는 우리 동포들이 쓴 문학을 일컫는다. 따라서 재일동포 문학은 작품 창작자 즉 작가론의 측면에서는 '재일 조선인' 혹은 '재일동포'가 쓴 문학이라 정의내릴 수 있다. 하지만 이 명칭은 작자의 언어사용의 문제 곧 창작의 매체인 일본어와 한국어 사용 여부 등에 따라 개념과 의미 범주에 있어 논의의 여지를 보이고 있다.3)

강조하는 말로 일본에 사는 우리 동포로서, 해외교포작가들에 의해 쓰여 진 교포 문학을 포괄적으로 수렴할 수 있는 보편적 용어라는 측면에서 좀 더 선호된다. (이한창, 「재일교포문학의 작품성향 연구-정치의식 변화를 중심으로-」, 중앙대 박사논문, 1996, 3쪽. 참조) 재일조선인이라는 용어를 고집하는 경우는 조총련에 속해 있고 북한을 지지한다는 것을 드러내는 입장과 한국도 북한도 일본도 아닌 '조선적'이라는 국적을 지니고 있는 제3자적 존재임을 자각하기 위한 입장으로 나뉜다. 재일한국인은 한국을 지지하는 입장을 지닌 재일동포를 지칭해 쓰이기도 하고, 남한과 북한을 아우르는 용어로서 이념적·체제적 차이를 통합하는 개념으로 '재일한국인'이라는 용어가 선택되기도 한다. (이진희·강재언, 『日朝交流史』, 有斐閣選書, 1995, 234쪽, 이경수, 「재일동포 한국어 시문학의 전개과정」, 『한중인문학연구』14집, 한중인문학회, 2005, 353~388쪽에서 재인용)
일본에 거주하는 우리 민족을 가리키는 이러한 용어들은 나름의 타당성과 한계를 지니고 있어 어느 하나를 선택해 쓰기가 쉽지는 않은 실정이다. 하지만 필자역시 이한창과 이경수의 견해처럼 한겨레임을 강조하며 해외 교포작가들의 교포문학 및 재일문학가들을 아우르는 좀 더 포괄적이고 가치중립적인 의미의 용어사용 필요성에 동감하며 김윤을 '재일동포시인'으로 칭하기로 한다.
2) 이회성, 「일본 속의 한국문학과 문학인」, 『한국문학』, 1996.겨울호, 83~84쪽.
3) 일본 문단에는 일본인 작가와 똑같이 일본어로 소설이나 시, 평론을 써서 활발한 문학 활동을 하는 한국인, 한국계 일본인들이 존재한다. 하지만 이들 문학에 대

이에 본 논문은 재일동포에 의해 일본 내에서 한글로 창작 된 문학을 '재일동포 한국어 문학'[4]이라 칭하고 그 중에서 양적으로 가장 많은 수를 차지하는 시문학 작품[5]을 '재일동포 한국어 시문학'의 범주로 삼아 김윤의 작품 세계를 살펴보고자 한다.

1947년 부산에서 발행된 동인지 『신작품』에 「등불」로 등단, 작품 활동을 시작하게 된 김윤은 1932년 경남 남해에서 태어났으며 본명은 김동일이다. 1951년 한국전쟁 때 일본으로 건너가 메이지 대학을 졸업하였으며 현재까지 동경 세다가야에 거주하고 있는 재일동포 시인이다. 한때 1967년에 현대문학사 일본 지사장에 임명된 것이 인연이 되어 본국과 연계된 문학 활동[6]을 통해 서울에서 두 권의 시집 『멍든 계절』

한 호칭은 아직 정립되어 있지 않다. 한국 내에서는 일반적으로 '교포문학', 혹은 '재일동포 문학'이라 하여 일본문학과 구분하고 있을 뿐이다. 이에 대해 이한창은 일본에서라도 한글로 창작된 작품은 한국문학 속에 편입시키고 일본어로 쓰여진 작품만을 재일 조선인문학 안에 포함시켜야 한다고 언급한다.(이한창, 앞의 논문, 5쪽) 반면 홍기삼은 '일본에 거주하고 있는 조선인이 쓴 문학이라면 언어에 관계 없이 그것을 총괄하여 모두 '재일조선인문학'이라고 보았다.(홍기삼, 「재외 한국인 문학개관」, 『문학사와 문학비평』, 해냄, 1996, 289쪽.)
일본에서 한국어로 작품 활동을 하는 작가들의 대부분이 조총련 산하의 문학예술동맹에 소속되어 활동하는 작가라는 사실을 감안한다면 '재일조선인'이라는 용어가 가장 타당해 보이기도 한다. 하지만 본 논문의 연구 대상인 김윤을 비롯하여 1960년대 이후 조총련에 소속되지 않고 일정한 거리를 둔 채 독립적으로 활동하는 다수의 재일동포 작가들이 존재한다. 또한 이들의 작품이 재일동포 한국어문학사에서 지니는 의미가 적지 않음을 감안할 때, 앞서 언급한 바대로 김윤을 포함한 在日문학가들을 재일동포라 명하고 김윤의 작품을 '재일동포 한국어 시문학'의 범주 하에서 논의함을 미리 밝혀둔다.
4) 이경수, 앞의 논문, 356쪽.
5) 현재까지 수집된 재일동포 한국어 문학작품은 한승옥, 「재일 동포 한국어 문학 연구 총론」, 『한중인문학연구』14집, 한중인문학회, 2005.4, 342~350쪽.에 자세하게 언급되어 있다. 먼저 소설집 20편, 시집 86편을 포함하여 200여 편이 넘는 정기간행물들이 있는데 이 중 재일동포 시 작품들은 단행본 작품집의 양으로도 타 문학 장르의 작품집에 비해 가장 많은 양을 차지하고 있으며 정기간행물들의 작품 목록에도 시작품들이 상당수의 비중을 차지하고 있다.
6) 김윤은 1968년과 1971년 서울의 현대문학사에서 두 권의 시집을 간행한 것 외에도 지속적으로 작품 창작 및 평론활동을 하였다. 그의 두 편의 시집에 실린 작품

(1968년, 현대문학사)과 『바람과 구름과 태양』(1971, 현대문학사)을 출간한 바 있다.

해방 직후로부터 1950년대까지는 한국어로 시를 쓰는 재일동포들의 문단이 형성되어 가던 시기였다. 1955년 5월에 재일조선인총연합회(이하 조총련)가 결성되었고, 이어 1959년 6월 7일에 조총련 산하기관으로 재일본조선인문학예술가동맹(이하 문예동)이 결성되었다. 당시 그 이전의 재일동포 한국어 문학활동은 일본 당국의 탄압 때문에 지속적인 활동을 하기 어려운 상황이었는데 조총련과 문예동의 결성 이후 좀더 조직적인 재일동포 한국어 문학활동이 이루어지게 되었다. 총련의 문예지침에 따라 조직적인 문학운동을 전개했던 문예동은 사회주의적 내용에 민족적 형식이라는 북한의 문예이론을 실천하면서 북한의 정책과 노선 실현을 지향하였고 1960년대 이후 재일동포 문학 활동의 핵심을 이루게 되었다.

하지만 이 시기 재일동포 한국어 시문학의 다수를 차지하고 있는 '재일조선인 시문학'(문예동 계열의 작품들)작품들은 북한체제의 사상적 영향 하에 개인의 서정과 미의식의 중시보다는 사회주의적 이념의 설파와 민족의 주체성 확립만이 지나치게 강조되어 창작된 경향이 없지 않았다.

한편 이처럼 조총련 산하의 문예동이 재일동포 문학 활동의 중심 거

들의 상당수는 1965년 4월(통권38호)부터 1970년 10월(통권97)까지 간행된 바 있는 『한양』이라는 종합지에 실린 바 있는 작품들이다. 이 잡지는 1962년 비조총련계의 종합잡지(주간: 김인재)로 창간된 것으로 집필자는 재일동포와 한국에 사는 사람들이 혼재한다. 이 잡지는 재일동포를 대상으로 하기보다는 한국을 향하여 잡지를 발행한다는 취지를 가지고 창간된 것이다. 재일동포 질필자로는 김윤, 황명동, 김경식, 김학영 등이 참여하였으며 집필자 태반이 한국의 문학인, 지식인들로 일본에서 발간되고 있다는 것뿐 재일동포사회에서 비중은 미비했다.
김윤은 이외에도 수필로 「한 노인의 죽음과 고향」(『현대문학』, 1968년 9월)을, 평론 「민족분단과 이념의 갈등: 재일동포문단」(『한국문학』, 1991년 7월)을 한국 문예지에 게재하였으며 2004년 12월 11일 해외동포문학편찬사업 추진위원회가 주관한 심포지엄에서 민단측 대표 참석자로 참여하기도 하였다.

점을 형성했던 당시에 이에 소속되지 않은 비동맹원의 문학 활동은 극소수에 불과했다. 이 시기 독자적으로 문학 활동을 하던 문인들로서는 김리박, 리승순 등과 민단계의 김파우(소설), 김희명(평론), 김경식(소설), 황명동(시) 등 일부가 있었으며 김윤[7] 또한 이들과 같은 입장에서 활동하던 몇 안 되는 교포시인 중의 한 사람이다.

때문에 김윤의 작품에는 과잉된 민족의식이나 정치적 이념성을 거부하고 일본에 거주하며 동포들이 겪어야만 했던 현실에 대한 다양한 체험과 복합적 시선이 존재한다. 아울러 조총련이나 문예동에 소속되지 않고 일정한 거리를 두며 서정성을 바탕으로 언어적 미의식을 추구함으로써 '재일'이라는 특수한 삶의 조건을 문학적으로 극복하고자 한 시도들이 엿보인다.

이 같은 점에서 김윤의 문학연구는 재일동포 한국어 문학을 북한문학으로부터 독립된 독자적인 성격의 문학으로 이해하는 데 중요한 역할을 한다. 또한 민족의식과 분단이데올로기를 축으로 하는 기존 재일조선인 문학의 틀을 탈피하고 균형감 있는 새로운 위상의 재일동포문학 영역의 구축을 위해서도 본 연구의 필요성이 있다.

2. 정체성 물음과 자의식의 확대

일제 강점기와 분단이라는 한국 민족의 특수한 사회·역사적 배경은, 근대 이후 자·타의에 의해서 일본에 거주하게 된 재일 조선인의 삶과 정체성을 결정짓는 중요한 단서가 된다.

---

7) 이후 김윤은 재일본대한민국거류민단에(이하 민단) 소속, 합류되어 중앙 선전국장까지를 맡으며 대내외 활동을 하였고, 현재에도 민단 소속 내 민족대학인 코리언 아카데미 강사와 운영위원직을 맡고 있다.

일제 식민지 시대라는 억압과 주권 유린의 상황, 해방 정국의 사회적 혼란과 분열, 분단의 고착화와 민단과 조총련으로서의 교포사회의 양분, 그리고 극심한 민족적 차별 등으로 인한 재일동포들의 삶은 남과 북, 일본 사회에서 모두 배척받는 일종의 '경계인'으로서의 삶을 강요받아 왔다. 이러한 역사적 배경 속에서 형성된 재일동포 문학은 같은 재외동포 문학이라 하더라도 중국이나 미국의 그것과 동일할 수 없는 역사적 배경의 차이를 지닌다. 즉 재일 한국인은 식민지 지배 하에서 '황민화정책'에 의해 언어와 문화뿐 아니라 민족의 고유한 이름까지 빼앗기고, 전후에는 민족교육을 부정하는 동화(同化)교육과 차별정책에 의해 민족성의 유지를 방해받아 왔으며 차별과 억압 속에서 형성된 집단이다.

침략자의 나라, 민족적 굴욕을 안겨준 적의 나라에서 살아가야만 했던 재일동포들은 해방이 되고 나서도 그곳을 떠나기란 쉬운 일이 아니었다. 오히려 해방 이후 좌우익을 대립과 갈등으로 인한 조국의 사회적 혼란과 분열은 밀항선을 타고 일본으로 떠나는 사람마저 늘게 하였다. 그리고 해방 이후 좌우익의 분열에 이어 남북으로 분단된 조국의 영향으로 교포사회도 혼란기를 맞이하게 되었다. 교포 사회에 대한 남한 정부의 무관심과 외면, 일본의 남북 등거리 외교의 영향으로 민단과 조총련으로 나뉘어져 버린 교포사회의 양분은 남북의 정치적 상황과 변화의 영향에 따른 피해의 결과였다.

힘없는 조국에 살다가 일제에 의해 강제로 끌려간 대부분의 교포들은 일본 사회에서 여전히 부당하게 노동력을 착취당하거나 인권을 유린당하며 살 수 밖에 없는 실정이었는데 조국은 남북 분열로 인한 고통과 멍에까지 안겨준 셈이다. 재일동포문학은 바로 이와 같은 재일한국인이 처한 시대적, 실존적 상황과 환경에서 생겨난 문학이다. 일본과 한국이라는 두 개의 국가와 두 개의 언어 사이의 경계선 상에 서 있는 재일동포문학은 때문에 분단된 조국의 민족, 역사, 정치, 사상 등의 문제와 무관할 수 없으며 정치적·민족적 갈등을 동반한 정체성에 대한 물음 역시 외면할 수 없다.

해외이주자 혹은 재일한국인으로서 일본사회 속에서 살아야만 하는 자신의 정체성에 대한 물음과 회의는 재일동포문학에서 드러나는 잠재된 문제의식으로, 재일동포문학의 본질적 영역에 속하는 중요성을 띠고 있다. 나는 누구인가' 혹은 '재일한국인'이란 누구인가'에서 시작되어 개인과 사회, 조국과 일본에서의 삶에 대한 자기 확인적 물음은 재일한국인으로서 일본 사회에서 살아가는 동포들의 존재론적 화두가 되었다. 이는 재일동포 1세대에서 시작되어 2세대, 3세대로의 세대교체에 따른 의식변화 속에서도 더욱 부각되는 주제의식이다.

> 부엉
> 핑
> 푸—웅
>
> 이름조차 알 수 없는 벌기떼들이
> 시끄럽게 난무하는 것은
> 모두들 생명을 위한 시위였다.
>
> 이 힘하고 절박한 시절에
> 나는 나대로 나를 지켜야 할
> 이유를 위하고
>
> 또 역설이라는
> 다른 위치를 위하여
> 똑똑히 자리를 지켜야만 할
> 그런 도리를 계산해 보았다.
>
> — 〈헛된 空間〉 부분 —

재일동포 1세대들은 일본 땅에 거주하며 삶의 뿌리를 내리고 살았던 정주민(定住民)들이다. 해방이전에 일본으로 건너 와 이곳에서 지낸 20여 년의 교포생활은 이미 시인에게는 부정할 수 없는 삶의 기반이자 현실적 조건이다. 하지만 시인의 관심은 세상에 이름 붙여진 무수히 많은 시적 대상들을 벗어나 이름조차 알 수 없는 '벌기떼들'에게로 향한다. 너무 작고 하찮아서 혹은 그 누구에게도 관심 밖의 존재여서 차마 명명되지 조차 못한 벌기떼들은 동포와 조국을 벗어나 이국에서 살고 있는 시인 자신의 위축된 모습이다.

'벌기떼들'에게서 나는 생명을 위한 엄청난 '시위'인 그 시끄러움은 인간에게는 한갓 소음으로밖에 들리지 않는 하찮은 소리일 뿐이다. 하지만 시인에게 전달되는 그 소리의 울림은 일본이라는 낯설고 거대한 이민족 사회에서 이름조차 명명되지 못한 채 삶을 존속시키며 엄청난 시위(?)를 해야 하는 왜소화되고 위축되어버린 자신의 서글픈 모습에 다름 아니다. 고국에 돌아갈 수도, 일본에 살고 있다고 해서 일본인이라고도 할 수 없는 뿌리를 상실한 정체성 부재의 삶은 자신의 존재 의미를 벌떼기들의 시끄러움 정도에 불과한 가볍고 덧없는 것으로 느끼게 할 뿐이다. 이는 시인이 위치한 현재적 삶의 기반들이 모두 '헛된 空間'에 자리한 덧없는 것이라는 자조와 비애만을 남게 하는 것이었다.

한편 재일한국인으로서 겪게 되는 정체성에 대한 물음과 자기부정의 자의식은 이국땅에서 자신이 자신의 삶의 중심이 되지 못한 채 경계인으로 결정지어져 버린 자신의 존재에 대한 이방인의식을 싹트게 하였다.

낯선 데서

풍습도 그러했고

말도 서투른데
서로 어깨를 비벼가며
사는 사람들
〔……〕

몽땅 까먹어버린
선조의 유산은
흔적마저 희미해지고
異邦살이의
지치인 표정들만
구슬알처럼
몽글몽글해서
고향은커녕
오늘의 위치조차 종잡을 수 없는
희한한 사람들
〔……〕
이 사람들은
정말
어디로 가야 할 것인지
— 〈이방인〉 부분 —

풍습도 말도 서툰 다른 곳에서의 생활은 그 자체만으로도 고단하고
힘겨운 삶의 연속이다. 가난하고 고달픈 생활 속에서 왜 살아야 하는지,
무엇 때문에 살아야 하는지 등과 같은 삶의 이유들은 이미 사라져 버린
지 오래인 삭막한 현실일 뿐이다. '선조의 유산'은 흔적마저 희미해지고
자신의 뿌리인 고향에 대한 의식도 사라져 버린 지금, 시인은 조국과
현재 자신이 서있는 조국의 '바깥'인 일본에서 "정말 어딜 가야 할 것
인지"(<이방인>)를 결정짓지 못한 채 방황할 수밖에 없다.

'오늘의 위치'조차 가늠하지 못하고 종잡을 수 없는 '희한한 사람들'

이 되어버린 낯선 이국에서의 생활은 위로받을 대상도 없는 지치고 삭막하기만 한 것이었다. "무거운 짐을 진 /네 허리가 /힘에 겨워 /활등처럼 휘일 수도 있을 것이다. /피로와 고통과 주림 속에 고인 /쩝쩝한 /눈물이 /네 마음을 떠보며 /쉴새없이 두 볼을 적신다 해도 /이방인이 떠주는 밥술에/ 배를 불리잔 생각만은 말고 / 황금으로 만들어도 /사슬은 사슬 / 남이 주는 세월에 기대지 말고"(<아들에게>) 라고 아들에게 당부하며 재외국인으로 남의 나라에 거주하며 살아가는 현실의 힘겨움을 토로하고 있다. 이는 자신이 발 딛고 서있는 그곳에서 제대로 인정받지 못한 채 고향과 뿌리를 등지고 타국에서 살아야만 하는 이방인으로서의 자의식을 보여주는 것이다.

해방 이후에도 계속되는 재일동포에 대한 일본 사회에서의 차별대우는 오랫동안 개선되지 않은 채 부당한 대우와 차별 속에서 지내야 했는데 시인의 위 작품들은 일본 사회에서소수의 이방인으로서 살아가야 하는 재일동포들의 고뇌와 갈등이 드러난다.

고국을 떠나 일본에 정착한 재일동포들이 겪게 되는 현실적 삶의 억압과 차별, 미래에 대한 불안 등은 재일한국인으로서 살아야 하는 정체성에 대한 물음과 혼란을 되내이게 하였다. 또한 조국의 정치적 역사적 현실로부터 무관하지 못한 채, 조국을 향한 시선을 거둘 수 없었던 재일교포들의 현실은 재일이라는 직면한 현실적 조건 속에서도 자신은 늘 이곳과 다른 존재로 인식하며 주변인으로서 살아갈 수밖에 없는 이방인적 자의식의 단면을 보여주고 있다.

3. 존재의 불안과 고독감의 심화

한국과 일본 어디에도 자신의 자리를 확보하기 힘든 재일이라는 실존적 상황은 시인에게 어느 곳에서도 안주하지 못하는 현재적 삶에 대한 갈등과 고뇌, 거대한 조직 속에서 소수자로서 느끼는 고독과 소외감 같은 개인의 내면적 문제들을 인식하게 하였다. 한국전쟁 발발 후 부산 피난지에서 동국대 1년을 다니다가 일본으로 건너가 대학을 나온 시인의 경우 지식인으로서 어느 정도 안정된 생활기반을 다지며 정착했을 것이라는 추정이 가능하다. 하지만 재일외국인이라는 현재적 신분은 일본사회 어디에서건 시인의 삶을 속박하고 한정짓는 것이었다. 그렇기에 어느 곳에도 제대로 소속되지 못한 채 느끼게 되는 이방인적 자의식은 현실공간에서 존재론적 불안감과 소외감을 더욱 가중시키게 하였다.

익숙했던 사회와 관습으로부터 떨어져 나와 이국땅에서 사는 삶이란 시인에게 세상에 혼자 존재하는 것 같은 혹은 세계로부터 일탈되었거나 버려졌다는 절망적 인식과 고뇌를 느끼게 했을 것이다. 두 번째 시집에서부터 시인의 관심은 생활 속에서 겪게 되는 인간의 삶과 죽음의 문제, 인간과 관련된 존재론적 문제들, 재일동포 생활인으로서 체험하게 되는 삶의 의미와 고독 등 개인 서정성을 중심으로 하는 인간의 보편적 문제들로 주제의식이 옮겨간다.

시인의 작품에 드러나는 이 같은 다양한 존재론적 물음들은 김윤 시인 개인이 표출하는 서정적 인식의 특질이라 볼 수 있다. 하지만 시인을 둘러싼 외적 조건으로서 해방 이후 지속되는 재일교포사회 내에서의 사회적 갈등 및 정치적 양분현상과도 무관하지 않다.

일본에 사는 동포들에게 '재일'이라는 두 글자가 붙은 것은 8・15

해방 그날부터이다. '재일동포'라고 할 때 그것은 일본에 살고 있는 동포 전체를 가리키는 말이다. 한편 일본에서는 '재일 한국인'·'재일 조선인', 혹은 '귀화 한국인·조선인'으로 나누어 부르고 있는 것이 관례화되어 있다. 이것은 조국의 분단에서 빚어진 정치적 상황과 깊이 관련되는 호칭으로, 밖(한국, 북한)에서도 그런 뜻에서 재일동포를 갈라 불러 왔다〔……〕 그렇지만 재일동포 사회에 민단(재일본 대한민국 거류민단)과 조총련(재일본 조선인 총연합회)이 존재하는 한 이 호칭은 없어지지 않을 것이며, 또 분단이 끝나는 그날까지 우리를 괴롭힐 것 같다. 그러기에 정치·문화·경제 등의 모든 활동에서 소속 단체의 여하에 따라서 호칭도 달라지게 마련이다. 문학도 예외일 수 없다.'재일 한국인 문학', '재일 조선인 문학'이 그것이다.[8]

　해방이후 재일동포 문학은 분단민족의 비극을 반영이라도 하듯이 이념적인 양극화 현상을 보여주었다. '민단'과 '조총련'이라는 대립현상이 그것이다. 김윤의 글은 민족분단과 이념의 갈등으로 인해 파생된 재일동포 사회 및 문단의 양분화 된 실태에 대한 언급으로 시인 역시 재일동포 사회와 문단이 처한 현실적 상황을 안타까운 시선으로 바라보고 있다. 결국 재일교포사회는 외적으로는 일본 내에 거주하는 소수민족 이주자로서 불합리한 처지와 불평등을 감수하며 살아야 했고, 내적으로는 두 개로 양분된 동포집단 하에서 존재의 이중성을 극복해야만 했다.

　　夏炎은
　　번질번질 갈아세운 칼날처럼 했다

　　혼자
　　서있을 수밖에 없는 운명이
　　서러운 것은 뻔한 사실이었고
　　악으로만

---

8) 김윤, 「민족분단과 이념의 갈등」,『한국문학』, 1991.7~8월 합병호, 112~113쪽.

악으로만 내뺐다
〔……〕
夏炎은
역시 순리였고

고독은 어둠 속에서
무서움을 모르고
거칠어갈 뿐이었다
- 〈외로운 도둑〉 부분 -

위 작품에는 의미상 서로 대립되는 시어들이 등장한다. '어둠', '暗空', '그늘'과 '夏炎', '햇빛', '순리' 등이 그것이다. 전자가 시인이 느끼는 존재의 힘겨움과 불안을 내포한 부정적 의미의 표상이라면 후자는 시인에게 이미 존재하는 혹은 받아들여야 할 현실적 삶의 조건들이다. "번질번질 갈아세운 칼날처럼" 뜨겁고 날카로운 한낮의 뜨거운 여름 햇빛을 혼자 받으며 서 있어야 한다는 것은 분명 무섭고 겁나는 일이다. 하지만 그것은 현실이라는 힘겨운 생존의 조건 속에서 시인이 받아들이고 극복해야 할 대상이다.

시인이 받아들여야 할 것은 작열하는 한낮의 뜨거운 햇빛만이 아니었다. 시인을 더욱 슬프고 외롭게 하는 것은 자신 스스로 "혼자 서 있을 수밖에 없는" 혹은 스스로 그러한 운명이라고 느낄 수밖에 없는 현실에서의 고독과 비애감이다. 내리쬐는 夏炎처럼 거부할 수 없는 삶의 조건들 속에서 오로지 "악으로 악으로만 내빼"며 혼자임을 체험할 수밖에 없는 삶의 힘겨움과 외로움은 내리쬐는 햇볕 한가운데서 침침한 그늘을 찾는 것처럼, 자신의 삶 속에 동화되지 못한 채 느끼는 고독감과 소외 의식의 표출이다.

'고독'이 '일시적이거나 지속적으로 혼자 있는 사람의 상황' 즉 타인과의 접촉 없이 혼자 있는 상황을 말한다면 타국살이의 설움과 일본 내 소수자로서 스스로를 인식하고 느껴야 했던 고립과 소외는 시인 뿐 아니라 재일동포들이 겪어야만 했던 아픈 체험이었다.

> 뽀얀
> 灰빛 하늘이
> 무겁게 눌리듯 흐리고
>
> 豪華와 悲哀를
> 마구안고
> 알을 밴
> 高層삘딩들이 죽순처럼 솟은 곳
> [……]
> 사람들은
> 로봇마냥
> 計算된 版圖위에서
> 그저
> 기계처럼 늙어간다
>
> 사람이 自動車를 피해야 할
> 아슬아슬한 洪水 복판에서
> 하루에도 수백명의 인명이
> 그냥 운이 없었다는 망칙한 구실로서
> 사라져가고
>
> 거기서 벗어난
> 일천만의 각색 인종들이
> 깜짝깜짝 놀래가며 살아가는
> 희한한 都市
>> － 〈東京〉 부분 －

동경은 폐전 후 신흥경제대국으로 발돋움한 일본의 경제 성장과 산업의 발전을 한눈에 보여주는 세계적 도시이다. 하지만 시인은 "하루에도 수 백 명의 인명이 그냥 운이 없었다는 망측한 구실로서 사라져 가고" 없어지는 삭막한 도시 속에서 개체화되고 기계처럼 부품화 되어 가는 현대인의 모습을 경계하고 있다. 아울러 동경이라는 도시문명의 거대한 매커니즘 속에서 인간의 본 모습은 왜소화 된 채 그 존재 가치조차 인식되지 못하는 소수 인종과 이민자들의 삶의 비애를 시니컬한 어조로 비판하고 있다.

"알을 밴 고층뻘딩들이 죽순처럼 솟은 곳"에서 외국인이기 때문에 그들과 열등하게 다른 존재라고 인식되는 현실의 차별과 억압은 "죽음의 구실"조차 명명되지 못한 채 삭막한 도시의 어두운 구석에서 기계처럼 소모되고, 결국에는 버려지고 마는 해외 이주자들의 비극적인 모습을 상상하게 한다. 이때 시인이 느끼는 해외동포로서의 존재감은 화려하고 호화로운 도시의 네온사인에 대비되어 더욱 작아질 뿐이다. 세계수준의 생활수준을 자랑하며 문명의 편리함과 화려한 불빛을 과시하는 국제적 도시이지만 소외되고 버림받은 사람들에게 도시는 삭막하고 황량하기만 한 사막과 같을 뿐이다. 이처럼 거대 도시 속에서 기계의 부품처럼 소모되고 마모된 채 로봇처럼 늙어가는 자신의 존재에 대한 서글픈 인식은 시인에게 인간 존재의 허망함과 비애를 느끼게 하였다.

인간의 존엄성, 개인의 가치와 존재가 무참하게 짓밟히고 무시당하는 일상성 속에서 고독한 군중으로 살아갈 때 인간의 삶 자체는 그것만으로도 고독해 진다. 그 가운데 인간은 스스로 존재에 대한 물음을, 던지고 그 의미를 찾고자 한다. '무엇을 해야만 하는가' 혹은 '어떻게 살 것인가'의 질문은 곧 어떻게 죽을 것인가의 물음에 다름 아니다. 이때 찾아질 수 있는 존재의 이유는 바로 자기 자신과 연결되어 있는 타자와의 관계 속에서 그 의미를 찾을 수 있다. 그런데 시인이 느끼는 현실적 삶이란 "그 번질하고 /맵시있던 모양은 /도시 찾아볼 수도 없다 //…오랜 시중이 끝난 날 /그 믿음직하고 따사로운 애착은 /흔적조차 사라지고 /볼모양 없이 /팽개쳐 버림받은 /운명을 졌다 //헌신짝은 /그날부터 헌신짝으로서의 /고통을 뼈저리게 느낄 수밖에 /없었다(<헌신짝>)에서 읽을 수 있는 것처럼 현실 속에서 행복한 관계 맺기가 참으로 어렵고 힘든 일임을 보여 준다.

비가 오나 눈이 오나 주인의 발이 되어 어디든지 함께 했던 정든 신발도 언젠가는 낡고 볼품없어져 버려지고 말 운명임을 감지해 내고 마는 시인은 자신 역시 물설고 낯선 이국땅에서 힘겹게 삶을 살다 언젠가는 버림받고 흔적조차 없이 사라져 버리고 말 것이라는 쓸쓸함과 슬픔을 "헌신짝"에 담아내고 있다. 누구에게든 자신이 살아 온 삶의 과정이란 힘들고 고통스러운 시간의 적층이다. 고향과 조국의 혜택도 받지 못한 채 해외이민자로서 살아야 했던 시인이 접한 현실은 더욱 힘겹고 무거웠을 것이다. 하지만 그런 자신의 삶도 결국에는 어느 날 갑자기 아무 쓸모도 없는 헌신짝 내팽개쳐지듯 버려지고 말 것이라는 서글픔은 이국에서 시인의 삶을 더욱 고독하고 처량하게 했을 것이다.

자신의 삶에 대한 존재론적 물음에 대한 답은 시인 자신 곧 개인의 몫이다. 더군다나 재일한국인으로서의 삶은 거부하거나 물리칠 수 없는 시인이 처한 현재적 실존이고 진행형일 수밖에 없는 문제였다. 재일동포사회에서 자신의 온전한 존재성에 대해 늘 회의하며 행복한 '관계 맺음'의 수혜가 제한될 수밖에 없었던 동포들의 삶은 스스로를 늘 혼자라고 여기며 현실과 힘겹게 맞서 싸워나가야만 했고 그것은 재일동포들이 겪어야 했던 고독과 소외라는 이름의 서글픈 삶이었다.

4. 동포들의 생활상과 민족의식의 반영

해외 동포문학에 드러나는 일반적 주제 중의 하나는 이국땅에서 고통받는 이민자들의 삶의 모습에 대한 사실적 기록들이다. 일본에 정착해서 살게 된 재일동포들은 상당수가 해방 이전, 일제 강점기에 건너간 사람들이다. 특히 3·1운동의 실패 후에 일본으로 건너간 동포들이 많았는데, 이들 중 상당수의 도일 동기는 민족적이거나 저항적인 이유였다기보다는 경제적인 이유에서 비롯된 것들이 많았다.9) 그러나 일본 사회에서의 재일동포들의 생활은 곤궁하고 비참하기 이를 데 없는 것이었다. 일본사회에 거주하면서 동포들이 겪어야 했던 가난과 차별, 억압과 불평등은 한국사회가 처한 역사적·정치적 특수성에 기인하는 것이기도 했다.

해방 이후 재일동포들의 법적 지위를 둘러싼 문제에 대해 일본 정부는 물론이고 연합국사령부, 남북한 단독 정부 수립 후에는 남북한 정부까지 책임 있는 태도를 보여주지 못했다. 1965년 6월에 이르러서야 재일동포의 법적 지위와 대우에 관한 협정을 타결하게 된다. 그런데 법적 지위협상 권리의 대부분은 협정체결 이전에도 재일동포에게 사실상 인정되던 것을 명문으로 확인한 것에 불과해서 협정이 재일동포의 법적 지위를 근본적으로 개선시키지는 못하였다.10) 이처럼 불충분한 내용과 문제점을 포함한 법적지위협정이 그대로 체결될 수밖에 없었던 이유 중에는 과거 역사적 불평등조약이 그랬던 것처럼 한일 양국이 가진 역학적 관계에 기인한다. 즉 한국의 근대화 특히 경제적 발전에 필요한 자본을 일본에 의한 배상과 원조에 의지하지 않으면 안 되었던 한국 정부

---

9) 이광규, 『재외동포』, 서울대학교출판부, 1999, 213쪽.
10) 정인섭, 『재일교포의 법적 지위』, 서울대학교출판부, 1996, 67쪽.

에게 재일 한국인의 생활과 법적 지위는 현실 밖의 문제였다. 재일동포에 대한 한국정부의 이러한 무관심과 경제적 무능력은 다른 어떤 외국인보다도 나은 법적 지위를 요구할 입장이었던 재일동포들에게 열악한 법적 지위를 인정하는 결과를 초래하였다. 또 당시의 재일 한국인사회라는 것은 오늘날과 같이 인권의식이 높지 않았기 때문에 스스로가 받아야 할 법적 권리에 대해 주체적이고 적극적으로 주장하고 싸우는 권리 주장에 대한 운동성이나 의식도 부족했다.[11]

그 무렵 북한으로의 '북송사업'이 벌어지게 된다. 1959년 12월에 시작하여 1986년 6월까지 약 27년 동안 북한에 정착된 귀국자 수는 93,340여 명에 달하였다. 재일동포에 대해 남한사회가 법적으로나 사회적으로 마땅한 대응을 하지 못하고 있는 사이에 시작된 재일동포들의 북한으로의 귀국은 과거 역사에 대한 반성과 책임감 없는 일본정부의 무책임한 태도와 우리 정부의 무관심 또 재일동포에 대한 이념적 편견과 무지 등을 배경으로 하고 있었다. 재일동포들이 친북적 성격을 갖게 된 것도 이데올로기적 친향성에 의해서라기보다 일본 사회의 차별과 빈곤으로부터의 해방을 열망하며 좀 더 나은 삶에 대한 희망을 품고 본국(북한)으로의 귀국을 시도했던 것이라 볼 수 있다. 당시 재일동포의 대다수는 이념과 무관한 중하위 계층의 생활인들이었고 이들의 생활은 곤궁하고 비참한 것이었다.

징용 온 그날부터
손시늉과 채찍소리와
욕설과 함께 배운
일본말

---

11) 강재언·김동훈 지음, 『재일 한국·조선인-역사와 전망』, 하우봉·홍성적 옮김, 소화, 1995. 126쪽.

자욱히 煤煙에 싸인
어두운 울 안에서
서투른 일본말로
돼지를 꾸짖는 나날
〔……〕
빈틈없이 쏘아오는
멸시와 모욕의 눈총들을
등에 받으면서
엎드려 사는 사람들

그런 여기가
살기 좋다고
밀선을 타고 죽을 고비를 넘겨
현해탄을 넘었다가
붙들렸다는 신문보도는
이 마을의 충격이었다
　　　　　　－ 〈東京郊外〉 부분 －

　　해방 이전에 일본으로 건너 간 동포들의 상당수는 일본 본토에서의
노동력 부족을 보충하기 위해 광산이나 탄광 혹은 군수산업에 흡수되었
다. 하지만 일본의 패전과 동시에 직장을 잃은 사람들이 속출하여 동포
들의 생활 기반은 급격히 변화하였다. 직장을 벗어나 귀국을 서두르는
사람, 또는 유동적인 본국 정세의 추이를 지켜보면서 당분간 남기로 결
정한 동포들은 매일매일 끼니를 연명하며 생활을 지탱하였다. 위 작품
은 일본으로 건너와 멸시와 모욕을 받으며 비참한 생활을 영위해야 했
던 동포들의 삶에 대한 생생하고 구체적인 증언이 담겨있다. 징용 온
첫날부터 "욕설과 함께" 서투른 일본말을 배우며 기거할 곳도 없이 더
럽고 어두운 돼지 울 안 에서 생계를 연명해야 했던 조상들의 슬픈 이
주사는 우리 민족의 체험해야 했던 뼈아픈 과거였다.

또 일부에서는 '해방된 민족'의 특권을 내세워 옛날의 일본인에 의한 차별과 멸시에 반발하는 지나친 행위도 적지 않았는데, 이는 재일동포에 대한 일본인의 배타심을 선동하는 데 크게 이용되었다.[12] 이후 한국전쟁의 특수에 의해 일본 경제의 부흥이 시작되며 재일동포들은 일본의 직장에서 완전히 배제 당했다. 고국에서 발생한 동포간의 전쟁으로 일본 경제의 부흥이 시작되었는데 정작 재일동포들은 고작해야 일용 노동자나 상업, 혹은 토건업 등의 불안정한 일용직 등이 대부분이었다. 패전 후 증가했던 일본인 실업자는 각종 산업에 흡수된 반면 일본일 기업에서 배제된 재일동포들은 차별과 멸시 속에서 빈곤하고 궁핍한 삶을 살아야만 했다. 재일동포들 사회의 빈곤 문제는 당시 일본 사회에서 심각한 사회문제로 등장하기도 하였다. "이氏 김씨, 박씨가 /야마다상 가나이상 가와모도상으로 딩굴어져버린 /기맥힌 울안에서 /내가 나일 수 있고 /네가 너일 수 있고 /우리가 우리일 수 있는 /그런 이치를 풀이해 본다"(<내가 나일 수 있는>)라고 식민지배 하에서 억눌려 살아야 했던 기막힌 역사를 회상하는 시인의 진술은 재일동포이기 이전에 한민족으로서 겪어야 했던 우리 민족의 지난 날 삶에 대한 가슴 아픈 이야기이다.

"남의 땅에서 /낯선 생활에 부대껴 /모없는 돌멩이처럼 /슬픔은 속으로만 굳어져 가는데 // 어느 호젓한 거리 /골목 안에서 흘러나오는 /우리말 소리 /우리말로 낭랑히 글읽는 소리 //오래도록 서 있고 싶구나 /아이들처럼 골목 안 자갈을 /발끝으로 마음껏 차면서 /해지도록 그냥 듣고만 싶다.(<글소리>)는 시인의 간절한 고백은 남의 땅에 살면서 고국의 숨결을 그리워하는 동포들의 심정이 절실히 드러나 있다. 가난하고 불안정한 삶 속에서 고향과 모국어를 떠올린 지 오래인 동포들의 생활은 생존의 유지를 위해 힘겹고 숨가쁘게 지탱되어 온 시련의 과정이었

---

12) 위의 글, 134쪽.

고 그 가운데 들리는 우리말 소리는 잊었던 조국에 대한 애달픈 향수를 불러일으키게 했을 것이다.

한편 한국인이라는 이유만으로 차별대우를 받으며 이렇듯 비참한 생활을 영위할 수밖에 없었던 재일동포들은 그러한 시련의 과정 속에서 자신의 뿌리에 대한 자각과 애착, 그리움을 버릴 수가 없었다. 내 고향, 우리 조상, 어머니가 계신 조국과 분단된 민족 현실에 대한 안타까움은 이주한 지 60여 년이 지나도록 자신의 모국어를 잊지 않는 원동력이 되었고 조국과 민족에 대한 역사의식의 표출과, 민족적 각성까지도 가능하게 하였다.

> 기쁨과 슬픔이 깃든 해들로 꾸려진
> 겨레의 머리맡에는
> 오늘도 다함없는 삶의 절규가
> 하늘을 향하여 울어터지고
> ［……］
> 우리들 비록 어두운 하늘 아래서
> 고달픈 나날을 등지고 살더라도
> 조국 당신의 훈훈한 흙김이
> 애타게 코를 찌르는 이역에서의 노래를 보내오니
>
> 잘라진 허리를
> 마음과 마음을
> 산천과 하늘을
> 접붙일 새해를 맞을 날을 위한 노래를
> ― 〈신년송―1968년을 맞으며〉 부분 ―

조국이 해방되었다고 하지만, 일본 사회에서 재일동포들이 받는 핍박과 설움은 해방 식민시 시절의 상황과 크게 달라진 것은 없었다. 이런 현실이 일제 강점기에 민족의식이 고취되었던 것처럼 재일교포사회에서 역사의식과 민족의식[13]을 잃지 않을 수 있었던 구심점이 되었다. 일제의 식민지배와 해방, 한국 전쟁과 조국 분단이라는 역사의 수레바퀴는 재일동포들에게 안겨진 숙명적 삶의 조건들이었다. 그러한 역사적 배경 속에서 생겨난 재일동포 문학의 본질적 요소에는 특정 이념친향에 관계없이 '재일'이라는 특수성으로 인해 발생된 역사와 민족의식의 자각이 공통적으로 내재되어 있을 수밖에 없었다.

역사적 환경에 의해 외부로부터 결정되어 버린 재일동포들이 처한 현실은 우리 민족 모두가 겪어야 했던 역사의 한 부분으로서 조국의 '밖'에 있었기 때문에 피해갈 수 있는 것들은 아니었다. 오히려 조국의 '밖'에 존재하고 있었기 때문에 이념적 이해관계에 얽매임 없이 객관적으로 조국의 모순된 현실을 느낄 수 있었을 것이며 그로 인한 상처와 아픔도 더욱 선명했을 것이다. 때문에 문예동에 소속되지 않고 일정한 거리를 두며 독자적인 작품 활동을 했던 김윤의 작품에서도 해방의 기쁨과 혼란, 분단 조국의 현실과 이산의 아픔, 4·19 의거와 같은 조국의 현실적 문제에 관심을 가지며 역사의식과 민족의식을 드러낸다.

비록 자신이 거처하고 있는 곳은 바다를 사이에 둔 남의 나라이지만 조국을 등지고 떠난 재일교포 1세대들에게 조국은 영원한 안식처이자 귀향지인 것이다. 그렇기 때문에 시인이 처한 현실이 힘겨움이 더해질수록 조국과 민족에 대한 자각은 더욱 뚜렷해지고 고양되며 민족적 자부심을 지킬 수 있었던 것이다. "雜草를 뽑는 손꾸락이 /내일에의 각오를 마련해 내고 /언젠가는 뽑아야 하고 /언젠가는 뽑혀야 하고 /오랜 순

---

13) 조국과 민족에 대한 강한 주제의식이 담긴 작품들은 주로 재일동포 문학1세대 작가들에게서 두드러지게 나타난다. 특히 주체 문예를 표방한 북한 문학의 영향 하에 친북성향을 띤 문예동에 속한 시인들(강순, 허남기, 남시우 등)의 작품들은 조국예찬과 통일 염원, 민족 예찬적인 주제의식을 비중 있게 드러내고 있다.

환 속에서 /오늘보다도 나은 내일을 /잡아당기는 信念을 다짐하며 /뽑아
야 할 잡초무뎅이를 바라보며 /나는 나설 수밖에 없다"(<雜草>)고 말
하는 시인의 다짐을 통해 우리는 고난 받는 생활 속에서도 삶의 희망을
포기하지 않으며 현실의 힘겨움을 극복했던 재일동포들의 끈질긴 생명
력과 의지를 경험할 수 있다. 아울러 60여 년이 넘도록 자신의 모국어
를 잊지 않고 지키며 살아갈 수 있었던 동포들의 조국애와 민족의식도
확인할 수 있다.

5. 고향회귀와 모성지향 추구

재일동포들의 이주사를 보면 재일동포들은 일제 강점기의 상처뿐만
아니라, 조국의 분단과 그로부터 유발된 재일동포 사회의 분열과 일본
인의 차별정책 아래 이중 삼중의 질곡 속에서 고통을 받아 온 사람들이
다. 이들은 일제 강점기로부터 이주해 와 해방이 되어도 이런저런 이유
로 고향으로 돌아가지 못하다가, 조국분단의 비극으로 실향과 이산의
아픔까지 경험해야 했다. 재일동포들이 겪어야 했던 고단한 삶의 역사
는 조국과 민족적 정체성에 대한 재인식의 과정이었고 다시 돌아갈 수
없는 가족과 고향에 대한 그리움의 근원이었다.

> 오늘 재일 교포들은, 밑도 끝도 없는 알 수 없는 결론을 운명처럼
> 여기고 살아가는 것 같다. 고향이 그립다 해서 가서 살 곳도 못되고
> 나라가 중하다 하여 가서 애국할 곳도 아닌, 이 나라에서 살만큼 살
> 다가 지워져 갈 수십만 동포들의 죽음은, 이 나라의 먼지가 되고 흙
> 이 되는 바라지도 않던 결과만이 남는다. 수십 년, 수백 년 후, 우리
> 자손들은 선조를 무엇으로 볼 것이며, 그 선조들의 선조를 어떻게 생

각할는지, 때로는 걱정도 해 보면서 이 나라의 앞날도 걱정해 본다.
사람 사는 곳 어디나 살면 마찬가지라는 엄청난 말들도 들으면서…두
개의 나라를 등에 지고 다시 다른 하나의 나라에 얹혀 궁굴며 허덕이
는 사람들. 시를 쓰는 아픔, 눈이 뱅뱅 돈다.14)

자의건 혹은 타의건 고국을 등지고 떠나 일본에 정착한지 수 십 년.
재일동포 1세대라면 일본 땅에서 나름대로 자신의 생활 기반과 터전을
마련했을 시점이다. 힘들었던 시절, 슬픔과 두려움을 안고 조국을 떠나
온 일은 이미 과거의 일이 되어버린 지 오래다. 가난하고 핍박받는 생
활이었지만 힘든 가운데서도 정착해 이민 1세대들은 노년의 나이가 되
어버린 현실이다. 이들에게 '在日'이란 이제 자신에게만 국한된 외부적
환경이 아니고 이곳에서 형성된 자신을 둘러 싼 모든 삶의 기반이자 필
수적 조건이 되어버렸다. 조국은 이제 '鄕愁'로만 존재하는 그리움의
원천일 뿐 자신의 현재적 삶과 소통되고 연결되어 있는 것은 아니다.
시인의 말대로 그립다고 해서 가서 살 수도 없고, 나라가 어렵다고
해서 가서 애국할 수도 없는 즉, 시간적·공간적 거리감으로부터 일탈
해 버린 절대적 근원이자 돌아갈 수 없는 이상향과 다를 바 없다.

나는 그리움을 간직해둘
그런 체온을 유지할 수가 없었다

숨가쁜

---

14) 위의 글은 문헌으로 출판되어 있는 서지의 일부가 아니라 '세계한민족작가연합'
이라는 전자문헌에 실려 있는 내용의 일부이다. 고은 시인을 회장으로 구성되어
있는 이 단체는 우리문학을 해외로 알리는 일과 동포문학을 소개하고 육성하고
자 하는 일을 목적으로 만들어진 문학단체이다. 이 사이트에는 시집에 수록되지
않은 1971년 이후에 창작된 김윤 시인의 작품 4편이 소개되어 있다.
김윤, 시작노트. 2005.세계한민족작가연합, ［cited2005.6.1.］ <http://www.koreanwriters.
com/kimyun.htm>.

異域에서의 멍든 사철만이
셋방살이라는 무거운 지붕아래서
염치없이 궁글고

나날은
나를 위해서
오고
지지는 않했다

記憶은
그런 속에서
씻을 수 없는
망향의 상흔으로
시퍼렇게 멍들고

- 〈멍든 季節〉 부분 -

그렇지만 아이러니하게도 돌아갈 수 없고 회복될 수 없기 때문에 대상에 대한 상실과 그리움은 더욱 극대화되고, 시인의 삶 전체를 멍울지게 하였다. 다른 나라에 얹혀살며 자신의 뿌리를 찾아가지 못하는 비애감, 결국 마침내 자신의 후손은 선조의 뿌리조차 알지 못한 채 잊혀져 가고 자신도 어느 순간 사라져 버리고 말 서글픈 존재라는 현실 앞에서 시인이 느끼는 고향에 대한 그리움과 외로움은 더욱 증폭될 수밖에 없는 것이었다. "고향이란 자기의 뼈를 묻어야 할 뫼터"[15]라는 절실함을

---

15) 아래의 글을 김윤 시인이 『현대문학』지의 일본지사장으로 재임 시 『현대문학』에 게재한 수필로 이곳 한국에서 발견할 수 있는 시인의 유일한 산문 작품이다.
　[…] 맑은 하늘이 유달스리 가까이 느껴질 때마다 나는 故鄕이 밀려오는 듯한 감동을 느끼곤 한다. 유달스리 고향이 가깝게 다가온다는 것은 다만 고향이라는 그런 어쩔 수 없는 뜻에서의 감동에서도 그렇거니와 거리적인 면에서 느끼는 고향의 그리움을 나는 더욱 뼈저리게 느낀다는 말이다. 말하자만 퍽으나 가까운 것 같으면서도 멀게 느껴질 때의 고향, 또는 엎어지면 코가 닿을 정도로 가까이 느껴질 때의 고향, 이런 것을 나는 나대로의 異域생활에서 분간해낸 셈이 된 것

느끼며 자신에게 주어진 삶의 마지막 운명까지를 예상하며 살아야 하는 시인의 모습은 일본으로 건너와 수십 년 고된 생활과 싸워 온 동포들이 마지막까지 겪어야 하는 아픔이었다.

조총련이나 문예동에 소속되지 않은 채 활동한 시인의 작품에는 이처럼 이역에서 살아가는 동포들이 겪어야 했던 생활의 모습과 어머니에 대한 그리움, 고향에 대한 향수가 잘 드러나 있다. 시인의 출간한 두 권의 시집에 실린 상당수 작품들에는 이같은 서정이 주조를 이룬다. 어떤 대상을 그리워하고 간직할 수 있는 것도 실상은 생활의 여유와 감정의 여백이 있을 때 가능한 일이다. 하지만 '셋방살이라는 무거운 지붕아래'서 생계유지를 위해 힘겹게 살아야 했던 시인에게 고향에 대한 그리움은 쉽게 꺼내어 보일 수조차 없는, 가슴 깊숙한 곳에 자리 잡은 절실하고 애절한 감정이다. 하지만 이국에서 시인이 처한 현실은 고향과 어머니에 대한 그리움을 간직할 수 없을 정도로 절박한 것이었다. '체온'으로 측정될 수 있는 일상적 생활의 정상성은 시인의 현실을 지속케 할 수 있지만 추억과 그리움으로 가득 찬 망향의 상흔은 시인의 가슴을 멍들게 할 뿐이다. '잃어버린 말과 풍습'을 외우는 시간만이 무엇보다도 귀중한 시인에게 남의 땅 한 구석에서의 삶은 '멍든 계절'에 비유될 만큼 힘겹고 서글픈 것이었다.

인간은 생존하는 동안 시간과 공간의 제약을 벗어날 수 없는 존재이

같다. 누구나가 다 가졌고 貧富貴賤의 구별없이 만사람 어디에 있던들 그렇거니와 일본에 사는 우리 동포들은 고향이라는 그립고도 아쉬운 짐을 지쳐 피로한 生活이라는 바람에 담아 메고 나날을 치러내고 있다. 수십만의 사람들, 소위 재일동포라고 불리워지고 있는 이 사람들은 슬프면 슬픈대로, 또 즐거우면 즐거운대로 고향이라는 무거운 짐을 풀지 못하는 슬픔과 분함을 품고 살고 있는 것이다. 특히 一世代들은 고향이란 자기의 뼈를 묻어야 할 뫼터라는 절실감을 지니고 살고 있다. -김윤, 「한 노인의 죽음과 故鄕」, 『현대문학』, 현대문학사, 1968.9, 275쪽.

다. 이러한 취약성 때문에 오히려 인간은 강한 '인간적인 성질'을 발전시킬 수가 있다고 한다.[16] 그러한 인간적인 특성의 구체적 발현이 바로 문학을 비롯한 예술적 행위가 된다. 이국땅에서 받는 차별과 배제, 현실적 삶으로부터의 억압과 힘겨움, 돌아갈 수 없는 고향에 대한 비애와 그리움은 시인의 작품에 드러나는 주제의식의 바탕을 이루며 시적 정서의 모태가 된다. 고향을 그리는 향수와 외로움은 어머니에 대한 그리움으로 전이되고 시인은 어머니의 품을 통해 현실적 삶으로부터 위안과 치유를 꿈꾼다.

> 나에게
> 편히 잠잘 수 잇는 순간이 있다면
> 치밀어 오르는 서글픔과 외로움이
> 사라질 때일는지 모르겠다
>
> 나에게
> 편안할 수 있는 시간이 있다면
> 고향의 포근한 흙냄새가
> 다정히 풍겨줄 그때부터일는지 모르겠다
>
> 나에게 즐거울 수 있는 날이 온다면
> 그것은 바로 어머니를 만나는
> 그때일는지도 모른다
>
> 모두들
> 온통 그럴는지 모른다
>   - 〈나의 날은〉 부분 -

　인간에게 가족이란 혈연공동체로 세상을 살아가는데 있어 자신과 불

---

16) 에리히 프롬, 『인간상실과 인간회복』, 이극찬 역, 현대사상사, 1986, 64쪽.

가분의 관계에 놓여 있는 존재이다. 자신이 태어나고 살아 온 고향 역시 누구에게나 존재하는 원형의 공간으로서 육체적·정신적 성장의 바탕을 이루는 곳이다. 가족공동체의 중심에 자리하고 있는 어머니와 고향, 조국으로 이어지는 확장된 세계로의 그리움은 어머니와 함께 한 시인의 개인적 삶을 바탕으로 형성된 기억과 회상이라 할 수 있다. 이때 고향의 자연 속에서 시인이 만나고 경험했던 모든 것들은 시인의 의식 속에 어머니와 함께 자리하며 고향에 대한 그리움으로 형상화된다. "오늘 /보름달/ 둥근 달 속에서/ 어머니가 나를 부른다"(<보름달>), "어머니는 보름달 속에 계신다 /어머니는 버드나무 그림자를 비쳐주는 박우물 속에 계신다"(<어머니>), "어디에 있던들 /고향은 정다운 대화로써 가까워지고// 어머니를 그리는 /웃음과 울음과/ 절규와 / 그런 것들은 /모두 한덩어리로 되어 / 하나의 결심으로 익어져 /가는 것이었다"(<하나의 결심>)처럼 고향과 어머니는 이국땅에서 고달픈 삶을 살아야 했던 시인에게 위안의 대상이자 현실의 삶을 극복할 수 있는 절대적 존재였다.

"어머니는 /내 어릴 때 발자국 박힌 /남해기슭을 치며 울부짖는 파도 속에 계신다 / [……] 먼 남해 /낮은 지붕 아래서 /어둔 둔 쏨벅이시며 /오늘도 어머니는 /가슴 죄이며 /문밖에 귀를 기울이고 계시겠다" (<어머니I>), "候鳥들이 날아간다 /알을 까서 새끼를 기른 /남쪽 바닷가의 / 그 풀내음이 그리워서 [……] 언젠가는 돌아가리라 /기류를 가르고 구름을 헤치고 /候鳥들과 같이 /나도 큰 물결 타고 /술렁술렁 돌아가리라."(<故園>)가보고 싶은 고향과 만나보고 싶은 어머니, 그곳은 시인이 현실에서 찾지 못한 아늑함과 포근함이 존재하는 곳이며, 상처받고 소외당했던 현실의 아픔과 고통이 사라지고 극복되는 곳이다. 또한 위로와 안식, 희망과 사랑이 있는 곳이다.

재일한국인이라는 신분으로 어려운 조건 속에서 핍박받으며 살아야 했던 시인의 작품에는 이처럼 고향에 대한 그리움을 형상화 한 작품들이 주조를 이룬다. 현실적 삶이 힘겨울수록 어머니와 고향에 대한 갈망은 더욱 짙어갔고 이러한 아픔을 시인은 어머니에 대한 추억과 사랑으로 잠재우며 위안받고자 하였다. 어머니와 고향 그리고 조국을 향한 시인의 간절한 그리움은 고향으로 돌아가지 못하고 이국에서 살 수밖에 없는 동포들이 경험해야 했던 가슴 아픈 체험이고 슬픔이었다.

6. 맺음말

이상에서 본고는 작품에 나타난 주제 양상을 중심으로 재일동포 시인 김윤의 시세계를 살펴보았다. 재일동포란 일본의 식민 지배 하에서 자의 혹은 타의로 일본으로 건너가 살고 있는 이주민들과 그 후손들을 가리키는 말로, 일본에는 현재 약 100만 명에 가까운 동포들이 이주해 살고 있다. 재일동포 사회는 미국이나 중국 등 여느 교포 사회와는 다른 특이성을 가지고 있다. 그것은 해방과 민족분단 이후 형성된 한국사회의 특수한 정치적 역사적 상황이 재일동포 사회에 그대로 반영되고 있다는 점이다. 이는 조총련(재일본조선인총연합회)과 민단(재일본 대한민국 거류민단)에서 사용하는 일본 거주자들에 대한 용어의 지칭에서부터 드러난다. '재일조선인'과 '재일한국인'이라는 이 호칭은 분단된 조국 사회의 현실처럼 재일동포 사회를 가르는 이분법적 잣대가 되어 왔다. 문학도 예외일 수 없었다. '재일 한국인문학'과 '재일 조선인문학'이 그것이다.

1959년 6월, 해방 이후 재일동포 문학을 주도해 오던 상당수의 문학인들에 의해 결성된 친북성향의 '재일본 조선문학 예술가 동맹'(문예동)

은 일본 각지의 주요 도시에 지부를 두며 독자적인 문학활동을 벌였다. 이때 일본어와 국문으로 작품을 써오던 대부분의 재일 문학인들이 문예 동에 결집되었고, 이들은 의욕적으로 많은 소설과 시를 발표하였다. 또한 북한의 문예정책을 확산시키며 기관지『문학예술』을 발간하고 왕성한 문학 활동을 벌였다. 하지만 이들 작품은 소재와 형상화에 있어서 문학인 개개인의 독자성이 발휘되지 못하고 이념적 편향성의 벽을 뛰어넘지 못한 한계를 가진다.

이 시기에 조총련이나 문예동에 소속되지 않고 일정한 거리를 두며 문학의 독자성과 언어적 미의식을 추구했던 시인이 바로 재일동포 시인 김윤이다. 그의 작품에는 격앙된 민족의식이나 정치적 이념성을 거부하고 이역에서 살아가야 하는 동포들이 겪어야만 했던 현실에 대한 다양한 체험과 복합적 시선이 존재한다. 이는 작품에 드러난 몇 가지 주제 양상을 통해 확인할 수 있다. 일제 식민 지배를 거쳐 해방정국의 혼란과 분열, 분단의 고착화 그로인해 겪게 된 교포사회의 양분은 재일동포들에게 남과 북, 한국과 일본 사회에 모두에서 배척받는 경계인으로서의 삶을 강요하였다. 일본과 한국이라는 두 개의 국가와 민족 혹은 두 개의 언어 사이에서 시인은 재일교로포서 자신의 존재에 대한 정체성 혼란과 갈등을 경험하게 되었다.

침략자의 나라에서 재일한국인으로 살아야 하는 정체성의 혼란과 갈등은 존재에 대한 물음과 회의로 다가왔고 이는 곧 이방인적 자의식을 싹트게 하여 불안과 두려움, 소외감 등을 갖게 하였다. 하지만 역설적으로 재일조선인 혹은 재일한국인으로서 겪어야 했던 고통과 힘겨움은, 자신의 존재에 대한 자각과 확인을 가능케 하였고 민족적 자부심도 갖게 하였다. 어머니와 고향, 돌아가 보고 싶은 조국에 대한 회귀본능의식은 바로 민족과 조국에 대한 시인의 자기정체성 확인의 종착지였던 것이다.

김윤의 작품에 드러나는 이와 같은 주제양상은 일본에 거주하는 재일동포들이라면 모두가 경험하고 느낄 수밖에 없었던 가슴 아픈 삶의 고백이자 증언으로, 이념적 성향의 차이에 관계없이 동포적 공감대를 형성할 수 있는 것이다. 또한 '재일'이라는 특수한 삶의 조건을 개인의 서정성의 바탕으로 문학의 독자성과 언어적 미의식을 추구하여, 기존의 재일조선인 문학의 틀을 탈피하고 새로운 문학적 웅전을 시도했다는 점에서 의의가 있다. 이같은 시인의 문학 활동은, 교포사회에 내재하는 '자신들'만의 문제를 동시대인이라면 누구나 공감할 수 있는 진솔한 삶의 문제로 환원함으로써 인간 내면의 보편적 정서와 대면할 수 있는 가능성을 열어 놓았다.

하지만 민족적 차별과 억압 속에서, 이처럼 자신의 민족적 정체성을 부단히 탐구하는 가운데 형성되어 온 재일동포문학은 정작 국내에서는 친북한적 혹은 사회주의적 성향일변의 문학운동으로 인식되어 그 사상성마저 의심된 채 적대시 대거나 방치되어 온 것이 현실이다. 이제 남북화해의 현실적 가능성을 기반으로 통일 시대로 나아가는 현 시점에서 범민족적 차원으로 한국문학을 바라보려는 열린 시각이 필요하다. 이를 위해서는 북한 문학과의 연계성과 함께 상이점에도 주안점을 두는 연구가 필요하다. 아울러 통일지향의 시대를 맞아 우리 문학의 지평을 넓히고 통일문학사의 전망과 구성을 위해서도 재일동포 문학을 비롯한 해외동포 문학에 좀 더 적극적인 연구와 관심이 이루어져야 할 것이다.

참고문헌

1. 기본자료

김윤, 『멍든 계절』, 현대문학사, 1967.

김윤, 『바람과 구름과 太陽』, 현대문학사, 1971.

2. 논문

김용직, 「문학을 통해 본 해외동포들의 의식성향 고찰」, 『인문논총』29집, 서울대 인문과학연구소, 1993, 1~22쪽.

김학렬, 「재일 조선인 조선어 시문학 개요」, 21세기 동북아 한국어문학연구의 현황과 전망, 『숭실대 인문과학연구소·숭실어문학회·중국조선·한국문학연구회 국제학술대회 발표논문집』, 2005.2.16, 22~23쪽.

손지원, 「조국을 노래한 재일조선시문학 연구(1)」, 『겨레문학』, 재일본조선문학예술가동맹문학부, 2000.5.25, 70쪽.

심원섭, 「재일동포의 문학예술의 현황과 창작 방향」, 『세계 속의 한국문학』, 새미, 2002, 484~505쪽.

이경수, 「재일동포 한국어 시문학의 전개과정」, 『한중인문학연구』 14집, 한중인문학회, 2005, 355~385쪽.

임헌영, 「예술적 창작 중시하는 문예동의 창작 지향점-재일본 조선문학 60년 도쿄 심포지엄에 다녀와서」, 『민족21』, 2005.1, 139쪽.

임헌영, 「해외동포문학의 의의」, 『한국문학』, 1991.7,8월 합병호, 102~145쪽.

3. 단행본

김종회 편, 『한민족문화권의 문학』, 국학자료원, 2003.

강덕상 외, 『근현대 한일관계와 재일동포』, 서울대학교출판부, 1999.

김상현, 『재일한국인-재일동포 100년사』, 한민족, 1988.

김재용, 『분단구조와 북한문학』, 소명출판, 2000.

심원섭,『한일문학의 관계론적 연구』, 국학자료원, 1988.

신형기·오성호,『북한문학사』, 평민사, 2000.

염인호,『역사교과서 속의 한국과 일본』, 혜안, 2000.

유숙자,『재일한국인문학연구』, 월인, 2000.

이광규,『재외동포』, 서울대학교출판부, 1999.

이진희·강재언,『日朝交流史』, 유비각선서, 1995.

오자와 유사쿠,『재일조선인 교육의 역사』, 이충호 역, 혜안, 1999.

유숙자,『재일한국인 문학연구』, 월인, 2000.

윤건차,『한일 근대사상의 교착』, 이지원 역, 문화과학사, 2003.

정인섭,『재일교포의 법적 지위』, 서울대학교출판부, 1996.

조정남·유호열·한만길,『북한의 재외동포정책』, 집문당, 2002.

홍기삼 편,『재일한국인 문학』, 솔 출판사, 2001.

재일동포 강순 시 연구

-『姜舜詩集』을 중심으로 -

윤 의 섭

목　차

1. 머리말

강순(1918~1987)은 해방 후부터 재일동포[1]의 한국어 시문학[2]을 이

---

1) 일본 거주 한국인에 대한 호칭은 '재일동포'로 칭하고자 한다. 호칭에 대한 논의는 이경수, 「재일동포 한국어 시문학의 전개과정」, 『한중인문학연구』제14집, 한중인문학회, 2005.4, 353쪽, 심원섭, 『세계속의 한국문학』, 새미, 2002, 484쪽, 유숙자, 『在日한국인 문학 연구』, 월인, 2000. 10쪽, 김응교, 「한국 속의 마이너리티, 재일조선 시」, 『시작』, 2004.겨울호, 80~81쪽, 이진희·강재언, 『日朝交流史』, 有斐閣選書, 1995, 234쪽 등을 참고.
2) 지금까지 재일동포 문학 연구는 주로 재일동포가 일본어로 창작한 작품을 대상으

끌어 온 주축 시인으로 평가되고 있다.[3] 본고는 강순 시의 시적 성취와
재일동포 한국어 시문학으로서의 문학사적 의의를 살펴보려는 목적을
갖는다.

　재일동포의 한국어 시에 대한 연구는 그간 한국과 일본간의 역사적
상황과 정치적 이유 등으로 인해 우리의 문학사에서 제외되어 온 것이
사실이다. 1930년대를 전후로 카프시가 퇴조하고 모더니즘 시 등의 다
양한 전개가 이루어지다 해방과 한국전쟁을 맞이하는 등 격동기를 통과
해 온 우리의 시는 모더니즘과 실존주의의 영향, 그리고 참여·순수 논
쟁 속에서 이어져 왔다. 이 과정에서 카프가 지향했던 사회주의 리얼리
즘의 이념이나 해금되기 전까지의 월북 시인들의 시세계가 유실되었고
남북의 문학에 대해 포괄적인 접근이 제한되어 왔다. 이런 와중에 재일
동포의 한국어 시문학 역시 소외되었던 것이다. 그런데 재일동포의 한
국어 시가 대개 조총련에 소속된 시인들에 의해 씌어졌고 남북의 통일
이나 정치적 상황에 대해 강한 의사표명을 하고 있다는 점에서 우리 시
문학이 결여하고 있는 또 다른 시각을 견지하고 있다고 보인다. 특히
강순의 시는 그가 도일하기 전인 1930년대 전후의 한국시의 영향을 받
았을 것으로 보인다. 이 점은 강순 시인이 『시인부락』으로도 활동했다
는 데에서 알 수 있지만 그보다는 그의 시가 사실주의 경향을 보인다는
점에서 근거를 찾을 수 있다.[4] 다시 말해 강순의 시는 카프시가 보이는

　　로 이루어졌다.(이한창, 「재일 교포문학의 주제 연구」, 『일본학보』제29집, 한국일
　　본학회, 1992, 유숙자, 앞의 책, 홍기삼 편, 『재일한국인 문학』, 솔, 2001 등) 본고
　　에서는 재일동포의 일본어 시문학과 한국어 시문학을 구분하고자 한다.
3) 김학렬, 「재일 조선인 조선어 시문학 개요」, 『21世紀 東北亞 韓國語文學硏究의 現
　　況과 展望』, 숭실대인문과학연구소·숭실어문학회·중국 조선·한국문학연구회
　　국제학술대회 발표논문집, 2005.2.16, 25쪽.
4) 물론 『시인부락』은 서정주를 주축으로 하여 생명과 존재에 대한 시를 썼고 '생명
　　파'와도 관련이 되므로 카프시나 사실주의와는 다른 관점에 서 있다고 할 수 있
　　다. 그렇기 때문에 강순 시인이 도일 이후의 삶을 형상화할 때 사실주의적 방식

이념적 지향을 그대로 따르고 있지는 않지만 카프시의 사실주의적 창작 방식을 보여주고 있기 때문에 재일동포로서의 강순 시를 1920~30년대의 카프시의 영향 관계 속에서 논의할 수 있는 여지가 생기는 것이다. 이러한 관점에서 보더라도 재일동포의 한국어 시문학이 어떠한 위상을 갖는지 연구하는 것은 해방 전후부터 현재까지의 우리 문학사의 한 계보를 살펴보는 과정이기도 하다.

최근 들어 재일동포 한국어 시에 대한 연구가 발표되고 있지만 대개 개관의 성격을 갖고 있기 때문에 구체적인 시인론이나 시론을 병행하며 그 성과를 바탕으로 문학적 위상을 밝혀나가는 작업이 필요한 시점이라고 보인다. 특히 해방 후 초창기 시단의 핵심 인물이라고 할 수 있는 강순의 시에 대한 구체적 연구는 아직 이루어지지 않은 것으로 보인다. 강순의 시에 대해서는 이경수의 논문[5]과 "이역이라는 어려운 조건속에서 민족성, 문화성을 추구하지 않으면 안되는 립지적 제한을 뚫고 낸 경이적인 수준을 담보"[6]했다는 김학렬의 평이 있다. 그리고 홍기삼은 재일동포의 문학을 개관하는 자리에서 여러 문인들과 함께 강순의 이름만을 거론하고 있다.[7] 이러한 여건을 토대로 본고는 시인별 시 연구를 시도해 나가야할 필요가 있다고 보고 우선 재일동포 한국어 시문학의 초창기 주축 시인으로 평가되고 있는 강순의 시를 집중적으로 분석하여 재일동포 시문학에 대한 전반적 연구의 일환으로 각론을 시도하고자 한다.

일제 강점기에 『시인부락』 동인으로도 활동했던 강순은 해방 이후 일본에 거주하면서 최근까지 활발한 시 창작 활동을 보여주고 있는데

을 택했다는 것은 재일동포의 삶을 재현하고자 하는 현실적 요구와 부응했기 때문으로 보인다.

5) 이경수, 앞의 논문, 360~365쪽.
6) 김학렬, 앞의 논문, 26쪽.
7) 홍기삼 편, 앞의 책, 32쪽.

시집으로는 『조선부락시초』와 허남기, 남시우와 같이 낸 『조국에 드리는 노래』(재일본조선문학회 시분과위원회편, 1956.), 그리고 1956년 『불씨』(등사판)를 발표한 바 있다. 이후 1964년에 『姜舜詩集』[8](강순시집 발간회 간행)을 발간하는데 여기에는 일본에서의 삶의 양상과 시인의 의식을 본격적으로 다루고 있어 그 시사적 의의가 크다고 보므로 본고의 논의 대상으로 삼고자 한다.

『姜舜詩集』을 시기별로 보면 1947년부터 1948년, '조선 부락 시초'라는 소제목으로 특별히 구분되어 있는 1949년부터 1954년, 그리고 1955년부터 1964년까지로 나눌 수 있다.[9] 시기별 내용을 개괄적으로 말하자면 첫 시기는 주로 고국에 대한 그리움을 그리고 있으며 '조선 부락 시초'가 씌어진 시기는 일본에서의 삶에 대한 시련과 고통을 다루고 있다. 그리고 1955년 재일조선인총연합회(이하 조총련)가 결성된 이후의 시기는 북한에 대한 찬양, 남한에 대한 비판, 조국에 대한 애정, 재일동포 사회의 고뇌가 그 내용을 이루고 있다. 즉 조총련 결성 이후 시의 이념적 지향이 두드러지게 나타나고 있는데 이러한 시적 경향에 대해 김학렬은 "조국ㅡ 공화국의 희소식에 가슴 설레이던 시인은 고충의 정을 토로하는 시풍으로부터 조국에 대한 자랑이 부푸는 시풍으로 시의 표정을 뚜렷이 바꾸어갔다."[10]고 지적한 바 있다. 그러므로 『姜舜詩集』은 시적 경향과 내용을 기준으로 하여 재일동포의 사회상을 집중적으로 다룬 '조선 부락 시초'가 씌어진 시기까지의 시와 남북에 대한 이념적·정치적 관심을 드러내기 시작한 조총련 결성 이후의 시기로

---

8) 강 순, 『姜舜詩集』, 조선신보사, 1964.
9) 이후 강순은 1965년부터 1980년까지의 시를 엮은 시집 『강바람』(梨花書房, 1984)을 내고 있는데 '강순국문시집간행위원회'가 발간을 한 것으로 되어 있고 한국어 시집 외에도 일본어 시집이나 일본어 역서 등을 냈다.
10) 김학렬, 앞의 논문, 26쪽.

크게 구분할 수 있을 것이다.[11]

　본고는 우선 강순의 시가 고국에 대한 향수와 재일동포로서의 민족적 정체성 문제를 드러내는 가운데 그것이 남북통일 지향과 어떠한 관련이 있는지를 밝히고 그러한 주제의식이 형상화될 때 어떠한 수사학적 특성을 드러내는지 살펴보고자 한다. 또한 강순 시의 또 다른 특징이라고 할 수 있는 사실주의적 경향을 살펴보고 그것이 지향하는 내적 의식을 분석하고자 한다. 내용면에서 『姜舜詩集』의 시가 모두 같은 경향을 보이는 것이 아니므로 조총련 결성 전후에 의한 도식적 시기 구분에 따른 구분은 피하고 정치·사회적 배경을 잠정적으로 고려하면서 시집의 전개 과정에 따라 나타나는 특성을 분석하고자 한다. 이와 함께 1920~30년대의 우리나라 시의 경향이 강순의 시와 어떤 관계가 있는지도 살펴볼 것이다. 앞서 밝혔듯이 강순의 시가 사실주의 경향의 태도를 보이고 있고 도일 전부터 창작활동을 하고 있었기 때문에 어떤 면에서든 1920~30년대의 우리나라 시적 경향과 관련이 있다고 보이기 때문이다. 그리고 시인이 일본에 거주하면서도 시를 한국어로 쓰고 있다는 점을 중시하여 재일동포 사회에서 한국어로 시를 쓴다는 것이 문학사적 계보와 관련하여 어떠한 의의와 가치가 있는지를 결론적으로 논할 것이다.

　『姜舜詩集』에 대한 본 논의가 재일동포 한국어 시문학에 대한 개별적·구체적 분석 시도라는 점에서 앞으로 재일동포 시인의 시에 대한 개별 연구가 시도되는 데에 한 계기가 될 것으로 본다. 또한 강순 시의 문학사적 위상에 대한 윤곽을 드러내는 데에 일조할 것으로 기대한다.

---

11) 이 구분은 본고에서 다루고자 하는 『姜舜詩集』의 제반 특성을 논하기 위한 것으로 모든 시가 각 시기의 경향과 일치하는 내용으로 씌어진 것은 아니다. 특히 조총련 결성 이후에 씌어진 시에서는 교원생활, 향수, 가족사 등에 대한 다양한 내용도 함께 그리고 있다.

2. 향수와 민족적 정체성 표출 및 통일 지향

해방 후 도일한 조선인들이 일본 어디에서도 제대로 된 지위를 인정 받지 못하는 상황에서 고국을 그리워하며 민족적 정체성에 대해 긍지나 회의를 갖게 되는 것은 당연한 이치였을 것이다. 그들이 끝내 믿을 수밖에 없었을 고국 역시 해방 후의 혼란과 한국전쟁의 상처, 그리고 남북 분단의 상황 등 산적한 문제를 해결해야 하는 입장에서 재일동포에게 관심을 돌릴 여력은 없었다. 그런 와중에 재일동포가 일본 사회에서 겪는 차별과 횡포는 극심한 것이었다. 따라서 재일동포 대다수가 가난을 피해 도일을 했지만 그들은 일본 정착 과정에서 겪게 된 민족 차별과 사회적·법적 지위의 문제 등에 직면하면서 반일 감정과 분노를 표출하게 된다. 이러한 점은 재일동포 문학을 일제 강점기 항일 문학의 연장선으로 볼 수 있게 한다.[12] 그런데 남한 정부가 재일동포의 법적 지위와 대우에 대해 1965년 6월에서야 한일협정을 체결하기까지 북한에선 이미 조총련을 결성하고 1959년부터는 대대적인 북송 사업을 벌였다. 때문에 1964년 발간된『姜舜詩集』에는 고국에 대한 향수와 더불어 북한에 대한 찬양 속에 민족적 긍지를 담고 있다. 이런 점에서 강순의 시에서 그리워하는 고국은 일본에 대해 상대적으로 갈망하게 되는 과거에 살던 고국이며 동시에 북한을 중심으로 언젠가 통일과 평화가 실현될 이상적 고국이라고 볼 수 있다.

>   아득만 한 하늘 아래 땅이라도
>   손짓하는 고향이기에
>   오늘도 그 산천 바라지며
>   섭섭한 락양이 기울었구나

---

12) 이경수, 앞의 논문, 361쪽.

…(중략)…
한 주먹 흙으로 돌아 가신 밤부터
간절턴 그 바루 구름 밖 쪽에
새 별 하나 켜지오니
이 무슨 신호이오니까?
– 〈간절한 마음〉 부분 –

　생전에 고향을 그리워하던 어머니가 돌아가신 후 '락양이 기울'어지
는 곳에 '별'이 켜졌다는 내용의 위 시는 죽어서야 고향에 갈 수 있는
안타까움과 고향을 지향하는 시인의 의식을 드러내고 있다. 비단 죽은
어머니 세대뿐만이 아니라 재일동포 1세대의 구성원인 시인 역시 고향
을 그리워하는 마음은 마찬가지이다. 그렇기 때문에 '새 별'은 죽은 어
머니를 상징하기도 하지만 화자를 고향으로 이끄는 등대 같은 '신호'로
보이는 것이다. 이러한 점에서 위 시는 고향에 대한 향수를 직설적으로
드러내지 않으면서도 그 마음을 여실히 드러내는 시적 인식을 보여주고
있다고 보인다.

　고국에 대한 향수의 한켠에는 타국에서의 삶에 대한 고난과 타민족으
로서 갖게 되는 설움이 존재하고 있다. 일본은 재일동포에 대해 정치적
·경제적·문화적 억압과 민족 차별 정책을 펼쳤고 이런 차별·억압
속에서 재일동포들은 한민족이라는 민족적 정체성에 대한 확신을 갖지
못한 채 생활해 가야 했다.[13] 따라서 민족적 정체성에 대한 갈등과 극
복 의지가 시에 드러날 수밖에 없고 이때 민족적 정체성 획득 의지는
뿌리 뽑힌 재일동포 사회의 현실 속에서 고국을 그리워하는 향수와 밀
접한 관계를 갖는다.

---

13) 심원섭, 앞의 책, 492~493쪽.

새우라고?
아니다.
그 머리와 가위를 보라.
분명코 게다.
…(중략)…

아마
사기꾼이다.
스파이다.
기회주의자이다.
…(중략)…

나의 이름은 가재,
비록 웅덩이에서 났으나
흉갑(胸甲)을 두른
가재라는 한 시민.

– 〈가재의 봉변〉 부분 –

위 시는 법적으로 지위가 보장된 일본인도 아니고 그렇다고 조선인이라고 할 수도 없으며 남한과 북한 어디에도 소속되지 못한 채 부초처럼 살아야 했던 재일동포의 처지와 항변을 '가재'에 비유하여 시로 승화시킨 작품이다. '가재'로 비유된 한민족이라는 실체는 무시당한 채 '새우'나 '게' 등으로 비유된 다른 민족으로 오인 받는 처지, 그리고 이들을 '사깃군', '스파이', '기회주의자'로 대하는 일본인들의 의심스러운 눈초리와 반감 속에서 화자는 '가재'로 비유된 민족적 정체성을 단호하게 주장한다. '비록 웅덩이에서 났으나' 민족적 긍지와 생활력으로 단단하게 무장한 '흉갑(胸甲)을 두른' 화자는 일본 사회의 한 일원으로서 당당한 자격을 갖춘 '시민'임을 떳떳하게 선언한다. 재일동포의 정착 과정과 사회적 입지, 그리고 재일동포들의 가슴앓이를 고스란히 드러낸 시라고 할 수 있다. 이렇듯 강순은 적절한 비유와 감정 조절을 통해 민족적 정체성에 대한 시인의 입장을 밝히고 있다. 즉 '꺾이지 않은 너/차단한 돌에 발을 붙이자/그 날로부터 비롯된 너의 투혼'(<풀잎새>)을 보이며, '多産系인 바다 거북은/그 種族을 이 날까지 줄이지 않았다.'(<海龜의 노래>)고 강조하는 시들에서는 각각 '풀잎새'와 '海龜' 등을 통해 일본에 발붙이고 사는 재일동포의 끈질긴 삶의 '투혼'과 의지를 드러내고 있다.

사실 해방 전후 "韓民族의 分散은 정치·경제·사회·문화적인 면에서 볼 때 韓民族의 <뿌리뽑힘>을 현실적으로 보여주는 현상이다."14) 재일동포들의 부박한 삶은 경제적인 어려움을 가중시키고 정치적인 상황에 민감하게 반응하는 계기가 된다. 다시 말해 민족적 정체성을 확보하고 고취시키려는 강한 의지와 함께 현실의 고난을 극복할 수 있는 여건은 그들이 말하는 조국의 발전과 관심에 의해 좌우될 수 있는 것이었다. 이러한 때에 북한이 조총련을 결성하고 대대적인 북송 사업을 벌이며 재일동포에게 관심을 보였고, 이는 자연스럽게 북한을 민족적 뿌리의 근간으로 삼게 되는 계기가 될 수밖에 없는 것이다.15) 따라서 북한을 찬양하며 민족적 긍지를 드러낸 시는 대개 북한의 정책에 동조하는 내용을 담고 있다.16)

---

14) 김윤식·김현, 『韓國文學史』, 민음사, 1973, 231쪽. 같은 면에 "그 分散地域은 滿洲間島, 시베리아, 中國, 日本, 南洋, 하와이 등에 이르는데, 특히 日本(200萬上廻)·滿洲(100萬上廻) 등이 집중적이다."라고 되어 있다.

15) 조총련이 제시한 '조총련의 성격'에 의하면 조총련은 공화국의 해외공민단체이며 조선민주주의인민공화국을 지지하고 공화국정부의 지도사상인 주체사상을 지도이념으로 하는 공화국의 해외공민단체로 규정되어 있다. 이는 곧 조총련계 재일동포의 민족적 근간이 북한임을 밝힌 것이며 재일동포가 민족적 정체성을 북한에서 찾는 근거이다.(심원섭, 앞의 책, 486쪽 참고.)

16) 조총련을 중심으로 이루어지고 있는 재일동포의 한국어 문학 활동은 조총련 산하 조직인 재일본조선문학예술가동맹(이하 문예동)의 창작 지침이나 활동 원리를 따르고 있어 북한의 문예 정책과 유사한 성격을 띠고 있다.(위의 책,

마을에도 건설
도시에도 창조
내 나라 북반부에서는
새 삶의 노래 이룩하며
웃음꽃 만발한 행복의 보금자리
          - 〈장마철〉 부분 -

나더러 오라 하시니
나 무엇을 서슴하리오
나더러 어서 오라 하시니
목메여 가슴 설레임이여
나더러 날아 오라 하시니
온 몸이 나래 되여 퍼덕임이여
          - 〈귀국선〉 부분 -

　북한의 북송 정책은 그 이면의 의도가 어찌됐건 재일동포들에게 고국
으로 돌아갈 수 있는 희망을 주었고 '내 나라' 북한을 민족적 뿌리로 받
아들이게 했다. 그리고 북한의 정책을 환호하는 입장에서 남한에 대한 시
각은 비판적 의식을 드러내고 변화를 촉구하는 내용으로 이루어져 있다.

불길이여, 타 올라라!
원쑤들이 녹아 떨어지도록
시위의 불길이여 입이 되여라!
낱낱이 죄상을 고발하기 위하여
불길이여, 활활 타 번져라!
          - 〈불길〉 부분 -

　1960년 4·19혁명을 다루고 있는 위 시는 남한의 정치에 대한 강한
비판과 함께 혁명을 계기로 모든 것이 사라지기를 외치고 있다. 1960년

486~489쪽 참고.)

대에 남한이 경제 발전의 초석을 다지는 상황에 대해서는 '거세찬 反米救國의 暴風도 일어/病理도 禍根도 밝혀졌다./人民의 抗爭은 끊임 없어/벽돌을 베고 자는 한일지라도/일체의 外勢의 參見을 拒否한다.'(<조선의 기>)라며 환영과 동시에 남한에 대한 관심과 애정을 표명하고 정치와 외세, 특히 미국에 대해서는 북한과 마찬가지로 철저한 거부의식을 지니고 있다. 그리고 민족적 정체성 회복과 고국에 대한 향수는 남한과 북한에 대한 관심과 연민으로 이어져 결국 통일에 대한 염원으로 나타난다.

> 조국은 같은 어머니, 우리의 생활의 터
> 미워하던 누구를 미워하여야 하겠는가
> 타인의 피리에 춤추는 자리를 떠나
> 알점 같은 우리 자신의 힘으로
> ≪통일 방안≫의 각 장을 펼쳐 나가자.
>   - 〈우리 자신의 힘으로〉 부분 -

통일은 재일동포에게 있어 가난과 민족 분열을 해결하고 민족적 지위를 보장받을 수 있는 최상의 방책으로 여겨졌다. 좀 더 확장시켜 보면 통일은 조총련에 속해 있거나 그렇지 않은 재일동포들 모두가 법적·사회적 지위를 보장받고 하나가 되어 평화롭게 공존할 수 있는 계기로 작용할 수 있는 것이다. 다시 말해 '통일의 과제가 민족의 아픔을 씻는 일과 통함은 말할 나위도 없지만 그것은 더 큰 차원에서 보자면 진정으로 근대적인 사회를 이룩하는 중요한 계기이기도 하다.'[17] 결국 강순 시에 나타난 민족적 정체성과 향수의 문제는 남북통일로 기대되는 재일

---

17) 윤지관, 「상품인가 물건인가: 국가경쟁력과 민족문학」, 『창작과 비평』, 1994.여름호, 65쪽.

동포 사회의 발전 그리고 정치적·사회적 여건 향상과 밀접한 관계가 있는 것이다.

3. 은유와 환유를 통한 주제의식의 형상화

해방 후 조총련 결성해인 1955년 이전의 시, 그리고 1955년 이후의 많은 시들은 다양한 양상으로 문학성을 드러낸다고 보인다. 그중에는 '조국 통일을 위한 우리의 활화(活火)의 악수를'(＜시새로운 인사＞)라든지 '밝히자, 억만 죄업을/파뒤집자, 원한의 죽음을'(＜원한의 시체＞)처럼 북한의 문예 정책을 수용하면서 직설적이고 선동적으로 시를 종결짓는 양상도 있지만 일부의 경우에 그치고 있어 북한 정책에 무조건 봉사하는 식의 경직성에 함몰되어 있지는 않다.

한편 일본에서 우리나라의 문학적 흐름과 동떨어진 채 나름대로의 시적 성취를 이뤄 온 강순의 시를 대하는 관점은 우리 시를 바라보는 관점과는 분명 달라야 할 것이다. 특히 주제의식을 형상화할 때의 수사학적 기법은 수준이 높다 낮다의 가치 평가에 앞서 그 형상화의 적절성이 얼마만큼 이루어지고 있는가를 주목하여 살펴보아야 할 것이다. 앞서 인용한 ＜가재의 봉변＞과 같이 시인의 현실을 비유적으로 표현한 시의 수사학적 기법은 재일동포들의 삶에 대한 깊은 통찰에서 얻어진 것으로 보인다.

> 어느 봄날 빨래 기둥에 낯선 강아지 한 마리가 사타구니에 꼬리를 끼고 얼러도 물러만 서더니만 아무도 보지 않는 새, 사발나위 밥을 단꺼번에 해재꼈다.
> …(중략)…

> 꽃구경 나갔다 동네 늙은이를 찾아 낸 것도 이 개였고 술치러 온
> 순사떼를 눈치채고 신호의 첫소리를 지른 것도 바로 이 영특한 노랑
> 개였다.
>
> - 〈동네개〉 부분 -

가난한 조선인 부락에 흘러들어온 '노랑개'에 대한 기록인 위 시는 그대로 재일동포의 삶에 대한 기록이기도 하다. 사실은 시집 전반에 걸쳐 가난에 힘겨운 삶과 조선인에 대한 일본인들의 멸시와 그로 인한 서러움이 나타나고 있는 것이다. 강순이 청춘기와 장년을 살아오며 겪었던 '이역에서 사는 동포들의 기쁨과 슬픔, 고통과 투쟁, 희망과 자랑이 그려졌을 것을 바란다.'[18]고 시집 후기에 밝히기도 했지만 꼭 그렇지 않더라도 처절한 삶의 고통은 어느 순간이라도 詩化될 수밖에 없는 것이다. 그런데 시적 대상에 시인의 삶이 너무 몰입되어 있고 고난에 지쳐 현실 재현에만 급급하게 되면 자칫 직설적이고 서술적인 형태를 취하게 된다. 그러나 위 시에서 확인할 수 있듯이 강순은 객관적 상관물을 설정하고 비유적으로 재일동포의 처지를 그려내고 있다. 이렇게 볼 때 위 시의 '개'는 재일동포에 대한 은유적 표현이다. '어느 봄날' 갑자기 나타난 '개'의 모습은 어느 시기부터 일본에 거주하기 시작한 재일동포들을 표상하며 '순사떼'를 경고하고 피하게 해주는 역할도 재일동포의 핍박받는 삶을 암시하고 있다. 그러므로 위 시의 화자는 '개'를 통해 재일동포의 삶의 단면을 구체적으로 드러내어 고난과 역경을 헤쳐 나가는 한민족의 여정을 상징적으로 제시하고 있는 것이다. 다시 말해 '개'와 재일동포의 은유적 관계는 이역에서 고통 받으며 '영특한' 지혜와 '사발나위 밥을 단꺼번에 해재'끼는 끈질긴 생명력을 가진 한민족의 역정을 상징하고 있는 것이다.

---

18) 강순, 앞의 책, 325쪽.

진눈까비가 쏟아지는 날이였다. 한 쪽은 벗은 채 있어야 하고 꿰매
여지기를 기다리는 발가락 째진 오까다비.
　얼음 든 열 발가락이 온통 구공탄 우에서 가렵고 또 한 구멍이 엄
마의 바늘로 미여지는 동안 아버지는 엄마더러 엄마는 아버지더러 할
말이 없었다.

　날마다 날이 궂이여 날일도 못 얻어 하는 화로 곁의 아버지가 무
서운 범이였다. 누구 주머니에서도 나 올 돈은 한 잎도 없었고 또 하
나 피난 갈 방이 내게는 없었다.
　푸대 안의 송곳이 된 내니만큼 빨아 볼 궁금 사탕도 재미나 죽을
그림책도 없어 하루 해가 천 년만 같았다.
― 〈진눈까비〉 전문 ―

　위 시는 '날일도 못 얻어' 근근이 살아가는 생계 걱정을 해야 하는
한 가정의 무겁고도 절망적인 분위기를 환유적으로 제시하고 있다. 환
유는 제시하고자 하는 대상을 인접성을 통해 문맥적·관습적으로 관련
있는 다른 대상으로 드러내는 방식이다.[19] 위 시에서는 '발가락 째진
오까다비', 구공탄 위에서 가려운 '얼음 든 열 발가락', 침묵하고 있는
엄마, 아버지, '돈'과 '피난 갈 방'이 없는 상황, 역시 화자의 결핍을 메
울 '궁금 사탕'과 '그림책'이 없는 상황 등은 가난하고 절망적이며, 무
섭고도 막막한 한 가정의 현실을 환유적으로 제시한 것이다. 더구나 제
목인 '<진눈까비>'는 이러한 상황과 관련이 없는 날씨를 드러내는 소
재지만 '진눈까비'가 상기시키는 질척하고 우중충하며 축축하고도 무거
운 분위기가 곧바로 '피난 갈 방'이 없는 절박한 재일동포의 삶의 단면
을 제시하고 있다는 점에서 환유적 표현 방법이라고 볼 수 있다.
　은유와 환유는 轉意의 방식을 취하는데 전의는 우리에게 대상이 좀

---

19) 김욱동, 『은유와 환유』, 민음사, 1999, 210쪽 참고.

더 감각적인 것이 되게 하며, 우리가 대상을 볼 수 있도록 돕는 기능을 한다.[20] 이런 점에서 은유와 환유를 사용하고 있는 강순의 시는 재일동포의 삶을 보다 생생하게 지각하게 해 주며 보다 진솔한 현실 인식을 보여준다. 북한을 찬양하고 북한의 정책에 동조하는 내용을 직설적인 표현으로 드러낸 시도 있지만, 그런 시의 부분 부분에서도 자신을 포함한 재일동포의 삶과 의식을 재현하고 시적으로 승화시키기 위해 수사학적 기법을 활용하여 시적 의도를 적절하게 드러내고 있다.

> 自由는 불빛, 피의 代價
> 앉아서 기다린 떡이 아니라
> 싸움의 다음 날에 맞아 드린 新婦였다.
> 强盜가 든 이남의 녀인의 방은
> 항시 유린에 우는 花園
>
>   - 〈조선의 기〉 부분 -

> 이 땅은 비럭질하는 ≪자유의 섬≫
> 자유의 락엽이 쌓이는 나라
> 이 땅은 가난이 언제나 천한 지평
> 불안과 위기가 물결치는 상항에 불과하다
>
>   - 〈귀국선〉 부분 -

해방 이후 한국전쟁과 4·19, 그리고 5·16 등의 혼란스런 정국을 거쳤던 1962년의 남한에 대해 씌어진 시 <조선의 기>에는 산업 경제의 발전을 긍정적 시각으로 바라보면서 정치적 상황을 비판하는 목소리가 들어 있다. 그러므로 전반적으로 질타의 감정이 앞서고 있는 것이 사실이다. 그러나 위의 예에서 볼 수 있듯이 관념적이긴 하지만 은유를 통해 드러나는 냉철한 현실 인식과 시적인 유려함은 자칫 이념에 경도

---

20) Michel Collot, 정선아 역, 『현대시와 지평구조』, 문학과 지성사, 2003, 314쪽.

된 시가 갖게 되는 생경한 주장이나 들뜬 감상성에 시가 함몰되지 않도록 작용하고 있다. '앉아서 기다린 떡'은 풍유지만 그보다는 은유가 더 많이 활용되고 있는 것이다. '自由는 불빛, 피의 代價'라는 구절에서는 '불빛'과 '피'의 붉은 색이 교차되는 가운데 '自由'가 희생을 통해 얻어진 값 비싼 '代價'라는 것을 은유적 인식으로 강조하고 있는 것이다. 이는 남한이 이루어야 할 '自由'를 희생의 대가로 보고자 하는 시인의 냉철한 현실 인식을 반영한다. 또한 '自由'는 싸움을 통해 힘겹게 얻어진 '新婦'로, 그리고 다시 신부가 있는 방은 '强盜'에 유린 당한 '花園', 즉 외세와 군사 정권에 유린 당한 조국으로 비유되고 있는데 이러한 전개 과정은 시인의 거시적 시각과 유려한 시적 표현을 보여주는 예라고 할 수 있다. 북한의 북송 정책에 의해 조국으로 돌아갈 수 있다는 기쁨과 감회를 담고 있는 장시 <귀국선>은 격한 감정을 직설적으로 드러낸 부분이 상당히 있는 시지만 위의 예에서처럼 비유적 표현을 통해 시인의 의식을 나타내고 있기도 하다. 일본을 '≪자유의 섬≫'이라고 비유하여 반어적 상황을 설정한 뒤 다시 '자유의 락엽이 쌓이는 나라'로, 그리고 '가난이 언제나 천한 지평'이라는 표현으로 평가 절하하는 전개 방식은 시인의 날카로운 현실 인식을 보여주는 부분이다. 그리하여 시인은 일본을 떠나야 하는 필연적 이유를 제시하고 있는데 그것은 자유주의 국가지만 재일동포를 철저하게 억압하는 모순적 상황에 의한 것이다. 그 상황은 '불안과 위기가 물결치는' 희망 없고 막막한 일본에서의 삶을 의미한다.

강순의 시에 나타난 수사학적 양상은 우리나라의 현대문학에서 보이는 양상과는 차이가 날 수밖에 없지만 근본적으로는 은유, 환유, 풍유 등의 시적 표현의 특수성을 견지하고 있다는 점에서는 큰 차이가 없다고 보인다. 해방 이후 재일동포로서 한국어로 시를 쓴다는 제한적 조건과 북한에 동조적이면서 남북을 동시에 바라보는 재일동포의 입장을 고려할 때 강순의 시를 바라보는 우리의 관점은 은유나 환유 등을 통한 수사학적 형상화 방식이 시인의 의식과 현실 인식을 드러내는 데에 어느 정도 적절하고 적합한 것인가라는 측면에 초점이 맞추어져야 한다. 세련된 언어적 기교나 서구적 양식에 익숙한 시각에 앞서 강순 시를 보는 관점은 가난과 핍박에 고통 받는 재일동포의 현실과 고국에 대한 안타까운 심정이 적절하게 형상화되어 있는지에 맞추어져 있어야 할 것이고 이런 관점에서 강순 시는 주제의식의 형상화에 있어 적절성을 성취하고 있다고 보아진다.

4. 사실주의 경향과 내적 지향의 양상

해방 후 일본으로 건너간 재일동포 한국어 작가들은 남북으로부터도 동떨어져 있었고 일본 사회에서도 일본어에 동화되지 않은 채 한국어를 이어갔기에 해방 전 식민지 시대의 문학적 특성을 어느 정도 시기까지는 유지하고 있었으리라고 판단된다. 1964년에 발간된 『姜舜詩集』에는 해방 전 시도 실려 있고 해방 이후 일본 정착 초기에 해당하는 1950년 이전의 작품도 다수 수록되어 있다. 바꿔 말하면 강순의 시는 1920~30년대의 우리나라 시의 한 계보를 일본에서 이어간 것이다. 주지하다시피 1920~30년대의 우리나라의 시적 경향은 크게 나누어 카프시와 모더니즘 시로 전개되었다고 할 수 있다. 그리고 『姜舜詩集』는 사실주의적 경향을 보이는 시들이 주를 이루고 있는데 이는 카프시가 보여준 현실성과 사실주의적 기법과 관계가 있는 것으로 보인다.

특히 1949년에서 1954년 사이에 '조선 부락 시초'라는 소제목 하에

집중적으로 씌어진 시들은 사실주의적 경향을 드러내고 있으며 서사지
향적 성격을 보이고 있다. 재일동포의 사회적·역사적 현실로부터 도피
하지 않고 사람살이의 문제를 본격적으로 취급하기 위해서는 시 속에서
이야기를 제대로 구사할 필요가 있다. 즉, 서사지향성 문제는 시의 현실
대응력 문제이고 시에서의 사실주의의 실현 문제에 연결된다.[21] 이는
일본 거주 초기의 힘겨운 현실을 담아내고자 하는 의도와 맞물려 형성
된 자연스러운 시적 방법으로 보인다. 시를 사회의식의 한 형태이면서
미적으로 표현된 특수한 사유양식이라고 규정할 수 있다면[22] 강순의 시
는 이역 생활을 하는 조선인의 현실 사회에 대한 인식과 세계관을 드러
낸 것이다. 이때 사실주의적 경향은 그러한 시적 의도에 적합한 방식으
로 작용하고 있다.

백 년 가야 이 지역의 시궁창에 하수도를 놓아 줄 일본 인심은 없
었다.
　어느 날 사시부득 부락에 사는 동포들은 하루 품삯을 놓지고라도
넘쳐 나게 막힌 시궁창을 치자고 공론을 맞추었다.
　긴긴 하루 해가 누엿거려야 일손이 띄여졌다. 사내들은 제가끔 수
건들을 목에 걸고 목욕간으로 갔다.

　녀인들은 몇 년 묵은 시궁창이 멀끔히 치여진 것이 하 좋아서 재
껴 놓은 쇠쪽나부라기, 깡통들을 팔아 막걸리 병들을 사 놓고 사내들
오기를 기다렸다.
　그들이 잔을 주네 받네 하며 노래 자랑 지방 자랑들로 늦게까지
웅성거려도 이 날만은 어느 부인의 입에서도 비꼬는 말이 터져나지
않았다.

---

21) 염무웅, 「'시와 리얼리즘'에 대하여」, 『창작과 비평』, 1992.봄호, 118쪽.
22) 엄국현, 「시에 있어서의 사물인식―이데올로기와의 관련성을 중심으로―」, 부산대
　　박사논문, 1990, 27쪽.

　　마지막 파장에 씁쓸한 취정 쌈이 나다 만 것 쯤이야 쉬 잊어 버려
도 좋을 후담이렸다.
- 〈시궁창〉 부분 -

　　위 시는 전체 5장으로 이루어졌고 재일동포들이 살고 있는 부락에서
벌어진 '시궁창' 청소 작업을 발단부터 결말에 이르기까지 이야기 형태
로 풀어나간다는 점에서 서사지향성을 보이는 시라고 할 수 있다. 서사
지향성 역시 구체적이고 총체적인 모습을 드러내기 위하여 서정시의 단
편적인 형식보다는 서사시나 장형화된 시 형식을 선택했던 1920년대의
시 양식과 관계된다.[23] 그리고 일정한 사건을 통해 현실을 사실적으로
반영하고 있다는 점에서 위 시는 사실주의적 경향의 시라고 할 수 있
다. 사실주의는 단순히 현실을 모방하거나 재현하고자 한다고 해서 실
현되는 것이 아니다. 우리나라에서 1920~30년대의 사실주의 문학을 논
할 때 사실주의 문학의 대상이 되는 현실은 '역사적 과제를 바르게 인
식한 사람들의 눈에 비친 일제강점의 상황이자, 억압받는 민족의 대표
적인 노동자·농민들의 정당한 자신들의 위치를 확인할 수 있는 사
회'[24]였고 이러한 시대와 현실의 연장선에 일본에 거주하는 동포들의
사회가 놓여 있다고 보면 위의 시에서처럼 강순의 시가 다루고 있는 조
선 부락의 현실 역시 사실주의 문학의 대상이 될 수 있는 것이다. 그러
므로 위 시는 재일동포의 애환과 삶의 건강성, 그리고 작은 승리를 거
둔 소외 계층의 생활 등이 사실적으로 재현되고 있다는 점에서 사실주
의 계열의 시로 규정할 수 있다.

---

23) 윤여탁, 「1920~30년대 리얼리즘시의 현실 인식과 형상화 방법에 대한 연구」, 서
　　울대 박사논문, 1990, 85쪽.
24) 위의 논문, 29쪽.

이 지경의 집터는 웅덩이를 메운 자리
시궁창이 넘어 나다 펼쳐 마르는 곳
…(중략)…

식전 모닥불 가에 옵네 갑네
동네 녀자들의 아이 걱정 돈 걱정이 길고
밤이면 모깃불 가에 모여 앉아
동네 사내들이 정견 다툼이 높아 가는 마당

마당은 동네 신문이요 사교의 자리
여기에서 기쁨과 설음이 교환되는 마당.
　　　　　　　　　－ 〈동네 마당〉 부분 －

　위 시는 가난이나 여타의 이유에 의해 일본으로 건너간 동포들이 초
창기에 집단 부락을 이루고 모여 살면서 서로 의지하며 고향을 떠나온
설움을 달래는 모습을 사실적으로 그리고 있다. 이 '조선 부락'은 열악
한 환경에 놓여 있어 '집터'는 '웅덩이를 메운 자리'이며 '시궁창'이 넘
쳐 나는 곳이다. 이곳에는 넓은 '마당'이 있어 동포들은 밤이면 마당에
피운 '모깃불 가에 모여 앉아' 가난한 생활을 걱정하고 국내외 정세에
의견을 토로하며 '정견 다툼'을 벌인다. 그들의 관심은 직면한 현실 생
활의 문제에서부터 정치에 이르기까지 폭넓고 다양하다. 그만큼 그들은
자신들을 둘러싸고 있는 민족적 정체성의 문제와 현실 고통과 고국과
미래에 대한 추세에 민감한 것이다. 하루 종일 생계를 위해 일선에서
뛰다가 밤이면 자신들의 처지를 되돌아보고 앞날을 걱정하는 동포들의
일상을 사실주의적 기법으로 보여주고 있다. '조선 부락'에 거주하는 재
일동포들에게 '마당'은 국내외 정보와 그에 대한 평가와 의견이 교류하
는 '신문'과 같은 곳이요 '사교'의 장인 곳이다. '마당'은 의사소통이 이
루어지고 일상의 괴로움을 털어내며 '기쁨'을 나누고 앞날을 계획하는

공간으로써, 공동체적 연대를 형성케 하는 기능을 하고 있다. 이렇듯 일종의 한풀이, 신명풀이의 장을 열어주고 있는 '마당'에서 재일동포들이 풀어 놓는 '기쁨과 설음'을 통해 우리는 현실 사회에 대한 그들의 인식 태도가 어떤 것인지를 가늠할 수 있다. 즉, 사실적으로 그려낸 현실의 내면에는 그들이 지향하고 있는, 또는 시인이 바라는 정신적 지향이 내재되어 있는 것이다. 위 시에 드러난 내적 지향은 '아이 걱정 돈 걱정'을 하는 자신들의 처지와 그것이 해결되기를 바라는 의식, 그리고 '정견'을 다투며 재일동포 사회의 현실과 앞날이 개선되기를 바라는 집단적 소망, 삶의 즐거움과 고난을 해소할 수 있는 탈출구를 찾으려는 의지 등등인 것이다. 무엇보다도 그들이 갖고 있는 내적 지향의 궁극에는 민족과 고국이 놓여 있다. 왜냐하면 그들이 현실의 고난을 이겨내고 일본 사회에서의 삶이 더 나아질 것이라는 희망을 가질 수 있는 원천은 언제나 고국을 향한 그리움과 한민족이라는 긍지에서 출발하기 때문이다.

> 일찍 그 아들에게 국문자를 가르쳤다는 자그만 사실을 이리도 잊
> 지 않는 그 아주머님
> …(중략)…
> 나는 그 청년에게 내가 붉은 줄을 많이 친 책 한 권을 목판에 담
> 아 주라고 안해를 보내고 돌아 누워 잠을 청했다.
> － 〈닭알〉 부분 －

> 큰댁과 골무떡을 싸던 솜씨가 어떠 하였든 래년 약속을 아무리 해
> 본들 오늘 밤이 섣달 그믐에는 다름이 없다.
> 떡국 갈래도 식혜도 두부 부침도 색동저고리도 공단 댕기도 그렇
> 게 시누이가 잘 뛰더라던 널도 나 모르겠다.
> 지금 내게는 닥치고 만 이 날 밤이 설고 설을 뿐이다.

> 있는 대로 분한 이 밤.

오도 가도 못 하고 일을 얻어 할 수 없는 나라 일본 땅의 심청이
우리에게 있는 한 우리 아버지가 힘을 내여 살 수 없는 한 내 눈섭이
백설 같이 셀 수는 아주 없겠다.
                        ─ 〈대그믐 밤〉 부분 ─

<닭알>에서 화자가 '청년'에게 건네 준 책은 오래도록 반복해서 읽
은 '국문자'로 된 책이다. 한국어로 시를 쓰고 있는 시인에게 있어서나
재일동포 1세의 자식들에 있어서나 한글은 한민족이라는 자긍심을 상징
하는 동시에 일본에서 한민족의 정체성을 유지하며 살아가게 하는 정신
적 유산인 것이다. 또한 <대그믐 밤>에서는 이국에서 맞이하는 고국의
명절이 '설고 설을 뿐'이지만 모든 걸 포기한 채 쉽게 늙을 수는 없다
는 다짐을 하고 있다. 고난스런 일본에서의 생활을 대하는 화자는 항상
고국을 마음에 품고 삶의 의지를 추스르고 있는 것이다. 이처럼 사실주
의적 방식으로 현실을 인식하고 재현하려는 시인의 내면에는 언제나 고
국을 향한 향수와 민족에 대한 긍지가 자리 잡고 있다. 그렇게 때문에
시에 나타난 일본 생활의 현실은 내적 지향과 대비되는 양상으로 비쳐
지며 그러한 현실을 극복하고자 하는 의지 역시 내적 지향으로부터 발
생하는 것으로 볼 수 있다. 시인의 내적 지향은 곧 현실 인식과 재현의
척도로 작용한다.[25]

---

[25] 이 점에 대해서는 다음 글을 참고할 수 있다. "모든 리얼리즘 예술과 문학에 있
    어서 예술가와 시인에 의해 사용되는 <척도>를 현실 현상의 내적 규모, 즉 현
    실 현상의 객관적인 <척도>에 일치시키는 것이 가장 중요한 보편적인 법칙이
    라면, 이것은, 우리의 관점으로 볼 때, 리얼리즘 시대의 서정적 시문학의 특수한
    특징들을 이해하는데 특별한 의미를 갖는다. 외적 현실의 각각의 현상과 인간의
    내적, 주관적 경험이 시에 의해서 재현될 수 있다. 그러나 이와 함께 이러저러
    한 경우에 인간의 내적, 주관적 경험과 외적 현상의 각각의 현상은 격리되어 외
    롭게 서있는 어떤 것이 아니라, 개인적인 삶과 사회적인 삶의 다른 여러 현상들
    의 체계 속으로 들어간다."(G. Fridlender, 이항재 역, 『리얼리즘의 시학』, 열린책
    들, 1986, 235쪽.)

강순 시의 사실주의적 경향은 1920~30년대의 카프시가 보여준 계급주의 양상을 보이지는 않지만 현실 인식에 대한 방법론적 형식이 유사하다는 점을 지적할 수 있다. 해방 전 한국 시단에서 활동하고 영향을 받은 강순의 시에 그러한 사실주의적 기법이 적용될 수 있는 것은 자연스러운 현상이었을 것이다. 다만 카프시의 계급주의 지향이 강순 시에서는 드러나지 않아 서로 다른 것이다. 카프는 민중을 새로운 역사의 주체로 인정하고 이들의 계급적인 해방을 목표로 하는 사회주의·공산주의로 대표되는 사상과 이념에 민족해방의 사상을 결합하여 사회운동의 차원에서 전개된 문예운동26)으로 평가된다. 반면 강순의 시는 그러한 계급성보다는 민족적 정체성 회복과 향수라는 내적 지향에 의한 현실의 사실적 재현에 관심을 두고 있다. 그리고 이 재현은 재현으로만 그치는 것이 아니라 재일동포의 현실에 대한 시인의 통찰과 삶의 고난에 맞서는 주체의 존재론적 고뇌, 주체의 정체성에 대한 끊임없는 사유를 밑바탕으로 전개된 일본 거주 한민족의 끓어오르는 의식을 보여주고 있다. 그렇게 때문에 강순 시의 사실주의적 경향은 현실 재현 의지 속에 시인의 세계관과 내면 의식을 담아내고 있어 단순한 재현이나 사실 열거와는 차이가 있는 것이다. 한편 조총련과 북한의 정책에 찬동하는 내용을 담은 시는 목적의식을 찬양과 구호로 드러내고 있다는 점에서 현실을 재현하려는 사실주의적 경향 보다는 직설적인 의사 표현이 두드러진다고 보여 『姜舜詩集』 전체가 현실 인식과 재현 의지에 대한 일관성을 유지하고 있지는 않다.27) 그러나 강순의 시는 해방 전의 시적

---

26) 박경식, 『일본제국주의의 조선지배』, 청아출판사, 1986, 304~314쪽 참고.
27) 참고로 재일동포 한국어 문학은 북한에 대해서는 찬양조로, 남한에 대해서는 비판조로 입장을 나타내는 차이를 보인다. "재일 한국어 작품이 남한 현실에 대해 매우 단호한 태도를 취할 수 있었던 현상의 이면에는, 아무래도 60~70년대를 전후하여 총련이 민단계를 포함한 재일 한국인 사이에서 누리고 있었던 절대적인 위치, 당시 일본 지식인계를 휩쓸고 있었던, 남한 사회의 정치현실에 대한

경향 중 하나였던 사실주의적 현실 인식의 태도를 기본적으로 견지하고 있다고 할 수 있다. 요컨대 강순은 재일동포라는 신분으로 한국어 시를 써왔다는 특수성과 더불어 재일의 현실과 역사적 고난의 시기를 대하는 사실주의적 인식 태도에 의해 독창적인 시적 양상을 전개할 수 있었다. 이는 우리나라의 경우 카프나 모더니스트 시인들이 해방 후에 남북으로 나뉘고 한국전쟁을 겪으면서 전개되어 온 시적 경향[28]과는 다른 양상인데 그 이유 중 하나는 고국에 대한 향수와 민족적 정체성에 대한 긍지라는 지향점이 내재되어 있기 때문으로 보인다.

5. 맺음말 – 재일동포로서의 한국어 시의 문학사적 의의

재일동포의 한국어 문학은 해방 전후부터 오늘날까지 작가와 독자층을 함께 겸비하며 이어져온 한국 문학이라는 점을 분명하게 인식할 필요가 있다. 한국 내에서 창작된 작품만 한국 문학이라는 근거가 없을 뿐만 아니라 민족적 정체성을 유지하면서 한국인이 한국어로 시를 쓴다는 것은 한국 문학의 범주에 속할 수 있는 조건을 모두 갖추고 있기 때문이다. 재일동포의 일본어 문학을 한국어 문학에 포함시키고자 하는 논의[29]가 이루어지고 있는 과정에서 재일동포의 한국어 문학에 더 많은 관심을 기울여야 할 때인 것이다.

재일동포로서 한국어를 유지하고 그것도 시를 한국어로 쓴다는 사실

비판적 경향과도 무관하지 않을 것이다."(심원섭, 앞의 책, 499~500쪽.)

28) 해방 이후 특히 북한 시문학의 변화와 특징에 대해서는 우대식, 『해방기 북한 시문학론』, 푸른사상, 2005를 참고할 수 있다.

29) 홍기삼, 「재일 한국인 문학론」, 홍기삼 편, 앞의 책, 9~36쪽과 이한창, 「민족문학으로서의 재일 동포문학 연구」, 『일본어문학』3집, 한국일본어문학회, 1997, 245~257쪽 참고.

은 여러 가지 상황으로 볼 때 그리 순탄한 것만은 아닐 것이다. 우선은 일본인들에게 억압과 차별을 받는 상황에서 일본 사회와의 의사소통에 있어서는 일본어를 사용해야 할 것이고, 한편으로는 세대가 흐르는 가운데 남북과의 문화적 교류가 활발하지 못한 상황에서 제한적으로 한국어를 접하다 보면 시어의 폐쇄성이 상존했을 것이기 때문이다. 조총련이나 문예동 활동을 통해, 그리고 북한에서 발행되면서 재일동포의 시를 자주 소개하는 『조선문학』 등을 통해 시를 발표하고 있기 때문에 북한의 언어에 많이 경사되어 있다는 것도 한국어 사용의 제한적 양상에 대한 이유일 것이다.

이러한 제한적 환경에도 불구하고 강순의 시에서 보이는 한국어, 즉 우리말에서는 몇 편의 직설적이고 구호적인 시어가 있긴 하지만, 서정성과 함께 시인의 의식을 드러내는 데 있어 진정성과 사실 재현이 적합하고 밀도 있게 이루어지고 있다. 『姜舜詩集』은 전반적으로 북한 정책에 호응하는 시, 남한에 대한 비판의 시 등 정치적 의식을 드러낸 시와 고국을 그리워하는 시 외에 재일동포의 일본에서의 고단한 삶을 다룬 시가 대부분을 차지하고 있는데 자신이 처한 세계를 한국어로 詩化하겠다는 시인으로서의 정신이 시편마다 엿보인다.

> 그 밤이 다 드새고
> 먼동이 지붕을 들어 내면
> 네 아이들이 사나운 새가 되여
> 지저귀기 시작한다
> 이내 잠은 간 곳 없이 달아나고
> 겨우 훈기가 든 이불을 걷어 버리면
> 서리가 하얀 아침에
> 졸리운 저깔이 한 볼 나를 기다린다
> …(중략)…

이 날도 총망히 놀은 사위고
어둔 골목에 내 발자욱이 울리면
내 어린 것들이 반가와
아우성을 치며 달려 든다
마침내 소란과 땀내와 먼지 바람이 가라앉으면
귀여운 눈들에 잠이 오고
나는 커피잔 하나 없는 밤 시간에
흰 밭을 갈려고 철필을 들고 앉는다.
— 〈밤에 가는 흰 밭〉 부분 –

　고단한 하루를 지내고 피곤에 지친 밤이 되어도 화자는 잠들지 않는다. 화자는 '커피잔 하나 없는 밤 시간'을 견디며 자신만의 '밭'을 간다. 그것은 하루의 기록이 새겨질 '흰 밭'으로 '철필'로 씌어지는 백지를 의미한다. 한국어로 시를 쓴다는 것은 이렇듯 '소란과 땀내와 먼지 바람'을 견뎌낸 시인의 의지와 고독 속에서의 책무이다. '이 날도 총망히 놀은 사위고'와 같은 표현이나 '흰 밭을 갈려고 철필을 들고 앉는다'와 같은 시로 승화된 아름다운 한국어의 구사에서 한국어 계승의 의의를 찾을 수도 있겠지만 그보다는 재일 현실을 한국어로 인식하고 표현하려는 의지에 더 큰 의미가 있는 것이다. 한국어로써의 인식이란 곧 한민족의 인식을 의미하며 한민족적으로 사고하고 표현한다는 것을 의미하는 것이다. 이러한 시적 인식과 시인의 감수성으로 그는 다음과 같은 시를 쓴다.

있다가 없어지고
없다가 있어지는
그런 도깨비가 아니라

반딧불 나는 밤이나

겨울 밤 심심한 시간에
능큼한 할머니의 이야기 주머니에서
와글와글 튀여 나오던
그 밤도깨비가 아니라

자유의 이름으로
평화의 이름으로
약소 민족을 호려내는
낮도깨비가 있는 것이다.
있다는 것이다.

이마와
심장을 디디고 서서
민족의 미명 하에
총부리로 몰아 가는
낮도깨비가 있는 것이다.
우리에게 정연 있다는 것이다.

앞뒤를 살펴야 한다
앞뒤를 살펴야 한다.
- 〈낮도깨비〉 전문 -

　시인의 감지하고 있는 '낮도깨비'는 '약소 민족을 호려내는' 존재이다. 맨눈으로는 보이지 않는 '낮도깨비'를 인식하는 것은 다름 아닌 '능큼한 할머니의 이야기'를 늘 듣고 자라난 한민족의 일원으로, 일본 사회의 현실을 직시하고 경계하는 재일동포인 것이다. 이러한 한민족의 인식으로 씌어진 한국어 시를 통해 우리는 재일동포의 의식 세계와 그들의 깊은 상처와 불안과 소망을 함께 느낄 수 있는 것이다. 2년 간의 교원 생활과 4년 간의 기자 생활을 했던 강순 시인은 그만큼 한국어에 대한 자각이 강했다고 보인다.[30]

일본 렬도에서
나서 자라는 젊은이들
조국의 하늘 빛도 흙 내도 모르며
우리 말을 잡아 쥐기 어려워하는 너희들
타인의 작품은 아는 척 강의하면서
제 노래가 불러지지 않아
광대뼈가 나온 사나이에게
평양의 영웅담을 들으며
실감을 잡아 보려 애쓰는 학생들
　　　　　- 〈문학시간〉 부분 -

　우리말을 실감하지 못하는 재일동포의 자손들에게 작품을 '아는 척' 강의하는 안타까운 이국에서의 현실이 잘 드러난 위 시에는 우리 말, 즉 한국어에 대한 애착과 한국어를 가르쳐 그 명맥을 이어가겠다는 의지가 엿보인다. 한국어를 가르친다는 것은 '조국의 하늘 빛도 흙 내도 모르며' 자라나는 젊은이들에 대한 최소한의 민족적 의무이며 '제 노래가 불러지지 않아' 가슴 아픈 시인의 현실을 극복하기 위한, 자신에 대한 뼈저린 확인이기도 한 것이다.

　재일동포로서 한국어로 시를 쓴다는 것 자체가 강순 시의 특성이 될 수 있는 것은 재일동포만이 쓸 수 있는 시라는 사실, 재일동포가 인식한 현실을 한국어로 표현할 수 있는 것은 역시 재일동포뿐이라는 사실에 기인한다.[31] 그들이 처한 상황의 특수성을 보여주며 동시에 그들이 해방 이후 유지해온 또 다른 계보의 한국어 시를 남기고 있다는 점에 강순의 한국어 시의 의의가 있는 것이다. 여기서 '또 다른 계보'는 두 가지 측면에서 규정될 수 있는데 그로써 재일동포 강순의 한국어 시가

---

30) 강순, 앞의 책, 325쪽.
31) 김응교, 앞의 논문, 93쪽 참고.

갖는 문학사적 의의를 가늠할 수 있을 것이다. '또 다른 계보'를 형성할 수 있는 한 가지 여건은 『姜舜詩集』이 발간된 1964년 전후의 해방 후 한국(특히 남한) 시단이 보여준 대체적인 경향과의 차이에서 형성된다. 해방 후 한국의 시단은 남한의 경우 순수시를 표방한 시인들이 서정시의 세계를 개척했고 『후반기』 동인과 『현대시』 동인이 등장하여 모더니즘 계열의 시 운동을 펼쳤다.[32] 말하자면 순수 서정과 모더니즘적 세계관에 의한 내면탐구가 대체적인 주류를 형성했던 시기인데 이는 사실주의적 경향 속에 민족적 정체성과 향수 등을 내용으로 삼은 강순 시 등의 재일동포 한국어 시와는 다른 경향인 것이다. 그리고 이 시기 북한의 시단은 사회주의 리얼리즘의 창작 방법이 본격적으로 논의되었는데[33] 사실주의적 경향이라는 형식적인 측면에서는 강순의 시와 유사하다. 한편 해방 후 한국의 시는 식민주의 상황을 벗어나 한국어의 자유로운 사용이 가능해지고[34] 일본어에 익숙한 언어생활로부터 벗어나 모국어로 시를 쓰는 데에 있어서 많은 노력을 기울였다.[35] 그런데 강순의 한국어 시는 이와는 다른 차원에서 전개된 모국어 시 운동이라고 보아야 한다. 즉 한국어를 자유롭게 쓸 수 있는 여건에 놓인 한국이 아닌 한국어 사용이 오히려 차별과 피해를 가져오는 상황인 일본에서 한국어로 시를 쓴다는 것은 보다 더 치열하게 한국어 유지를 통한 민족주의적

---

32) 윤여탁, 「한국전쟁후 남북한 시단의 형성과 시세계-1950년대를 중심으로」, 김은전·김용직 외, 『한국 현대시사의 쟁점』, 시와 시학사, 1991, 420~425쪽, 금동철, 『국 현대시의 수사학』, 국학자료원, 2001, 최라영, 「<내면>의 폭과 넓이와 깊이-현대시 동인지의 전개과정」, 『현대시학』, 현대시학사, 2005.1월호, 234~254쪽 등을 참고.
33) 윤여탁, 「한국전쟁후 남북한 시단의 형성과 시세계-1950년대를 중심으로」, 위의 책, 426쪽.
34) 김윤식·김현, 『韓國文學史』, 민음사, 1973, 259쪽.
35) 이건청, 「비극적 현실과 긴장의 언어-전봉건의 시」, 『현대시학』, 현대시학사, 2001.9월호, 152~152쪽 참고.

사상을 보여주는 것이며 克日의지와 저항의 정신을 지속적으로 펼치는 것으로 이해할 수 있다. 이러한 두 가지 측면에서 볼 때 재일동포 강순 시의 '또 다른 계보'의 성격이 규명될 것이다. 그것은 모더니즘 등으로 대표되는 해방 이후의 시사 전개 과정과는 다르게 카프시의 사실주의적 경향을 보여주면서도 나름의 현실 인식을 드러냈다는 점, 그리고 그것이 재일동포 사회 내에서 한국어의 순일성을 유지하며 일본어 사회에 맞서는 한국어 시문학으로 전개되었다는 점에서 분명 한국 시문학사와는 또 다른 계보로 받아들여져야 할 것이다. 그리고 재일동포의 한국어 시 안에 재일동포의 역사와 세계 인식 태도가 담겨 있고 또한 재일동포의 미래에 대한 소망이 새겨져 있기에 강순의 시는 한국어로 기록된 또 하나의 역사로서 읽혀져야 할 것이다.

　강순 시인의 시에 대한 논의는 앞으로 더 이루어져야 할 과제이다. 『姜舜詩集』 이후에 발간된 시집 『강바람』에 대한 논의도 이루어져야 하겠지만 좀 더 다양하고 폭넓은 고찰을 통해 다른 재일동포 한국어 문학과 비교해 어떠한 차이와 특성이 있는지, 그리고 강순의 시가 형성되어온 과정을 따라 작용한 사회적, 정치적, 역사적 배경과 시와의 관계가 어떠한 길항작용을 하고 있는지 등에 대한 연구가 더 진행되어야 할 것이다. 이러한 연구는 언젠가 남북을 포함한 재외동포의 문학사를 논의할 때 강순 시 등의 재일동포 한국어 시문학이 어떠한 문학사적 위상을 갖는지를 밝힐 수 있는 토대가 될 것이다.

참고자료

1. 기본자료

강 순, 『姜舜詩集』, 조선신보사, 1964.

2. 논문

김응교, 「한국 속의 마이너리티, 재일조선 시」, 『시작』, 2004.겨울호, 79~94쪽.

김학렬, 「재일 조선인 조선어 시문학 개요」, 『21世紀 東北亞 韓國語文學硏究의 現況과 展望』, 숭실대인문과학연구소・숭실어문학회・중국 조선・한국문학연구회 국제학술대회 발표논문집, 2005.

엄국현, 「시에 있어서의 사물인식—이데올로기와의 관련성을 중심으로—」, 부산대 박사논문, 1990.

염무웅, 「'시와 리얼리즘'에 대하여」, 『창작과 비평』, 1992봄호, 112~127쪽.

윤여탁, 「1920~30년대 리얼리즘시의 현실 인식과 형상화 방법에 대한 연구」, 서울대 박사논문, 1990.

______, 「한국전쟁후 남북한 시단의 형성과 시세계—1950년대를 중심으로」, 김은전・김용직 외, 『한국 현대시사의 쟁점』, 시와 시학사, 1991, 416~432쪽.

윤지관, 「상품인가 물건인가: 국가경쟁력과 민족문학」, 『창작과 비평』, 1994.여름호, 50~69쪽.

이건청, 「비극적 현실과 긴장의 언어-전봉건의 시」, 『현대시학』, 현대시학사, 2001.9월호, 151~167쪽.

이경수, 「재일동포 한국어 시문학의 전개과정」, 『한중인문학연구』제14집, 한중인문학회, 2005, 351~388쪽.

이한창, 「민족문학으로서의 재일 동포문학 연구」, 『일본어문학』3집, 한국일본어문학회, 1997, 243~264쪽.

______, 「재일 교포문학의 주제 연구」, 『일본학보』제29집, 한국일본학회, 1992, 307~337쪽.

최라영, 「<내면>의 폭과 넓이와 깊이-현대시 동인지의 전개과정」, 『현대시학』,
　　　현대시학사, 2005.1월호, 234~254쪽.

3. 저서

강　순, 『강바람』, 梨花書房, 1984.
금동철, 『한국 현대시의 수사학』, 국학자료원, 2001.
김욱동, 『은유와 환유』, 민음사, 1999.
김윤식・김현, 『韓國文學史』, 민음사, 1973.
박경식, 『일본제국주의의 조선지배』, 청아출판사, 1986.
심원섭, 『세계속의 한국문학』, 새미, 2002.
우대식, 『해방기 북한 시문학론』, 푸른사상, 2005.
유숙자, 『在日한국인 문학 연구』, 월인, 2000.
이진희・강재언, 『日朝交流史』, 有斐閣選書, 1995.
Fridlender, G., 이항재 역, 『리얼리즘의 시학』, 열린책들, 1986.
Collot, M., 정선아 역, 『현대시와 지평구조』, 문학과 지성사, 2003.
홍기삼 편, 『재일한국인 문학』, 솔, 2001.

표류하는 이방 의식과 귀향 아이덴티티

— 재일동포 한국어 시를 중심으로 —

강 명 혜

목　차

---

1. 머리말

일본 식민지 통치의 후과에서 비롯된 '재일동포'[1]는 현재까지도 일본에 동화되지 않고, 우리 민족성을 고수하며, 일본 속의 마이너리티, 즉 변두리인으로 살고 있는 우리의 동포들이다. '제일'의 문제는, '영토'와 '국적(=민족)'과 '혈통'이 서로 일치하지 않는다는 괴리성 때문만은 아니다. '재일'의 가장 큰 문제는 해방 후에도 식민지 종주국으로부터 불평등한 대우와 핍박을 받았다는 것에서 주로 기인한다. 이러한 점에서 '재일동포'는 특히 자신이 몸담고 있는 '영토'와 공동태로 동화될 수 없었을 것이며, 자신의 내면과 충돌하게 되면서 더욱 더 자신의 역사·민족·전통의식을 고수하게 되었을 것이다. 이렇듯이 아이덴티티 측면에서 자아 상실, 위축, 괴리를 경험하고 있다는 데서 '재일'의 비극성은 배태, 극대화된다. 이러한 재일의 현상은 사실 다른 재외동포들과도 변별되는 점이다.

'재일'의 이러한 문제점과 현상은, '문학 텍스트' 속에 그대로 융해되거나, 내재되거나, 제시되었을 것이라고 상정할 수 있다. 본고는 이러한 '재일' 의식이 작품 속에서 어떻게 형상화되고 있는지를 살펴서, 그 특질을 규명하고자 하는 것을 목적으로 한다. 이때 추출된 특징은 결국은 주체사상의 형상화와 함께 재일동포 한국어 시문학 텍스트의 내용적 특성이 된다. 최근에 이르러서 '재일동포 한국어 시' 작품을 다룬 논문이 여러 편 되지만, 이들은 대략, 특정 작품 몇 편을 예시하면서 통시적으로 고찰하고 있거나(김응교, 김학렬, 이경수), 한 작가의 시 작품만을 다루고 있을 뿐이다(조해옥, 김은영, 윤의섭).2) 이런 점에서 본고는 재일동

---

1) 일본에 거주하는 한국인에 대한 호칭은, '재일동포, 재일교포, 재일조선인, 재일한국인, 재일한국·조선인' 등의 용어가 혼효되고 있으나, 이미 선행논문(재일동포한국어문학팀)에서 '재일동포'로 통일했고, 그들이 한글로 창작한 작품을 '재일동포한국어문학'으로 통일시킨 바 있다. 필자도 '재일동포', '재일동포한국어시'로 사용한다.
2) '재일동포한국어문학'에 대한 한국에서의 관심 표명은 생성된 지가 오래지 않는다. 그 이유는 이들이 조총련계 소속 문인들의 작품이라는 점과, 주체사상에 입각해 쓰여진 이들 작품의 미학적 가치 부재 때문이다. 최근 들어서 몇 편의 논문

포 한국어 시 작품집 70여권[3])을 모두 대상으로 해서 재일동포 한국어 시작품의 특성을 조감하고자 한다. 조감의 목적은 이제까지 학계에 거의 알려져 있지 않은 시 작품이나 시중에서 구하기 힘든 시 자료를 최대한 많이 소개하면서 이들의 특징을 살피려는 데 있다. 그러나 지면 관계상 시 텍스트 각각의 상세한 분석은 본고에서는 다루지 못할 것이다. 이는 후고를 기약한다.

주지하다시피 재일동포한국어 문학이 '주체사상'에 입각한 작품임은 이미 널리 알려진 사실이다.[4]) 광복 후 1945년 9월에 「재일조선인련맹」(약칭 조련)이 결성되면서 복잡하고 어려운 정세 속에서 동포들의 생활 안정과 교육, 계몽사업에 힘을 기울이는데, 이들에 의해 1948년 1월 「재일조선문학회」가 결성된다. 「재일조선문학회」는 초기에는 일본제국주의에서 벗어난 기쁨과 동포들의 생활을 작품에 담게 되지만, 1948년 9월 조선민주주의 인민공화국(이하 북한)이 창건되고, 물질적, 정신적 원조 등을 전폭적으로 받으면서부터 점차 작품 경향이나 관심은 북한으로 응집되며, 자연히 '주체사상'에 경도된 작품이 창작된다. 특히 1959년에는 재일본 조선인 「문학예술가동맹」(문예동)이 결성되면서 북한의 강령이 문화방침으로서 강조되는데, 이로 인해 북한의 주체사상과 부합되는

(김학렬, 심원섭, 김응교, 이경수, 조해옥, 윤의섭, 김은영 등)이 나왔으나, 이들은 대략, 전반적인 개략이나, 한 작가의 시작품만을 다루고 있다.
3) '재일동포문학' 프로젝트 팀에서 수집한 시집 전체.
4) 북측의 강령(주체사상 측면)을 받는 과정은 손지원(「재일동포국문문학운동에 대하여」, 1~14쪽), 송혜원(「재일 조선인 문학의 조선어로의 창작 활동의 변천」, 8쪽)의 논문에 보다 상세히 나와 있다. [재일 조선인 조선어문학의 현황과 과제], 2004년 12월 11일 (토) 早稻大學校(와세다대학 조선문화연구회, 해외동포문학편찬상업 추진위원회, 재일본조선문학예술가 동맹 주최). 그 외에 최영호(「재일본 조선인연맹의 한반도 국가형성과정에의 참여」, 강덕상·정진성외, 『근·현대 한일관계과 재일동포』, 서울대학교출판부, 1999)는 북한이 서한을 통해 재일의 마음을 얻는 과정 등을 설명하고 있으며, 시에 있어서 주체사상적 측면은 김응교 논문(「일본속의 마이너리티, 재인조선 시」, 『시작』, 2004.겨울호)에서 다루고 있다.

측면, 즉 '조국의 공민이 된 영예와 긍지', '민족교육문제', '미제와 한국 정부 규탄', '수령찬가' 등을 주제로 해서 창작된다.[5] 이러한 사정으로 말미암아 '재일동포'의 작품을 '북한문학'과 동일시해서, 재일동포의 문학작품을 거의 다루지 않았던 것이 이제까지 우리 학계의 실상이었다.

이런 점에서 본고는 '주체사상에 입각해 창작된 작품의 행간에서' 그 외의 다른 측면(이를테면 우리 민족이 모두 공감할 수 있는 부분)을 추출해서, 현재까지 일본문단, 한국문단 어느 범주에도 함유되지 못한 채 문학적 정체성의 혼란까지 겪어있는 '재일문학'을 우리 문학사로 수렴시키고자 한다. 즉, 다른 이념적·문화적 환경에서 배태되었지만, 민족의 수난과 분단이라는 가장 기본적인 역사적 체험을 공유한 이들의 문학작품을 같은 지평에서 논의해서, 재일문학을 "한국문학사에 편입시켜서 한국문학사의 외연과 지평을 넓히고, 남북 국민과 총련, 민단계가 모두 수용, 공감할 수 있는 동질감을 찾아서 통일 한국문학의 거멀못 역할을 할 수 있는 기초를 마련하고자"하는 것이 또 하나의 목적인 것이다.

'재일동포' 문학 연구를 한민족 문학 연구의 일 분야로 발전시키고, 한국문학사의 외연을 확대시킴으로써 온전한 통일문학사 수립에 기여할 수 있게 하기 위해서는 '남북한과 재일동포를 하나로 아우를 있는 공분모적 특성'을 찾아야 하는데, 이 특성을 본고에서는 민족정신과 민족적 동질성(아이덴티티)을 반향하는 '민족문학적 성격'으로 보고자 한다. 이 때의 '민족문학적 성격'은, '우리 민족의 문화, 역사, 얼(정신), 감정 등이 용해된 우리의 옛 정서, 가치관, 전통, 언어 등'으로 규정한다.[6] 이

---

5) 위의 논문 및 카지무라 히데키, 김인덕 역, 『재일조선인운동』(1945-1965), 현음사, 15~54쪽 참조.
6) 사실 민족문학에 대한 논의는 어제 오늘에 한하지 않으며, 그간 논의 주체자에 따라 수많은 정의가 파생되었다. 이는 공시적, 통시적인 측면에서 모두 그러하다. 민족문학 논의는 1920년대 프로문학파 대 민족문학파에서 비롯되었고, 1950년대 에 오면 계급적 의미의 민족문학(문맹), 일체의 정치성을 배제한 순수문학(청문

런 의미의 민족문학은 우리 민족의 응집력에 기여하는 동인의 기능을
할 것이라고 기대한다.

　본고는 '재일동포 문학'을 우리 문학사에 수렴하려는 의도가 강하므
로, 가장 기본적이고 포괄적 의미의 민족문학, 즉 "한국 민족의 정신 및
정서에 기반을 둔 민족정신, 민족정서, 민족전통 등, 민족 동질적 요소"
를 민족문학으로 정의한다. 이러한 측면은 우리 민족이면 누구나 공감
할 수 있을 것이고 깊은 연대감으로 공유될 수 있을 것이기 때문이다.
따라서 이 논문의 의의는, 변두리에 위치한 재일문학의 문학적 가치를
규명해서 우리의 문학사에 편입시키고, 나아가서는 '재일'을 포함한 '재
외 동포' 및 '남북통일' 후 한국인이 모두 연대감을 갖고 공감할 수 있
는 문학사의 한 토대를 마련하려는 의도의 일환에 둔다. 그러나 지면관

협), 민주주의 민족문학 건설을 지향하는 민족문학(문필협)으로 분류되다가, 1960
년대에는 참여문학론과 리얼리즘 논의를 하면서 농민문학론, 민족문학론, 민중문
학론으로 확산, 심화된다. 1970년대에 이르러서는, 백낙청, 김현, 이형기, 임헌영,
이철범, 염무웅, 김용직, 천이두, 구중서 등에 의해 본격적으로 정의되기 시작하
는데, 이 때의 민족문학은 동일민족, 공유어, 혈연, 그리고 계급과 민중, 정치적
색채, 참여문학, 세계문학와 관련되어 수많은 정의를 파생한다. 예를 들면 백낙청
은 70년대의 민족문학의 예로 「토지」를 들면서, "이 작품에 담긴 강렬한 민족의
식, 민중생활에의 폭넓은 공감, 모국어, 특히 민중언어에 대한 작가의 각별한 애
정"이 귀중한 성과라고 보고 있다. 그렇지만 그는 "작가의 민족의식이 항일의식
과 향토 및 모국어에 대한 애정에서 한걸음 더 나아가 좀 더 투철한 반봉건의식
과 결합하기에 이르렀다면 「토지」의 예술적 성과가 더욱 커졌을 것이다"라며 아
쉬움을 표명하고 있는데, 이런 점에서 백낙청이 지향점으로 하는 민족문학의 정
의가 추출되고 있다. 1980년대에는 민족해방문학론, 노동해방문학론이 대두되면
서 남북한 민중의 입장에서 민족문학을 정의하려는 움직임을 보이기도 하며, 90
년대 이후로는 민족의식에 있어서 발상의 전환을 보이기도 하지만 예증을 통해
확실한 정의를 보여주지는 못하고 있다. 백낙청, 『민족문학과 세계문학』, 창작과
비평사, 1985. 11~105쪽 참조. ; 임형택, 「민족문학의 개념과 그 사적 전개」, 『민
족문학사 강좌』, 민족문학사연구소엮음, 창작과비평사, 1995, 1~45쪽 참조. 그 외
윤건차는 「21세기를 향한 '在日'의 아이덴티티」에서 "무엇을 가지고 '재일'로 규
정해야 하는가는 명확하지 않지만, 굳이 말하자면 '국적', '혈통', '역사', '문화'와
같은 것을 들 수가 있다"고 하고 있다.『근·현대 한일관계와 재일동포』, 앞의 책,
289쪽.

계상 시 텍스트를 하나하나 상세히 천착하지 못한다는 한계점을 지니게
될 것이다.

2. 표류하는 이방인

1) 이방의식

재일동포 한국어 시문학 작품을 관통하는 공분모적 주제는 '이방의식'
이다. 이들에게 '일본'은 언젠가는 벗어나야 하는 '남의 땅', 즉 '타향'이
다. 이렇듯이 자신의 삶이 영위되고 있는 현재의 공간을 긍정적인 시각과
인식으로 결코 수렴하지 않는다는 점에서 정착하지 못하고 있는 표류하
는 이방의식이 배태되며, 이런 점에서 '재일'의 비극성은 극대화된다.

만약 이것이 제 1, 2세대의 재일동포에게만 한정되는 문제라면 어느
정도 수긍이 되겠지만, 이는 해방 초기 작품부터 2000년대의 작품까지
시종일관 줄기차게 등장하는 '재일동포 한국어 시문학'의 공통된 주제소
라는 점에서 주목된다. '정들면 고향이다'라는 우리의 속담을 생각할
때, 끈질긴 '이방의식'의 고수는 독특한 '재일'의 현상이며 그들이 안고
가야할 숙명적인 테제로서 비극성을 함유한다. 이방의식은 사실 우리
민족에게 있어서는 아킬레스와 같은 부분이다. 한국인은 좁은 땅에서
'농사'를 하며 정착했던 농경민족이었다. 오랫동안 한 지역에서 살아야
하는 농경민족 특성상, 연대감이 강하며, 혈연과 지연에 의해 끈끈하게
연맥된 관계를 유지하고 서로 의지하면서 삶을 영위하는 것에 익숙한
민족이다. 이러한 우리 민족 특성상 고향을 이탈해서 다른 곳에 정착하
는 것, 혹은 離鄕 자체는 우리에게 이방의식을 생성시키며, 이러한 이
방의식은 상당히 두려운 현상으로 수용되며, 불안감을 수반하기 때문이

다. 따라서 이는 고향의식, 귀향의식과 더불어 우리 민족이라면 누구나 수용할 수 있는 한국인의 원형상징(아키타입)으로 볼 수 있는 부분이다. 사실 고향, 이향(이방의식 생성), 귀향은 동전의 앞뒤 면과 같은 관계로서 인과관계에 놓이며, 한 줄기로 수렴된다.

이러한 우리 민족정서의 특성상 우리의 고대 영웅들은 모두 '고향을 떠나거나', '정든 곳에서 유리되거나'하는 시련을 겪게 된다. 가장 고통스러운 난관을 거친 후 비로서 진정한 영웅이 될 수 있기 때문이다. 따라서 우리 민족의 통과제의 중 하나는, '외딴 곳에서 격리'를 당하거나 '고향을 이탈'하게 되는 것을 의미한다. 이는 거의 타의에 의해 행해지는 두려운 고통에 해당되는 것이다. 동명왕이 그러했고, 유리, 유화, 그 외에 영웅소설담의 주인공들이 모두 그러한 행보를 보이고 있다. 심지어 始祖母인 곰도 외딴 곳(동굴)에 유리된 채 백일을 견뎌야 하는 통과제의를 경험한다. 그러므로 재일동포의 '이방의식'도 그 뿌리는 우리 민족의 아키타입과 연맥되며, 이런 점에 있어서 귀향하지 못하는 이상, 재일동포는 어디에 있던 영원한 이방인일 것이다.

이러한 '이방의식'이 재일동포 한국어 시문학 텍스트에 지속적으로 등장하는 것이다. 이는 결국은 '재일의식'이 문학 작품 텍스트에서 '이방의식'으로 형상화되어 되풀이된 것으로 볼 수 있다. 우선, 초기 작가인 강순은 시 텍스트의 시적 자아를 통해, 자신이 처한 공간을, "멀미가 날 대로 다 난 이 땅"「생철지붕아래」, "사막"「동경」이라며, 결코 자신이 안주할 수 없는 장소임을 강조한다.

　　고향 갈 길이 막혀
　　하용 구구스런 우리 부락
　　뉘라서 살고 싶어 사리오

멀미가 날 대로 다 난 이 땅을
－「생철지붕아래」－

시 텍스트에서 시적 화자는, '누가 살고 싶어서 사냐'며 항변한다. 어쩔 수 없는 상황이라서 수용은 하겠지만, 자신이 거주하는 공간을 '멀미가 날대로 난 땅'이라고 표현한다. 멀미가 조금도 아니고 '날 대로 다 났다'는 화자의 언급을 통해서 그 괴로움의 심도를 확인할 수 있다. '멀미'를 앓아본 사람은 알 것이다. 얼마나 괴롭고 견디기 힘든가를.

물론 이 때의 시적 화자는 작가와 거의 동일 인물, 즉 시적화자＝작가라고 볼 수 있다. 이 경우만이 아니라 재일시문학 시 텍스트는 서정적 작품이라 할지라도, 시적 퍼스나를 찾기가 쉽지 않다. 따라서 서정시의 특징 중 하나인 '엿듣기'도 별로 이루어지고 있지 않다는 특징을 보유한다.

'간접적인 표현'을 통해서 견디기 힘든 장소임을, 그래서 결코 안주할 수 없음을 항변하던 작가는 드디어는 직접적인 지시적 언술을 사용하면서, 원망이나 비난의 강도를 높인다. 이를테면, "원수의 땅"「귀뚜라미가 재우지 않는 밤」, "쌍년의 일본 땅", "일본 난장판"「有事有感」(1949~1960)으로 표현함으로써 자신이 거주하는 공간과 절대로 동화되지 못하고 표류하고 있는 이방의식을 드러내는 것이다. 초기에 이렇게 표출된 이방의식은, 그 후 끊임없이 되풀이되며 제일시문학 텍스트에 등장하는 주된 주제가 된다. 특히 2002년「나그네의 한생」시집을 간행한 한명석은 작품 후기에서 다음과 같이 밝히고 있다.

"뿌리 없는 잡초와 같은 한생을 보내야 했던 나의 처지에는 바로 나그네의 신세란 말이 가장 적합하다는 것입니다… 이것이 바로 나그네 신세의 시작이었고 길가에서 흔들려 사는 잡초와 같이 온갖 천대와 멸

시 속에서 짓밟혀 살아가야 할 망국노의 운명의 시작이었습니다… 우
리는 비록 일본 땅에서 나그네신세처럼 떠돌며 살아 왔으나 다시 한번
애국의 길의 한복판에 돌아 서서 통일의 꽃을 높이 듭시다".
- 작가 후기 중에서 -

이 언급은 한명석 개인에만 한하는 것은 아니다. '재일하는' 누구에게
나 해당되는 내용이다. 물론 제3세대는 1세대 보다 많이 희석되곤 있지
만, 이방의식을 극복한 것은 아니다. 왜냐하면 2000년대의 시작품 속에
도 시종일관 이방의식과 관련된 주제나 주제소가 발견되기 때문이다.
따라서 '이방의식'은 재일시문학 텍스트에 끊임없이 되풀이되며 등장하
는, 공통 주제소인 셈이다. 이러한 요소를 좀 더 제시하면 다음과 같다.

남시우, "낯설은 타국"<젊은 수송대원>,(1960), "이국"<그것을 잊
지 않은 때>(1965), 허남기, "수만리 이역"<아이들아 이것이 우리 학
교다>, "이역 만리, 남의 땅, 이국 땅", <노래> (1975), 허옥녀, "원한
많은 이국땅"<복동이>, 1971, 강명숙, "이국"<수국화> (1977), 박호
열, "이국땅, 일본땅"<조국이여>(1987), "이국"<결혼식>(1986), 고봉
전, "이국", <어버이수령님이시여 만수무강하시라>, 김두권, "타향살
이", "이역", "나그네" <나그네>(1987), 김태경, "가서 못오는 생지
옥"<해녀의 노래>(1989), 손지원, "이국"<조국은 언제나 마음속
에>(1989), 오순희, "이역살이, 이국 땅"<통일을 부르는 세대>(1997),
한명석, "나그네 설음", <나그네>(1990), "오랑캐 땅", "왜땅살이"
<신세타령 아리랑>(1997), 서정인, "이국땅"<한탄과 통곡 속에 우러
른 하늘>(2002).

이렇듯이 '이방의식'은 해방 직후부터 현재까지 시종일관 모든 재일
동포 작가들을 지배하고 있는 재일인의 공분모적 의식 중 하나이다. 앞
에서도 언급했지만, 한국인에게 있어서 고향을 이탈하는 것은 상당한

불안감을 수반하기에 '탈고향에서 오는 이방의식'은 우리 민족의 집단무의식 중 하나로서 그 뿌리가 아주 오래 되었으며, 우리 민족의 아킬레스 중 하나로 수렴된다.

2) 불공평, 차별, 핍박에 대한 불만 및 고발

'재일'의 이방적 표류는 민족적 특성이나, 한 개인의 정서적 특징 때문에 발생하는 것만이 아님을 앞에서 언급했다. 사실 더 직접적인 원인으로는 식민지 종주국의 끊임없는 핍박과 불평등한 대우에서 비롯된다. 해방 후, 1948~9년부터 일본 당국은 재일동포들을 노골적으로 탄압하기 시작했으며, 불이익 및 불평등한 위치부여는 현재까지도 지속되고 있는 실정이기 때문이다.

이를테면, 1947년 한글을 가르치는 한인학교를 폐쇄하게 되는데(한신교육사건), 이로 말미암아 1948년에 4·24교육투쟁이 일어나게 된다. 또한 1949년 일본 당국은 조련을 강제 해산시키고 지식층들을 공직에서 추방한다. 그리고 조선인 학교에 대한 폐쇄령을 내린다. 1950년 8월에는 「해방신문」을 강제 폐간시킨다. 그 후에도 외국인 등록법, 지문날인, 체류자격, 재입국 허가 등의 조항을 만들어 지속적으로 불이익을 부여한다. 1980년대에도 일본당국에 의한 총련 파괴 활동이 노골화되었으며, 1995년 1월에도 반총련 캠페인을 대대적으로 벌리면서, 일본 각지에서 재일조선여학생을 겨냥한 치마저고리 사건이 연이어 일어난다. 2002년 9월 이후에도 일본의 우익세력과 언론들이 납치문제를 들고 북한 및 총련 등에 대해 압박을 가함으로써 재일의 불이익은 지속되고 있는 실정이다.[7]

---

7) 손지원, 「재일동포국문문학운동에 대하여」 『재일 조선인 조선어문학의 현황과 과제』, 2004년 12월 11일(토) 早稻大學校(와세다대학 조선문화연구회, 해외동포문학 편찬상업 추진위원회, 재일본조선문학예술가 동맹 주최), 13~14쪽 참조.

　　이러한 '재일'의 실상이 시 텍스트에 어떻게 형상화되고 있을까? 초기 강순의 시 텍스트를 보면 재일이 받는 불공평한 대우가 어떻게 현실화하는지가 잘 표출되고 있다.

> 한 수도에
> 三〇여 가호
> 물경 一五三 명의 목이 매여 달렸다
> …
> 여름 들면 여기 수도가
> 제일 먼저 가늘어지고
> 겨울 들면 여기 수도관이
> 제일 먼저 얼어 터졌다.
> 이 물을 마시는 사람들에게는
> 일본 정부의 위세가 대단하고
> 이 물 밖에 틀어 놀 수도가 없는 사람들에게는
> 진작 고치러 보내는 그림자가 늦어
> 비싸고 비싼 물을 마시며 산다.
>
> 　　　　　　　　　　　　　　　　　－「수도」－

　　일본 정부의 위세로 인해 삶을 영위하기 위한 가장 기본적이고도 필수적 요소인 '물'을 충분히 공급받지 못해서 발생하는 비참상을 적나라하게 그리고 있다. 불공평한 대우, 편파적인 차별에 대한 불만 및 고발은 일본 땅에서의 자신들의 마이너리티한 현실을 제시하는 경우이다. 하지만 이는 식민지 연장선에서의 정책을 고지하며 재일인에게 한없이 배타적인 일본을 수동적으로 고발하는 작품들이다. 그 외, 핍박받고 있는 실상을 제시한 작품은 다음과 같다.

> 백년 가야 이 지역의 시궁창에 하수도를 놓아 줄 일본 인심은 없었다
> 　　　　　　　　　　　　　　　　　－ 강순, 「시궁창」 －

우리는 새 規制의 방책에 따라
해방부터 登錄 하나씩을
지니고 다녀야 하였다.

절대적으로 必需携帶!
번지르르한 강요밑에
허울좋은 收容
　　　　　　　　　　　－ 강순, 「개패」 －

피끓는 시절 기도 못펴고
낯설은 이곳 탄광에 끌려와
마소처럼 일하다가 숨져간 그들
　　　　　　　　　　　－ 강명숙, 「원한은 타번집니다」 －

강도 일제의 쇠사슬에 얽매여
천신만고 괴롬받던 조선
일떠선 사람들도 갈피를 못잡아
주먹으로 눈물만 훔치던 그때
　　　　　　　　　　　－ 정화흠, 「봉화산기슭」 －

해방이라고 해서
기뻐하던 그날이 어제만 같은데
소처럼 끌려와서 가난과 맞서고 있는
노부의 기막힌 역사는 아랑곳없이
　　　　　　　　　　　－ 김윤, 「鑛村暮景」 －

나라를 빼앗기고
고향을 빼앗기고
꽃나이 청춘시절을
≪징용≫으로
≪징병≫으로 끌려와
검은 머리가 파뿌리가 될 때까지

쌓이고 쌓인 그 원한
골수에 사무쳤는데
                    - 한덕수, 「실버들아」 -

아,
저주할 망국노의 멍에를 쓰고
수많은 겨레들이
≪모집≫으로, ≪징용≫으로, ≪징병≫으로
이 땅에 끌려와
등뼈가 휘도록 혹산들
얼마나 당했으며
억울한 죽음인들
얼마나 당했으랴
                    - 한덕수, 「집」 -

　　모두가 식민지 치하와 그 연장선에서 펼쳐지는 일본의 부당한 정책과 폭정을 제시, 고발하고 있는 작품들이다. 작품 텍스트를 통해서 볼 때, 시적 화자들의 재일의식은, '강제로 끌려와', '가두인 채', '젊은 시절 마소처럼 허리가 휘도록 일하다가', 현재는 '각종 불이익을 받으며 가난하게 살고 있고', '조국으로 가는 길도 마음대로 못 가는 처지'라서 '눈물만 훔치고 있는 신세'라고 느끼고 있음을 알 수 있다. 이렇듯이 수동적으로 탄압과 불평등을 제시하던 것에서 나아가, 좀 더 거센 어조와 목소리로 비난의 강도를 높이는 적극적인 형태를 취하기도 한다.

아아, 살아나는 원통한 그 회상, 피맺힌 사연!
누구는 여기 음달진 산밑에서
왜놈감독의 몽둥이 등뼈가 부러졌고
누구는 여기, 급행차 달리는 철길공사장에서
우마처럼 시달리다 영영 죽어갔거니

어찌 어느 한 지점에서만이랴!
우리 가는 길 비록 그 거리는 재일수 있다 해도
거기 파묻힌 우리의 원한은 재일수 없으리니
　　　　　　－ 남시우, 「조국을 향하여」 －

　자신들의 원한은 '재'일 수가 없다고 되내인다. 이미 타고 남은 '재'가 아니라는 언급은 아직도 가슴 속에 원한이 벌겋게 타고 있다는 의미이다. 즉, '원통한 회상'과 '피맺힌 사연', 그것은 가슴 속에서 영원히 살아있다는 증오의 절규이다. 우마처럼 시달리다가 원통하게 죽은 원혼들이 집단적 한과 그것을 지켜보며, 공유할 수밖에 없었던 살아있는 자의 원한은 우리 민족의 근대적 아키타입인 것이다. 나아가서는 더욱 강도 높게 시적 대상에 대한 감정을 텍스트 내에서 폭발시키기도 한다.

일제놈의 총칼에
쓰러지는 부모형제
인민의 통곡을
귓가에 들었네
　　　　　　－ 최영진, 「조국의 흙」 －

까마귀 떼를지어 해오라기 둥지를 헤치듯이
덤벼든 이놈들아, 무엇을 노리느냐
그래, 무얼 노려 무슨 힘을, 우리 집 총련에 날강도질이냐!
　　　　　　－ 로진용, 「얕보지 말아라, 우리 총련을」 －

까마귀는 까마귀지
까마귀보고 비둘기다 안하지
그건 그렇지
…

우리는 하나인데

어째서 이름은 두개냐
그건 나쁜놈탓이야

예로부터 우리는
하나인데
나쁜놈이 갈라서
두 개되였지
                    - 최영진, 「우리 이름」 -

　적극적이고도 원색적으로 시적 화자의 감정을 표출하기에 시적 화자
의 목소리는 한껏 격양되고 있다. 또한 시적 대상을 향해 직접적인 언
술로서 솔직히 감정을 나타내고 있다는 점에서 시적 화자의 의도는 은
성화되지 않고 있다. 모든 정보는 그대로 외연화되는 것이다. 따라서 작
품 해독에 장애는 발생하지 않는다. '~놈', '날 강도짓', '나쁜 놈', 이
라는 언급 속에 재일의식은 투명하게 드러나는 것이다. 이러한 내용과
강도 높은 저항적 목소리는, 1910년대 『대한매일신보』 '사조'란에 등장
하던 저항기 시가와 거의 맥을 같이하는 한다. 비난의 목소리는 점점
강해져서, '저주하였다.'(남시우, 「함부로 날뛰지 말라!」) '소름이 끼치고
치가 떨린다'(류인성 「한장의 사진」)라는 극언까지도 서슴지 않는 수준
에 이러른다. 감정의 폭발이 한껏 고조되고 있는 것이다.
　한편, 재일시 텍스트에서는 일본의 이미지가 동물로 알레고리화되기
도 한다.

살지 못 해 일본으로 건너 온
우리 겨레 함부로 잡아 가두고
금의 환향 어엿한 그 길까지
제발 막지 마오 방해 마오
…

그 능구렁이 같은 심뽀를
                    - 김태경, 「귀국의 길은 막지 못 한다」 -

게걸든 주둥이 질근거리며
원숭이같이 털이 부스스
저 징그러운 추물이…
                    - 남시우, 「그것을 잊지 않은 때」 -

아아
개의 종족아!
                    - 허남기, 「개」 -

그 무슨 잰내비수작이냐
                    - 김두권, 「귀국의 길은 막지 못한다」 -

낮도깨비를 만나 몸부림치고
승냥이를 만나 먹혔을 뻔도 했던
그런 路程…
                    - 김 윤, 「길」 -

　일본이 지니는 동물적 우의는, '능구렁이', '원숭이', '개', '승냥이', '낮도깨비' 등이다. 모두가 우리의 원형상징으로는 상서럽지 못하거나 징그럽고 혐오스럽고 경원하는 대상으로서, 절개가 없거나, 얕은 꾀·음흉한 술수를 쓰거나, 하찮고 비웃을만한 대상의 보조관념으로 등장하는 동물들이다. 그들의 행위는 그러한 동물의 우의에나 적합하다고 생각하는 것이다. 역으로 생각하자면, 일본의 재일동포에 대한 대우나 폭정은 거의 식민지 치하와 거의 동일한 수준이었음을 짐작케 하는 부분이다.

　재일동포 한국어시 작품에서 추출되는 고발, 저항의식은 앞에서도 언급했듯이, 1910년대의 그것과 가장 많이 닮아있다. 차이점이 있다면,

1910년대의 작품이 주권침탈이나 추상적 상황을 부정적·저항적 시각
으로 고발하고 있다면, 재일동포 한국어시 작품은 보다 구체적·사실적
상황, 이를테면 불평등한 대우나 차별, 핍박을 구체적으로 제시하면서,
이에 대해 불평하고, 항변하고 고발, 저항하고 있다는 점이다. 이러한
시 양식은 현실비판적인 고시가, 개화기 저항시가, 프로문학계열 시, 현
실비판적인 현대시들로 연계되는 현실지향시가의 모습을 반영한다. 현실
지향시가들은 한국 시세계에 있어서 사회가 어지럽거나, 분열되거나, 평
화스럽지 않을 때 전경화되는 시 양식이다.[8] 이렇듯이 저항의식의 근원
적 뿌리도 상당히 오래된 한국문학 특질 중 하나이다.

3) 자아의 위축 및 상실

1910년 한국이 일본에 합병될 당시부터 1945년 일본이 패전할 때까
지 일본에 거주하고 있던 한국인의 수는 200만~240만 명이었다. 해방
이 되자 한인들의 귀환이 시작되었으나 귀국하는 한인들에게 고국으로
가져갈 수 있는 돈을 1천 앤으로 제한하는 바람에 많은 사람들이 귀국
을 주저하게 된다. 따라서 1946년 12월 귀화수송이 끝났을 때 약 60만
명의 한인이 일본에 남게 된다. 패전 후 일본 정부의 대 한인정책은 신
속한 귀환과 구제라는 전후처리보다는 해외에 흩어져 있는 일본인들의
귀국을 우선시 하였으며, 강제 연행한 한인 노동자와 한국인들에 대한 생
계 대책은 전무한 상황이었다.[9] 세월이 흐른 후에도 외국인 등록법, 지문
날인, 체류자격, 재입국 허가 등의 조건을 걸면서 앞에서 언급했듯이 해

---

8) "한국의 시 계열은 두 개로 양분되는데, 서정지향시가와 현실지향시가가 그것이
　다. 서정지향시가가 평화 시에 전경화되는 시 양식이라면, 현실지향시가들은 혼
　동기나 과도기, 어지러운 시기라는 컨텍스트를 배경으로 해서 등장한다", 강명혜,
　「현실지향시가의 사회시학적 연구」(서강대 박사학위 논문. 1992), 5~25쪽 참조.
9) 카지므라 히데키, 김인덕 역, 앞의 책, 『재일한국어문학 프로젝트 연구』 등 참조.

방 후부터 현재까지도 재일동포에 대한 지속적인 억압정책을 강행한다.

극심한 차별과 핍박을 당하는 상황 하에서 재일동포는 그 부당함과
불공평함에 대해 저항, 고발, 비난하거나, 타자인 일본을 비하시키기도
하지만, 한편으로는 자기 스스로의 삶과 정체성을 돌이켜보며 어쩔 수
없이 주눅 들고 위축되고 있는 자아를 발견하고, 이를 제시하기도 한다.
아이덴티티의 분열과 위축 현상을 보이는 것이다. 이러한 모습이 작품
에 투영된다. 따라서 제일시문학 텍스트에서 형상화되고 있는 또 다른
재일의식은 '자아의 상실 및 위축' 현상이다. 즉, 아이덴티티의 상실과
분열, 위축 현상을 강하게 경험하고 있는 시적 화자의 모습도 빈번히
등장하는 주제소 중 하나인 것이다. 또한 이러한 자아의 부재와 상실도
사실은 이방의식과 연계된다. 이들은 인과관계에 놓이는 것이다.

> 지난날 산 목숨 죽여 내던
> 일본 땅 한 구석진 곳
> 나무 한 그루 서지 못 한 풍경에
> 우중을 탓하듯
> 지렁이가 울고 있나 보이다
> 　　　　　　　　- 강　순, 「장마철」 -

> 고향을 빼앗기고 굶주리던 겨레들이
> 오물을 뒤집고 살던 이 거리
> 식민지노예의 딱지밑에
> 동포들 우글거리던 구석진 이곳
> …
> 상가집 개보다 못한 가난한 노예생활
> 　　　　　　　　- 고봉전, 「조선시장」 -

> 암운에 뒤덮인 조국

망국의 쓰라린 통곡소리만
구천에 사무쳤던
그 치욕의 세월에

땅도 없이
하늘도 없이
≪상가집 개≫만도 못한
우리 동포들이
　　　　　　－ 남시우, 「영원한 불빛」 －

시적 화자는 자신들의 모습을 '지렁이', '상개집 개'라고 극도의 비하적 상징물로 상징화시키고 있다. 아무도 돌아보지도, 배려하지도 않는 대상인, '지렁이', '상가집 개'는 누구의 관심도 애정도 받지 못한 채 무관심 속에서 홀로 '울고 있는 것'이다. 따라서 자신들의 존재가치나 항의는 '지렁이의 울음'처럼 하찮게 반향되고 있음에 한없이 실망하고 있으며, '오물을 뒤집어쓰고 사는 것'과 같은 모습에서 자긍심이란 찾을 수가 없다. 그들에게는 '노예의 딱지'가 붙어있고, '하늘과 땅도 없이 구석에서' 살아야하는 비극적 운명이 수반되고 있는 것이다.

이렇듯이 현실적 상황과 공간 속에 안주할 수 없는 시적 자아는 위축될 대로 되고 있으며, 아이덴티티의 상실과 분열을 경험한다.

우리네 흰옷들은 창창히 더럽히고
우리의 꼬라지는 흙탕이다
　　　　　　－ 강　순, 「日章旗」 －

그러므로 욕된 날을
의지 삼아 산다
머리 붙이고 힘 없이 산다
　　　　　　－ 강　순, 「생철 지붕 아래」 －

시적 화자는 자신들의 '꼬라지는 흙탕'이라고 언급하고 있다. '모습'을 '꼬라지'라고 '비하어'를 사용해 표현하는 양태는 이미, 자아가 분열되고 상실된 형상의 결과적인 표출방식인 것이다. 이미 자신들은 '흰옷'을 더럽혔기에, 앞으로의 삶은 '욕될 수밖에' 없다. 이때에도 '나'는 부재하고, '우리만' 존재한다. 타자의 핍박 하에서, 피압박자인 '우리'는 이미 '하나'일 수밖에 없다. 나와 너는 부재하며, 우리 '민족'만 존재한다. 따라서 작품 텍스트 속에서 '흰옷＝우리 민족'은 함께 치욕을 견디는 '하나로 묶인 공동 집단체'인 것이다. 모든 '흰옷'은 하나로 묶이고 하나로 수렴된다. 이는 남북한, 조총련, 민단계의 이념과 이해관계를 넘어선다. 따라서 이러한 자아의 부재와 상실은 표류하는 이방의식과 연계된다. 이들은 인과관계에 놓이는 것이다.

> ① 相逢의 날에 침을 배앝는 자들이
> 더더욱 멀리 밀어붙이는 모략으로
> 즐거움과 떨어져 살며
> 하여 잊음에 빠진 사람들아
>   − 강 순, 「8월에 들어서며」 −
>
> ② 한평생을 가난과 굴욕속에 시달리다
> 억울하게 돌아가신
>   − 허옥녀, 「복동이」 −
>
> ③ 부모형제와 정든 고향산천
> 피눈물로 생리별하고
> 끌려온 남의 땅
> 향방없이 헤매일 때
> 찬비 내리는 함바에
> 하늘은 너무도 낮았고

캄캄한 지하막장에서는
하늘도 없이 살았다
- 김두권, 「조국의 하늘」 -

아이덴티티의 상실로 한없이 위축된 자아는 '잊혀진 존재'(①)로서, '하늘도 없이'(③), '굴욕 속에 시달리며'(②), '향방없이 헤매게'(③)된다. 이렇듯이 아무 의지가지 하나 없이 떠돌아야하는 '우리'는 '하늘마저 너무 낮아서', '하늘도 없이' 지내야하는 영원한 '이방인'인 것이다. 식민 통치의 결과 피압박자의 입장이 이렇듯이 비참하게 전개되는 것인 줄은 실제로 당해보지 않고서는 뼈저리게 실감할 수 없을 것이다. 그러나 이러한 입장과 상황에 처했을 때는 어느 누구에게나 비슷한 상황이 전개될 것임을 쉽게 추정할 수 있다.

따라서 재일동포 한국어 시의 이러한 내적 논리는 한민족 모두의 공감된 정서로 치환될 수 있는 성향을 보유한다. 이는 사실 어느 개인의 아이덴티티 문제거나, 개인적인 상황이나 성향에서 비롯된 것이 아니다. 우리 근대 민족사의 수치로서 우리가 끌어안아야할 우리와 연계된 우리의 문제며, 우리의 상처인 것이다. 이런 점에서 한민족이면 누구나 '재일'의 감정, 정서를 이해하고 동조하며 공감대를 형성하게 된다. 이는 또 다른 한편으로는 고향을 이탈한, 즉 이향의 결과에서 비롯된 시련과 고통에 해당되기도 한다. 고향을 이탈하는 순간 이미 시련은 예고된다. 따라서 한민족이면 누구나 고향을 이탈하면서 겪게 되는 여러 가지 시련과 고통을 공유할 마음을 이미 집단무의식 속에 잠재시키고 있는 것이다.

3. 고국으로의 회귀

1) 자아의 회복 및 원조에 대한 고마움[10)

한없이 비참하고 의지할 데 없이 '상가집 개'처럼 핍박받고 소외되던 재일동포는, 1945년 9월 '재일본조선인연맹'(조련)이 결성되면서 재일동포의 귀국사업과 생활 돕기, 우리말 강습 등 처우개선과 정체성 확보를 위한 활동 전개에 힘입어 점차로 자아를 회복해 간다. 조금씩 富를 축척해 나가고, 의식이 깨이게 된 것도 자아 회복에 큰 동인이 된다.

특히 '조련'의 '경제적'인 원조 및 뒷받침은 그들의 어깨를 반듯하게 펴주는 역할을 한다. 경제적 원조로 인해 학교도 짓게 되고, 아이들 교육 및 자신들의 취업까지도 해결되었기 때문이다. '조련'은 북측과 연계된 단체였기에, 재일동포들의 구심점은 당연히 북한이 주축이 되며, 조국=북한의 등식이 이들을 사로잡는다. 당시의 상황으로 보았을 때, 이는 당연한 결과이다. 따라서 작품 텍스트에는 원조의 고마움과 함께 수령 및 북한 찬양, 남한 정부 및 미국에 대한 비난 등이 혼효되어 드러난다.

앞에서도 밝혔듯이 본고의 목적은 한민족이 공감할 수 있는 부분을 부각시키는 것이므로, 이들 요소 중 원조의 고마움을 표명한 부분만 천착한다. 이러한 부분까지는 남한 측 입장에서 볼 때도 수용할 수 있는 부분이기 때문이다. 사실 이러한 맥락 하에서 생성된 부분을 이해하고 '재일'을 포용하는 것이 현재 남한에서 해야 할 일이다. 이런 부분까지도 '주체사상'과 동일시해서 비난만 한다면, 부끄럽기 한량없는 일이다. 따라서 북한 측 작품과 재일동포 작품이 표면적으로 보았을 때 하나의 동질성으로 수렴된다고 해도 동일한 의식과 동일한 잣대로 이들을 평가하는 것은 컨

---

10) 본고에서 '원조의 고마움'만을 부각시킨 이유는, 재일의 '수령찬가'나 '주체사상 찬양'의 원인이 바로 '원조'에 있다고 보기 때문이며, 원조의 고마움을 노래한 부분까지는 남한 측의 입장에서 볼 때, 공감대를 형성할 수 있기 때문이다.

텍스트를 무시하는 결과로서 올바른 이해 도달에 장애를 일으킬 것이다.

'재일'의 긍지 회복에 무엇이 작용하였는지가 작품 텍스트에 확연히
드러난다.

> 그 옛날
> 망국노의 멍에를 목에 메고
> 갖은 굴욕과 가난에 시달리며
> 지나던 이 거리를 내려다보며
> 우리 동포들
> 새로 지은 조선회관의 옥상에서
> 조국산천에 울리라고
> 만세를 부르노라
> 우리 겨레들의
> 기쁨의 노래
> 감사의 노래를―
>
> ― 한덕수, 「조선회관의 노래」 ―
>
> 우리는
> 탐스럽게
> 지었노라
> 슬기로운 민족문화 발전시키고
> 청소년들 교과서도
> 찍어내기 위하여
> 학우서방과 구월서방
> 시대사와 청년사도―
>
> 우리는
> 나라없는 망국의 백성이
> 아니라는것을
> 민족적자부심 높이 갖고
> 모두가 새로운 용기로 하여

가슴 설레인다는것을
느꼈노라
– 한덕수, 「집」 –

　‘재일’의 긍지 획득은 우선은, 원조에 따른 가시적인 이익의 결과에서 비롯된다. 우선 그들은 그들이 삶을 공유할 수 있는 공동체 공간이 마련되었음에 긍지를 회복한다. ‘함바’에서 ‘지렁이처럼 울고’ 지내거나, ‘구석에서 눈물짓던 그들’이 반듯하고 깨끗한 건물을 공유하게 되었을 때, 그들의 자긍심과 상실된 자아를 어느 정도 회복한다. ‘조선회관’, ‘학우서방’, ‘구월서방’, ‘시대사’, ‘청년사’, ‘학교’는 재일동포가 함께 공유하고 생활할 수 있는 구체적인 가시물로서, 의지할 데 없고 외롭고 소외되었던 재일동포의 동질성 회복에 커다란 힘을 실어준다. 그들의 떠돌던 영혼은 구심점을 향해 모여들게 되고, 일시적이긴 하지만 안주할 수 있는 토대를 발견한다. ‘우울한 이국의 거리’에 한 줄기 빛이 스며들고 있는 것이다. 따라서 원조의 고마움은 시 텍스트를 통해서 강조되고 또 강조된다.

몇억의
돈이라고만 하겠습니까
우리에게 보내주신
교육원조비와 장학금

147차례나 받아 안은 거액의 돈을
회수나 액수로만 헤아리겠습니까
446억엔을 가지런히 늘어 놓으면
장장 수천리나 된다 하지만
…

황금보다 귀한 돈입니다.
– 손지원, 「그 사랑 가슴에 안고」 –

...
여보이소
내 손자놈이
올봄에 학교를 들게 됐소
그렇지요
그 우리 학교죠

...

우리야 학교문전도 못갔지만
...

경애하는 수령님께서
그 애들을 위해
큰돈까지 보내주시는데
친애비, 할배 된 우리가
뭘 아끼겠소.

― 김학렬, 「여보시오, 내 손자놈이」 ―

  시 텍스트의 시적 화자들은 한결같이 원조의 고마움을 되내이고 또 되내인다. '헤어날 길 없는 구렁텅이에 영영 빠질 뻔했었는데', 바로 그 때, '원조의 손길'을 뻗어 주었다며, 그 고마움을 가슴에 새기고 있는 것이다. 시 작품을 통해서 볼 때, 그 당시 북측의 원조사업은, 재일을 구해주었던 '동아줄'이나 한 모금의 '생명수'의 역할을 했다는 것을 알 수 있다. 실제로 ①번 시 텍스트의 내용 그대로, 147번이나 원조금이 왔는지, 그 액수가 446억엔인지 확인할 수는 없지만, 구체적인 횟수 및 액수까지도 기억하는 '원조'에 대한 그들의 마음을 평가절하할 수는 없을 것이다. 그리고 그 원조는 주로 '교육'에 해당되는 성격을 띠고 있음도 시 텍스트를 통해서 알 수 있다.

  '교육원조비'와 '장학금', 그리고 '학교운영비', '교직원들의 봉급'이 모두 이에 해당된다. 교직원들은 당연히 재일동포로 이루어져야 했기에

‘교직’에 봉사하는 재일동포들의 호구지책도 자연히 해결되었을 것이다.
자식들이나 손자들의 교육이 해결되는 것을 보는 부모나 조부모의 기쁨
을 짐작하는 것도 어렵지 않다. 실제로 ②번 시텍스트의 시적 화자는
‘우리가 뭘 아끼겠냐’며 고마움에 대한 결의를 다지고 있다. 이러한 감
동적인 체험을 하지 못한 한국이나 일본의 독자들은 ‘수령님 찬양’이나
‘북조선 만세’를 부를 때마다 여간 거북한 것이 아니다. 하지만 ‘재일’
이 걸어왔던 역사를 생각한다면 그들의 토로에 맞장구치거나 감동을 느
낄 수는 없다하더라도 적어도 비난과 혐오의 시각만은 거두고 이해의
지평을 넓혀야 할 것이다.

이렇듯이 재일의 한없는 절망과 상실된 아이덴티티는 자신들이 공유
할 수 있는 가시적인 건물 구축으로 인해 어느 정도 회복되면서 점차
그 축을 점차 넓혀 나가기 시작한다.

> 일제의 가혹한 탄압속에서도
> 참대처럼 꿋꿋이 지켜 온
> 우리의 말이며
> 우리의 글이거늘
> 하물며 공민된 자랑이 드높은
> 오늘의 로동당시대에
> 우리 어찌 자랑치 않으리!
>   — 허남기, 「자랑하자, 우리의 말과 글」 —
>
> 어찌 우리 말 우리 글 자랑치 않으리!
>   — 고봉전, 「자랑하자, 우리의 말과 글」[11] —

시 텍스트의 시적 화자 모두가 한결같이 ‘우리 민족의 말과 글을 지

---

11) 리방세, 「입다툼」; 허남기, 「노래」; 오순희. 「≪반일교육≫」; 고봉전, 「자랑하자,
　　우리의 말과 글」

키는 것에 대한 긍지'를 토로하고 있다. '우리말과 우리글은 자랑스러운
것'이며, 이를 '지켜온 것 또한 자랑스러운 것'이며, '반일교육이 아니라
는'이다. '우리의 말과 글'을 공유하면서 함께 향유한다는 것은 '건물의
구축'이 주는 긍지를 넘어선다. '우리의 말과 글'은 한민족일 수 있는
필요충분조건이기에 이를 충족시킨다는 것은 변두리적이며 마이러티한
자신들의 위치를 한 단계 끌어올려서 중심부로 이동하는 일이며, 한 곳
에 뿌리를 내릴 수 있는 조건을 충족시켜준다는 의미를 모두 함유하는
일이기 때문이다. '우리의 건물 구축'이 물질적 원조의 직접적인 결과에
서 비롯되는 일시적인 긍지 회복을 획득한다면, '우리 말, 우리 글'의
당당한 유지와 교육은 민족적 얼을 고양시키고 자아의 동질성, 즉 아이
덴티티를 회복하는 영원하고도 참다운 요건이 된다. 이렇듯이 우리말과
우리글로 무장을 하고, 자신들만의 건물에 모여서 공감대를 나누고 있
는 재일은 이제는 더 이상 '예전의 재일'이 아니다.

> 20세기 유물인 대동아공영권을
> 다시금 꿈꾸는 어리썩은 놈들아
> 그때처럼 우리는 어리지도 않다
> 그때처럼 우리는 외롭지도 않다
>   - 로진용, 「그날을 삭제하라」 -

이제 그들은 어느 정도 자기 동질성을 회복했고, 당당한 자긍심도 지
니게 되었다. '구석에서' '눈물만 짓던' 그들이 아니다. 그들은 큰 목소
리로 '우리는 그 때처럼 외롭지도 않고, 어리지도 않다'고 소리 지른다.
식민지적 폭정이나 핍박에 의해 받은 불이익과 상처가 눈에 띠게 치유
되었음을 시적 청자는 눈치 챌 수 있다. '재일'은 이제 완전히 자신들이
밟고 있는 공간에서 자신들은 당당히 '타자'임을 공언한다. '동화'되려고

노력할 필요도 없다. 자신들의 유토피아적 공간은 이제 마련되었기 때문이다. 따라서 재일은 영원히 이방인으로 남게 된다.

'이방인'이지만 예전의 뿌리 없이 떠도는 그러한 철저히 소외된 '이방인'은 아니다. 귀향할 곳이 있고, 자랑할 만한 국토가 따로 있는 존재들로서, 단지 '재일'에서만이 이방인인 것이다. 이렇듯이 구축된 재일의 자긍심은 점점 당당한 형태로 여러 방면에서 표출된다.

보여주었어라
주체조선의 축구를
이 나라 고도인 교또에서
그리고 오사까, 고베에서도
선풍 일으킨 조국선수들이여

이럴 때
이 긍지, 이 자랑
감격, 행복감으로
아, 우리 가슴가슴은 부글거려라"
– 정화흠, 「충성의 정을 전해다오」 –

오늘날 흔한 내장도…
부자집 보약으로 쓰이고
가난뱅이 입에는 얼씬도 못하였다

일본에 와보니
똥창이라 천대하고
내장은 도살장 쓰레기통에
팽개치기 마련이었다

…

지금은 일본땅 그 어디를 가나

똥창 먹고싶으면
흙 한되 금 한되 폭이라는
가장 번화한 거리에 가시라
≪조선료리≫라고 쓰인 간판이 수두룩하다
       - 로진용, 「내장이야기」

빛을 뿌려라
자유와 해방을 노래하여라
주체의 조선을
이제는 소리 높이 자랑하여라
그릇이여
조선의 청자여!
       - 박호열, 「고려-청자그릇이여」 -

그들의 자긍심은 다양하게 표출된다. 자신들만의 건물과 우리의 말과 글에 한하지 않는다. '운동, 재일본에서의 조국의 음식 문화 인정, 한류의 열풍, 옛 문화물의 인정' 등 다양하게 표출된다. 경제적 안정과 높은 교육의 혜택, 남한의 성장 등으로 인해 그들은 주변의 '타자'라고 인식했던 남한에 대한 시각도 점차 변화한다. 즉, 북측의 주체사상으로 도배한 색안경으로만 남한을 보던 시각에서 점차 탈피하기 시작하는 것이다. 이러한 면모는 3, 4항에서 보다 구체적으로 제시될 것이다. 한국의 위상이 점점 높아짐에 따라 이러한 인식의 변화는 점차 기속화될 기능성은 많다.

그 외에도 비난과 저항의 대상이기만 했던 대일본의 인식에도 약간의 변화의 가능태를 보이기 시작한다. 이를테면, "선량한 일본인민들도/ 적극 지원하였으며"(「실버들」, 한명석), "일본의 벗들속에", 남시우, 「보람」; "외국의 벗들이여", 최영화, 「웃음을 두고」; "조선사람도/ 일본사람도/ 사이좋게 살기를 원하는데/ 그 누가 가져왔단 말인가/ 불모의 바다", 김두권, 「여름우뢰」와 같이, 긍지와 자아, 자긍심을 어느 정도 회복한 제일의식은 주변의 타자로서 자신들의 원수였고, 비난과 비판의 대상이었던 일본을 조금씩 인정하기 시작한다. 그러나 그들의 인정과 허락 속에는 조건이 달려있다. 모든 일본인은 아니며, 특히 일본 정부는 해당되지 않는다. 그들의 조건은, '선량한 일본인'과, '일본인 벗'에 한정된다. 인정할 뿐 아니라 삶을 공유하는 데까지 나아간다. '조선사람도 일본사람도 사이좋게 살기를 원한다'는 것이 그것이다. 조건적이긴 해도 화해하는 여유가 생성되고 있다는 것은 주지할 만한 일이다. 그러나 이러한 일본 인정이, 일본으로의 동화를 뜻하는 것은 아니다. '조선사람', '일본사람'이라는 편 가르기에는, 재일의식의 영원한 표류가 함께 내재한다. 이들에게 있어서 '일본'은 그들의 영원한 귀착지는 아닌 것이다. 재일의식 속에서 영원한 유토피아며, 안주의 공간과 장소는, 결국은 '고국'이고, '고향'인 것이다. 그러므로 재일동포들에게 있어서 '귀향의식'은 필요충분조건인 셈이다.

2) 전통문화 및 고향 정서에 대한 향수

재일동포들이 피눈물을 흘리면서 재일을 할 때, 그들을 지탱했던 유일한 끈은 바로 고향에 대한 회상과 동경, 그리고 고향을 생각하면서 얻게 되는 안정과 평온함이었다. 즉, 재일에서 오는 소외감이나 향수를 극복하는 방법은 행복하고도 안온했던 과거를 회상하는 일이었던 것이다. 이들에게 있어서 과거, 즉 고향에서의 추억은 아름다울 수밖에 없다. 무릇 '과거 회상'이란 아름다운 시간으로 채색되는 것이 상례인 데다가, 1세대에게 있어서 고향은 거의 '유년'만의 공간이기 때문에 더욱 그러하다. 또한 2, 3세대는 부모나 조부모의 기억 속에 승화된 '아름다운 추억의 고향'만을 '공유'했기에 1세대와 거의 같은 노선을 걸을 수밖에 없었을 것이다. 따라서 재일시 텍스트에서의 고향에 대한 추억이나 느낌은 거개가 아름답고도 즐거운 추억으로만 묘사된다는 특징을 보유한다.

① 하여 한 되 떡을 쳐도
돌려 가며 먹었고
하잘 것 없는 일로 눈을 부라리다가도
새아씨 드는 날이면
손잡고 들썩해지는 동네 잔치날
　　　　　　 - 강　순,「생철 지붕 아래」-

② 떡국 갈래도 식혜도 두부 부침도 색동저고리도 공단 댕기도 그
렇게 시누이가 잘 뛰더라던 널도 나 모르겠다
　지금 내게는 닥치고 만 이 날 밤이 설고 설을 뿐이다"
　　　　　　 - 강　순,「대그믐 밤」-

③ 비소리에
환상이 나래치면
오이 숭숭
애호박 썰어 넣고
머리 속에선
난데 없는 토장국이 끓고 있습니다
　　　　　　 - 강　순,「장마철」-

한민족에게 있어서 명절의 추억처럼 즐거운 추억이 또 있겠는가. 먹을 것이 풍족치 못했던 예전에는 특히 명절은 모든 사람들에게 즐거움을 공유하는 시간으로 점철된다. 철모르는 어린 것들은 물론이고, 주부들도 음식 만드는 일을 현대의 주부들처럼 노역으로 생각하지 않았다. 맛있게 식구들이 먹을 것이라는 생각에 흥겹기는 다른 식구들과 마찬가지였다. '떡을 치는 일', '만들면서 먹는 일', '색동저고리와 공단 댕기', '널뛰기', '잔치' 등은 모두 우리가 교감할 수 있는 우리 명절의 즐거운 풍광이다.

또한 ③번의 시적 화자처럼 한국인이라면 누구나 비 오는 날 애호박 썰어놓고 끓인 토장국이나 애호박 넣고 지진 부침개에 대한 맛을 정확히 기억할 것이다. 이는 일개 미각을 넘어서는 공분모적인 아름다운 추억의 일환이며, 한민족으로 수렴되는 공유된 감정이다. 이렇듯이 시 텍스트에서 과거를 회상하는 시적 화자의 목소리는 한껏 달떠있다. 따라서 시적 분위기도 그 순간만은 밝고도 유아적이고 아련하다. 비록 현실적 공간이 '섧고 또 섧더라도'. 또한 과거와 대비 된 현재가 더 비참할지라도, 이는 고향을 추억하는 시간이기에 가능한 양태인 것이다. 이는 결국 표층적 기표로는 단순한 과거회상의 모습이지만 심층적인 기의로는 귀향 욕망의 의지가 내재하고 있음을 반영하는 부분이기도 하다.

1세대의 '고향에 대한 기억과 고향에 대한 정서'를 2, 3세대가 어떻게 함께 향유하고 공감대를 형성할 수 있을까에 대한 문제도 시 작품을 통해서 해답을 얻을 수 있다.

> ① 고추냄새가 난다
> 그러기에 그것은
> 내 사지를 떨게 한다
>
> 내 고향의 산이 노래한다
> 내 고향의 강이 노래한다
>
> …
> 그러기에 그것은
> 한밤중 구름에 메아리치고
> 먼 이역에 살고있는
> 내 심장을 두드리고있는게다
>   － 허남기, 「야밤의 노래소리」 －

② 그것은 언제이던가
≪조선에서 따먹은 풋고추 맛이
참 별맛이였더구나…≫
어느날 아침
고향생각에 잠기신 아버지의 그 말씀
뚜렷이 안겨오누나
— 박호열, 「풋고추」 —

고향을 상징하는 대체물로 '고추'가 등장하고 있다. 사실, 한국인의 미각을 대표하는 음식으로는 '고추'만한 것이 없을 것이다. 따라서 고추는 우리의 정서 공유 지점으로 '한국'의 상관적 대치물로 환치된다. 이때, ①작품의 경우는 시적 화자의 직접적인 체험에서의 '고추'가 지니는 맛과 이미지를 반영하는 것이며, ②작품의 경우는 아버지의 말씀을 통해서 경험하게 되는 '고추'에 대한 간접 체험을 제시한다.

①의 시 텍스트에서의 '고추'는 조국과 치환 가능한 상징물로 작용한다. 고추=조국이기에 고추는 '내 사지를 떨게 하고', '내 심장을 두드리는 것'이다. ②의 시 텍스트에서의 시적 화자의 부친은 고향을 생각하면서, 하필이면 '고추'를 떠올리고 있다. 이 광경을 보면서 시적 화자는 무심히 넘기지 않는 것이 주목된다. '그 말씀을 뚜렷이 안는', 즉 '가슴에 새기는 것'이다. 간접 체험을 주관화시키고 있는 대목이다. 이러한 모습을 통해서 2, 3세대의 고향 향유 체험이 어떻게 생성되었는지를 알 수 있다. 즉, 이러한 과정 속에서 재일동포의 조국이나 고향 정서에 대한 통합적 상상력이 공분모적으로 생성되어 현재까지 유지된다고 할 수 있다. 따라서 2, 3세대의 귀향 지향성은 어느 측면에서는 1세대보다 더 강할 수가 있다.

우리 인민의
소박하고도 깨끗한 마음인양
수수하고 그지없이 맑은 연분홍빛
넓으나넓은 어머니품인양
포근하고 자애에 넘친 네 모습

…

어이하여
이역의 칼바람속에서도
령롱한 빛 누리에 뿌리며
우리 가슴 자꾸만 후덥게 하느냐
　　　　　　　　　- 허옥녀,「진달래야」-

날더러 조국을 보았느냐 물으면
내 이렇게 대답하리
아름다운 내 조국
푸르른 하늘은 두눈에 삼삼코
구룡연 폭포소리 귀에 쟁쟁해
간밤에도 꿈속에 걸어 왔다고
　　　　　　　　　- 손지원,「조국은 언제나 마음속에」-

꿈결에도 그립던 조국산천에
고스란히 몸을 맡긴듯
내 가슴에 흘러드는 황홀한 노래를

고향 떠나 수십년
못잊을 고향생각 ≪사향가≫에 담아
파란 많던 이국살이 더듬어보는가
　　　　　　　　　- 허옥녀,「나는 본다」-

　이들 시 텍스트의 작가들은 모두 재일 2세대로서, 일본에서 태어났다. 따라서 고국에 대한 직접적인 경험이 없다. 모두가 1세대를 통해서 들었거나, 피상적으로 느낀 감정 토로이다. 그러나 1세대의 심안으로 보거나 간접적으로 느낀 '고향'이라고 해서 허구이거나 거짓된 감정은 아니다. 오히려 그들은 1세대 보다 귀향의식이 강렬하다. 왜냐하면 유토피아로서의 고향을 가슴에 품고 있기 때문이다. 따라서 작품 속 시적 화자(=작가)들은 「사향가」를 들으며, '황홀함'에 젖게 되고, 조국의 「구룡연」을 생각하면서 '꿈속'을 헤매며, 한 떨기 진달래를 통해서도, '어머니의 품'을 연상하게 된다. 따라서 이들에게 있어서 조국이나 고향은 거의 피안의 세계로서, 자신들의 모든 것을 감싸주는 '어머니의 품'으로 치환 가능한 그러한 공간이며 장소인 것이다.

> 울음이 되어 들려오는 그들의 목소리
> 귀전을 때리는 피의 웨침소리
> 어머니 보고파라!
> 고향땅에 가고파라!
> — 강명숙, 「원한은 타번집니다」 —

> 반겨줄
> 고향은 자꾸만
> 멀어지는 것만 같고
>
> 어머니의 목소리만은
> 그래도 끊임없이
> 가늘게나마
> 하늘에서
> 메아리친다
> — 김 윤, 「어머니의 목소리」 —

시적 화자들은 '고향 땅'을 어머니와 동일시하고 있다. 따라서 '어머니'가 보고 싶고 그리운 만큼 '고향 땅'도 보고 싶고 그리우며, 고향을 생각하면서 어머니를 그리게 된다. 사실 땅, 즉 대지는 '어머니'로 형상화되는 인류의 영원한 아키타입이다. 여성과 대지는 무에서 유를 생성하는 의미에서 동일시되기 때문이다.[12] 이런 이유에서 '조국'은 거의 '어머니'로 형상화되며, 우리의 경우도 어머니로 상징화되는 우리의 국토는 우리의 영원한 원형상징인 것이다. 따라서 이는 이념과 시간과 공간을 초월해서 되풀이 되는 우리의 집단 무의식적인 공분모적 상징물이다.

결국, 고향을 이탈해서 남의 땅 일본에 거주하는 재일동포는 이향에서 오는 이방의식 및 종주국으로부터의 핍박 등으로 자아가 분열되지만, 귀향할 수 있는 가능성과 조국의 원조, 그리고 고향의 습속 및 고향 산하 등을 상기하면서 자아를 회복하고 자신감을 획득하게 된다.

재일 시 텍스트 속에서 나타나는 우리의 전통이나 고향 정서에 관한 주제소는 대략 다음과 같다.

① 먹거리: 된장국, 고추, 옥수수, 떡, 김치, 애호박, 오이, 토장국, 불고기 등.
② 의복: 색동옷, 저고리, 흰옷, 색동저고리, 꽃 댕기, 공단댕기 등.
③ 주변의 산하: 금강산, 묘향산, 구룡연, 흙, 보름달, 삼수갑산, 기러기, 뻐꾸기, 귀뚜라미, 송사리, 앞개울, 채송화, 진달래, 무궁화, 박꽃, 개나리 등.
④ 세시풍속: 그네, 널, 씨름, 그믐 밤, 떡국, 상모돌리기, 명절, 송편, 농악무 등.
⑤ 문화: 민요, 동네잔치, 북소리, 썰매, 새아씨, 팽이, 봉숭아꽃물, 가락지, 선녀, 고려청자, 청자그릇, 상여 등.

---

12) 강명혜, 「궁중의례악의 기능 및 본질」, 『고려속요·사설시조의 새로운 이해』(북스힐, 2002), 64~73쪽 참조.

3) 우리 말, 우리 글, 후진 양성에 대한 애정

해방직후에 결성된 당시 최대의 재일 조선인 대중 조직인 재일본 조선인연맹(조련) 산하의 민족학교는, 미군점령하의 일본정부로부터 '일본의 교육방침을 따르지 않는다'는 이유로 탄압을 받았다. '한신(阪神)교육투쟁사건'이 이를 잘 반영한다. 민족학교는 그 후 1949년 10월에 GHQ가 내린 조선인 학교 폐쇄령에 의해 해방 후 불과 3년 반 만에 괴멸상태가 된다. 대한민국을 지지하는 우파 민족단체가 경영한 학교도 있었지만 조련 학교와는 비교가 안 될 정도로 그 수도 규모도 적었다. 그 후에도 민족학교는 일본정부로부터 제도적인 차별을 계속 받아왔다.[13]

이러한 역사적인 핍박을 받은 재일동포는 '우리 말, 우리 글' 지키는 것에 모든 신경과 힘을 집중한다. 민족어의 탄압 정책은 사실 어제, 오늘 일이 아니다. 식민지 치하에서 시작된 민족어 탄압은 그 연장선상에서 후에도 지속되고 있다는 데에 문제의 소지가 내재한다. 이런 맥락하에서 우리 말과 글에 대한 인식은 자기 정체성의 핵심 요소로 받아졌으며, 우리 말과 글을 지키는 것은 우리 민족이기 위한 필요충분조건이고, 우리 민족의 공통된 과업이며, 우리 의무 중 하나로 인식된다. 재일동포 한국어 시 텍스트에는 이러한 면모가 잘 부각되고 있다.

> 일정이여!
> 十여년 전 학교 문을 닫게 한
> 그 더럽고 피비린내 나는 손으로…
>   ― 김태경, 「귀국의 길은 막지 못 한다」 ―

---

13) 송혜원, "재일 조선인 문학의 조선어로의 창작 활동의 변천", 재일 조선인 조선어문학의 현황과 과제, 와세다대학 조선문화연구회, 해외동포문학편찬사업 추진회, 재일본조선문학예술가동맹, 2004.12.11, 2쪽.

시적 화자는 '일정이여'라는 돈호법을 사용하며, 텍스트 내 시적 청자에게 말을 건넨다. 텍스트 내 시적 청자는 바로 '일정'이다. 일정은 바로 민족학교의 문을 닫게 한 대상이기에 어조는 비난조를 띠며 강하게 부각된다. 직접적인 언술로 사실을 토로하고 있는 것이다. 이렇듯이 상징이나 비유를 사용하거나 엿듣기에 의존하지 않고, 작가의 직접적인 목소리로 실제적 상황을 제시하는 현실지향시가들은 앞에서도 언급했지만, 개화기의 저항시가나 그 후 프로문학 계열, 현실비판의 시와 동궤에 놓인다.[14) 이렇듯이 이들은 학교 문을 닫게 되었지만 이들은 결코 우리의 말과 글을 포기하지 않는다.

> 시대는 흐르고 세대는 바뀌었다
> 말하긴 쉬워도 동무여 생각해 보자
> 천대 받던 그날에 무엇이 더 소중했던가
> 피로써 지킨 우리 조직 조선의 말과 글
> 넘겨 받은 행복이 크면 클수록
> 이어 갈 래일이 새 세대에겐 있네
>   — 서정인, 「말하긴 쉬워도」 —

천대를 받았지만 '피로써 지켰기'에 아직도 우리 말이 건재함을 언급하고 있다. 선조들로부터 이어져왔기에 우리 말과 글을 사용하는 것은 행복한 일이며, 특히 이어갈 내일이 새 세대에게 있기에 우리 말과 글은 영원히 지켜질 것이라는 암시가 개입되어 있다. 그러나 그것이 용이한 일이 아님을 이들은 알고 있다. 과거에 선조들이 '피로써' 지켰다면, 현재와 미래도 그리 낙관적이진 않은 것이다.

---

14) "서정지향시가들이 평화 시에 등장하는 시 양식이라면, 현실지향시가들은 혼동기나 과도기라는 컨텍스트를 배경으로 해서 등장한다." 강명혜, 「현실지향시가의 사회시학적 연구」, 서강대 박사학위 논문.

여기는 일본땅
양말 투성이에
부패한 음악이 거리를 뒤덮는다

여기는 일본의 거리
독스러운 잡지
원색의 추잡한 포스터가
범람하는 거리
요란스런 잡탕
이 도시에
우리의 귀여운 아들딸을
유혹하는 아가리가 있다

그래도 맑은 꽃들은
…
아름다운 우리 옷을 입고
아름다운 우리 말과 글을 쓰며
그 헛된 흐림을 이겨나간다

일제의 가혹한 탄압속에서도
참대처럼 꿋꿋이 지켜 온
우리의 말이며
우리의 글이거늘
— 고봉전, 「자랑하자, 우리의 말과 글」 —

　가장 큰 문제는 재일이 거주하는 공간이 일본이라는 데에 있다. 현재 일본은 '양말(외국어), 부패한 음악, 원색의 도색잡지, 독스런 잡지' 등이 판치는 잡스러운 도시이기 때문이다. 이러한 도시에서 우리의 아이들은 그대로 방치되어 있는 것이다. '유혹의 아가리'를 벗어나기 위해서는 다시 '피나는 노력'을 해야 할 지도 모르는 상황인 것이다. 그러나 시적 화자는 낙관하고 있다. 하지만 실제 '재일'은 낙관할 수만은 없는 상황이다. 3세대가 거의 한글을 하지 못하거나 심지어는 국적을 바꾸는 일이 빈번해졌기 때문이다. 국적의 이적은 아직은 그리 많다고는 할 수 없지만 언어문제는 심각한 것이 사실이다. 집에서나 가끔 사용하는 언어를 고수하기에는 현대를 살아가는 현대인들은 할 일이 많기 때문이다.

그렇다고 쉽게 포기하지는 않는다.

> ≪아야 어여≫
> 글 읽는 소리 울립니다
> 또랑또랑 울립니다
> 찌는듯한 더위도 아랑곳없이
> 선생님을 따라서
>
> ≪ㄷ ㅌ ㄸ≫
> 우리 말 자모음 따라 읽는이는
> 30 여 년을 하루와 같이
> ≪국어≫를 가르쳐 온 모범교수자입니다
>
> …
>
> 우리 말 화술은 ≪마술≫입니다
> 아름다운 우리 말에 스스로 취합니다
> 우리 말 할줄 아는 긍지가 부풉니다
> 온 몸에 흐르는 민족의 피가 끓습니다
> …
> 글 읽는 소리 울립니다
> …
> 애국애족 이어지는 소리
> 메아리칩니다
> — 서정인, 「또랑또랑 울립니다」 —

모국어를 열심히 습득하는 정경을 묘사하고 있다. 우리 말은 '아름답고', '마술'이며, 우리 말을 하는 것이 '긍지'며 '애국애족'하는 일이라고 치부하는 이상, 우리 말 지키기는 지속될 것이기 때문이다. 모국어를 고수하는 일은 1세대부터 3세대까지 지속적으로 노력해야만 가능한데, 시 텍스트 내에서는 이 모두가 발견된다는 점에서 고무적이다.

> 귀여운 꽃봉오리
> 그것은 바로 나의 미래
> 조국을 지고나갈 우리의 후대
>
> 내 오늘의 한 교육자로서
> 영예로운 임무에
> 더 충실하려면
>
> 조국이 맡겨준 저 보배를
> 끝까지 책임지고
> 지켜가는것이다!
>
> — 남시우, 「투쟁속에서」 —

2세들을 위한 교육에의 열망과 중요성, 그리고 교육을 하는 사람으로서의 영예와 긍지, 그리고 책임감, 각오와 다짐 등이 시적 화자들에 의해 투영되고 있다. 재일의 임무는 '우리나라 사람으로서의 민족정체성 지향'이며, 이는 곧 우리말, 우리글 지키기와, 이렇듯이 2세들의 교육으로 환원되어 투영된다. 민족교육의 문제는 민족차별을 극복하고 한국인으로서의 민족적 정체성을 확인하기 위한 일 방편인 것이다. 3세대에게도 우리 말, 우리 글에 대한 인식은 1, 2세대에 비할 것은 아니지만 상당한 비중을 두어서 신경 쓰고 있는 부분임은 틀림없다.

민족을 규정짓는 기본 원칙 중 하나는 '동일한 언어 사용'이다. 하지만 우리나라와 같은 특수한 상황, 즉, 식민지를 경험하고, 강제 이주나 징용과 같은 이유로 재외에 거주하게 된 동포들의 3, 4세대의 언어문제를 우리는 탄력성 있게 수용해야만 한다. 비록 우리의 글과 말이 아니고, 자신들이 거주하는 그 곳의 언어를 사용한다고 해도 우리의 얼과 정신을 지키고 있고, 한민족을 지향하는 아이덴티티를 지니고 있으며, 귀향을 꿈꾸고 있는 우리의 동포들을 도외시할 수는 없기 때문이다. 따라서 그들의 기본 정체성이 한민족에 있다면 이들을 아울러야 하며, 이런 점에서 우리 민족문학의 정의를 좀더 확대시킬 필요가 요구된다.

4) 조국 통일 지향

재일시문학 텍스트의 고찰을 통해서 얻은 결론은, 재일이 정말 원하는 것은 일본에서의 대우 개선이나 민속적인 통합, 일본으로의 귀화 등이 아니라 '남북통일이 된 조국, 즉 고향으로의 귀향'이라는 점이다.

1, 2세대가 진정 원하는 것은 어머니같이 감싸주는 푸근한 조국의 고향 땅으로 귀향해서 우리의 옷을 입고, 우리의 음식을 먹으며, 우리 산하의 풍광을 만끽하는 일이며, 3세대는 부모나 조부의 기억의 편린을 조합해서 아름다운 조국으로 유토피아화시킨 그 고향 땅에서 행복한 삶을 영위하는 일이다. 그들은 그 모든 것이 통일이 되어야 가능하다고 믿는다. 따라서 열렬하게 무조건적으로 '통일'만을 부르짖는다.

> 아, 그날이 어서오면 좋겠어
> 조국통일 위해서 배우는 한 가슴속
> 동무들아, 나는 이제 평양행차표를 끊어간단다
> 분계선 철조망을 끊어간단다
> — 최영진, 「개찰원이 된단다」 —

> 돌아가신 할아버지, 할머님이

하늘나라에서도 부르실 그 말
아버지, 어머니, 형님, 누나들이
애타게만 바라는 그 숙원을
우리가 더 쓰자요

우리의 온몸이 붓이 되여/이렇게만 쓰자요
≪조국통일!≫
                    － 최영진, 「쓰자요!」 －

하나의 8.15를
그렇소, 분회장
형의 부모, 동생의 부모가 따로 없듯이
한피줄 한겨레에
두개의 조국이 어데 있게쏘
                    － 정화수, 「영원한 사랑 조국의 품이여」 －

돌멩이 하나
아, 돌멩이여
너는 말이 없어도
나의 소원을 알리라
미제를 물리치고 조국통일 이룩한 날에
내 너와 함께
네가 자란 고향에도 찾아가련다,
                    － 류인성, 「고향」 －

우리는 불러야 한다
우리가 안부르면 그 뉘가 부를거냐
너도나도 ≪조국통일≫ 소리높이 부르며
굴함없이 싸우며 우리는 가야 한다
                    － 정화흠, 「우리는 가야 한다－조국통일 도보행
                        진길에서－」 －

통일의 그날을 그려

고향땅에 돌아갈 날 고대하며
꿋꿋이 싸우다 가신 어머니
그 뜨거운 뜻 담아선가
　　　　　－ 강명숙, 「수국화」 －

　시 텍스트 내의 시적 화자들은 한결같이 동일한 목소리로, '조국통일'
을 목 놓아, 소리높이, 간절하게 부르고 있다. '온 몸이 붓이 되어', '조
국 통일을 쓰기'도 하고, '목소리를 높이며', '앞으로 앞으로', '돌멩이를
갖고', 통일의 길, 조국·고향의 길로 가야함을 부르짖고 또 부르짖는다
(가자, 가자, 앞으로, 앞으로). 그들은 이러한 자신들의 열망이나 의지에
대한 장애 요인을 '외세'와 '남한의 고위층'으로 분석하고 이들을 지속
적으로 비난한다. 그러한 시각 또한 북측의 주체사상 랜즈로만 조망한
결과이다.

　　…
　　우리는 통일을 부르는 세대

　　…
　　조국땅 한번 못본 우리지만
　　소박한 부모님의 마음을 이어
　　조국을 사랑하는 뜨거운 마음을
　　심장에 새겨온 우리들이거니

　　…
　　기어이 열고야 말 하나의 길
　　기어이 가닿아야 할 그곳
　　하나로 이어진 금수강산을
　　꿈결에도 찾는 우리니
　　모든 외세의 힘을 거절하여

우리 힘으로
우리 손으로
그 길을 열고야 말며
우리의 마음
기어이 가닿아야 한다

통일!
우리는 부른다
우리는 부른다 통일!
─ 오순희, 「통일을 부르는 세대」 ─

시적 화자는 모든 외세의 힘을 거절하고 우리의 힘으로 통일의 길을
열어야 한다고 주장한다. '조국을 사랑하는 마음'을 '심장에 새겨왔기'에
'반드시 가야만 하는 길'이 바로 '통일의 길인 것'이다. 사실 현재 한민
족에게 통일이란 이슈는 남북한, 조총련계, 민단계를 모두 아우르는 공
통된 원망과 소망의 기의며 기표이다. 그러나 과정과 원인, 결과에 대한
접근 방식과 이해도는 동상이몽이라는 것에 문제가 있다.

힘주는 북한과
통일의 날은 언제 오나.
우주의 종말도
첫사랑의 시련처럼
올 것인가
올 것인가
─ 이승순, 「우주의 종말은 올 것인가」 ─

민단계열의 재일 시 텍스트의 시적 화자는 '통일'에 '회의적'이다. 장
애의 원인은 '힘주는 북한' 때문이라는 것이다. 통일을 원망하는 시작점
은 우리 동포 모두가 동일하지만, 과정과 결과는 이렇듯이 서로 변별된

다. 즉 북한측(조총련), 남한측(민단)이 양분된 시각으로 괴리감을 보이는 것이다. '북'의 시각과 부합되는 '재일'의 조국 통일에 대한 이해와 시각은, 분단과 비통일의 책임을 '미제'나 '일제', 그리고 남한의 부패된 '고위층'으로만 몰고 가는 불균형적 시각에 몰두해 있기에, '통일'의 문제를 낙관적으로 수용한다. 이러한 그들의 인식이나 이념, 사상은 역사, 사회적인 컨텍스트의 맥락에서 충분히 이해가 된다고 해도, 북쪽의 불균형적인 정보에만 너무 의존하고 있어서 비논리적이고 형평성의 원칙에서 평형감각을 잃고 있다. 즉, 남한에 대한 비난은 지나치게 구체적, 말초적이며, 북한에 대한 찬양은 추상적, 이상적이기만 하기 때문이다. 따라서 진정한 이해와 호응을 끌어내는 일이 쉽지 않다.

> 기쁨이 눈물이냐
> 눈물이 기쁨이냐
>
> 김정일장군님 비행장에 나가시여
> 김대중대통령의 손 굳게 잡으신 그 영상 우러를 때…
> 하염없이 눈물이 흘러 내리네
>
> 얼마나 기다린 순간이였더냐
> 이 순간을 위해
> 참고 참아 오던 눈물이 아니였더냐
>
> …
> 력사의 상봉이여
> 상봉의 기쁨이여
> 환희의 눈물이 억수되여 흐르는데
>
> 뜨거운 눈물이 기쁨이 되여
> 기쁨이 뜨거운 눈물이 되여

한피줄을 이은 가슴에 흐르고 또 흐르누나
- 손지원, 「기쁨이 눈물되여」 -

이런 시각을 고수하기에, 2000년 6월 13일에 김일성 주석과 김대중이 만나 '남북최고위급 회담'이 이루어지는 것을 보면서 당장 통일이나 된 듯이 뛸 듯이 기뻐할 수 있다. 그러나 현실은 '재일'이 주체적 시각으로 이해하기에는 복잡한 양상으로 되어있다. 단성적이질 않다. 그들의 이렇듯이 단일하고 단순한 시각과 지식은 와해되어야만 한다. 장미 빛으로 채색되지 않은 남북의 현실을 똑바로 직시해야 한다. 두렵고 인정하기 힘들더라도 남북의 상황을 균형감각을 갖고 논리적으로 이해해야만 추상적인 이념에서 탈피할 수 있을 것이다. 현재 '재일'의 문제는 '알을 깨고 나오는' 고통을 겪어야 한다는 데에 있다. 통과제의적인 아픔을 겪은 후에 비로소 참다운 통일문제를 언급할 수 있을 것이다. 나아가서 양쪽으로 갈라진 조국의 화해적 접점을 모색해서 '구호'가 아닌 실천적인 입장을 견지하면서 통일의 견인점 역할을 할 수도 있을 것이다. 또한 그럴 수 있도록 자생력을 길러주고 원조를 아끼지 않아야 하는 것이 현재 우리 남한측에서 해야 할 의무요, 도리일 것이요, 통일의 초석을 놓는 일 중 하나일 것이다.

4. 맺음말

본고는 '재일' 의식이 작품 속에서 어떻게 형상화고 있는지를 살펴서, 그 특질을 규명하고자 했으며, '재일문학'을 우리 문학사의 일부로 수렴시켜서 통일문학사 수립에 기여할 수 있도록 하는 것을 그 목적으로 했다. 즉, '주체사상'에 입각해 창작된 시 텍스트 행간 속에 내재된, 우리 민족의 문화, 역사, 얼(정신), 감정 등에 기반한 민족정신, 민족정서, 민족전통 등, 민족 동질적 측면을 주축으로 해서 재일의식의 문학적 형상화의 실체를 규명하고자 했다.

그 결과, '재일'은 이방의식, 불공평·차별·핍박에 대한 불만 및 고발, 자아의 상실 및 위축, 자아의 회복 및 원조에 대한 고마움, 전통문화·고향 정서에 대한 향수, 우리 말·우리 글·후진 양성에 대한 애정, 조국 통일 지향 등으로 형상화되고 있었다.

재일시문학 텍스트의 고찰을 통해서 얻은 결론은, 재일이 정말 원하는 것은 일본에서의 대우 개선이나 민속적인 통합, 일본으로의 귀화 등이 아니라, '남북통일이 된 조국, 즉 고향으로의 귀향'이라는 점이다. 따라서 열렬하게 무조건적으로 소리 높여서, '통일'만을 부르짖고 있었다. 사실, 한민족에게 통일이란 이슈는 남북한, 조총련계, 민단계를 모두 아우르는 공통된 원망과 소망의 기의며 기표이다. 그러나 과정과 원인, 결과에 대한 접근 방식과 이해도는 동상이몽이라는 것에 문제가 있었다.

통일문제는 현재, '재일'이 북측의 주체적 시각으로만 이해하기에는 복잡한 양상으로 되어있기 때문이다. 따라서 '재일' 의식은 우리 민족적 정신, 정서를 기반으로 해서 조국으로의 귀향 아이덴티티를 보유하고는 있지만, 그럼에도 불구하고 가장 큰 문제는 장미 빛으로 채색되지 않은 북한의 현실을 똑바로 직시한다는 것과, 두렵고 인정하기 힘들더라도 남북의 상황을 균형감각을 갖고 논리적으로 이해해야 한다는 점이다. 이런 과정을 거친 후에야 비로소 참다운 통일문제에 개입할 수 있을 것이며, 나아가서는 양쪽으로 분리된 조국의 화해의 접점을 모색해서 '구호'가 아닌 실천적인 입장을 견지하면서 통일의 견인점 역할을 할 수도 있을 것이다. 이를 위해서는 남한측의 전폭적인 이해와 원조, 지지가 필수적이며, 의무요, 통일을 위한 초석을 놓는 일이 될 것으로 보았다.

참고 문헌

강순, 허남기, 남시우, 김두권, 김윤호, 김학렬, 리금옥, 오상홍, 정화수, 정화흠, 한덕수, 김리박, 로진용, 류인성, 박호렬, 허옥녀, 최용진, 강명숙, 오순희, 오향숙, 김태경, 박산운, 고봉전, 김아필, 박호렬, 손지원, 김병두, 김정수, 한명석, 김윤, 오홍삼, 오홍심, 최영진, 홍순련, 이승순, 서정인, 『문예동』, 『종소리』시집 외.

강명혜, 「현실지향시가의 사회시학적 연구」, 서강대 박사학위논문, 1992.

강명혜, 『고려속요 · 사설시조의 새로운 이해』, 북스힐, 2003.

김은영, 「김윤시 연구」, 『한중인문학연구』제15집, 한중인문학회, 2005.8.

김윤식, 『한국문학의 근대성과 이데올로기 비판』, 서울대학교출판부, 1987.

김응교, 「일본속의 마이너리티, 재인조선 시」, 『시작』, 2004.겨울호.

김학렬, 「재일 조선인 조선어 시문학 개요」, 「21세기 동북아 한국어문학연구의 현황과 전망」, 숭실대 인문과학연구소 · 숭실어문학회 · 중국조선 · 한국문학연구회 국제학술대회 발표논문집, 2005.2.16.

손지원, 「조국을 노래한 재일조선시문학 연구(1)」, 『겨레문학』, 재일본조선문학예술가동맹 문학부, 2000.5.25.

심원섭, 「재일 조선인 시문학에 나타난 자기 정체성의 제양상」, 『한국문학논총』제31집, 한국문학회, 2002.10.

유숙자, 『재일한국인문학연구』, 월인, 2000.

이경수, 「재일동포 한국어 시문학의 전개과정」, 『한중인문학연구』제14집, 한중인문학회, 2005.4.

조해옥, 「재일 한국인의 분단 극복의식」, 『한중인문학연구』제14집, 한중인문학회, 2005.4.

홍기삼, 『재일 한국인 문학』, 솔, 2001.12.

「재일 조선인 조선어문학의 현황과 과제」, 와세다대학 조선문화연구회, 해외동포문학편찬사업 추진회, 재일본조선문학예술가동맹, 2004.12.11.

제2장
'재일' 현실의 소설적 형상화

재일 한국어 소설문학의 최근 동향

허 명 숙

──────────── 목 차 ────────────

1. 머리말

이 연구는 『겨레문학』에 실린 소설작품을 검토하여, 그것들의 전반적인 특질을 밝히고, 소위 '재일조선인 3(4)세대 작가'라 불리울 신인작가들의 작품에서 발견되는 새로운 경향들을 조명해 보고자 한다. 2000년

5월 창간된 『겨레문학』은 '재일본조선인문학예술가동맹'의 문학부에서 발간하는 순수문예지로서, 그 前身이라고 할 『문학예술』보다 훨씬 더 적극적으로 신인작품을 발굴 게재하고 있다. 이러한 편집방향은 "글을 쓰는 사람들을 위하여 특히 젊은 문필가들에게 발언하는 마당을 제공하기 위하여"라는 창간사를 통해 분명하게 확인할 수 있다. 『겨레문학』 1호부터 7호까지를 검토한 결과, 소설작품은 기성작가의 소설 21편, 신인작가의 소설 39편이다. 기성작가가 발표한 21편은 장편과 중편 연재를 포함한 수치이므로 신인작가의 작품이 기성작가 작품의 배 이상을 차지한다고 할 수 있을 것이다.

최근 재일조선인 사회는 세대교체와 더불어 민족의식, 민족어, 민족성 등이 점점 희박해지고 있는 것을 심각하게 걱정하고 있다. 그래서 민족성과 민족자주의식을 함양하기 위한 운동을 적극적으로 추진하고, 그 선봉을 문학이 담당해야 한다고 강조한다. 문학이 그 역할을 담당해야 한다고 믿는 첫째 이유는 문학이 '조선말'을 쓰고 읽는 일을 재생산해 내기 때문이다. 그들에게 "언어는 곧 민족이고 말은 감정"[1]으로 인식되고 있듯이, 재일동포 사회에서 민족어는 그들의 민족 정체성을 확인하고 지속하는 데 매우 중요한 역할을 담당해 왔다.[2] 둘째 이유는 실재(Reality)를 재현하는 문학은 '자신들과 동일한 사회적 실재 안에 존재하는 동시대인'을 상상하는 경험을 제공해 주기 때문이다. "이러한 상상은 이들과의 친교와 공동체의식을 상상할 수 있는 기반을 제공"[3]한다.

90년대 들어서서 재일동포 문학계에서 눈에 띄는 경향은 소설의 장

---

1) 박종상, 「조선글로 소설을 쓰는 의미」, 『겨레문학』3호, 2000.겨울, 3쪽.
2) 언어가 민족주의 운동에서 본질적인 토대는 아니라 하더라도 민족의식의 기원을 형성하는 데 매우 중심적인 역할을 한다는 것에 대해 앤더슨은 그의 저서 『상상의 공동체』에서 '인쇄 자본주의와 민족 공동체 형성의 관계'를 통해 규명하였다: Benedict Anderson, 윤형숙 역, 『상상의 공동체』, 나남출판, 1991, 제2~3장 참조.
3) 윤형숙, 「역자해설」, 위의 책, 267쪽.

편화이다. 이제 고령이 된 1세대 작가들은 자신들이 겪은 '재일조선인운동'의 체험을 기록적으로 재현한 장편소설들을 발표하고 있다. 재일동포 역사 기록에 대한 절박성을 느끼고, 그것을 조직적으로 실천하고 있는 듯하다. 이와 맞물려 이루어지고 있는 일이 적극적인 신인작품의 발굴이다. 문학·예술종합지였던 『문학예술』을 순수문예지 『겨레문학』으로 대체하여 신인을 위한 지면을 대폭적으로 확대한 것도 이와 무관하지 않을 것이다.

『겨레문학』에 발표된 신인작품 대부분은 동경 조선대학교 학생의 작품으로서 아마도 소설창작 수업이나 소설창작 소조활동(동아리 활동)의 성과물 가운데 우수작을 실었을 가능성이 높다. (조선대학교 학생 외에도 조선중·고급학교 교원, 일반인 등의 작품도 실려 있기도 하다) 신인작품들 가운데 아직 습작 수준을 벗어나지 못했거나, 소품 수준에 머물러 있는 작품들도 다수 포함되어 있음에도 그것들을 가감 없이 발표하는 이유는 문예창작(우리말 문예활동)을 고무, 진작하려는 취지와 깊은 관련이 있을 것이다. 이러한 사실은 역설적으로 재일동포 한국어문학의 처한 현재의 운명, 그 척박성을 말해주기도 한다.

『겨레문학』과 같은 우리말 문예지를 읽는 독자들은 구체적으로는 조총련계 재일동포[4]들일 것이며, 그것도 극히 제한된 소수일 것으로 짐작된다.[5] 그럼에도 불구하고 그들이 우리말 문예창작에 고군분투하는 것

---

4) 본 연구자 민단계 작가들을 취재한 바에 의하면, 민단계 재일교포들은 남한의 문예지를 통해 모국어에 대한 향수를 달래거나 모국어 문화를 향유한다고 한다.

5) 박종상의 앞의 글을 통해 이러한 사실을 충분히 유추할 수 있다. 이를테면 "일본 땅에서 오래 살 것인데 읽어 줄 사람도 그리 없는 조선글로 소설을 써서 무슨 의미가 있는가?"(박종상, 앞의 글, 1쪽)와, "지금 재일동포 속에서 우리말과 우리 글이 극단적이라고 할만치 천대를 받고 있으며 일본말과 일본글이 판을 치고 있는 현상이 나로 하여금 우리 글로 작품을 쓰지 않고서는 견디지 못하게 하고 있는 것이다."(2쪽)와, "≪일본사회에서 생활하는 재일동포들의 생활을 조선글로 묘사하려는 것 자체가 틀리지 않았는가≫하고 국문학활동 자체에 회의를 느끼는

은 "민족애국주의 교양에서 가장 큰 몫을 담당했어야 할 민족문학"[6]을 실천하고자 하는 강렬한 의지와 깊은 관련이 있다고 본다. 따라서 그들의 문학은 자연발생적인 것이라 할 수 없는데, 이러한 사실은 (조총련계) 재일동포 문학을 다른 재외교포(재중동포, 재소동포, 재미동포 등)들의 문학과 현저하게 구분 지을 수 있는 특징이 되기도 한다. 해방 후부터 현재까지 재일동포 한국어 소설문학 자료를 수집·정리한 결과 그 질량이 상당함에도[7] 불구하고 형식적, 주제적 차원에서 다양성을 찾아보기 어렵다.[8] 이 점 역시 앞서 언급한 대로 재일동포 문학활동이 '주체의 문예사상과 리론에 입각하여, 내용과 형식의 주체성, 민족성을 고수발전'[9] 시키는 역할을 해야 한다는 의식에 주박되어 왔기 때문이라 본다.

재일동포 한국어 소설에서 지속적으로 구현되고 있는 주제는 '조선사람으로서의 민족 정체성 지향'이다. 이 주제는 '민족교육의 당위성', '조국 예찬', '통일 염원', '고향에 대한 그리움'이라는 하위주제들로 분화되어 나타나기도 한다. 2000년대 들어서 발표된 신인작품의 대부분도

사람들이 나타나고 있다. 가슴 아픈 일이다."라는 표현을 통해서 그리 짐작할 수 있는데, 이는 재일동포 스스로 느끼는 우리말의 위기를 고백한 대목에 다름 아니기 때문이다.
6) 위의 글, 2쪽.
7) 숭실대학교 인문과학연구소에서 진행하고 있는 '재일동포 문학 연구'의 2005년 5월까지의 작업 결과에 의하면 조총련계 재일동포 작가에 의해 한국어로 창작된 소설작품들은 대략적으로 390여 편 이상(장편, 단편, 掌篇 구분없이)이 되는 것으로 조사되었다.
8) 이 점에 대해 선행연구자인 심원섭은 다음과 같이 지적하고 있다. "재일 한국어 문학작품들은 공식주의적이라고까지는 말하기 어렵지만 총련이 제시하는 이념을 그 기반으로 갖고 있는 경우가 많다. 그리고 시대의 추이에 따라 작품들이 차이점을 보여주는 것은 사실이지만, 그것이 재일 한국인을 둘러싼 사회문화적 환경의 차이를 반영하는 정도를 넘어서서, 질적인 차이 혹은 본질적인 차이라고 할 만한 점을 보여주는 것 같지 않다는 것이 필자의 현재 소견이다."(심원섭, 「재일동포의 문학예술의 현황과 창작 방향」, 『세계 속의 한국문학』, 새미, 2002, 491쪽)
9) 「문예동이 걸어온 자랑찬 40년-문예동결성 40돐에 즈음하여」, 『문학예술』제109호, 1999.6, 22쪽.

이 주제적 범주를 크게 벗어나지 않는다. 그럼에도 불구하고 기성작가의 작품들에서 좀처럼 발견하기 어려웠던 주제들이 발견되는데, 이를테면 '민족정체성 지향'이란 이념틀의 바깥에서 이루어지는 '자아정체성 탐색'으로, '자아의 성숙'을 지향하는 기획들이다. 뿐만 아니라 탈이념적 관점에서 쓰여진 환상소설, 동화적 소품들도 극히 소수이지만 발견된다. 이러한 소설적 탐색은 비록 지엽적이고 일시적인 현상으로 그쳐버릴 수도 있지만 주목할 필요가 있다고 보았다. 따라서 본 연구는 재일동포 한국어 소설문학이 보다 다양하고 풍부해지길 기대하는 차원에서 재일동포 한국어 소설문학을 통해 지속적으로 나타나는 특성 못지않게 최근 들어 나타난 변화들에 각별히 주목하고자 한다.

2. 저항적 민족주의의 표현

1) 민족 정체성 재발견의 방식

재일동포들에게 이제 일본은 이제 임시거처가 아니라 세대를 이어 지속적으로 살아갈 삶의 터전이 되었다. 이러한 현실은 재일동포의 후속 세대들이 겪게 되는 민족 정체성의 갈등을 그치게 하는 조건이라기보다는 오히려 점점 심화시킬 조건으로 이해하는 것이 옳다. 타 지역의 교포들의 경우 그 나라를 자신들이 뿌리내려야 할 공간으로 인식하는 경우, 그 나라의 언어문화에 동화해 간다.10) 그런데 재일동포들은 일본이 정주지가 된 지금에도 '조선어 공동체'를 형성하면서 일본 문화에 동화

---

10) "재미교포 문학에서 '영어로 소설을 쓰는 경우는 미국이라는 나라를 결국은 자신이 뿌리내려야 할 공간으로 인식하는 것이고, 한글로 소설을 쓰는 경우는 미국을 체류지로 인식하는 것'이랄 수 있다."(이동하·정효구, 『재미한인문학연구』, 월인, 2003, 346쪽) 이런 경향은 다른 지역의 동포들의 경우도 마찬가지이다.

되는 것을 여전히 거부하고 있다. 그렇게 함으로써 자신들은 일본과 다르다는 것을 소극적으로 확인하고 있다기보다는 오히려 적극적으로 주장하고 있다. 그러므로 이들의 정체성 주장은 아직도 '항일'의 성격을 띠고 있는, '저항적 민족주의'[11]로서의 성격이 강하다.

조나미의 <이역의 청춘>[12]은 재일동포 민족 정체성 갈등에 함축된 여러 문제를 특징적으로 보여주고 있는 작품이다. 등장인물 방울과 철진은 졸업 후 3년 만에 만난다. 방울은 일본 출판사 주최 연애소설공모에 당선되어 거기에서 일하게 된다. '방울'이라는 이름 대신 '기무라 수주'라는 일본 이름으로 일본어 연애소설을 쓰고 있다. 그런데도 출판사는 그녀에게 "조선 사람이라는 것을 의식하지 말고 순수 녀성으로서의 감정을 살리라"[13]라고 요구한다. 그녀는 이런 상황에서 점차 조선 사람으로서의 긍지를 잃어가고 있다. 방울이 이런 타협적인 삶을 살게 된 것은 언니가 일본사람과 결혼을 하면서부터다. 철진은 이런 방울을 안타깝게 생각하고 있었다. 하지만 3년 만에 만난 방울은 철진에게 "가족의 국제결혼도 막아내지 못했던 내가 국제결혼을 비판하는 글을 쓸 수가 없다고 했지만 그건 나의 현실도피였어. 이런 경험을 한 나이기에 오히려 피하지 말고 써야 했던거야."[14]라고 다시금 조선인으로서의 자기 정체성을 확인한다.

이 작품에서 문제적으로 취급되고 있는 '일본 이름', '일본어 문예창작', '국제결혼' 등은 궁극적으로 민족 공동체를 구성하는 객관적 요소

---

11) "'저항적 민족주의'란 그러한 민족주의를 주장하는 공동체가 외부 집단이 강요하는 정체성을 그들 자신의 정체성이 아니라는, 즉 그들 자신의 정체성과는 다르다는, 의식에서 출발하는 민족주의를 말한다."(고부응, 『초민족 시대의 민족 정체성』, 문학과 지성사, 2002, 108쪽.)
12) 『겨레문학』 창간호, 2000.여름.
13) 위의 책, 151쪽.
14) 위의 책, 152쪽.

인 혈통과 언어의 문제로 수렴될 것이다. 이 작품 외에도 국제결혼(일본사람과의 이성교제를 포함하여)으로 갈등하는 인물이 등장하는 소설은 박순희의 <새빨간 입술연지>15), 박선애의 <경미의 사랑>16) 등이 있는데 모두 일본사람과의 결혼 혹은 연애를 부정적으로 받아들이고 있다. <새빨간 입술연지>에서는 유학시절 일본 남자와 교제했다는 사실이 폭로되어 친구들로부터 비난받는 장면이 나오며, <경미의 사랑>에서는 일본 남자와 결혼하려는 언니 때문에 조선학교 교원이 되고자 하는 꿈을 접어야 하는 주인공을 등장하기도 한다. 뿐만 아니라 <경미의 사랑>에서 경미는 그런 언니와 인연을 끊겠다고 결의하기도 하고, "남녀간의 사랑에도 민족이 있어야 하고 우리 조국이 있어야 한다고 생각해. 민족에 대한 량심이 없는 사랑이란 사랑이 아니야."17)라고 주장하며 언니의 국제결혼을 정면으로 비판하기도 한다. 이를 통해 재일동포 사회에서는 민족 정체성을 확고히 하기 위하여 언어의 동질성 못지않게 혈통의 동질성도 중시되고 있음을 알 수 있다.

　이름, 일상어, 문학 언어 등 민족어에 대한 강조는 두 말할 나위 없이 재일동포 민족 공동체 형성과정의 핵심을 이룬다. 그들의 역사를 통해 가장 많은 노력과 희생을 바쳐 이룩한 민족교육이 가장 중추적으로 담당하고 있는 것도 다름 아닌 민족어 교육이라 할 것이다. 특히 한국식 이름을 쓴다는 것은 일본이라는 타자 집단과 자신들을 스스로 차별화하는 적극적인 실천이라고 할 수 있는데, 이것은 확고한 민족의식을 지니고 있어야 가능하다. 일본이라는 타자 집단으로부터 초래하는 사회적 차별과 현실적 손해를 감내하거나, 극복할 수 있어야 하기 때문이다.

---

15) 『겨레문학』제5호, 2001.여름.
16) 『겨레문학』제5호, 2001.여름.
17) 위의 책, 162쪽.

즉 그 어떤 가치보다도, 민족적 유대감, 민족적 긍지를 우위에 둘 때에
그 일은 가능하다.

아직까지 조선인에 대한 부정적 인식과 사회적 차별이 작동하고 있는
일본이라는 자본주의 현실 속에서 그들은 종종 조선인임을 숨기고 살고
싶어 한다. 그것이 상대적으로 유리하고 편리하기 때문이다. 그러한 삶
은 자기기만임과 동시에 민족배반이기 때문에 실존적으로 매우 불편하
다. 민족정체성 갈등을 다루고 있는 많은 소설들의 출발점은 바로 이
딜레마에서 비롯된다.

민족 정체성 갈등을 겪는 인물들은 이러저러한 곡절로 조선인임을 숨
기고 살아가거나 동포들과의 관계를 피한다. 안영옥의 <되찾음>[18]에는
자신이 조선인이면서 동포 여학생의 저고리를 칼로 찢는 폭행을 가하는
위악적 인물이 등장한다. 그는 자신을 방문한 조청원(재일본조선인청년
연맹의 임원)에게 자신이 일본인이라고 속이고, 자신이 동포 여학생의
저고리에 칼질을 했다는 사실도 거침없이 밝힘으로써 그들과 소통을 거
부한다.

김유미의 <량심>[19]에는 사업상 불이익을 피하기 위해 일본인 행세
를 하는 인물이 나온다. <되찾음>의 인물과 다른 양상으로 나타났지만
그들의 행동은 정체성 갈등의 심각한 국면을 시사한다는 점에서 크게
다르지 않다고 할 것이다. 이들은 타인과의 대화를 통해 재일조선인으
로서의 정체성을 재발견하고자 하는 성찰을 시도한다. 완고하고 위악적
인 존재의 외피를 벗고 존재의 근원과 조우하는 과정으로 이끄는 타자
의 설득적 언어와 논리를 발견하는 일은 이 주제를 다루는 작가들에게
있어서 가장 어렵고도 중요한 숙제일 것이다. 재일동포로서의 정체성을

---

18) 안영옥, <되찾음>, 『겨레문학』창간호, 2000.여름.
19) 김유미, <량심>, 『겨레문학』제4호, 2001.봄.

버리고 허위적으로 살아가는 삶이 얼마나 저열하고 참담한 것인지를 설
득, 계몽하는 논리의 진실성, 적실성 여부에 따라 그 작품에 대한 감동
이 좌지우지되기 때문이다.

> 그것(폭행을 당하는 것: 인용자 주)을 막기 위해 우리 아버지, 어머
> 니들, 선생님들이 역에 나가 우리를 지켜 주지만 우리가 저고리를 벗
> 는것은 그런 칼질을 하는 사람들에게 져 버리는 것이고 우리를 지켜
> 주는 부모님과 선생님들의 믿음을 어기는 일로 될것 같아서요. 또 이
> 저고리에는 우리 재일조선동포들의 력사가 깃들어 있어요. 이 저고리
> 를 벗으면 난 조선사람이 아니며 여태 저고리를 지켜 온 우리 할머
> 니, 어머니, 언니들에게 죄를 짓는것으로 되는 것 같아서요.[20]

<량심>의 소녀 미란은 성인 종원에게 침착하게 자신이 조선인임을
숨기지 않는 이유를 설명한다. '저고리를 벗는 것은 그런 칼질을 하는
사람들에게 지는 일'이라는 것이다. 그러므로 조선인에 대한 사회적 폭
력이 두려워 조선인으로서의 민족 정체성을 버리는 것은 결과적으로 민
족적 패배이며, 자아 상실이란 결론에 이르게 된다. 이러한 논리의 담론
은 재일동포 문학 속에서 끊임없이 되풀이 되면서 그들의 의식 속에 저
항적 민족주의를 형성한다.

재일동포 문학에서 민족 정체성의 갈등을 해소하는 또 다른 방법은 타
인의 모범적인 삶을 경험하는 것이다. '견학'이라할 만한 이 방식은 타자
와 자신의 삶을 비교 분석함으로써 주체 스스로 자신의 갈등과 문제에
대한 해답을 찾는 방법이다. 박순희의 <재회>[21], 조나미의 <결혼식
>[22], 박종상의 <만풍년 찬가>[23]가 그 전형적인 경우이다.

---

20) 위의 책, 151쪽.
21) 박순희, <재회>, 『겨레문학』3호, 2000.겨울.
22) 조나미, <결혼식>, 『겨레문학』3호, 2000.겨울.

<재회>의 설희는 현재 남편과 심각하게 갈등하고 있다. 결혼 전 총련 조직과 민족학교에 기부도 많이 하던 남편이 존경스러웠던 설희지만 남편의 회사가 무너지고 빚은 잔뜩 짊어지고 있는 상황에서도 조직에 대한 기부를 그만두지 않는 남편을 이해할 수 없다. 찻집에서 우연히 동창생 해연을 만나 그녀의 가정을 방문하게 된다. 해연은 남편과 떨어져 살고 있다. 해연은 병자가 된 시어머니를 모시기 위해 옮겨왔지만 남편은 총련 지부의 일 때문에 전에 살던 곳에 남아 있다. 설희는 자신보다 더 힘들고 어려움 상황에 처했음에도 기쁘게 자신의 일을 감당하고 조직의 일에 열성적인 해연을 보면서 자신의 왜소함을 깨닫게 된다.

<결혼식>은 액자식 구성으로 이루어진 소설이다. 주인공 련화는 특별한 결혼식 촬영을 제안 받는다. 지방에서 이틀에 걸쳐 해야 하는 일이므로 내키지 않는다. 그런데 영성의 소개로 연결된 일이므로 쉽사리 거절할 수도 없다. 영성은 련화가 한 때 사귀었던 남자인데, 그의 집이 가난하기 때문에 그와 결혼하지 않았다. 결국 련화는 결혼식 촬영을 맡게 되고 결혼식의 주인공들인 신랑 신부의 미담을 듣게 된다.

신랑 명구는 그 지방에서도 알려진 부잣집 아들이었고, 신부 미나는 대학 졸업을 앞두고 부모형제를 사고를 잃은 가난한 처녀였다. 둘은 조선학교 교원으로서 만난다. 그들의 결혼식 전 날, 엄청난 폭설이 내린다. 미나는 새벽에 일어나 기숙사에 있는 학생들이 걱정된다며 학교로 향한다. 명구도 그런 미나를 말리지 못 한다. 결국 미나는 그 일로 인해 병을 얻어 결혼식을 올리지 못하게 된다. 그 후 미나는 명구를 설득하여 결혼식을 위해 준비한 돈을 학교 건설비용으로 쓴다. 미나의 아름다운 헌신에 답하는 의미에서 이제 조총에서 미나와 명구의 결혼식을 마련한 것이다. 그리고 련화가 그 결혼식의 촬영을 맡게 된 것이다. 동

---

23) 『겨레문학』제2호, 2000.가을.

포들이 모두 학교에 모여 결혼식을 준비하고 그 과정도 담아달라는 제
안을 받는다. 련화는 비록 소박하지만 모두의 정성으로 마련된 명구와
미나의 결혼식에 커다란 감동을 느낀다.

　<재회>와 <결혼식>은 모범적인 타인들의 희생적이면서도 고귀한
삶을 보고 들음으로써 자신들이 얼마나 천박한 속물성의 인간이었는가를
반성하는 논리를 따르고 있다. 그들의 희생이 값지고 감동적인 것은 조
직을 위한 희생이었기 때문이다. 그들은 돈이나 일신의 안위를 좇는 일
보다 공동체를 위한 일에 더 높은 가치를 두었던 사람들이기 때문이다.

2) 세대 간의 지속성 확인

　재일동포 소설 문학은 가족 구성원 간의 갈등과 불화를 서사의 출발
점으로 삼아 갈등 해소와 화해를 모색해 가는 가족 이야기가 주류를 이
룬다. 가족 이야기를 다루고 있는 소설들에는 재일동포 한국어 소설에
서 아주 특징적으로 나타나는 '열띤 토론과 설득'의 과정이 생략되어
있다. 이런 소설에서 조부모 혹은 부모들의 삶, 그 자체는 아래 세대들
의 심리적 갈등을 어느 순간 무화하는 신비한 치유의 힘을 지닌 것처럼
다루어지고 있다.

　박순희의 <아버지와 아들>[24]도 부자간의 갈등에서 출발한다. 주인
공 현철은 친구들과 술자리에서 싸움을 하여 1주일간 정학처분을 받았
다. 현철의 아버지는 현재 초중급학교의 교장이며, 그 동안 다방면으로
동포들의 사업에 헌신하여 동포사회에서 신망이 높다. 그러기에 현철은
아버지 볼 낯이 없다. 현철은 용기를 내어 아버지에게 사죄를 드렸는데
도 아버지는 아들을 받아들이지 않을 뿐만 아니라 아들과의 대화를 거

---

24) 『겨레문학』제2호, 2000.가을.

부한다. 그런 아버지를 대하면서 현철은 사춘기 때 품었던 아버지에 대한 불만이 되살아난다. 조직 사업에 바빠 집안문제를 어머니에게 다 맡기고 밖으로 돌고, 아들과 제대로 이야기도 나누지 않던 아버지.

이 작품도 부모와 아들의 소통은 일차적으로 이루어지지 않는다. 그러다가 아버지는 격심한 심리적 고통으로 인해 병을 얻어 병상에 눕게 된다. 이 때 아들과 아버지는 서로의 마음을 열고 대화하고 화해한다.

밤 늦도록 교육사업을 하시는 아버지의 모습을 보면서… 아버진 저한테 충분히 교양을 하셨어요. 민족교육의 중요성을 아버지의 온몸에서 배웠어요. 그러니 그러지 마세요. 제가 잘 못된 것은 하루하루를 너절하게 지냈기때문이예요. 아버지 난 이제부터라도 아버지와 가가이 지내면서 진짜 신념을 배우겠어요.[25]

'병상에 누워 있는 아버지와, 아들과의 극적인 화해'는 재일동포 한국어 소설에서 자주 발견되는 테마이다. 이 때 아버지들은 가족과 민족을 위해 묵묵히 희생하고 견뎌 온 '숭엄한 자아'의 아우라에 감싸인 존재로서 표현되기 일쑤인데, 이러한 특징들은 세대 간의 극적인 화해에 대한 핍진성 논란을 억제하는 효과들을 거두기도 하는 반면 소설적 긴장력을 상실하는 결과를 초래하기도 한다.

가족구성원이 아닌 경우, 즉 친구 사이, 선후배 사이, 혹은 낯선 타인과의 대화에서는 길고 진지한 토론과 설득의 과정이 묘사되는 반면, 가족구성원 간의 대화에 대한 묘사에 있어서 취약한 이유는 무엇일까? 그들의 담론 내부에 윗세대(연장자)를 끊임없이 공경과 귀감의 대상으로 형상화하려는 서사적 욕망이 자리 잡고 있기 때문은 아닐까. 그리하여 그들의 공동체 내부에 혼들림 없는 세대간의 지속성을 확립하려 하고 있다.

---

25) 위의 책, 137쪽.

김금녀의 <추억>[26]은 세대간의 갈등을 직접적으로 다룬 작품이 아니면서도 부모의 이미지, 부모의 삶을 추억함으로써 내적 갈등을 해소하는 주인공을 그리고 있는 작품이다. 빠찡꼬 산업은 재일동포들의 경제적 공동체를 형성하는 데 중요한 몫을 담당한 것으로 알려져 있다.[27] 그런데 일본의 대기업이 이 업종에 뛰어들어 동포들은 심각한 경영난을 겪게 된다. 아버지가 물려준 빠징꼬점을 운영하는 태호도 경영위기를 겪고 있다. 그 때 건물 주인이 건물 전체를 싼 값에 사라는 제안을 해온다. 사업에 활력을 불어넣을 수 있는 기회이긴 하지만 잘못되면 아버지가 물려주신 유산을 날릴 수도 있기에 결정이 쉽지 않다. 마음의 결정을 내리기 위해 태호는 '하쯔시마 바다'를 찾는다. 그 곳은 아버지가 생전에 제주도의 고향바다를 가장 많이 닮았다고 하셨던 곳이다. 거기에서 태호는 억세고, 부지런하고, 용감했던 아버지를 추억한다. 그리고 결심한다. "차별과 멸시 속에서 빈손으로 장사를 일군 아버지처럼…"[28] 도전해 보겠노라고.

위에 언급한 작품 외에도 강태성의 <물길 백리 꿈길 만리>[29], 박종상의 <어머니의 심정>[30], 황보유기의 <할머니의 손>[31], 김명희의 <산보길>[32], 조나미의 <나의 할아버지>[33] 등도 이 계열에 속하는 작품들이다. 이러한 작품들에서 그려지는 세대간의 단절과 불화는 순간적인 현상일 뿐이다. 궁극적으로 세대간의 지속성, 동질성에 대한 확고

---

26) 위의 책.
27) <추억>에도 "차별과 멸시 속에서 조선사람이 손 쉬운 돈벌이로 시작한 빠징꼬 산업"이라는 서술이 발견된다.(위의 책, 86쪽)
28) 위의 책, 94쪽.
29) 『겨레문학』창간호, 2000.여름.
30) 『겨레문학』제2호, 2000.가을.
31) 위의 책.
32) 『겨레문학』제4호, 2001.봄.
33) 『겨레문학』제5호, 2001.여름.

한 믿음을 말하고 있는 것이다. 이러한 특징은 효성과 존경으로써 윗세대의 희생과 은혜에 사의를 표한다는 의미 이상의 의미를 함축한다. 세대의 지속성을 확인함으로써 그들의 역사를 완성해 가는 데 매우 중요한 몫을 담당한다는 것이다. 요컨대 아랫세대들이 윗세대의 자리에 놓이게 되었을 때 자신들도 그들과 동일한 사명을 완수할 것이고, 그럼으로써 아랫세대들에게 존경을 받는 존재가 되어야 한다는 당위적 논리를 재생산해 낸다.

3. 2000년대 재일동포 한국어 소설의 변화

1) '修身'을 지향하는 자기반성적 서사

자아성숙의 계기는 역설적으로 자아의 위기에서 시작된다. 즉 '나는 왜 보잘것없고 못난 존재인가'에 대한 자괴감에서 시작된다. 이 물음은 '나는 어떻게 해야 하는가'라는 질문으로 집약될 수 있는데, 이는 '나는 누구인가'라는 질문에 스스로 어느 정도 답할 수 있을 때 이루어지는 모색이란 점에서 매우 의미심장하다. 즉 '나는 일본인인가? 한국인인가? 아니면 조선인인가?'라는 물음에 이를테면 '나는 조선인이다, 나는 조선인민공화국의 해외공민이다.'라는 자기 정체성이 정립된 뒤에 오는 물음이 '나는 무엇을 어떻게 하여야 하는가'이다. 물론 이 두 종류의 질문이 언제나 분리되어 있으며, 순차적·단계적으로 이루어지는 것은 아니다.

재일동포 3세대 혹은 4세대라 할 수 있는 신인작품에서 가장 주목할 만한 특징은 바로 이런 물음에서 출발하여 이 문제를 고민하고 성찰하고 있다는 점이다. 재일동포로서 한국어로 소설을 쓸 수 있는 작가들의 경우, 비교적 그들의 민족 정체성은 안정되어 있을 것으로 판단된다. 그럴 경우 그들의 자아 정체성 탐색은 자신을 '민족 공동체라는 외부 준거틀에 맞출 것이냐 말 것이냐'의 문제로부터 어느 정도 자유를 확보하게 된다. '수신(修身)을 지향하는 자기반성적 서사'들은 그럴 때 쓰여질 수 있다. 이런 주제를 다루고 있는 소설에서의 대화는 타인과 주고받는 것일라도 궁극적으로 자신과 나누는 대화이다. 그리고 그 대화는 '시간과 나누는 대화'34)이다.

김명숙의 <주화>35)는 부족하고 무능력한 자기에 대한 심각한 자기부정을 거쳐 성숙한 자아로 거듭나기 과정을 그리고 있다. 조선고급학교를 졸업하고 동포기업에 일하고 있는 주인공 주화는 "특별히 의식은 안하고 있었지만 졸업을 하면서 자기는 한 단계 어른이 된 것이 아닌가고 생각"36)하고 있다. 미래에 대한 희망과 일에 대한 열의가 가득하기에 보는 사람마다 그녀의 밝은 모습을 칭찬한다. 환하게 웃는 자신의 모습을 그려 벽에 걸어두고 그것을 보면서 하루를 시작한다.

그러나 본격적인 회사 일을 하게 되면서 그녀의 나날은 피로와 허무감만 쌓여간다. 차 만들기, 복사하기, 계산하기 등등 무엇 하나 제대로 하는 일이 없다. 이제 매일 웃으면서 바라보던 자신의 모습조차 보지 않는다. 그러던 어느 날 그녀는 엄청난 실수를 저지른다. 납품서에 숫자를 잘못 기입해 곤혹을 치르게 된다. 이제 그림 속에서 행복하고 웃고 있는 자신의 모습이 자기라고 생각하지 않는다. 화포에 검정색을 칠해 자신의 예전 모습을 지우고, 검은 화포에 '작게 쪼그리고' 있는 자신을 그려 넣는다. 자기부정, 자기혐오의 표현인 것이다.

---

34) "'시간과 대화를 가지는 것'은 바로 자아실현의 기초이다. 그것은 어떤 주어진 순간에도 만족을 성취하기 위한 필수적 조건이기 때문이다."(Anthony Giddens, 권기돈 역, 『현대성과 자아정체성』, 새물결, 1997, 146쪽)
35) 김명숙, <주화>, 『겨레문학』5호, 2001.여름.
36) 위의 책, 28쪽.

이 사실을 들은 선배언니는 그녀에게 "성장하는 과정마다의 주화가 있"다며 위로해 주고, "자기에게 맡겨진 일을 온 힘을 다해서 열심히"37) 하면 지금을 극복할 수 있을 것이라며 용기를 준다. 선배언니의 충고에 힘을 얻은 주화는 집에 돌아와 화포의 검은 배경에 자신의 이름이기도 한 붉은 꽃을 그려 넣는다. 그 뒤 틈이 날 때마다 그림에 꽃을 보태어 그린다. 그리고 1년이 되는 날, 그 그림에서 손을 떼며, 회사원으로서 살아온 1년 간의 자신의 모습으로 바라본다.

윤지홍의 <택시운전수>38)는 <주화>에 비해 보다 진지한 성찰을 담고 있는 작품이다. 희숙은 대학 졸업 후 출판사에 취직하여 주간지의 기자로 일하고 있다. 외국 유학을 마치고 귀국하는 친구를 만나기 위해 공항 가는 택시에서 운전수와 대화를 나누게 된다. 희숙은 택시운전수에게 오늘 귀국하는 친구를 자랑한다. 그런데 희숙은 우울하다. 성공하여 돌아오는 친구와는 달리 자신은 일류기자가 되지 못했기 때문이다. 그녀는 "회사에 들어간 것만으로 만족해 버리고 그후 발전하지 못하고", "잡지의 뒤켠에 밀려나거나 휴지통에 들어"가는 글을 쓰는 말단기자로 머물러 있는 자신의 현재가 부끄럽다.

택시운전수는 자신의 딸 이야기를 들려주면서 희숙을 격려한다. "그 뒤부분에 실린 기사에 감동한 사람이 있고 그에서 용기를 얻"는 사람이 있다고, 그래서 "글이 가지는 힘은 대단한 것"이라고. 덧붙여 아저씨는 희숙에게 "사람은 인생에서 몇 번 멈추어 서서 쉬여야 할 시기가 있다", "자기를 돌이켜 볼 시간이…그것은 현실을 도피하는 것이 아니라고"39)말한다. 택시 운전수 아저씨의 말에 희숙은 하염없이 눈물을 흘린

---

37) 위의 책, 135쪽.
38) 윤지홍, <택시운전수>, 『겨레문학』6호, 2001.가을.
39) 위의 책, 175쪽.

다. 그것은 자신의 어리석음에 대한 자기연민의 눈물이며, 자신이 하는 일의 소중함을 재발견한 기쁨의 눈물이기도 하다.

2) 차별적 담론의 지양 가능성

2000년대 발표된 재일동포 소설을 통해 발견되는 또 다른 변화는 남한을 바라보는 시선이 달라졌다는 점이다. 남한의 지배 계층을 비판하는 데 집중함으로써[40] 남한 사회를 부정적으로 부각시켜 상대적으로 북한에 대한 지향성을 강화[41]하는 방식을 택했던 냉전적 시선에 변화의 기미가 확연하게 나타나고 있다. 남한이 이제는 통일의 동반자로 거론되고 심지어 통일운동의 측면에서 동일화의 대상으로 그려지고 있기 때문이다. 이러한 변화는 2000년 6월에 있은 김대중 대통령의 평양방문, 6.15공동선언 등 남북관계의 정세 변화와 깊은 관련이 있을 것이다.

강태성의 <유채꽃은 피고지고>[42]는 6.15 공동선언의 결과로 시행된 '총련동포고향방문'의 체험을 아주 사실적으로 기록하고 있는 소설이다. 일평생을 총련의 조직사업에 전념해온 량영식은 고국을 방문한다. 그는 이 여행에서 커다란 감격을 느끼고 돌아간다. 남측의 열렬한 환영이나 가족, 친지 상봉의 감격도 감격 때문만은 아니다. 남측 대한적십자사에서 일하는 리수동이란 젊은이를 통해 통일의 열정을 다시금 다지며, 생의 활력을 되찾았기 때문이다. 량영식은 리수동으로 대표되는 남한 젊은이의 통일에 대한 그릇된 생각(통일보다 가정이 중요하다)을 듣고는 깊은 우려를 느끼고 그를 꾸짖는다. 출국을 앞서 그는 리수동의 편지를 받는다. 그 편지에서 리수동은 량영식의 통일관을 깊이 이해하고 통일

---

40) 이경수, 「재일동포 한국어 시문학의 전개과정」, 『한중인문학연구』제14호, 2005.4, 382쪽.
41) 김형규, 「조선 사람으로서의 자각과 '재일'의 극복」, 위의 책, 400쪽.
42) 강태성, <유채꽃은 피고지고>, 『겨레문학』7호, 2001.겨울, 2002.봄 합동호.

에 대해 강한 열망을 갖게 되었다고 고백한다. 량영식은 남한의 청년과 통일이라는 지향성을 중심으로 교감할 수 있었다는 감격에 "남쪽땅에 자식이 하나 생긴것처럼 기쁜 마음"[43]으로 일본으로 돌아가게 된다.

통일 염원이란 주제와 관련하여 남한을 동반자적으로 보여주고 있는 소설로는 한성구의 <통일기념일>[44], 김옥철의 <친구의 고백>[45] 등을 들 수 있다. <통일기념일>은 습작을 벗어나지 못하는 작품이라고 할 수 있지만, <친구의 고백>은 남한과 친밀한, 그래서 민단계 혹은 미조직으로 이해될 수도 있는 인물을 등장시켜 재일교포 사회의 통합과 발전을 모색하고 있다는 점에서 2000년대 재일동포 소설문학계의 또 다른 변화의 징후가 발견되는 소설이다.

세철은 사업상 남한을 자주 왕래하지만 조선대학교를 다니는 친구들을 좋아한다. 그래서 친구들에게 남한의 사정을 전달하는 보고자이면서 관찰(인식)의 대상이 되기도 한다. 남한은 경제 파탄을 겪고 있어 너도 나도 생존경쟁에 미쳐 있는 것으로 보고 된다. 또한 남한의 곳곳에서 벌어지고 있는 대학생들의 통일운동을 말하면서, 남한 대학생의 목소리를 빌어 "재일본 청년들은 일본에서 조국통일이란 말만 하지 실지 행동으로 보여주지 못하는 소심자들"이라고 재일동포 청년들의 통일에 대한 소극적인 태도를 비판한다.

'머리를 자색으로 염색하고, 보석반지를 끼고 있는' 그의 외양은 재일동포 공동체 내부의 시선으로 볼 때 분명 타락적이다. 그러나 그의 언행에 비추어 봤을 때 그의 생각은 바르다. 어떻게 보면 그의 정체성은 무어라 규정하기 어려울 만치 모호하다. 겉모습은 자본주의적이지만 의식은

----

43) 위의 책, 39쪽.
44) 『겨레문학』창간호, 2000.여름.
45) 『겨레문학』제4호, 2001.봄.

사회주의적이다. 그런데 아이러닉하게도 남한/북한, 조총련/민단/미조직 등과 같이 재일동포 정체성을 구성하는 데 매우 배타적으로 작용했던 영역들을 두루 통합하는 역할을 소설적 문맥 속에서 매우 성공적으로 수행하게 된다. "지금은 회사관계로 남조선에서 일하지만 총련, 민단, 미조직 등 모든 동포조직을 묶어 나가야 새롭게 변화 발전하는 재일조선인운동도 힘 있게 발전할 수 있지."라고 그의 조총련계 친구들은 말한다.

조총련계 동포들의 민족 정체성에 대한 강렬한 열망은 일본이란 사회적 조건 속에서 '저항'과 '차이'라는 민족주의 담론을 생성하는 원천이었다. 그런데 달리 생각하면 그것은 재일동포 사회라는 조건으로 그 인식의 범주를 제한했을 때 '분열과 배제'라는 또 다른 차별주의 담론을 형성해 왔다는 점도 간과할 수 없었다. 차이가 배제와 분열을 만들어내는 '벽'으로 작용한다면 그 점은 당연히 비판적으로 검토되어야 한다. 이런 차원에서 <친구의 고백>에서 발견된 변화는 무척 반갑다고 하겠다. 아주 부분적인 시도이고, 일시적인 문학현상으로 그칠지 모르고, 의지적인 실천이 아니었다고 하더라도 말이다.

4. 맺음말

『겨레문학』은 2000년대 들어서 이루어진 재일동포 한국어 문학을 검토할 수 있는 자료이다. 이 연구는 『겨레문학』에 발표된 소설을 대상으로 하여, 그것들의 전반적인 특질을 밝히고, 소위 '재일조선인 3(4)세대 작가'라 불리울 신인작가들의 작품에서 발견되는 새로운 경향들을 조명해 보고자 하였다. 이런 작업을 수행함에 있어 기성작가들의 작품보다는 신인작가들의 작품을 보다 적극적으로 읽고자 하였다. 그간 재일동포 한국어 소설을 수집·검토한 결과 질량면에서는 상당한 정도의 성과를 인정할 수 있음에도 형식적, 주제적 차원에서 다양성을 찾아보기 어려웠다. 그것은 그들의 문학이 자연발생적으로 이루어졌다기보다는 다분히 의지적이며 실천적인 '계몽교양운동'의 일환으로 전개되었다는 특성과 관련지어 이해할 수 있을 것이다. 본 연구가 신인작품에 특별히 주목한 이유가 바로 여기에 있다. 그것들은 다소 미숙하더라도 새로운 변화를 읽어낼 수 있는 가능성을 품고 있기 때문이다.

2장에서는 재일동포 한국어 문학의 지속적 관심인 '민족 정체성'의 문제를 집중 검토하였다. 여전히 혈통과 언어 등 민족 정체성 형성의 객관적 조건과 함께 민족의식이라는 주관적 조건 모두에서 동질성을 획득할 것을 설득함으로써 확고한 정체성을 주장하려는 의지를 확인할 수 있었다.

재일동포의 민족 정체성은 그들이 처한 일본이라는 사회적 조건의 특수성과 함께 이해되어야 하는데, 그 결과 재일동포들은 여전히 일본을 동화를 거부하는 타자로 인식함으로써 그들의 민족 정체성 지향은 '저항적 민족주의'의 성격을 강하게 띠고 있음을 알 수 있었다.

정체성 갈등을 해소하는 방식은 '토론'과 '견학'이라 할 수 있는 방법을 통해 갈등주체가 민족 정체성을 재발견하는 구성방식을 주로 채택하고 있었다. 그런데 가족 구성원 간의 갈등을 그리고 있는 가족 이야기의 경우는 그 양상이 조금 달리 나타났다. '숭엄한 자아'의 아우라에 감싸인 존재로 표현되는 아버지와의 극적인 화해가 그 방식인데, 이것은 세대간의 지속성에 대한 확고한 믿음을 표현하려는 욕망과 깊은 관련이 있다고 보았다.

3장은 2000년대 소설에서 새롭게 포착되는 변화를 읽고자 하였다. '민족' 혹은 '이념'이라는 준거틀로부터 자유를 확보할 때 이루어질 수 있는 소설적 기획들로서, '修身을 지향하는 자기반성적 서사'와 '차별적 담론의 지양 가능성'이 그것이다.

재일동포 한국어 소설문학을 통해 표현된 민족 정체성에 대한 강렬한 지향성은 일본이란 사회적 조건 속에서 '저항'과 '차이'라는 민족주의 담론을 생성하는 원천이었다. 달리 생각하면 그것은 재일동포 사회라는 조건으로 그 인식의 범주를 제한했을 때 '분열과 배제'라는 또 다른 차별주의 담론을 형성해 왔다는 점도 간과할 수 없었다. 차이가 배제와 분열을 만들어내는 '벽'으로 작용한다면 그것은 당연히 비판적으로 검토되어야 할 것이다. 차별과 배제가 아닌 '차이'를 표현해 낸 신인작품들의 시도가 의지적 실천인지, 우연적 소산인지 현재로선 섣불리 판단하기 어렵다 하더라도 그러한 변화들이 보다 뚜렷한 결실로 이어지길 간절히 바란다.

참고문헌

1. 기본자료

『겨레문학』 창간호, 2000.여름.

『겨레문학』 제2호, 2000.가을.

『겨레문학』 제3호, 2000.겨울.

『겨레문학』 제4호, 2001.봄.

『겨레문학』 제5호, 2001.여름.

『겨레문학』 제6호, 2001.가을.

『겨레문학』 제7호, 2001.겨울·2002.봄 합동호.

2. 참고논문

「문예동이 걸어온 자랑찬 40년-문예동 결성 40돐에 즈음하여」, 『문학예술』제109호,
　　　1999.6. 22~37쪽.

김형규, 「조선 사람으로서의 자각과 '재일'의 극복」, 『한중인문학연구』제14호, 2005.4.
　　　389~416쪽.

백로라, 「재일동포 한국어 극문학 연구」, 『한중인문학연구』제14호, 2005.4. 417~440쪽.

이경수, 「재일동포 한국어 시문학의 전개과정」, 『한중인문학연구』제14호, 2005.4, 353~388
　　　쪽.

한승옥, 「재일동포 한국어 문학연구 총론(1)」, 『한중인문학연구』제14호, 2005.4. 323~352
　　　쪽.

허명숙, 「재일동포 작가 량우직의 장편소설 연구」, 『한중인문학연구』제14호, 2005.4.
　　　461~484쪽.

3. 참고저서

고부응, 『초민족 시대의 민족 정체성』, 문학과 지성사, 2002.

김상현, 『재일한국인-재일동포 100년사』, 도서출판 한민족, 1988.

김인덕, 「일본지역 민족운동에 대한 역사적 평가」, 『한국민족운동의 역사와 미래』, 국학자료원, 2000.

김태영, 강석진 역, 『저항과 극복의 갈림길에서』, 지식산업사, 2005.

노종상, 『동아시아 민족주의와 근대소설』, 국학자료원, 2003.

도정일·성경륭 외, 『새 천년의 한국인』, 한국사회, 나남출판, 2000.

사회와 철학연구회, 『세계화와 자아 정체성』, 이학사, 2001.

설성경 외, 『세계 속의 한국문학』, 새미, 2002.

이동하 정효구, 『재미한인문학연구』, 월인, 2003.

이명재, 『소련지역의 한글문학』, 국학자료원, 2002.

이영환 편, 『통합과 배제의 사회정책과 담론』, 함께 읽는 책, 2003.

이재봉, 『근대소설과 문화적 정체성』, 세종출판사, 2003.

조규익, 『해방전 재미한인 이민문학』 1권 연구편, 월인, 1999.

Anderson, Benedict, 윤형숙 역, 『상상의 공동체』, 나남출판, 1991.

Giddens, Anthony, 권기돈 역, 『현대성과 자아정체성』, 새물결, 1997.

재일동포 작가 량우직의 장편소설 연구

허 명 숙

목 차

1. 서론

재일동포 사회는 그 어느 재외 공민 사회보다도 한반도의 정치, 사회적 상황과 긴밀하게 연결되어 있는 특수성을 띤다. 그렇기 때문에 그간 재일동포 문학 연구는 극히 부분적이고 편파적인 방향에서 진행되었음을 부인하기 어렵다. 예컨대, 총련계 작가[1]들을 배제한 연구가 대다수였다는 점이다. 총련계 작가들은 총련의 '재일본조선인문학예술가동맹'(문예동)에 속한 문인들이며, 이들은 총련의 활동 지침과 '문예동'의 규약에 따라 창작활동을 하고 있다. 물론 이들의 창작 지침은 북한의 문예정책과 긴밀하게 연계되어 있다. 이들이 북한의 체제와 밀접한 관련이 있다는 이유만으로 '북한문학' 혹은 '북한문학의 아류'로 좌시당했고, 금기의 대상이었던 것이 그간의 사정이다. 그러나 이제는 남북의 교류가 활발하게 이루어지고 있으며, 1988년 '해금조치' 이후로 북한문학에 대한 검토마저도 자유로운 실정이다. 또한 중국, 러시아 등의 수교 이후로 중앙아시아 지역 고려인문학, 중국 조선족 문학 등 해외동포 문학에 대한 관심이 활발하게 전개되고 있다. 이러한 변화와 함께 재일동포가 한국사회에서 차지하는 지리적·역사적 비중을 고려할 때, 재일동포의 삶과 문학에 대한 전면적인 관심과 연구가 긴급한 시점이다.

이제까지 재일동포 문학 연구는 일본문단에서 두드러진 성과를 보인 작가와 작품에 관심을 보이는 방향에 기울어져 있었다.[2] 김달수, 김석범, 이회성, 이양지, 유미리 등인데 이들은 주로 일본어로 창작하는 작가들이다. 이들은 대부분 일본어와 한국어를 동시에 사용하는 이중언어 사용자가 아니고 '일본어의 언어 감각에 상당히 젖어 있'[3]다. 이러한 현상은 세대가 더해 갈수록 점점 심화될 것으로 예상된다. 그러나 총련

---

1) 재일동포는 재일 한국인 혹은 재일 조선인으로 불리워진다. 이런 명칭은 단지 명칭의 차이만이 아니다. 자신을 재일 한국인으로 명명하는 사람들은 남한, 즉 대한민국을 조국으로, 재일조선인으로 명명하는 사람들은 북한, 조선인민공화국을 조국으로 간주하는 사람들이다. 그들은 가각 다른 조직, '재일본대한민국거류민단'이라는 '민단'(약칭)이나, '재일조선인총연합회'라는 '총련'(약칭)에 속해 있다. 총련계 작가라 함은 총련에 속한 재일동포 작가를 일컫는다.
2) 이한창, 유숙자, 이재봉 등의 연구도 이 범주에 속한다.
3) "저는 작가로서는 이중언어자는 아닙니다. 일본말밖에는 소설을 쓸 수 없고, 일본어의 언어 감각에 상당히 젖어 있습니다."(이회성, 「새로운 세기를 향한 한국과 일본의 문학」, 『창작과 비평』, 1998.가을, 330쪽)

게 교포들은 현재까지 한국어를 자연스럽게 구사할 수 있으며, 한국어로의 창작활동을 고수하고 있다. 그리고 이들의 문학활동과 작품은 상당한 정도의 질량을 지닌 것으로 조사되고 있다. 따라서 재일동포 문학을 전면적으로 연구하기 위해서는 총련계 작가들에 의해 창작된 작품을 포함하여 한국어로 쓰여진 문학작품으로 그 연구의 관점을 확대해야 할 것이다.

일본에서 해방 이후 지금까지 한국어로 소설을 써온 작가로는 김민, 박원준, 박영일, 박종상, 소영호, 량우직, 박관범, 서상각, 김춘지, 김송이, 리량호, 남상혁, 박순영, 강태성, 김금녀, 리상민, 고을룡 등을 들 수 있는데, 이들을 소위 1세대 작가라 칭한다.[4] 이들은 물론 모두 '문예동'에 소속된 작가들이다. 조선대학교, 조선고급학교의 출신들이 주류를 이루는 2세대, 3세대 작가들이 이들의 뒤를 이어 재일동포 한국어 문학의 맥을 이어가고 있다. 총련계 작가로 분류되는 이들의 소설창작은 "민족교육과 뗄래야 뗄 수 없는 관계"에 있으며, "민족교육을 모태로 발생하고 발전하였다고 해도 과언이 아니다."[5] 재일동포 사회에서 민족교육은 작가의 형성뿐만 아니라 작품의 주제면에서 가장 중요한 주제로 다루어지고 있다.[6] 이는 소설문학에 국한된 특징이라 할 수는 없는, 재일동포 한국어 문학의 보편적인 특징으로서 재일동포 사회의 역사적 특수성과

---

4) 이들 가운데 김민, 류벽, 윤광영, 박원준, 박영일, 소영호 등은 이미 작고하였다. (강태성, 「재일 조선인 조선어 소설문학」, 『재일 조선인 조선어문학의 현황과 과제』, 와세다대학교 조선문화연구회 주최 심포지엄 발제문, 2004.12, 참조.)

5) 강태성, 위의 글.

6) 심원섭도 이러한 사실에 대해, 재일 한국어 문학은 재일 한국인의 자기 정체성 확인이라는 핵심적인 모티브를 중심 영역으로 가진 상태에서 개별적인 문제들을 제시하는 방식으로 전개되는 구조를 지니고 있는데 "개별적인 문제로 제시되는 것들 중에서 으뜸가는 것이라고 생각되는 것이 민족교육 문제"라고 지적하고 있다. 심원섭, 「재일 동포의 문학예술의 현황과 창작 방향」, 『세계 속의 한국문학』, 새미, 2002, 491쪽.

밀접한 관련이 있다고 본다.

이런 관점에서 이 논문은 재일동포 민족교육운동을 구체적으로 그린, 량우직의 장편소설, <비바람속에서>(1991), <서곡>(1995), <봄잔디>(1999)들을 연구대상으로 삼았다. 이 작품들은 해방 직후 결성된 '재일본조선인연맹'(조련) 때부터 '재일본조선인총연합회'(총련)가 결성된 1955년 직후의 일들을 상세하게 그리고 있다. 해방 후부터 총련 결성의 1955년까지 10년이라는 시간은 재일동포 역사에서 매우 중요한 의미를 지닌다. 한반도의 해방공간과 전란기이기도 한 이 시기는 좌우의 대립이 극심했던 한국의 사정과 마찬가지로 재일동포 사회에도 커다란 시련과 혼란의 시기였다. 본국(한반도), 일본, 미군, 그 어느 곳으로부터 보호받지 못하는 입장에서 민족적 자존과 주체성을 확립하기 위해 재일동포들은 단결하여 생존의 길을 모색했던 것이다. 한반도의 분단 이후 재일동포 사회는 '총련'과 '민단'이라는 두 개의 조직으로 양분되는 양상을 보였고, 그러한 분열과 반목의 세월은 해가 거듭될수록 둘의 틈새를 벌려 재일동포 사회에서 이탈하여 살아가는 사람들의 수가 점점 늘어나고 있다는 사실을 고려해 볼 때 이 시기의 역사에 대한 정확한 이해가 반드시 필요하다고 본다. 이 시기는 재일동포의 문화와 정체성 형성의 토대를 이루는 기간이기 때문이다. 아마 량우직7)이란 노작가도 이러한 역사적 필

---

7) 1942년 2월 16일 제주도 한립읍 금릉리의 빈농가의 가정에서 태어나 가정의 농사일을 도우며 자랐다. 향학열에 불타던 그는 1942년 일본으로 가서 공부를 하다가 역사적인 해방의 날을 맞는다. 재일조선인의 귀국실현의 길이 막혀 동포들이 일본에 정착하게 되면서 민족교육의 열망을 품고 1948년부터 20년간 일본 효고현 고베 조선중고등학교에서 교편을 잡는다. 1968년부터 13년간 문예동 효고지부위원장 1981년부터 15년동안 총련 오사까지부 문화부장사업을 하다가 1995년부터 현재까지 문예동 중앙상임위원회 고문직으로 일하고 있다. 1960-1985까지의 기간에 <태양의 품>, <거세찬 흐름>, <복수>, <망할놈들> 외 14편의 단편소설들과 수필, 단상, 평론 등 35편을 창작하였다. 재일조선공민 1세인 그는 재일조선인 역사를 후대에게 전할 사명감을 자각하고 90년 들어서는 장편소설 창작에 집념을 보이고 있다. 량우직, 『봄잔디』, 문학예술종합출판사, 1999, 편집후기, 참조.

요성에서 몸소 경험했던 민족교육투쟁운동을 소설화할 필요성을 느꼈던 것 같다. 90년대 들어서면서 재일동포 민족교육 운동의 산 증인이기도 한 1세대 작가들의 중편·장편소설이 왕성하게 창작되는 현상[8]도 이와 같은 맥락에서 이해할 수 있을 것이다.

이 논문은 재일동포의 민족교육운동을 형상화한 <비바람속에서>, <서곡>, <봄잔디> 등의 세 편을 통해 재일동포 1세대의 삶과 민족적 정체성을 파악하는 데에 그 목적을 둔다. 이는 량우직의 포함한 1세대 작가의 역사의식을 이해하는 일과 무관하지 않다. 우선 세 편의 소설들을 창작연대별로 검토하면서, 그들간의 차이에 주목하여 변화발전 양상을 주목하였으며, 다음 이 세 편의 공통적인 테마인 '학교'와 '가족'을 중심으로 재일동포(총련계) 정체성 형성의 정치적 동학을 읽어내고자 한다.

2. 재일조선인[9]운동의 형상화

1) '조련' 시기, '판신교육투쟁'의 형상화-<비바람 속에서>

<비바람 속에서>는 해방 직후부터 1949년 '판신(阪神; 大阪, 神戸) 교육투쟁'의 승리까지의 상황을 형상화하고 있다. 재일조선인운동사에서

---

8) 90년대 들어서 발표된 재일동포 작가의 중·장편소설로는 량우직의 장편소설, 『비바람속에서』(1991), 리은직의 중편소설, 『성미』(1992), 량우직의 장편소설, 『서곡』(1995), 김송이의 중편소설, 『조청반장』(1997), 김춘지의 장편소설, 『봄바람』(2000), 박종상의 장편소설, 『봄비』(2001), 리은직의 장편소설, 『한 동포 상공인에 대한 이야기』(2002), 량우직의 장편소설, 『지진』(2003)들이 있다.

9) 지금은 민단계 사람들은 '한국, 한국인'으로, 총련계 사람들은 '조선, 조선인'이란 명칭을 따로 사용하고 있지만, 해방 직후 남한에서 대한민국 정부가 수립되기 이전까지 좌우를 불문하고 모두 '조선, 조선인'이란 명칭을 사용하였다. 그러므로 이글에서도 '조선, 조선인'이란 명칭을 사용하기로 한다.

가장 중요한 성과로 기록되는 판신교육투쟁뿐만 아니라 해방 직후 귀국
길이 막힌 재일동포의 처참한 생활상과 그 원인이라 할 수 있는 미군과
일본의 횡포를 아주 구체적으로 기록하고 있다.

해방 직후 재일동포들은 '재일본조선인연맹'(조련)이라는 조직을 만들
어 해방 이후의 상황에 발빠르게 대처하였다. 해방이 된 사흘 뒤인 8월
18일부터 '재류조선인대책위원회'를 만들어 조직적 연대를 모색하기 시
작했던 것이다. 그만큼 해방에 대한 기대감에 부풀어 있었다고 할 수
있을 것이다. '재류조선인대책위원회'를 모체로 탄생한 조직이 '조련'이
다. '조련'은 모든 사람을 포괄하여 동포들의 대동단결을 꾀하려는 목적
으로 좌파와 우파의 구별을 두지 않았으며, 친일파인 '협화회'에 관계했
던 사람들도 받아들였다. 미군의 일본 주둔은 9월부터 본격화되었고, 미
군은 남한에서의 민중운동과 마찬가지로 재일조선인운동에 대해서도 심
한 탄압을 자행한다. "정확히 말하면 탄압은 미군과 그 아래 일본정부
가 자행"[10]했던 것이다. '조련'을 중심으로 재일동포들은 미군과 일본정
부의 반복되는 탄압에 꾸준히 저항하며 민족적 권리를 확보해 나갔다.
그 정점에 놓이는 사건이 '판신교육투쟁'이다. 이 사건이 있은 뒤 1949
년 9월 '미점령군사령부'(G.H.Q)는 '단체 등 규제령'을 내려 '조련'을 해
산시킨다. 그러므로 '조련' 시기의 민족운동을 형상화한 이 작품은 미군
을 모든 침략과 공작의 배후세력으로 설정하고 있으며, 미군에 대한 실
망감과 반감을 일본정부에 대한 그것보다 훨씬 강하게 표현하고 있다.

이 작품은 해방 직후 고국으로 돌아갈 꿈에 부풀어 동포들이 고베항
으로 하염없이 모여드는 상황에서 시작한다. 귀국선[11]을 타기 위해 고

---

10) 카지무라 히데키, 김인덕 역, 『재일조선인운동』, 현음사, 1994, 27쪽.
11) 한반도 남부에서 일본인이 철수하면서 타고온 선박이 돌아갈 때 그들을(재일동포)
　　수송한 경우도 있었지만, 대부분은 2, 3톤의 통통배를 이용하여 생명의 위협을 무
　　릅쓰고 험한 풍랑이 이는 현해탄을 넘어 자비로 귀국하였다. (강재언 외, 『재일

베항에서 모여든 동포들은 3개월 사이 3~4만에 달한다. 2, 3일이나 한 두 주일 정도 고베에 머물면 되려니 했던 동포들이 한 달이고 두 달이고 막연히 기다려야 되는 지경에 이른다. 그런데 1946년 2월 17일 맥아더사령부는 '한국인·중국인·오키나와인 및 대만인의 등록에 관한 총사령부 각서'를 발표한다. 각서에는 3월 18일까지 철수의 희망 여부 등에 대해 등록하고 철수를 희망하지 않는 자, 또는 등록을 태만히 하는 자는 철수의 특권을 상실한다고 되어 있었다.[12] 그 결과 재일동포 대다수가 귀국을 단념하거나, 귀국의 기회를 잃게 된다. 결과적으로 미군과 일본이 담합하여 조선인의 귀국을 방해하였던 것이다. 이 과정을 통해 재일동포들은 미군은 결코 해방군이 아니며, 재일동포의 권익을 보호하는 세력이 아니라는 생각을 굳히게 된다.

귀국사업이 장기화됨에 따라 재일동포 사회 내에서 국어강습소를 정규학교로 발전시킬 필요를 느끼게 된다. 그런데 재일동포들이 독자적으로 학교를 건립하는 것은 미군의 입장에서나 일본의 입장에서 그다지 달가운 일이 아니다. 미군은 재일동포가 단합하는 것이 달갑지 않고, 일본은 그들이 동화교육을 거부하는 것이 달갑지 않았던 것이다. 이리하여 또다시 미군과 일본의 상이한 이해관계가 재일동포 민족교육 탄압이라는 지점에서 만나게 된다. 그로 인해 재일동포의 정규학교 설립 및 운영은 번번이 커다란 장애와 시련을 만나게 된다.

재일동포들의 귀국, 생존, 교육, 단결 등을 방해하는 일련의 사건들을 자행하는 강효근, 성익조 들은 '레커프'라는 고베미군정사령부의 사령관에 의해 배후 조종되는 자들이다. 이 작품은 이들의 모의로 발생하는 다양한 방해 공작과 탄압을 차례로 그려나가면서 재일동포들의 단합된

한국·조선인—역사와 전망』, 소화, 1995, 111쪽)
12) 위의 책

힘으로 그것들을 하나하나 이겨내고 헤쳐내는 과정을 그려보이고 있다.

이 작품에 구체적으로 그려지고 있는 첫 사건은 군중대회 방해사건이다. 효고현 '조련'의 군중대회에 총기가 발사되는 사건이 일어나고, 미군장교가 나타나 총성이 난무하는 군중집회는 허락할 수 없다며, 해산명령을 내린다. 이에 "총소리가 울린지 얼마 안되였는데 해산명령서까지 가지고 왔으니 미리 꾸민 일이라는 것이 명백"(비바람: 72)[13]하다는 주장으로 맞서며, 동포들에게 이는 계획적인 도발임을 설득한다. 외압에 의해 대회는 바로 폐회를 선언하게 되었지만 동포들의 단합과 각성에 커다란 진전을 이루는 결실을 맺는다.

그 다음으로 미군정에 의해 도발된 사건은 '산노미야 사건'[14]이다. 산노미야 역 부근은 재일동포들이 전후에 모여들어 상권을 형성하고 있는 지역인데, 여기에 대만사람들이 합세하여 늘 분쟁이 끊이지 않던 지역이다. 미군은 재일동포들이 대만사람들을 산노미야 지역에서 몰아내려는 모의한다는 허위정보를 신문과 삐라를 통해 유포함으로써 재일동포들과 대만사람의 충돌을 조장한다. 재일동포가 모이는 곳에는 언제나 분쟁과 폭력이 발생한다는 여론을 조장함으로써 일본에서 재일동포의 입지를 난처하게 만드는 작전을 쓴 것이다.

그뿐만 아니라 재일동포 사회 내부의 분열을 조장하는 사건을 꾸며내기도 하였다. 소위 '3층학교' 사건이 그것이다. 재일동포들은 민족적 단결을 위해 그 무엇보다도 교육의 중요성을 깨닫고 민족교육의 문제를 시급하게 실천에 옮긴다. 우선 교사를 마련할 형편이 아니었으므로 일

---

13) 앞으로의 작품 인용은 인용한 부분 다음의 괄호 안에 <비바람 속에서>는 '비바람', <서곡>은 '서곡', <봄잔디>는 '봄잔디'라고 표시한 뒤 쌍점 다음 면수를 표시함으로써 그 출처를 밝히고자 한다.
14) '산노미야 사건'에 대한 자세한 정보는 텍스트에 상세히 기록되어 있다. 량우직, 『비바람 속에서』, 89~98쪽 참조.

본학교를 임대하여 정규학교설립사업을 추진해 나간다. 그런데 고베시 당국은 '조련'과 '일진청년동맹'에게 각각 임대를 허용한 것이다. 물론 고베시장은 미군정의 지령을 받았을 것이고, 미군정은 강효근이라는 자를 내세운 '일진청년동맹'이라는 괴뢰단체를 만들어 그 일을 저질렀던 것이다.

한 건물에 두 개의 조선인학교가 있는 괴이한 사태를 "38선으로 하여 두동강 조국의 비극적 현실의 축소판"(비바람: 145-146)으로 인식하고, 어떤 일이 있어도 "조선사람끼리 싸우는 건 수치"이며, "미군정이 바라는 대로 움직"(비바람: 148)이는 일이기에 대립과 충돌을 자제하는 한편, 3층학교의 인사들과 대화를 시도한다. "3층학교를 경영하는 자들은 악질반동들이지만 3층학교의 교원들은 다 그런 사람들이 아닐것"(비바람: 150)이라는 믿음을 굳건히 갖는다.

조련에서 운영하는 니시고베초등학교는 개교 1주년만에 756명의 학생수와 18명의 교원을 갖춘 학교로 성장해간다. 그간 학생부와 학부형 명단을 훔쳐내려는 도발을 일으키기도 하고, 3층학교를 조작 운영도 하였지만 결국 민족학교를 방해하지 못하자, 미군과 고베시당국은 '공용지 철거문제'와 '조선학교폐쇄령'을 들고 실질적인 실력행사에 들어간다. 이는 조선인이 점유하고 있는 땅에서 조선인을 내쫓고, 조선인이 만든 학교는 무허가이므로 폐쇄하라는 것을 의미하는 조치였다. 이는 일본사회에서 조선인의 생활을 공개적으로 탄압하겠다는 공권력의 표현이었던 것이다.

이를 재일동포들은 일본 동화교육의 악령이 되살아나는 것으로 보고, 민족학교를 지키는 대중운동을 각지에서 전개한다. 그 가운데 가장 격렬하고도 치열했던 고베, 오사카 지역에서의 일련의 투쟁을 <비바람 속에서>는 구체적으로 묘사하고 있다. "재일조선인 역사에서 판신교육

투쟁의 의미는 한국독립운동사에서 3·1운동 갖는 의미에 비견된다"[15]는
이 운동의전면모를 형상화함에 있어 이 작품이 역설하는 것은 '단결'이다.

> 그처럼 굴욕과 학대에 찌들렸던 사람들이 해방이 되고 나라를 되
> 찾은 해방민족의 긍지를 가지게 되자 다시는 민족의 존엄을 잃지 말
> 자고 뭉치게 되었으며 뭉치자 모두 딴 사람처럼 되었다.(비바람: 308)

이 작품에서는 거대담론에 파묻혀 있지만 다양한 인간들의 갈등과 변
절을 묘사하고 있는데, 강효근과 성익조 등 악질적인 인물을 제외한 대
부분의 인물들은 작품의 중반 혹은 후반에서 자신들의 생각과 선택이
잘못되었다는 것을 깨달아 간다. 그런 인물들은 결국 '일진청연동맹'에
서 멀어져 '조련'으로 돌아오거나, '조련'의 지향이 옳았음을 인식한다.
이 작품의 주인공인 한경훈은 그들을 끝까지 믿고 기다려줌으로써 그들
을 배제하지 않는 성숙한 자세를 보여준다. 이런 인물형을 량우직은 다
른 작품을 통해서 지속적으로 그려나가는데, 이는 '올바른 투쟁목표는
모두를 단합하게 한다'는 작가의 굳은 믿음의 표현일 것이다.

'4·24민족교육투쟁'으로 명명되는 이 사건은 일단 '학교 폐쇄령 철
회, 학교건물 퇴거령 최소, 검속자 전원을 석방, 조선학교 건물문제는
앞으로 협의, 시위에 대한 일 일체 불문에 붙임' 등의 5개항을 받아들
이는 현지사의 문서를 받아냄으로써 종결된다. 재일동포 모두가 민족교
육과 민족의 생존권을 지켜내는 일이 자신의 일이라는 지향 아래 힘을
모았기에 얻어낼 수 있었던 성과였다.

그런데 미군은 하루 뒤 비상계엄령을 선포하고 관련자들을 모두 검거
한다. 이 과정에 대한 묘사를 통해 미군의 정체를 신랄하게 폭로한다.

---

15) 오자와 유사쿠, 이충호 역, 『재일조선인 교육의 역사』, 혜안, 1999, 31쪽.

미군은 '민주주의를 코에 걸고 있는', '승냥이'로 묘사되기도 한다. 심지어 "미군? 미군이 하는짓이면 좋은 일은 아니겠구만요…"(비바람: 293)라고 표현되기조차 한다. 이렇게 형성된 재일동포 내부의 반미감정은 리승만정권을 부정하고, 남한정부를 불신하는 정체성 선택을 하게 된 심리적·역사적 계기를 이해하는 데 중요한 단서가 된다고 생각한다.

2) '총련' 시기, 조직 이탈자와의 연대 모색-〈서곡〉

〈서곡〉은 1955년 '총련'이 결성된 직후부터 4년여 간 고베에서 일어난 일을 그리고 있다. 이 작품은 〈비바람 속에서〉의 속편에 해당하는 작품이다. 고베라는 공간적 배경이 동일할 뿐만 아니라, 〈비바람 속에서〉에 등장했던 인물들이 〈서곡〉의 주요인물로 설정되었다는 점에서 그러하다.

총련의 창립은 재일동포 민족학교가 부흥하는 조직적, 운동적 토대가 되었다. 그리하여 이 시기의 '학교 만들기 운동'을 해방 직후의 민족학교 설립운동과 구별하여 '제2의 고양기'16)라 하기도 한다. 그러나 이 시기는 해방 직후의 제1기에 비해 일본으로의 동화, 침투가 더욱 심화되고 있었으므로 민족교육의 상황이 그다지 나아졌다고 말하기 어렵다.

〈서곡〉은 이상과 같은 시대적 변화를 반영하고 있다는 점 외에도 민단계로 이탈하려는 상공인들과 연대를 이루고, 조직 내부의 분열과 반목을 어떤 방식으로 통합해 내었는가를 그리는 데 많은 공을 들이고 있는 작품이다. '시간이야말로 공정한 재판관'(서곡: 40)이라는 명제 속에 내포된 재일동포들 간의 깊은 유대와 믿음은 지금의 총련 조직을 있게 한 대중적 지지의 토대를 이룬다. 무엇보다 인간을 진심으로 대하고

---

16) 위의 책, 364쪽.

인내심을 갖고 설득하고 기다려주는 사랑을 통해 조직 이탈자들과의 연대를 이룩해 낸다. 이 점에 대한 형상화는 <비바람 속에서>가 보여준 지점에서 한 걸음 더 진전한 것으로 평가받을 만하다.

<서곡>에 설정된 민족교육의 목표는 '새 교사 건설'과 '교원들의 인건비 해결'이다. 이 사실만으로도 그 당시 재일동포 민족교육 여건의 곤핍함을 짐작할 수 있을 것이다. 이에 대처하기 위해 조직은 상공인들의 기부를 설득하는 한편, 돼지 사육 사업을 통해 자금마련을 모색한다. 이 두 사업은 민단 간부의 방해공작으로 번번이 시련을 겪는다. 남한에서 파견된 홍애련이란 악인이 성익조, 강효근 등의 민단의 간부들을 조정하여 깡패를 동원한 테러와 린치를 일으키기도 한다. 민단과 총련의 전면 충돌, 보다 엄밀하게 말하자면 민단의 총련에 대한 폭력을 전면적으로 부각시키고 있는 점은 <서곡>에 와서 두드러진 점이다. 더불어 미군을 재일동포 민족교육운동의 적으로 상정했던 <비바람 속에서>에 이어, <서곡>은 미군과 그 조정을 받는 이승만 정부를 적으로 설정하고 있다. 때문에 남한 정부의 사주를 받지 않는 민단 편향 인사들을 긍정적으로 그리고 있다는 점도 <서곡>을 통해 발견되는 중요한 변화 가운데 하나이다.

특히 리성문, 최성모 등 민단 편향 상공인들이 총련 사업을 지지하고 협조하게 되는 과정을 생생하게 그려보이고 있는 점은 이 작품이 성취한 뛰어난 성과 가운데 하나라 할 수 있다. 리성문, 최성모, 이 두 사람은 처음에는 총련과 민단의 구분 없이 동포의 사업이라는 차원에서 어느 쪽이랄 것이 적극성을 보였던 인물이었다. 그런데 총련과 민단의 갈등과 분규가 심해지면서 그 어느 쪽으로부터도 냉담한 태도를 보이고 있는 인물이다. 리성문은 사업상의 이득을 위해 총련에서 멀어져 민단 쪽 인사들에 근접해 가고 있고, 최성모는 노동과 사업에 몰두함으로써

그 어떤 정치성도 배제하려 하고 있다. 이 두 사람이 총련과 연대를 회복하는 과정에서 결정적인 역할을 하는 인물은 다름 아닌 이 작품의 주인공, 박동환이다.

박동환은 <봄바람 속에서>의 주인공 한경훈과 동일한 성격을 지닌 인물이며, 한경훈이 동일한 방식으로 다른 인물들과 관계를 맺는다. 박동환이 조직의 배신자, 불성실자, 비협조자를 끊임없이 찾아가 만나고 인간적 신뢰를 저버리지 않는 태도는 한경훈에게 자문을 구하여 택한 것이기도 하다. 박동환의 이런 태도에 대해 커다란 반감을 보였던 인물은 누구보다도 조직의 일을 열성적으로 도맡아 하는 송수문이다.

박동환과 송수문은 학교습격사건에 연관된 고봉학과 임경원을 대하는 태도에서 서로 크게 입장을 달리한다. 민단의 간부들은 깡패를 동원하여 학교를 파괴하고 그것을 여론에 흘림으로써 총련에 대한 인식을 안 좋은 쪽으로 몰아간다. 이로 인해 총련 조직은 결성 직후 커다란 위기를 맞는다. 고봉학은 학교가 습격을 받던 날 숙직교사였는데, 임경원의 생일파티에 초대되어 밤늦도록 술을 마시게 되고, 그로 인해 학교를 지키지 못했다는 죄책감에 사직서를 제출하고 스스로 조직을 떠나 방황한다. 임경원은 민단 쪽 인사들과 모의하여 고봉학을 자신의 집을 불러들인다. 고봉학의 경우는 무책임이지만, 임경원의 경우는 분명 변절이다. 그럼에도 불구하고 박동환은 자신들의 잘못을 뉘우치는 고봉학, 임경원을 받아들인다. 이에 대해 송수문은 "래일은 임경원이나 고봉학이 잔등에 칼을 박을지 누가 알겠"(서곡: 324)느냐며 격렬히 항의한다. 박동환의 태도가 단합을 해치고 조직의 순수성을 떨어뜨린다면서 지속적으로 박동환의 행동을 사사건건 문제 삼는다.

그러나 고봉학과 임경원이 그 누구보다도 조직을 위해 헌신할 줄 아는 용감한 자기희생정신을 발휘하는 모습을 보고는 크게 뉘우치며, 박동환이 옳았음을 깨닫는다.

> "진실한 사랑과 믿음만이 참된 애국심을 낳는거요."
> 언제인가 박동환이 이르던 말이다. 우둔한 인간을 깨우쳐주기 위하
> 여 진심으로 해준 벗의 충고를 송수문은 너무나 값비싼 대가를 치루
> 고야 명백한 인간철리를 깨달았다.(서곡: 372)

재일동포 민족학교사업을 파괴하기 위하여 '서울측'으로 표상되는 적들은 실로 가공할 만한 파괴적인 공작을 펼친다. 학교를 습격하여 방화하고, 돼지축사에 방화하고 돼지 사료에 독극물을 살포하며, 총련의 활동가들에게 폭행 살인을 일삼는다. 게다가 총련의 교육사업을 원조하는 상공인의 사업을 방해함으로써 총련의 활동을 압박한다. 이처럼 총련의 교육사업이 안팎으로 난관에 봉착했을 때 북한으로부터의 실질적으로 원조가 이루어짐으로써 문제는 해결된다. 북한으로부터의 막대한 교육원조비가 도착하고, 서울측으로부터의 계약 파기를 통보당한 상공인은 '총련중앙과 조국(북한)'이 연계된 새 계약을 맺게 된다. 『서곡』은 이러한 결말을 통해 재일동포에게 유일한 조국은 '북한'이라는 사실을 강력히 역설한다. 이처럼 <서곡>은 <비바람 속에서>에서 남한 정부에 대한 비판을 통해 막연하게 보여주었던 자신들의 정체성을 보다 확고하고 분명하게 표현하고 있다.

3) '민전' 시기, 민족주체 노선으로의 전환─〈봄잔디〉

<봄잔디>는 량우직의 재일동포 민족교육 운동을 소재한 삼부작 소설의 완결편에 해당한다. 앞서 창작된 <봄바람 속에서>와 <서곡> 창작 이후에 쓰여졌지만 작품의 내용상 두 작품의 사이에 해당하는 시기

를 다룬 작품이다. 소위 '재일조선통일민주전선'(민전)시기로 일컬어지는 이 시기의 형상화는 재일조선인운동사를 이해하는 데 매우 중요한 의미를 지닌다. 민단과 분명히 다른 노선을 견지하면서 일본의 좌파 운동조직과의 연계를 단절하고 재일동포 조직이 북한의 지침에 따라 운동의 노선을 전환하게 된 배경이 상세히 묘사되어 있기 때문이다. 따라서 <봄잔디>에서는 <서곡>에서 확고하게 표현된 북한-조국의 정체성이 형성되는 사상적 배경을 이해하는 데 매우 중요한 구체적인 사실들을 확인할 수 있다.

재일동포들의 입장에서 조국 민중뿐만 아니라 자신들에게 고난을 가져다 주는 존재는 첫째로 미군이었다. 미군의 군사행동과 그것을 배후에서 지탱하는 일본에 대해 과감히 투쟁하지 않을 수 없다는 생각이 '조련' 시기부터 재일조선인운동을 지탱해 주었다. 일본 공산당도 일시적이지만 반미투쟁 노선을 취하고 있었다. 1949년 9월 '조련'이 강제해산 당하자 재일동포들은 '재일조선통일민주전선'을 결성한다. '민전'은 '민족대책부'(민대)라는 기구의 지도를 받는[17] 형식으로 일본 공산당과 연계되어 있었다. 그리고 '민전'의 일본공산당과의 연계는 '반미'라는 같은 투쟁의 목표 아래에서 이루어진 것이었으며, '무기수송 반대투쟁', '일본의 노동운동(수이타 사건)' 등을 함께 벌였다. 그런데 일본 좌파 운동에 참여하여 희생된 재일동포들에 대하여 '민대'가 아무런 책임도 지지 않으며, 지속적으로 재일동포들을 그들의 무장투쟁에 끌어들이려 하자, '민전'은 점차 독자성을 강화해 간다.

---

17) " "민대"란 민족대책부의 략칭으로서 일본공산당내에 있는 기구이며 민전조직을 지도하는 정치조직이었다. -(중략)-전임활동가이건 비전임활동가이건 "민대"의 지시라면 무조건 복종해야 하며 그것을 어기는 경우에는 활동가로서의 존재가 끝나는것으로 인식되여있었다. 때문에 "민대"라는 말을 듣는 순간부터 긴장감을 느꼈던 것이다."(량우직, 『봄잔디』, 앞의 책, 201쪽.)

　　재일동포 운동조직은 54년부터 55년에 급격히 다가오는 노선전환의 징조를 52년부터 53년경에 보이는데, 이 시기는 한국의 전란기이기도 하다. 이 작품의 서사는 바로 그 시대의 재일동포들이 처한 상황을 형상화하고 있다. 결과적으로 그 이전부터 조금씩 조짐이 나타나던 재일동포 사회의 이분화, 즉 총련과 민단의 이분화가 조국의 분단과 어떤 함수관계로 얽혀 있는가를 이해하는 데 매우 중요한 부분을 시사하고 있다.

　　51년 한일회담이 시작된 때는 한국이 전쟁을 치르면서 미국이 일본의 요시다 정부와 이승만 정부를 묶어 일본의 재군비를 급속히 진행시켜서 만약 한국전쟁이 장기화되면 일본의 군사력을 한국전쟁에 동원한다는 계획 아래 강력하게 회담 진행을 재촉하던 때[18]였다. 재일동포는 사회주의자가 아니면서도 일본에서 자력으로 살아왔고 '조련', '민전'의 운동과 거리를 두고 있다고 해도 이승만 정권이 말하는 반공의 노선을 이념적으로 수용할 여지는 비교적 적었다. 따라서 이해관계 때문에 유혹당하는 사업가 등의 경우에도 일상생활의 감각에서 상부로부터의 조직 구성에 대해서는 상당히 냉담한 사례가 많았다. 이러한 사실들이 이 작품에 재일 사업가들의 모습을 통해 잘 드러나 있다.

　　<봄잔디> 역시 민족교육, 민족학교 재건운동을 주요 서사로 취급하고 있지만 이와 함께 '민단' 가정의 여성와 '민전계' 청년의 혼사와 관련된 서사가 주요 부분을 형성한다. 민단계로 방향을 전환한 사업가 리갑신의 딸, 리경혜와 '민애청'(민주애국청년동맹) 다나가와지부 부위원장인 정봉수의 혼사와 관련된 서사가 그것이다. 리경혜는 아버지의 노선과는 달리 '민애청'의 맹원으로 활동하고 있고, 이 때문에 아버지와 갈등을 빚는다. 리갑신은 '민단' 총무부장 최재팔이라는 압력을 받고 있으며, 최재팔의 간섭으로 여러 방면에서 제약을 받고 있는 인물이다. 리갑

---

18) 카지무라 히데키, 앞의 책, 70쪽.

신이 딸의 행동을 간섭하고, 딸과 정봉수의 관계를 달가워하지 않는 이유는 전적으로 최재팔의 영향 때문이다. 남한 쪽과의 무역 거래를 성사시키는 일을 최재팔이 간접적으로 돌봐주고 있기 때문에 리갑신으로서는 어쩔 수 없었던 것이다. 리경혜는 아버지의 뜻을 수용할 수 없어 가출을 결심하기로 하는데, 그 날 그녀는 최재팔에게 강간당하고 그 치욕감 때문에 자결한다. 최재팔은 의도적으로 이런 사건을 야기시켜 리갑신을 심리적으로 압박한다.

최재팔의 야만적인 책동은 여기서 머물지 않는다. '민애청'의 활동을 방해하기 위해 테러(폭행, 오물투척), 방화, 살인 등의 폭력을 서슴지 않는데 이에 대한 서술은 앞서 창작된 두 작품의 양상보다 훨씬 빈번하고, 극심하다. 이 작품에서 최재팔은 남한 정부와 일본 경찰간부의 노구찌의 사주를 받고 있는 것으로 설정되어 있다. 그리고 그의 만행과 악덕에 대한 묘사는 그 어떤 경우보다 극심하게 그려진다. 이는 한일회담으로 인한 정세로 인해 일본정부에 대한 반감이 더 증폭되었음을 표현한 것으로 해석할 수 있을 것이다. 앞선 작품들에서 악인들은 주로 미군과 결탁된 인물이었던 점과 대비해 볼 때 매우 의미심장한 대목이다.

미군, 일본 그 어떤 외부 세력도 믿을 수 없다는 그 당시의 민족감정은 자연스럽게 북한과의 친밀한 정서적 유대를 형성하고, 그 때문에 더 강렬한 민족주의적 색채를 띠게 되는 것이 <봄잔디>를 통해 나타나는 변화이다. 이런 경위를 더욱 설득적으로 보여주는 대목은 이른바 일본 좌파 운동세력과 선이 닿아 있는 '민전'과 '민대'의 간부들에 대한 노선비판이다. 이러한 서사는 자연스럽게 공화국의 지도지침을 따라 '민족주체노선'을 채택하게 되는 여러 가지 정황을 이해하게 한다. 이 작품의 주인공인 장문규는 이 주제를 가장 선명하게 전달하는 인물이다.

장문규는 태풍으로 이재민이 된 동포들의 생활대책 마련과 '조선인

학교폐쇄령'으로 위축된 민족학교를 재건하는 사업의 시급성을 깨닫고 동포들의 힘을 결집하며 해결책을 모색해 간다. '밀주사업'이 그것이다. 재일동포는 일본의 경제기구 전체가 붕괴하는 과정에서 아무런 보장도, 어떤 의탁할 곳도 없이 살아가야 했으므로, 생존의 절박성 때문에 암거래, 밀주 등으로 활로를 찾았던 것이 그 당시의 형편이었다. 특히 '막걸리 방위'[19]로 일컬어지는 밀주 제조 판매 사업은 재일동포들이 흔히 택한 생존수단이었다. 교실 증축과 이재민을 돕기 위해 벌인 '밀주사업'이 일본당국에 의해 적발되어 그와 관련된 사람들이 모두 검거되고 관련 증거품을 몰두당하는 사건이 발생한다. 보석금을 마련하면 그들이 풀려나게 되는데 이에 대해 견해가 달라 장문규와 '민전'의 간부들 간에 갈등이 야기된다.

장문규는 수감자들의 보석금은 조직이 마련해야 한다고 주장하고, 조윤근, 윤호문 등 '민전'의 간부들은 보석금은 개인이 해결해야 한다고 그 주장을 묵살한다. 이로 인해 장문규와 '민전' 간부들과의 갈등이 서서히 불거지게 된다. 장문규는 자기가 그들은 끝끝내 설득하지 못한 것을 후회하는 한편, 독자적으로 동포들과 보석금 마련을 위한 사업을 벌인다. 결국 조윤근, 윤호문 등은 사사건건 '민전' 상부조직의 명령과 지시를 따르지 않고 독자적으로 활동하는 장문규를 문책하기에 이른다. 그들이 이 과정에서 장문규를 옹호하는 사람들을 따돌리거나 속이면서까지 장문규를 은밀한 장소로 불러내어 문책했다는 사실이 밝혀지면서 동포들은 역시 장문규가 옳았다는 믿음을 굳힌다.

한편 장문규는 상부의 문책과 활동원들로부터 멀어져 외따로 떨어져 있다는 고립감을 느끼며 자책하게 되는데, 그 때 조직에서 공식적으로 추방당한 사람들의 활동을 알리는 황정문을 만나게 된다. 이 때부터 장

---

19) 위의 책, 38~39쪽, 참조.

문규는 용기를 얻게 되고, 자신의 행동이 옳았음을, 그리고 자신과 같은 지향을 지닌 새로운 조직이 창설된다는 소식에 설렌다. 이런 과정에서 '민전'의 잘못된 지향, 문제점들은 신랄하게 비판된다.

> 순진한 조선청년들을 감옥에 갇히게 하였으며 학교재건운동을 버리고 일본로조운동에 자금을 먼저 돌렸으니 주객이 전도된 셈이였다. 그래서 돌아온 것이 과연 무엇인가. 동포들의 생활은 가일층 궁핍해지고 일본인민들의 반감을 빚어내는 현상이 나타났을뿐이였다. 이러니 민족교육에 대한 그의 지향도 결국 민전조직의 활동이 바로 서야 실현될 수 있다는 것이 명백했다.(봄잔디: 229)

'민단'뿐만 아니라, 일본의 좌파 조직과 선이 닿아 있는 '민전'도 의지할 만한 조직이 아니라는 각성은 이어 "공화국 공민된 립장에 떳떳이 서서 남한테 의존하지 말고 자기함으로 동포들의 생활을 열어나가야" 하는 독자적인 민족노선을 택하는 지향으로 발전한다. 그리고 이는 "령도자의 손길이 미치지 않고서는 개개인의 참다운 지향도 꽃필 수 없다는 것이 그가 깨닫게 되는 생활의 진리"임을 인식하는 단계로의 전환을 이룬다. 이러한 서사논리를 총련 결성의 정당성과 총련의 조직과 조국-북한에 대한 충성을 강력하게 설득하기 위한 것으로 해석할 수 있을 것이다.

3. '학교'와 '가족'을 통해 본 재일동포의 정체성

해방 후 재일동포들은 일본의 식민주의적 폭력이 자신들에게 입힌 상처를 치유해 가고자 했다. 그러기 위해서 우선적으로 일본땅을 벗어나 고국으로 돌아가기를 원했다. 반세기 동안 짓눌려 살았던 핍박과 설움의 땅을 벗어나는 길이 그들에게는 참다운 해방이었던 것이다. 그러나 그들의 귀국길은 순탄치 않았다. 부족한 배편, 짐과 현금의 제한, 귀국 신청서 제출 등 가지가지 까다로운 조건들로 인해 그들은 발목이 붙잡힌다. 귀국의 꿈이 좌절되면서 그들에게 다가온 문제는 생존과 교육이었다. 귀국선을 타기 위해 모여든 일본 항구도시는 이제 임시거처가 아니라 삶의 터전이 되어야 할 상황에 직면한 것이다.

생존의 문제는 해방과 함께 직면하게 된 그들의 새로운 고통이었다면, 교육의 문제는 해방민족의 기쁨이었다. '조선말'을 배우는 일은 그들에게 일종의 귀국준비였으며, "일본말을 정확하게 못 해서 군도에 찔려죽는"(비바람: 14) 과거의 공포로부터 벗어났다는 확증이기 때문이었다. "조국의 말과 글을 배우는 것은 곧 해방의 기쁨이며 재생민족의 희열"(비바람: 5)이었다. 당시 그들은 주로 밀매, 밀주, 돼지사육, 음식장사 등으로 힘겹게 생존했기에 조선인 부락은 언제나 악취가 풍기는 곳이었다고 한다. 게다가 분단이 가속화되는 조국의 현실 또한 그들에겐 괴로움이었다. 이처럼 안팎의 현실은 그들을 고통스럽게 했으며 위축시켰다. 그럴수록 그들은 민족교육에 열성을 쏟았다. 그것만이 해방민족의 자존과 긍지를 느낄 수 있는 길이었기 때문이다.

재일동포들에게 민족교육은 민족혼과 자긍심을 되살리고 이어간다는 목적 이상의 정치성을 띤다. 즉 조선어와 조선학교는 일본사회의 주변적 존재로서의 정체성을 부인하고, '조선인'이라는 집단적 주체성을 재정립하려는 정치적 기도였던 것이다. 재일동포들에게 '재일(在日)'[20]의 문제는 존재론적 안정감을 부여하는 '집'과 '조국'의 부재 상황에서 출발한다. 그들은 다양한 원인으로 가족 이산의 상태에 놓여있을 뿐만 아

---

20) 재일동포 문학에서 그들의 역사의식, 민족의식은 '在日'과 '在日하다'라는 말로 집약되어 나타난다. 그들은 자신들의 존재상태를 '일본에 산다', '일본에 있다'고 표현하지 않고, '在日하다'라고 말한다. 그 말 속에는 스스로 주변부적 존재이거나 정체성 혼란을 겪는 존재가 아니라 하나의 존재로서 일본에 존재하고 있음을 표명하는 의지가 함축되어 있다.

니라, 남북분단이 초래한 자기분열 가운데 살아가고 있었다. 그러므로 '재일'의 문제는 타국에 '집'과 '조국' 세우기이며, 이것은 '학교 만들기'로 구체화된다. 학교는 타국에 재구축된 '우리들의 집과 땅'이라는 상징성을 지니는 공간이다. 뿐만 아니라 학교라는 상징공간은 재일동포들을 새로운 가족적 관계로 결속시킨다. '재일동포의 가족화'는 학교, 민족교육과 맞물려 실현되었다.

재일동포 소설에서 나타나는 가족 모델은 공적영역과 사적영역으로 구별되는 가족/사회의 이분법과는 다른 자리에서 상상된다. 즉 개인/ 집단, 가족/ 조직 등의 公/ 私의 이분법을 허물고 재편성하는 역할을 한다. 이러한 상상논리는 '조국-북한'이라는 국가의식이 확립되면서 '자식들인 자기'(재일동포), '어머니조국', '어버이수령님' 등의 표현으로 발전된다. 이러한 상상력은 그들의 생활체험에서 유래한, 실존적·역사적 필연성을 지닌다. 타지에서 혼자 굶주리고 병들어 죽어갈 때 동포들 가운데 한 사람이 생명의 은인이 되어주었던 개이적 체험들이 동포-가족의 결속감을 자연스레 형성해 왔기 때문이다. 이렇게 형성된 동포-가족의 이데올로기는 조직-가족, 국가-가족의 범주로 자연스레 확대된다. 량우직의 장편소설에 등장하는 주인공, 즉 지도적 활동가들이 '인격적인 아버지'로 형상화되어 있는 점도, 그들이 조직원들과 맺는 인간관계에서 그 무엇보다도 '사랑과 믿음'을 중시한다는 점도 이와 깊은 관련이 있다고 할 수 있을 것이다.

량우직의 장편소설에서 '학교'와 '가족'이라는 주요테마는 조직/ 돈, 민족/ 개인, 조선인/ 정치적 적 등의 배타적 관계를 형성한다. 이러한 배타적 관계는 미군, 일본정부, 남한 등을 배제하고 북한-공화국, 김일성 지도자를 찬양하는 배타적 정치논리를 정립하게 한다. 량우직의 소설들은 이러한 배타적 논리를 통해 외국-공권력에 맞서 재일동포 자신들의 이익을 보호, 주장하는 조직-가족을 형성하는 과정을 서사화하고 있다. 돈을 벌기 위해, 혹은 개인적 안위를 위해, 혹은 개인적 소심성으로 인해 조직을 이반한 사람들이 재일동포로서의 집단적 주체성을 획득함으로써 자기 정체성을 재규정하는 과정을 구체적으로 형상화하고 있는데, 그 과정에서 인물들은 새로운 조직-가족을 발견한다. 새로운 가족 속에서 그들은 자신을 구성원으로 인정하는 조직의 사랑을 느끼며, 동시에 자신이 조선인이라는 자기인식에 도달한다. 이렇게 가족을 매개로 한 상상적 구조 속에서 필연적으로 개인들은 조직의 구성원, 공화국의 해외공민이라는 정체성과 위치를 확립하게 된다.

량우직의 소설은 사적 영역-가족을 공적 영역으로 확대 상상함으로써 생물학적 가족을 초월한 정치학적 조직-가족을 구성하고 있다. 이 가족 틀은 부분과 전체, 개인과 사회의 관계성 속에서 개인의 정체성을 재정립하게 해준다. 이는 자연스럽게 조직과 개인, 조국과 해외공민이란 관계 속에서의 정체성 탐색으로 이어지고, 자신들을 식민지 백성으로 타자화하는 사회관계에 대항해 단결할 수 있게 해준다. 이 가족 모델은 가부장을 중심으로 가족과 가문을 옹호, 강화하려는 보수적 가족주의와는 다르다. 개인적 이해관계에 따라 분산될 수 있는 동포들을 조직적으로 규합하고, 지리적으로 분리된 조국과 보이지 않게 이어져 있다는 확신을 보증받기 위한 강렬한 정치적 욕망에서 비롯된 것이기 때문이다. 북한문학에 나타나는 혁명적 영웅의 카리스마를 량우직의 소설에서는 발견하기 힘들다. 이 점은 재일동포 문학이 북한문학과 변별되는 점이다. 오히려 재일동포 문학에서는 '어머니조국', '어버이수령님'의 아우라에 감싸이고 싶은 욕망, 조국에 대한 강렬한 향수를 바탕으로 하고 있다. 량우직의 소설에서 발견되는 이러한 특징은 재일동포들이 여전히 일본에서 주변적 존재, 소수의 약자로 머물러 있다는, 그들의 존재론적 조건에서 비롯된 상상적 욕망과 깊은 관련이 있다고 본다.

4. 맺음말

이 논문은 재일동포 민족교육운동을 구체적으로 그린, 량우직의 장편소설, <비바람속에서>(1991), <서곡>(1995), <봄잔디>(1999) 삼부작을 연구대상으로 삼아 그 세 편에 형상화된 재일동포 1세대의 삶과 그들이 지금의 민족 정체성을 형성하게 된 배경을 살펴보았다. 이 작업은 재일동포 1세대 작가로서 량우직의 역사의식을 검토하는 것이다.

이 세 편의 소설들은 해방 직후 결성된 '조련' 때부터 '총련'가 결성된 1955년 직후의 일들을 상세하게 그리고 있다. 해방 후부터 '총련' 결성의 1955년까지 10년이라는 시간은 재일동포 역사에서 매우 중요한 의미를 지닌다. 한반도의 해방공간과 전란기이기도 한 이 시기는 좌우의 대립이 극심했던 한국의 사정과 마찬가지로 재일동포 사회에도 커다란 시련과 혼란의 시기였기 때문이다. 본국(한반도), 일본, 미군, 그 어느 곳으로부터 보호받지 못하는 입장에서 민족적 자존과 주체성을 확립하기 위해 재일동포 스스로 단결하여 생존의 길을 모색할 수밖에 없었던 과정에서 그들이 총련이란 조직 아래 뭉치게 된 역사적, 심정적 상황들이 상세히 기술되어 있다. 이러한 특징 때문에 세 편의 소설들은 재일동포 사회의 역사적, 문화적 특수성을 이해하기 위한 사료로서의 가치도 매우 높다고 생각된다.

<비바람 속에서>는 해방 직후부터 '판신(阪神; 大阪, 神戸)교육투쟁'의 승리까지의 역사적 상황을 형상화하고 있다. 재일조선인운동사에서 가장 중요한 성과로 기록되는 '판신교육투쟁'뿐만 아니라 해방 직후

귀국 길이 막힌 재일동포의 처참한 생활상과 그 원인이라 할 수 있는 미군과 일본의 횡포를 아주 구체적으로 기록하고 있다. 이러한 상황을 헤쳐나가기 위해서는 동포들끼리 단결해야 함을 강조하고 있는데, 다양한 의견을 지닌 사람들을 끊임없는 관심으로 포용하는 정신이 결국은 그 험난한 고난을 헤쳐갈 수 있는 힘임을 강조하는 주제를 통해 조직적 연대의 중요성을 설득하고 있는 작품이다.

조직은 대중적 지지로부터 생명을 얻고, 대중성은 인간에 대한 믿음과 사랑에 토대한다는 주제는 량우직을 소설을 통해 꾸준히 나타나는 주제이다. 이러한 주제를 배면에 깔고서 시대별로 제출되는 투쟁의 과제들에 부딪혀 가는데, <서곡>은 주로 동포 사회의 반목을 본격적으로 다루면서 민단과 총련의 유대를 강조하고 있는 주제를 선명하게 부각시키고 있다. 더불어 남한의 이승만 정부에 대한 부정적 인식이 구체적으로 드러나고 있어 총련 작가 특유의 역사의식을 유감없이 보여주고 있다.

<봄잔디>는 량우직의 재일동포 민족교육 운동을 소재한 삼부작 소설의 완결편에 해당한다. '민전'시기로 일컬어지는 이 시기의 형상화는 재일조선인운동사를 이해하는 데 매우 중요한 의미를 지닌다. '민단'과 분명히 다른 노선을 견지하면서 일본의 좌파 운동조직과의 연계를 단절하고 재일동포 총련계 운동조직이 북한의 지도지침에 따르게 된 배경이 상세히 묘사되어 있기 때문이다. '민단'뿐만 아니라, 일본의 좌파 조직과 선이 닿아 있는 '민전'도 의지할 만한 조직이 아니라는 인식은 북한만이 믿고 의지할 조국임을 확신으로 강한 지향성을 형성한다.

량우직의 소설은 재일동포 가운데 총련계 1세대들이 남한이 고향임에도 남한에서 멀어지고 북한을 조국으로 선택하게 된 정체성 형성의 배경을 이해하는 데 많은 도움이 된다. 량우직의 삼부작을 통해 지속적으로 표현되어 있는 민족 주체성에 대한 강한 지향성, 생활, 교육을 중심

으로 한 민중운동 기반 구축, 사랑과 믿음에 기초한 인간관계 등은 그동안 우리가 무관심과 선입견 속에서 총련계 재일동포에 대한 그릇된 이해를 바로 잡는 데 커다란 기여를 할 것이라 믿는다. 그간의 총련계 재일동포와 그들의 문학에 대한 오해와 편견은 물론 분단 상황에서 비롯된 것이므로, 재일동포 문학의 이해는 통일문학사를 위해 반드시 선행되어야 할 작업이라 생각한다.

참고문헌

량우직, 『비바람속에서』, 문예출판사, 1991.

______, 『서곡』, 문학예술종합출판사, 1995.

______, 『봄잔디』, 문학예술종합출판사, 1999

강덕상·정진성 외, 『근·현대 한일관계와 재일동포』, 서울대출판부, 1999.

강재언 외, 『재일 한국·조선인—역사와 전망』, 소화, 1995.

공봉식·이영동, 『재일동포』, 문학관, 1997.

권명아, 『가족이야기는 어떻게 만들어지는가』, 책세상, 2000.

김려숙, 『작품의 심리묘사』, 문학예술종합출판사, 1994.

김상현, 『재일한국인-재일동포 100년사』, 도서출판 한민족, 1988.

김응교, 『일본 속의 마이너리티, 재일조선 시』, 『시작』, 2004.겨울.

김인덕, 『일본지역 민족운동에 대한 역사적 평가』, 『한국민족운동의 역사와 미래』,
　　　국학자료원, 2000.

심원섭, 『재일 동포의 문학예술의 현황과 창작 방향』, 『세계 속의 한국문학』, 새미,
　　　2002.

윤건차, 이지원 역, 『한일 근대사상의 교착』, 문화과학사, 2003.

이재봉, 『재일 한인 문학의 존재방식』, 「한국문학논총」제32집, 2002. 12.

이한창, 『재일한국인문학의 역사와 그 현황』, 「일본연구」제5집, 1990.

이회성, 『새로운 세기를 향한 한국과 일본의 문학』, 창작과 비평, 1998.가을.

정인섭, 『재일교포의 법적지위』, 서울대학교출판부, 1996.

홍승직·한배호, 『재일동포의 실태조사』, 「아세아연구」제57호, 1998.

오자와 유사쿠, 이충호 역, 『재일조선인 교육의 역사』, 혜안, 1999.

카지무라 히데키, 김인덕 역, 『재일조선인운동』, 현음사, 1994.

재일동포 한국어 소설의 가족 형상화 양상 연구

-북한 소설과의 비교를 중심으로-

이 정 희

―――――――――――――― 목 차 ――――――――――――――

1. 머리말

본고는 1980~90년대 초반의 재일동포 한국어 소설에 나타난 가족 형상화 양상 연구를 통해 재일동포 한국어 소설의 특징을 규명하는 데 목적이 있다.

그 동안 재일동포 한국어 문학은 북한 문학과의 근사성(近似性) 때문에 '국내(북한)문학'으로 규정되기도 했다. 예컨대 김달수는 재일동포 문학을 '일본에서 일본어로 하는 문학 활동 또는 그 내용'으로 한정함으로써 재일동포 한국어 문학을 '국내(북한)문학'으로 기정사실화했다.[1] 이러한 현상이 나타나는 이유는 재일동포 한국어 소설의 대부분이, 조총련(재일조선인총연합회)의 산하 단체인 '재일본조선문학예술가동맹(약칭 문예동)' 소속 작가들의 작품인데다가, 이들의 작품이 문예동과 조총련의 문학예술에 대한 사상적 지침을 채택, 관철하는 양상을 띠기 때문이다.

문예동의 기관지인 『문학예술』 첫머리에, 문학예술 창작에 대한 김일성의 교시가 제시되어 있는 것은 그 단적인 예이다. 김일성은 모든 문학예술 작품들이 인민들에게 어떻게 살고 일하며 투쟁할 것인가를 가르쳐 주는 데 복무해야 하며, 작가와 예술가들은 현실에 있는 산 사람들의 사상과 감정, 생활을 통하여 인민의 숭고한 애국심을 구체적으로 심오하게 형상화해야 한다고 했다.[2] 문예동 소속 작가들은 김일성의 이러한 교시에 따라 창작하거나, 적어도 이러한 교시를 상당히 의식하고 문학작품을 창작한 것으로 볼 수 있다. 그러므로 재일동포 한국어 문학의

---

1) 한승옥, 「재일 동포 한국어 문학 연구 총론(Ⅰ)」(『한중인문학연구 제14집』, 2005.4), 325쪽.

2) 문학예술 창작에 대한 김일성의 교시 중 대표적인 예를 들면 다음과 같다. "우리의 예술을 더욱 높은 수준에로 발전시키기 위하여서는 예술 일군들이 자기의 정치사상 수준을 높이는 것이 무엇보다도 중요합니다."(『문학예술』제73호, 1981년 7월), "인민대중은 사회주의 문화의 창조자이며 우리 사회에서 문학예술은 근로대중이 널리 참가하여야만 빨리 발전할 수 있습니다."(『문학예술』제76호, 1983년 6월), "…작가, 예술가들은 자기들의 작품에 추상적이며 무미건조한 구호를 라렬할 것이 아니라 현실에 있는 산 사람들의 사상과 감정, 생활을 통하여 우리 인민의 숭고한 애국심을 구체적으로 심오하게 형상화하여야 합니다."(『문학예술』제81호, 1985년 7월), "문학은 세계의 주인이며 력사의 창조자인 사람의 생활을 언어로 형상하며 인민대중을 위하여 복무하는 인간학입니다. 주체의 인간학인 문학은 인간생활의 예술적 형상을 통하여 인간문제에 해답을 주는 생활의 철학입니다."(『문학예술』제85호, 1986년 12월)

특징을 규명하기 위해서는 무엇보다 북한 문학과의 유사성과 차별성에 대한 구체적인 분석이 요구된다.

이러한 요구에 따라 본고에서는 1980~90년대 초반에 창작된 재일동포 한국어 소설과 북한 소설을 비교 연구하고자 한다.

1980~90년대 초반은 우선 재일동포 사회에 뚜렷한 변화가 일어나기 시작하는 시기이다. 무엇보다 재일동포들 속에서 세대교체가 이루어져 일본에서 나서 자란 2, 3세들이 압도적 비중을 차지하게 되고 그들이 재일동포 운동의 주역으로 등장하였다. 또한 이 시기는 북송 재일동포들의 실상이 알려지면서 '지상낙원'으로서의 북한에 대한 인식이 달라지는 시기이기도 하다.

다음으로 북한의 경우는 김정일 후계 체제의 확립과 함께 경제적 침체가 가중되는 시기라는 특징을 지닌다. 1980년대 들어 두드러진 발전 지체 현상은 특히 경제 부분에서 심각한 침체 국면을 맞이하였으며, 이것은 1980년대 말 사회주의권 개혁으로 더욱 심각해졌다.[3] 더욱이 1994년 김일성의 사망과 1995년 북한을 강타한 대홍수는 북한 체제의 위기를 가속화시키고 개방화의 압력에 직면하게 했다.[4]

재일동포 사회나 북한 사회의 이러한 변화는 문학 작품에도 그대로 반영되어 북한에서는 내부의 현실적인 문제와 직접적인 관련이 있는 주제들, 지금까지의 연구자들이 통칭 '사회주의 현실' 주제의 문학으로 불러온 경향의 작품이 나타나기 시작한다. 이 주제의 작품은 1980년대의

---

3) 김병진, 「해방 이후 북한 소설사」(김종회 편, 『북한문학의 이해2』, 청동거울, 2002), 70쪽 참조.

4) 보통 김일성 사후는 김정일 시대로 명명된다. 김정일 시대는 김일성 사후 유훈통치로 3년상을 치르고, 김정일을 총비서로 추대(1997.10.8)해, 그가 명실상부하게 당의 지도자로 나섬과 동시에 국방위원장으로 추대(1998.9.5)한 수정 헌법 체제로 전면 등장한 현시대를 말한다. (노귀남, 「김정일 시대의 북한문학」, 위의 책, 148~149쪽 참조.)

작품들 중 가장 많은 양을 차지하고 있을 뿐만 아니라 북한 사람들에게 깊은 관심을 불러일으켰다.[5] 재일동포 한국어 문학도 1980~90년대 초반이 되면 만개하는데 양적 측면에서의 성장은 질적 측면에서의 성장 가능성을 점쳐 볼 수 있게 한다.[6]

이 시기의 재일동포 한국어 소설과 북한 소설 중 본고에서는 가족 형상화 양상이 잘 드러난 작품에 주목했다. 가족이란 혈연을 매개로 이루어진 내밀한 사적(私的) 집합체이자 민족이나 국가라는 거대 단위를 구성하는 하위단위이다. 그러나 재일동포 한국어 소설과 북한 소설에서 가족의 모습은 개별적이고 사적인 성격이 거의 거세된 채 민족, 조국으로 수렴되는 종속화된 양태로 존립한다. 가족이란 사회나 국가의 목적

---

5) 김재용은 1980년대 이후 북한 문학의 주제를 다음 다섯 가지로 나눈다. 그것은 수령과 혁명 전통의 형상화, 사회주의 건설과 혁명, 역사 소설, 사회주의 현실 주제, 조국통일의 주제이다. 여기서 1980년대 이후 북한 문학에 두드러지게 나타나는 것은 바로 사회주의 현실 주제이다. 특히 도시와 농촌 사이의 갈등 문제, 여성문제, 그리고 세대 간의 갈등문제가 부상한다. (「1990년대 북한 소설의 경향과 그 역사적 의미」, 『오늘의 소설』 통권 제12호, 1993년 하반기, 306쪽 참조) 반면 김한식은 1980년대 이후 북한 소설을 역사 주제의 문학과 사회주의 현실 주제의 문학으로 나누었다. 그는 80년대 이후 북한 소설의 특징이 현실 생활을 창작의 공간으로 회복한 점에 있다고 본다. 따라서 사회주의 현실 주제의 문학이 역사 주제의 문학보다 중요하다고 평가한다. (「북한소설에서 현실 모순의 형상화 문제」, 최동호 편 『남북한 현대문학사』, 나남출판사, 1995, 469~470쪽 참조) 그러나 김일성 사후 본격적인 경제난에 접어들면서 북한문학 창작에 대한 조선노동당 문학과의 본격적인 간섭으로 인해 현재 양심적인 문필활동을 해오던 많은 작가들이 현 상황에 환멸을 느끼고 거의 절필하고 있는 형편이며 북한문학은 혹심한 침체기를 맞고 있다. (최진이, 「북한에서 문학예술 분야에 대한 당적 영도」, 목원대학교 국어교육과 엮음, 『북한문학의 이해』, 국학자료원, 2002, 220쪽 참조.)
6) 재일동포 한국어 소설의 개화는 1955년 5월 '재일조선인총연합회(총련)'의 결성과 그 산하 기관으로 뒤이어 1959년 6월 결성된 '재일본조선문학예술가동맹(문예동)의 활약에 크게 힘입고 있다. 문예동 결성 이후 1960년대에는 재일동포 한국어 문학운동이 활기를 띠게 되었고 1970년대에는 그 활동이 한 단계 심화되었으며 1980년대에는 창작활동의 앙양기가 도래한다. (강태성, 「재일 조선인 조선어 소설 문학」, 『재일 조선인 조선어문학의 현황과 과제』, 와세다대학 조선문화연구회·해외동포문학편찬사업 추진위원회·재일본조선문학예술가동맹 공동심포지엄 자료집, 2004.12.11 참조)

의식적이며 계몽적인 역할을 충실히 반영하고 이행하는 또 다른 공적 기관이 되고 있다.

그러므로 본고에서는 가족 형상화 양상을 중심으로 북한 소설과 재일동포 한국어 소설을 비교 분석함으로써, 이데올로기와 문학의 관계를 짚어보는 동시에 재일동포 한국어 소설이 북한 소설과 달라지는 지점을 가늠해 보고자 한다. 가족 형상화 양상은 부자(부녀)관계라는 수직적 관계나 부부(연인)관계라는 수평적 관계를 통해 살펴볼 수 있는데, 이는 재일동포 한국어 소설과 북한 소설 속의 가족이 대개 핵가족이기 때문에 나타나는 현상이다. 본고에서는 연인 관계가 미래의 가족이 될 수 있다는 측면에서 가족 형상화 양상의 한 양태로 간주하였다.

2. 재일동포 한국어 소설과 북한 소설 속의 부자(부녀)관계

1) 재일동포 한국어 소설 속의 부자(부녀)관계

재일동포 한국어 소설에 묘사된 가족의 모습 중 가장 주목할 만한 부분은 부자(부녀)관계이다.[7] 전통적인 가족 구도에서 아버지는 가족의 정신적 지주이자 가족 부양의 전담자로서 가족 안에서 가장 높은 위상을 차지한다. 그래서 가족 형상화에서 가장 많은 부분을 차지하는 것이 부자(父子) 혹은 부녀(父女) 간의 갈등과 화해라는 모티프이다. 그것은 작게는 부자(부녀)간의 오해로 인한 갈등에서부터, 크게는 아들(딸)이 자기 존재의 근원을 묻는 문제에 이르기까지 매우 광범위하게 분포한다.

---

7) 허명숙 역시 「재일 한국어 소설문학의 최근 동향」(『한중인문학연구』제15집, 2005.8, 399쪽 참조)에서 재일동포 한국어 소설에 나타난 가족의 모습에 주목했다. 허명숙은 병상에 누워 있는 아버지와 아들과의 극적인 화해라는 테마는 재일동포 한국어 소설에서 자주 발견되는 테마의 하나인데 이는 세대간의 지속성을 확인하기 위한 장치라고 했다.

　　박순애의 「리별의 끝」[8]에는 두 명의 아버지가 등장한다. 하나는 피로 맺어진 혈연의 아버지이고, 다른 하나는 사상으로 맺어진 정신의 아버지이다. 철수는 7살 때 혈연의 아버지와 헤어진 후 20년 동안 정신의 아버지인 병규의 보살핌을 받고 성장하여 총련의 교육일꾼이 된다. 혈연의 아버지는 철수에게 '왜 나는 부모에게 버림을 받아야 했는가'라는 의문만을 남겨 주었지만, 정신의 아버지는 어린 시절부터 성인이 될 때까지 철수를 돌보고 그를 총련의 교육일꾼으로 키웠을 뿐만 아니라 혈연의 아버지와 화해할 수 있는 계기를 마련해 준다.

　　철수가 기억하는 혈연의 아버지는 '늘 술을 퍼 마시고 고함을 지르며 가산을 짓부시던' 무능하고 폭력적인 아버지이다. 아버지로 인해 가정이 풍비박산 날 위기에 처하자 어머니는 철수를 남겨두고 귀국할 것을 결심한다. 자리가 잡히는 대로 철수를 데리러 오겠다고 생각했지만 곧 귀국의 길이 막혀 가족 간의 상봉은 20년 동안이나 지연된다. 이러한 사실을 알지 못하는 철수는 "모든 원인은 아버지에게 있다. 아버지의 탓으로 버림을 받았다."고 생각하면서 혈연의 아버지에 대한 원망을 갖고 성장한다.

　　그러나 평양 방문 대표단 성원이 되어 어머니를 만나면서 부모에 대한 오해와 원망이 조금씩 풀리기 시작한다. 아버지의 알코올 중독 원인이, 믿었던 일본인 친구의 배신과 그로 인한 사업의 실패에 있었다는 사실과 함께, 귀국 후 아버지가 알코올 중독에서 벗어나 '나라에서 주는 표창장'까지 받았다는 사실을 알게 된 철수는 아버지를 '정신적 불구자'로 만든 것은 다름 아닌 일본 사회였음을 깨닫는다. 또한 귀국의 길이 막혀 상봉이 늦어졌다는 사실을 알고는, 자신이 부모로부터 버림받은 것이 아니라 '사회의 버림을 받은 것'이었음을 자각한다.

---

8) 『문학예술』제87호, 1987.여름, 66~82쪽.

무능하고 폭력적인 혈연의 아버지가 실은 일본 사회의 희생양이었음을 깨달은 철수는 아버지에 대한, 20년 동안의 응어리진 감정을 푼다. 그러나 '하루가 멀다하고 술을 퍼마시고 어머니를 때리던 아버지 모습이 자꾸만 떠오르면서 뭔가 서먹하여' 병석에 누워 있다는 아버지를 찾아갈 마음을 내지 못한다. 결국 평양 방문 일정이 끝나는 마지막 날, 어머니가 아버지를 부축하여 철수를 배웅하러 오면서 부자간의 극적인 화해의 계기가 마련된다.

≪아버지!!…≫
철수는 아버지의 손을 움켜쥐며 소리 없이 울었다.
≪…철수야 …이제야 왔구나…≫
아버지는 갈린 소리로 철수를 부르고 아들을 그러안았다. 침묵이 흘렀다.
어머니는 한옆에서 아버지를 부축하고 울먹거리고 서있을 뿐 아무 말도 못했다. (79면)

이러한 상봉의 장면을 염두에 두었던 듯 정신의 아버지인 병규는 '철수는 자네 아들이네.'라는 내용을 담은 편지를 철수의 부모에게 보내 철수 부자의 화해를 고무한다. 정신의 아버지인 병규의 숨은 노력으로 철수는 혈연의 아버지와 화해하게 되고, 이를 통해 혈연의 아버지는 조금이나마 정신의 아버지 자리를 회복한다. 그러나 여전히 정신의 아버지 자리를 지키고 있는 것은 총련 혹은 조국이다. 병규는 총련의 역할을 상징하는 인물이며, 혈연의 아버지는 조국으로의 귀환 후 변화하기 때문이다. 이처럼 재일동포 한국어 소설에서 훼손된 아버지는 총련 혹은 조국의 원조에 의해 불구성을 극복하고 아버지로서의 자기 위상을 찾게 된다.

이러한 구도는 리상민의 「황금탑」(1990)9)에서도 확인된다. 이 소설에는 두 개의 부자(부녀)관계가 등장한다. 하나는 권정도와 양딸 수희의 관계로서 이들은 비적대적인 갈등을 겪는다. 다른 하나는 권정도와 아들 창일의 관계로서 이들은 적대적인 갈등을 겪는다. 비적대적인 갈등의 경우에는 「리별의 끝」에서처럼 일본사회의 차별에 의해 훼손된 아버지에 대한 형상화와 이에 대한 포용어린 비판이 주축을 이루며, 부자(부녀)간의 이해에 의해 갈등은 해소된다. 그러나 적대적인 갈등의 경우에는 극적인 사건을 계기로 부정적 인물의 본질이 만천하에 드러나면서 갈등은 파국으로 치닫는다.

「황금탑」의 주인공 권정도는 빠찡고 사업으로 성공한 재일동포 1세로서 무엇이든 돈으로 해결할 수 있다고 믿는 인물이다. 40년 전 아내와 아들을 한국에 남겨두고 도일한 권정도는 빠찡고 사업에 일생을 바치지만, 정작 그 사업을 이어갈 후계자를 길러내지 못한다. 양딸 수희는 성실한 사업 보조자이긴 하지만 빠찡고 사업에 대한 야망이 없다. 그래서 권정도는 헤어진 아들의 생사를 수소문하여 마침내 그를 일본으로 불러들인다.

해방 직후 도일할 때 헤어졌던 아들 창일을 40년만에 다시 만난 권정도는 창일에게 빠찡고 사업을 물려줄 구상을 하지만, 창일은 사업가로서의 자질이 전혀 없다. 과음을 이유로 종업원들과의 대면식에 불참하는가 하면, 빠찡고 기계에서 나온 회사 자금을 마치 자기 개인의 자산인 것처럼 함부로 써 종업원들의 기강을 해이하게 만들고 결국에는 수지 결산이 맞지 않는 사태를 불러온다. 사업가로서의 자질이 전혀 없는 아들이 실은 아버지의 죽음 후에 남겨질 재산 때문에 일본에 머물고 있다는 사실을 알게 된 권정도는 분노에 몸을 떤다.

≪그러게 말이야⋯ 글쎄, 딸이란 년은 벌써 내쫓았구⋯ 그래! 아

9) 『문학예술』제96호, 1990.봄, 23~42쪽.

버지도 고혈압에 허덕이고 있으니 저 세상에 갈 날도 멀지 않았어!
이제 재산의 명의만 바꾸어버리면 다 된 셈이야! 핫핫핫…≫
　　정도는 가슴이 섬찍하였다. 뒤따라 등골이 서술하였고 소름이 끼쳤
다. (36쪽)

　　≪네가… 네가… 애비의… 죽음을… 바란단말이지?≫(중략)
　　≪아버지라구!… 넌 내아들이 아니다. 썩 사라져!… 당장!≫(37쪽)

　　권정도와 창일은 혈연으로 맺어진 부자관계이지만 그 사이에 '돈'이
매개되자 화해할 수 없는 적대자의 위치에 놓이게 된다. 천륜을 저버린,
창일의 황금만능주의적 사고방식은 '황금탑'으로 이루어진 권정도의 인
생 역시 허망한 것일 수밖에 없음을 보여준다. 일본 사회에서 살아남기
위해서는 돈이 있어야 한다고 생각하며 '황금탑'을 쌓아왔던 권정도는
결국 돈에 의해 그 동안 쌓아온 모든 것을 잃어버릴 위기에 처한다. 수
족 같던 양딸 수희는 창일과의 갈등 때문에 집을 떠났고, 그 틈을 타서
빠찡고의 지배인과 종업원들은 임금인상을 요구하는 파업을 벌이며, 권
정도는 이러한 뜻밖의 사태로 인한 충격 때문에 졸도를 한다.

　　졸도를 하면서 '내가 이렇게 죽는구나!…'라고 느꼈던 권정도는 눈을
뜬 순간 병실 방안에 수북이 쌓여 있는 부조지함에서 총련 산하의 여러
단체 이름을 보고는 자신이 결코 혼자 있지 않음을 깨닫는다. 여기서
총련과 권정도를 매개하는 역할은 양딸 수희에 의해 이루어지는데, 빠
찡고 사업의 세금 계산 관계로 총련의 도움을 받았던 수희는 그때부터
총련과 연을 맺어 총련 활동에 동조한다. 그러면서 아버지 권정도가 '돈
의 포로'가 되었다는 느낌과 함께 아버지의 인생관에 회의가 생겨 창일
과의 갈등을 기화로 아버지 곁을 떠나게 된다. 그러나 아버지가 아들
창일에게 배신당하는 등 위기에 처하자 다시 아버지에게로 돌아온다.

수희과 권정도는 비적대적인 갈등을 겪는 관계로서 오히려 시련 속에서 더욱 돈독한 관계로 발전한다. 양딸 수희가 자신의 인생관에 회의를 던지는 편지를 남겨놓고 집을 떠났을 때, 권정도는 '건방진 년'이라며 분개하지만 창일의 배신을 비롯한 일련의 사태를 겪으며 수희가 옳았음을 깨닫는다. 황금만능주의에 사로잡혀 있던, 훼손된 아버지인 권정도는 수희가 매개하는 총련과 만나면서 '인생의 참된 진리'를 깨닫는 온전한 아버지가 된다. 이 소설에서도 훼손된 아버지는 총련 혹은 조국과 만나면서 불구성을 극복하게 된다.

> (네가 옳았다. 수희야!… 너는 내가 60대에 뒤늦게 깨달은 인생의 참된 진리를 벌써 20대에 깨닫고 있었지… 장하다 수희야! 주저말고 곧바로 걸어라. 그 진리의 길로!…) (42면)

리은직의 「찾는 마음」(1984)[10]에서는 총련의 역할이 좀더 분명하게 형상화된다. 총련에 무관심한 인물인 재일동포 김치성은 노동자 출신의 성공한 공장주이지만, '자식농사'에는 성공하지 못했다. "저 애들은 애비, 에미가 조선사람인 것을 숨기려고 애를 쓰면서 조선사람이 오면 피해버린단 말이야…"(42면)라는 김치성의 고백에서 알 수 있듯이 김치성의 자식들은 동포들과의 접촉을 꺼리며 일본사람의 흉내를 내며 살아왔다. 그 당연한 결과로서, 딸 순자는 고등학교 시절부터 사귄 일본 남자에게 조선인이라는 이유로 버림받자 조선인이라는 자기의 운명을 저주하며 유서를 남겨 놓고 가출한다.

자수성가한 공장주가 정작 자식 농사에는 실패한 것을 깨닫고 조선인으로서의 '민족적인 긍지'를 갖는 일이 얼마나 중요한가를 알게 된다.

---

10) 『임무』, 문예출판사, 1984, 31~99쪽.

김치성은 총련의 도움으로 가출한 딸을 찾게 되자 날이 갈수록 조직에 대해 열성을 표시하기 시작했고, 가출했던 딸도 '우리 청년학원'에 나가는 등 조선인으로서의 자각을 갖게 된다. 일본인이 아니면서 일본인이고자 했던 '기형적인 가족'인 김치성의 가족은 총련과 만나면서 온전한 가족이 된다. 총련은 무능한 아버지의 대체물이 되어 아버지의 역할을 하며, 그 속에서 조선인 아버지는 비로소 자기 역할을 깨닫게 되면서 온전한 아버지가 된다. 무능한 아버지와 총련이 상호 침투하면서 새로운 아버지가 탄생하는 것이다.

이 새로운 아버지와, 아들 사이에는 심각한 갈등이 없다. 강룡옥의 「아들」(1991)[11]은 이러한 양상을 잘 보여주는데, 총련 지부 부위원장인 진석과 그의 아들 철수는 철수의 진학문제에 얽혀 있는 진석의 이직문제를 둘러싸고 서로 오해하나 부자간의 대화를 통해 이를 푼다. 집안 형편이 어려운데도 불구하고 진석은 '동포들의 믿음'에 부응하기 위해 이직 대신 총련 활동을 선택하고, 철수도 대학 진학 대신 조청 활동을 선택한다. 총련을 구심점으로 아버지와 아들은 '민족'을 위한 선택을 하고, 그것은 부자간의 결속을 강화하며 나아가 동포사회와의 연대를 공고히 한다.

이상에서 살펴본 것처럼 재일동포 한국어 소설 속의 부자(부녀)관계는 대개 아들(딸)이 훼손된 혈연의 아버지와 어떻게 화해하는가에 초점이 맞춰져 있다. 서로에 대한 오해나 가치관의 차이로 갈등하던 부자(부녀)는 총련으로 상징되는 정신의 아버지와 만나면서 민족의식을 회복하게 된다. 총련은 정신의 아버지로서 가족 속에 들어오고, 그 결과 총련과 가족은 불가분의 관계에 놓인다. 총련이라는 정신의 아버지가 가족에게 가져다주는 것은 민족적 긍지와 자각이며, 이를 통해 불완전했던 가족

---

11) 『문학예술』제102호, 1992.봄, 106~119쪽.

은 온전해지며 온전해진 가족 속에서 아들(딸)들은 가정적으로나 사회적
으로나 제 위치를 찾는다.

2) 북한 소설 속의 부자(부녀)관계

북한 소설에서 부자(부녀)관계는 대체로 세대 간의 갈등과 화해라는
형식으로 나타난다. 그래서 재일동포 한국어 소설에서처럼 아버지가 무
능하거나 훼손된 인물로 그려지지는 않는다. 사회에서 일정한 지위를
차지하고 있는 아버지와 새로운 세대로서의 아들(딸)과의 갈등과 화해를
통해 사회주의 사회에서 필요로 하는 인간형을 제시한다.

리규택의 「인간의 수업」[12], 김삼복의 『세대』[13] 등에는 사회주의 혁
명을 이끌고 그것의 완성을 위해 노력해 온 아버지 세대의 위업이 강조
되고 있다. 동시에 아버지와 갈등하던 아들들이 아버지의 삶을 이해하
면서 혁명의 위업을 계승하는 믿음직한 새 세대로 형상화되고 있다. '혁
명의 위업'이라는 매개 고리를 사이에 두고 아버지와 아들이 갈등하다
가 종국에는 아버지의 삶에 감화를 받아 아들이 건강한 노동자로 거듭
난다는 구도를 취하는 것이다.

「인간의 수업」에서는 염전을 배경으로 아버지와 아들의 삶이 펼쳐진
다. 제염소 총국장인 채석준은 젊은 시절 제관공으로 일하던 중 오지에
있는 남동 염전으로 전근 발령을 받게 된다. 처음에는 그것을 '심히 부
당한 처사'로 받아들였던 채석준은 현장 경험이 쌓일수록 소금이 부족
한 나라살림에 소금을 내는 일이 얼마나 중요한 일인가를 깨달으면서
제염공으로서의 자신에 대해 자부심을 갖는다. 현장에서 일하며 공부하
던 채석준은 그 능력을 인정받아 염전의 지배인이 되었다가 나중에는

---

12) 1992년 作, 북한 우수단편선 I 『쇠찌르레기』(살림터, 1994)에 수록.
13) 김삼복, 『세대』, 문예출판사, 1985

제염소 총국장의 지위에까지 오르게 된다.

이처럼 성실히 노력해 온 채석준과는 달리 아들 정원은 아버지의 권위에 기대어 편안하게 살려는 나약한 생각을 갖고 성장한다. 학업 성적이 우수하지는 않지만 총국장인 아버지가 도와준다면 상급학교 진학이 어렵지 않을 거라고 생각하던 정원은, 아버지가 자청하여 자신을 염전 노동자로 보내자 심한 배반감을 느낀다. 채석준은 실력 있고 열성 있는 학생들에게 상급학교 진학을 양보하는 것이 양심적인 태도라고 생각했지만, 정원은 이에 불만을 품고 생산현장에 가서도 적응하지 못하고 방황한다. 그러던 중 정원은 총국장의 아들이라는 지위를 이용하여 '작업반장학교'에 입학할 수 있는 기회를 얻어낸다.

> "그 학교는 다년간 소금밭에서 로동을 한 사람들 중에서 생산경험
> 두 있구 통솔력이 있는 진실한 젊은이들만을 골라다가 한 1년씩 공부
> 를 시켜 작업반장으로 내보내는 곳이다. (중략) 안병모 지배인이랑 나
> 의 옛 작업반원들이 이 총국장의 체면을 생각해서 전례 없는 일이지
> 만 너를 작업반장 학교에 추천해서 올려 보냈을 것이다. 아니 작업반
> 장 학교가 아니라 쓸모없는 자식이라구 애비의 품으로 되돌려보낸 것
> 이란 말이다. 내 아무리 철면피기로서니 무슨 낯으로 남동제염소에
> 지도사업을 나가며 나의 생활의 스승들인 옛 작업반원들과 장치세 지
> 도원을 만날 수 있겠니?"(244~245면)

'작업반장학교'를 둘러싼 채석준과 정원의 갈등은 실제로는 생산현장을 바라보는 시각의 차이에서 기인하는 것이다. 채석준은 자신이 제염공으로서 소금밭에서 보낸 10여 년이 '천금을 주고도 살 수 없는 나의 귀중한 밑천'이라고 생각하지만, 정원에게는 피할 수만 있다면 피하고 싶은 고된 노동일뿐이다. 육체노동을 천시하고 정신노동을 숭상하는 태도는 주로 정원과 같은 젊은 세대에게서 발견되는데, 김삼복의 『세대』

에서는 농촌 젊은이들이 고된 노동을 피해 부나방처럼 도시로 떠나는 모습이 형상화되고 있다.[14]

육체노동을 경시하던 정원은 아버지의 편지를 통해 자신이 일하고 있는 '남동 제염소 3구 1호' 작업장이 젊은 시절의 아버지가 청춘을 묻은 작업장이라는 사실을 알게 되면서 작업반장학교 진학을 포기하고 다시 현장으로 돌아간다. 그 후 몇 년 동안 제염공으로 일하면서 정원은 아버지의 삶과 사고방식을 이해하게 되고 자신도 젊은 시절의 아버지처럼, 공부하면서 노동하는 '대학생 제염공'이 된다. 정원은 노동 현장이라는 생활 속에서 이루어지는 '인간의 수업'을 받으며 아버지의 지위에 기대려는 나약한 태도를 극복하고 자기 삶의 주인이 되는 것이다.

가족의 화합이 사회적·국가적 통합의 양상을 띠는 북한 소설에서는 갈등의 양상이 그리 뚜렷하게 나타나지 않는다. 부자(부녀)간의 갈등은 오해로 인한 것이 많고 오해가 아닌 경우도 비적대적 모순에 의해 생겨난 것이 대부분이기 때문에 비교적 쉽게 해소된다. 예컨대, 아버지 세대의 '위업'이 강조되는 소설들에는 자식 세대가 자기의 오류를 발견하고 이를 시정해 나가거나, 아버지 세대가 자식 세대에 대한 오해를 풀고 그들을 올바르게 이해한다는 내용이 많다. 반면, 자식 세대의 가능성이 강조되는 소설들에는 갈등이 거의 나타나지 않는다. 아버지 세대에 이은 자식 세대의 '계속 혁명'이 주요한 현안으로 형상화되기 때문에 갈등이나 오류보다는 통합이 강조된다.

---

14) 김삼복의 『세대』(문예출판사, 1985)는 8일간의 이동 풀베기 작업을 배경으로 이루어지는, 세대 간의 갈등과 화해를 그리고 있다. 구세대를 대표하는 인물인 최명서는 젊은 세대의 오해에도 불구하고 자기가 맡은 일에 최선을 다하여 결국에는 젊은 세대의 오해를 풀고 그들에게 감화를 준다. 그는 양아들 길남이가 도시로 나가 돌아오지 않는 것이 자기가 잘못 가르친 탓이라고 자책하지만 한 달 후 집으로 돌아온 길남이는 최명서에게 용서를 빈다. 또한 대학공부를 핑계 삼아 도시로 도망가려던 정혜는 공부를 하고 돌아와 농촌의 발전을 돕겠다는 포부를 갖고 도시로 나가게 된다.

윤리태의 「어제와 오늘」[15]은 부모 세대와 자식 세대의 노동과 사랑을 대칭적으로 보여주면서 두 세대의 연속성을 강조하고 있으며, 김창옥의 「마감 사람들」[16]은 딸의 진로문제로 고심하던 아버지가 딸의 결정을 받아들이면서 내면 갈등에서 벗어난다는 내용을 담고 있다. 부모세대와 자식세대가 무갈등상태에서 연속성을 갖는 구도는 사회주의 '계속 혁명'을 강조하기 위한 소설적 장치라 할 수 있다. 부모세대의 '위업'을 자식세대가 이어받아 '계속 혁명'의 길로 가야 한다는 당위는 갈등이 없거나, 있더라도 쉽게 해소되는 정도로 갈등을 형상화한다.

북한 소설에서는 아버지 세대의 위상이 상당히 높다. 혁명의 중심세력으로서의 아버지 세대의 '위업'이 사회적으로 높이 평가받기 때문일 것이다. 바로 이 대목이 재일동포 한국어 소설 속의 부자(부녀)관계와 북한 소설이 크게 달라지는 지점이라 할 수 있다. 재일동포 한국어 소설에서는 비록 아버지 세대라 하더라도 민족의 현실에 동참하지 않으면 가차없는 비판의 대상이 된다. 그러나 북한 소설에서는 부모 세대와 자식 세대의 혁명적 연속성이 강조되고 아버지의 '위업'은 거의 언제나 존경의 대상이 된다. 북한 소설에서는 부자(부녀)관계가 주로 세대 간의 갈등과 화해라는 형식으로 전개되며 민족보다는 사회주의 이념이 강조된다.

3. 재일동포 한국어 소설과 북한 소설 속의 부부(연인)관계

1) 재일동포 한국어 소설 속의 부부(연인)관계

재일동포 한국어 소설 속의 부부(연인)관계는 사적 영역에서도 공적

---

15) 『조선문학』 1991년 6호
16) 1989년 作, 북한 우수단편선 I 『쇠찌르레기』(살림터, 1994)에 수록.

윤리가 철저하게 관철되어야 함을 보여준다. 여기서 공적 윤리란 '총련'으로 상징되는 민족과 생사고락을 같이 해야 한다는 것을 의미한다. 공적 윤리는 대개 여성이 담지하는 것으로 그려진다. 총련 관계자인 남성들은 이미 가정 바깥에서 공적 윤리를 실현하고 있기 때문에, 가정 안에서는 공적 윤리의 주된 담지자로 형상화되지 않는다. 전통적으로 가정의 주인은 여성으로 간주되어 왔기 때문에 가정 안에서는 여성의 역할이 강조된다.

리은직의 「행복」(1985)[17]은 영웅적이라 할 만한 여성인물 혜숙을 통해 가정 안에서 어떻게 공적 윤리가 관철되는가를 보여준다. 가정사 때문에 결혼이 늦어진, 상일과 혜숙은 총련 지부위원장의 소개로 만나 결혼한다. 혜숙은 결혼 후에도 총련 활동을 보장해 줄 것을 요구하고 이것이 받아들여지자 결혼하는 것이다. 총련 지부의 성인학교 강사를 하고 있는 혜숙은, 총련의 혜택으로 공부했기 때문에 '일생 동안 조직에 보답하는 일'을 해야 한다고 생각한다.

혜숙은 총련 활동을 결혼의 전제 조건으로 생각할 만큼 사회 활동에 적극적인 여성이지만, 현모양처의 면모를 두루 갖추고 있기도 하다. 혜숙은 첫날밤에 남편에게 '순결을 고수해 온 처녀'라는 사실과 함께 일종의 '감동'을 선사하며, 시어머니에게는 살림 솜씨가 '귀신같은 애'라는 경탄과 함께 '보배 같은 사람'이라는 칭찬을 듣는다. 또한 바깥일을 하고 돌아와서는 남편 상일의 '기분을 맞춰가면서 온갖 시중을' 다 든다. 아내로서, 며느리로서, 올케로서 나무랄 데 없는 '완벽한' 여성으로 형상화되는 것이다.

시집온 녀성은 그야말로 순결을 고수해온 처녀였다.

---

17) 『문학예술』제81호, 1985.7, 39~60쪽.

　　그는 은근히 놀래며 처에게 새삼스런 감동을 느꼈다. (중략)
　　모친은 혀를 내두르고 모든 일을 며느리에게 맡겨버렸다.
　　지부에서는 신부의 희망대로 일주일에 사흘씩 성인학교 강사일을
맡겼다. (51면)

　　수업을 마치고 돌아오는 혜숙이는 몸도 피곤하고 배도 고플 것인
데 언제나 미소를 지으며 그에게 공손이 사과인사를 하고 그의 기분
을 맞춰가면서 온갖 시중을 들었다. (중략)
　　혜숙이는 그보다 먼저 자는 일이 없었다. 그러면서도 아침이면 언
제나 일찍 일어났다. (53면)

　　혜숙의 '완벽한' 여성성은 여기에서 그치지 않는다. 그녀는 남편 상일
이 충동적인 노름으로 큰 빚을 졌을 때 말없이 저금통장을 내놓아 위기
를 극복한다. 가정이 위기에 처하자 현모양처다운 지혜로 이를 극복한
혜숙은, 비록 충동에 의한 것이긴 하지만 상일이 노름을 했다는 사실을
의미심장하게 받아들이고 그에게 총련 주최의 교육에 참여할 것을 권고
한다. 언제나 바른 말과 행동을 하고 옳은 판단을 하는 아내이기에, 상
일은 아내의 권고에 따라 교육에 참여하고 거기에서 인생의 일대 전환
기를 맞이하여, 총련의 분회 활동에 적극적인 인물이 되어 나중에는 분
회장까지 된다.

　　결혼 후 혜숙은 온 가족을 총련 활동에 적극적으로 임하도록 이끈,
총련의 숨은 공로자이다. 혜숙이 가족을 감화시킨 방법은 가족 안에서
요구되는 모든 역할을 완벽하게 해 내는 것이었다. 아내로서, 며느리로
서, 올케로서 나무랄 데 없는 모습을 보임으로써 가족의 신임을 얻고
그러한 신임을 바탕으로 가족을 교화시켰다. 그런 점에서 혜숙은 가히
영웅적인 인물이라 할 만하다. 혜숙이 가진 영웅적 면모는 그녀의 '여성
다운' 조신함, 뒤로 물러서서 타인을 배려하는 특성 때문에 쉽게 눈에

띄지 않지만, 평범한 여성들이 할 수 없는 일을 해 냄으로써 가족 구성원 모두의 신임을 얻고 그들을 열성적인 총련 일꾼으로 만들었다는 점에서 영웅적이라 할 수 있다.

여성 영웅의 등장은 대체로 민족이나 국가의 위기와 관련이 있다. 근대 이전의 군담소설을 보면 나라가 위기에 처했을 때 '박씨부인'과 같은 여성 영웅이 등장했으며, 근대 이후의 우리 역사를 보면 일제시대나 6.25 전쟁 때 남편 대신 가계를 이어가는, 영웅적이라 할 만한 강한 어머니 상이 등장했다. 일본 땅에서 일본인도, 조선인도 될 수 없는 정체성의 위기를 경험하면서 살아가는 재일동포들의 '재일'의 현실은 이러한 민족적·국가적 위기 상황과 별반 다르지 않고, 그 때문에 재일동포 한국어 소설에서는 영웅적이라 할 만한 강한 여성상이 등장하는 것으로 볼 수 있다.

박종상의 「결혼 문제」[18]에서도 강한 여성상이 등장하는데, 그녀는 총련 활동이 보장되지 않는다면 사랑하는 사람과의 결혼도 기꺼이 포기하고자 한다. 조선 학교 담임인 명희는 배우자가 될 정규가, 결혼 후 조선 학교 일을 그만두고 가업이라 할 만한 식당일을 도맡아 해주길 바라자 결혼보다는 일을 선택하겠다고 말한다. 결국 자기의 잘못을 깨달은 정규와 함께 명희는 부부의 연을 맺을 준비를 한다. 이 소설과 앞에서 살펴본 「행복」은 모두 여성이 주체적으로 일을 선택해 가는 모습을 통해 민족적 임무가 무엇인지를 그리고 있다. 총련 활동은 이국땅에서 민족공동체를 만들고 지켜가는 일이며 이를 통해 민족의식을 고취한다는 점에서 민족적 임무의 맨 앞에 자리하고 있다.

그래서 총련 활동은 어떠한 경우에도 사수되어야 할 숭고한 사명으로 그려진다. 김금녀의 「동백꽃」[19]은 총련 활동을 둘러싼 부부간의 갈등을

---

18) 위의 책

통해 '애국 위업'에 이바지하는 일의 중요성을 그리고 있다. 조청활동을 열성적으로 했던 화숙은 결혼과 함께 총련 활동에서 멀어진다. 그것은 우선 그녀가 어린아이의 어머니인데다가 둘째의 태기마저 있기 때문이고, 총련 지부 사업을 하고 있는 남편 윤호 대신 생계를 떠맡아 집에서 부업을 하고 있기 때문이다. 곧 생기게 될 둘째에 대한 걱정 때문에 화숙은 윤호에게 총련 지부 사업 대신 친정의 빠찡고 점을 도와 생계를 도모하자고 제안한다.

≪당신이 그런 더러운 소리 할 줄 난 꿈에도 생각지 못했소. 당신
은 정말… 달라졌어…≫(68면)

그러한 제안이 '더러운 소리'로 격하되자 화숙은 무엇이 잘못되었는가를 하나하나 곱씹어 본다. 그러나 화숙은 어떠한 결론도 내리지 못한 채 다시 "통일의 그날을 앞당기는 애국위업에 당신과 함께 이바지함으로써 난 애들의 부모된 책임을 다하고 싶소."라고 간절하게 말하는 남편의 목소리에 동화되어 버린다. 이는 생계에 무관심한 남편을 대신하여 화숙이 생계를 책임지고 두 아이를 자기 힘으로 길러내야 한다는 사실을 의미한다.

총련 활동을 하는 남편을 대신하여 아내가 모든 역할을 해 내야 하는 상황은 아내가 총련 활동을 하는 경우와 비교해 보면 상당히 대조적이다. 「행복」에서 강혜숙은 총련의 성실한 일꾼인 동시에 아내, 며느리, 올케로서도 '완벽한' 여성이었다. 그녀는 가족 관계 안에서 요구되는 모든 역할을 완벽하게 수행함으로써 총련의 숨은 공로자가 되었다. 반면, 「동백꽃」의 윤호는 총련 활동만 할 뿐 남편, 아버지로서는 자기 의무를

---

19) 『문학예술』제81호, 1985.7, 64~71쪽.

다하지 못한다. 의무 대신 그가 내세우는 것은 '애국위업'에 이바지함으로써 아버지나 남편의 의무를 대신 하겠다는 것이다. 민족의 수난기에 남성이 조국(국가)을 위해 일할 때 여성은 묵묵히 집안을 일으키고 가문을 이어갔던 것처럼 재일동포 한국어 소설 속의 여성도 그러한 역할을 요구받고 있다.

재일동포 한국어 소설 속의 부부(연인)관계는 대체로 강한 여성상을 요구하지만 여성인물이 항상 여기에 부응하는 것은 아니다. 박순애의 「입술연지」(1993)[20]는 일본인 애인과의 관계로 내적 갈등을 겪던 미순이 한국인으로서의 정체성을 확인하면서 일본인 애인과의 관계를 정리한다는, 앞의 소설들과는 다소 이색적인 내용을 담고 있다. 파혼과 그로 인한 이직 등 충격과 상처에서 벗어나고 있지 못한 미순은 새 애인 료오따가 청혼을 하자 이에 확답을 주지 못한다. 그러나 부모의 반대를 염두에 두고 '필요하면 귀화하면 되는 거'라고 말하는 료오따를 보면서 왜 자신이 료오따의 청혼을 받아들일 수 없는가를 알게 된다.

> (조선사람이라도? 일본사람과 마찬가지? 일본인며느리? 귀화?)
> 　방금 기쁜 어조로 얘기한 료오따의 말속에서 그 단어들만이 뱅그르르 머릿속을 돌았다.
> 　(아, 이때문이였구나…)
> 　화가 나기는커녕, 충격도 아니였고 마음의 호수에 파문 하나 일으키지 않는 돌이였다. 그의 열렬한 청혼을 왜 받아드릴수없었는가를 미순은 그때에야 확실히 알수있었다.(31면)

자신은 언제나 한국인일 수밖에 없다는 사실에 직면한 미순은 한국인으로서 살아갈 것을 결심한다. 그것은 이 작품의 제목인 '입술연지'의

---

20) 『문학예술』, 1993.여름 106호

선택에서 나타난다. 료오따는 연한 분홍색입술연지를 즐겨 바르는 미순을 두고 안색이 좋지 못하다며 '못써'라고 반대한다. 그러면서 붉은 입술연지를 선물로 주는데, 소설의 결말부에서 미순은 료오따가 준 붉은 입술연지 대신 연한 분홍색입술연지를 바른다. 핏빛을 연상시키는 붉은 입술연지가 일본의 무사적 공격성을 상징한다면, 연한 분홍색입술연지는 민족의 상징인 진달래꽃과 환유관계에 놓이면서 민족의 상징이 된다.

미순이 소설의 결말부에서 한국인으로서의 정체성을 발견하는 것처럼, 재일동포 한국어 소설에서 사랑이나 결혼의 우위에서 그것을 통어하는 것은 바로 민족 관념이다. 그래서 결혼 후의 총련 활동 보장이 결혼의 전제조건으로 제시되는 경우가 많고, 생활상의 이유로 총련 활동에 소극적이었던 인물이 각성의 계기를 통하여 총련 활동에 적극적인 인물로 변모하는 경우가 많다. 사랑이나 결혼 생활 같은 개인적인 영역이 일이라는 공적인 영역과 통합되는 양상을 보이고, 사적 영역에서도 공적 윤리가 관철되는 것이다.

2) 북한 소설 속의 부부(연인)관계

북한 소설 속의 부부(연인)관계는 주로 바람직한 부부(연인)관계는 어떤 것인가에 초점이 맞춰져 있다. 그래서 부부(연인)가 화합하기 위해 필요한 조건이라든가 여성의 집안일과 바깥일의 관계, 남성의 가사노동 문제 등이 자주 다뤄진다. 그러다보니 남성보다는 여성이 서사의 중심에 서는 경우가 많고 여성의 사회적 역할과 책임이 강조되는 경우가 대부분이다. 백남룡의 『벗』[21]은 이혼의 위기에 처한 부부를 모델로 바람직한 부부관계를 묻고 있으며, 정현철의 「삶의 향기」[22], 리광식의 「벗

---

21) 1988년 作, 남한에서는 1992년 도서출판 살림터에서 출판됨.
22) 1991년 作, 북한 우수단편선 II 『뻐꾹새가 노래하는 곳』(살림터, 1994)에 수록됨.

에 대한 이야기」[23], 강복례의 「직장장의 하루」[24] 등은 여성의 집안일과 바깥일의 관계, 남성의 가사노동 문제 등을 다루고 있다.

백남룡의 『벗』은 북한 소설로서는 이색적으로 이혼 문제를 다루었다는 점에서 발표 당시부터 사람들의 관심을 끌었고, 우리 사회에 소개된 이후에는 '북한 문학의 압권'이라는 상찬을 받은 바 있다. 그러나 실제로 북한에서는 이혼을 제도적으로 제한하고 있어 합의에 의한 이혼은 불가능하고 재판에 의한 이혼만 가능하다. 『벗』에서도 이혼 재판을 맡은 정진우 판사가 이혼 신청을 한 리석훈 부부를 심층 면담하고 그들의 생활을 둘러보면서 이혼을 숙려하도록 돕는 모습이 형상화되고 있다.

리석훈 부부의 이혼 사유는 '가치관의 불일치'라고 할 수 있다. 선반공 리석훈과 그의 아내 채순희는 철제 일용품 공장에서 만나 사랑을 느껴 결혼한다. 그러나 중음가수로서의 천품과 재능을 타고난 채순희가 공장장의 추천으로 '도 예술단원'이 되면서 사랑에 금이 가기 시작한다. 채순희는 발전이 없는 남편의 생활을 보면서 답답함을 느껴 공장대학에라도 다니라고 하지만, 리석훈은 그것이 허영심의 발로일 뿐이라며 일축한다. 오히려 자신이 몇 년째 혼신을 쏟고 있는 기계의 발명이 성공하면 아내와의 관계가 호전되리라 생각하며 발명에 힘쓰지만, 기계의 발명 후 '도 공업기술 위원회'로부터 '싸구려' 도자기 꽃병 하나와 창안증서를 받자 아내와의 관계는 더욱 악화된다.

면담을 통하여 이러한 저간의 사정을 알게 된 정진우 판사는 채순희와 리석훈 사이의 갈등에는 사회의 책임도 크다고 생각하여 둘의 화해를 위해 온갖 노력을 다한다. 먼저, 채순희와 리석훈에게는 서로의 문화적 수준이나 가치관을 인정하고 거기에 부응하려는 노력이 필요함을 역

---

23) 1990년 作, 위의 책에 수록됨.
24) 1992년 作, 위의 책에 수록됨.

설한다. 다음으로 몇 년에 걸친 발명의 노력을 '싸구려' 도자기 꽃병 하나와 창안증서로 평가 절하한 '도 공업기술 위원회'의 잘못된 사업 관행이 노동자들의 사기를 저하시킨다며 이의 시정을 요구한다. 또한 이혼 문제로 '도 예술단'의 명예를 훼손시켰다는 이유로 채순희를 제명하려는 예술단 부단장을 만나 채순희가 가수로서뿐만 아니라 아내이자 어머니로서 가정생활을 원만히 해 나갈 수 있도록 방조하라고 당부한다.

정진우 판사는 부부관계가 원만하게 유지되기 위해서는 부부 당사자가 가치관이나 문화의 차이를 넘어서서 서로를 이해하려는 노력을 보여야 함은 물론, 조직사회의 적극적인 방조가 필요하다고 보았다. 이는 개별 가정의 문제에 조직 사회의 문제가 녹아 있다는 판단이다. 만약 '도 공업기술 위원회'가 5년에 걸친 리석훈의 발명을 위한 노력에 적절한 상패와 상금으로 응답했더라면 리석훈 부부의 갈등은 극단으로 치닫지 않았을 것이며, 또한 '도 예술단'에서 채순희의 사상정신생활을 잘 요해하고 이끌었다면 이혼 소송에까지 이르지 않았을 것이라고 본다.

이혼을 개별 가정의 문제로 돌리지 않고 사회의 문제라는 시각에서 풀어나가는 정진우의 모습은 사회주의 사회에서 가정이 갖는 위상을 보여준다. 사회주의 사회에서 가정은 사회와 국가의 최소단위로서, 사회와 국가가 추구하는 이념을 구체적이고도 적극적으로 실천해 나가는 장이다. 그러므로 가정의 문제는 개별 가정에 국한되지 않고 사회나 국가의 문제로 확대된다. 80년대 이후 북한 소설에서 부부 간의 갈등이라는 새로운 주제를 적극적으로 다루는 이유도 여기에 있다고 할 수 있다.

정현철의 「삶의 향기」는 북한 사회에서 여성의 역할에 대한 인식과 기대가 달라지고 있음을 시사한다. 안천주 교수는 현모양처로 살아온 아내의 삶을 긍정적으로 바라보며 아들 영호 또한 현모양처 형의 여성을 만나 결혼하기를 원하지만, 영호는 그렇지 않다. 영호는 '녀자에게 무조건 복종

할 것을 요구하며 또 그렇게 고분고분하는 녀성을 괜찮은 안해라고 생각하면서 칭찬까지 하는 일부 사람들의 뿌리 깊은 관념’에 비판적이며 ‘호상성이 없는 일방의 내조는 본질적으로 예속이며 불평등’이라고 생각한다.

> …매 사람에게는 자신에 대한 의무가 있다. 남편의 직위와 명예 그리고 성과 속에 자기의 인격도 몫까지도 있는 듯이 생각하면서 사회 앞에 지닌 제 의무를 다하기 위해 애써 노력하지 않는 녀성들, 시집을 가면 남편에게 자기의 희망이며 신념까지 다 용해되고 맡겨버리고 마는 그런 녀성들이 아직도 시대의 수치로 남아 있으니… 더욱 유감스러운 것은 지금도 녀자에게 무조건 복종할 것을 요구하며 또 그렇게 고분고분하는 녀성을 ‘괜찮은 안해’라고 생각하면서 칭찬까지 하는 일부 사람들의 뿌리 깊은 관념이다. 그런 사람들의 결혼은 결합일 뿐이지 사랑의 승화이고 열매는 아니다. 호상성이 없는 일방의 내조는 본질적으로 예속이며 불평등이다.… (161면)

평등한 부부관계를 지향하는 영호는 여성의 일방적인 복종을 요구하는 봉건적인 부부관계를 일소해야 할 부정적인 것으로 간주한다. 이 소설에서 이러한 영호의 목소리에 힘을 실어주는 것은 남녀평등의 측면에서 볼 때 한 단계 진보한 것으로 평가할 수 있다. 그러나 다른 한편으로는 여성이 공적 영역에서 남성과 동일하게 사회주의 조국의 건설을 위해 복무해야 한다는 논리로 나아간다는 점에서 여성이 국가주의의 논리에 포획되는 것으로 볼 수 있다. 그것이 「삶의 향기」에서는 여성도 ‘사회 앞에 지닌 제 의무를 다하기 위해’ 노력해야 한다는 것으로, 「직장장의 하루」에서는 집안일과 바깥일을 병행하는 것이 어렵다고 하더라도 이를 잘 수행해야 한다는 것으로 나타나고, 「벗에 대한 이야기」에서는 노동하는 여성이 아름답다는 메시지로 표현된다.

「직장장의 하루」는 안팎곱사등이가 될 수밖에 없는, 직업여성이 처한 현실적인 조건에 대한 심도 깊은 이해를 보여주면서도 문제의 해결방식은 개인적인 차원에서 찾고 있다는 점에서 한계가 있다. 똑같이 직장생활을 하면서도 출근길에 와이셔츠가 준비되지 않았다고 화를 내는 남성의 모습, 생산성 향상을 위해서는 아기 엄마들을 보조 부문으로 돌려야 한다는 공장의 분위기, 아기가 아파 출근하지 못한 탄실이가 가정일과 직장일 사이에서 갈등하는 모습, 숙련공 선애가 결혼 후 일과가 비교적 한가한 직장으로 이직할 것이라는 소문 등은 여성이 가정일과 직장일을 병행하는 것이 그리 쉽지만은 않음을 보여준다. 그러나 작가는 남성이 가사노동을 돕는다면 이러한 현실적인 어려움이 상당 부분 상쇄될 수 있다고 설정함으로써 여성이 처한 현실적인 어려움을 은폐하고 만다.

북한 소설에서 부부(연인)는 사회나 국가의 기초 단위가 되는 가족의 핵심 구성원으로서 사회주의 조국의 건설을 위한 핵심 단위로 설정된다. 그래서 부부(연인)관계의 봉건성을 일소하는 문제라든가 여성노동의 사회화, 성별 역할 분담을 넘어선 부부간의 협동, 일과 사랑의 조화 등은 모두 사회주의 조국의 건설을 위한 노력으로 환원된다. 그런 점에서, 80년대 이후 북한 소설에서 제기된 여성의 사회참여 문제나 남녀평등의 문제는 여권신장의 측면과 함께 여성의 국가주의로의 포획이라는 이중성을 지닌 것으로 평가할 수 있다.

4. 맺음말

1980~90년대 초반의 재일동포 한국어 소설과 북한 소설의 가족 형상화 양상을 비교 분석한 결과 재일동포 한국어 소설은 북한 소설보다 '민족'이 강조되고 있음을 알 수 있었다.

그것은 우선, 부자(부녀)관계를 통해서 나타난다. 재일동포 한국어 소설 속의 부자(부녀)관계는 대개 아들(딸)이 훼손된 혈연의 아버지와 어떻게 화해하는가에 초점이 맞춰져 있다. 서로에 대한 오해나 가치관의 차이로 갈등하던 부자(부녀)는 총련으로 상징되는 정신의 아버지와 만나면서 민족의식을 회복하게 된다. 총련은 정신의 아버지로서 가족 속에 들어오고, 그 결과 총련과 가족은 불가분의 관계에 놓인다. 총련이라는 정신의 아버지가 가족에게 가져다주는 것은 민족적 긍지와 자각이며, 이를 통해 불완전했던 가족은 온전해지며 온전해진 가족 속에서 아들(딸)들은 가정적으로나 사회적으로나 제 위치를 찾는다.

반면 북한 소설에서는 각자의 위치에서 자기 역할을 수행하는 아버지와 아들(딸)이 어떻게 갈등을 극복하고 화해하는가에 초점이 맞춰져 있다. 재일동포 한국어 소설에서와는 달리 아버지가 제 역할을 다 하고 있는 경우가 많고 그런 경우에는 아버지 세대에 의한 감화가 강조된다. 혁명을 이끌어 온 기성세대의 역할에 힘을 실어 주는 것이다. 반대로 새 세대의 잠재성을 강조한 경우는 기성세대의 무사안일주의를 비판하고 새 세대의 진취성을 격려한 경우가 많다. 주로 세대 간의 갈등과 화해라는 형식으로 전개되는 북한 소설은 민족보다는 사회주의 이념이 강조되고 있다.

다음으로, 부부(연인)관계를 살펴보면 재일동포 한국어 소설에서는 민족의 일꾼으로서 사랑도 하고 결혼도 해야 한다는 인식이 두드러진다. 그래서 총련의 일꾼으로서 총련 사업에 열정적이어야 하는 것이 사랑과 결혼의 전제조건으로 제시되는 경우가 많다. 사랑이나 결혼 생활 같은 개인적인 영역이 일이라는 공적인 영역과 통합되는 양상을 보이는 것이다. 주인공이 총련 관계자가 아닌 경우에는 일본인에 대한 연정과 같은 이끌림이 그려지기도 하는데 그것은 불온한 것으로 형상화된다. 사랑이나 결혼 생활의 우위에서 그것들을 통어하는 것이 바로 민족 관념인 것이다.

반면 북한 소설에서는 현실 속에서의 바람직한 부부(연인)관계는 무엇인가에 초점이 맞춰져 있는 경우가 많다. 예컨대 봉건적인 남녀 관계의 일소라든가 성별 역할 분담을 넘어선 부부간의 협동, 일과 사랑의 조화 등이 등장한다. 북한 소설에서 봉건적인 남녀 관계에 대한 의문은 대체로 여성의 사회적인 활동이 가정일과 조화를 이루지 못할 때 나타나는데 그 대안은 부부간의 협동이라는 형식으로 제시된다. 사회주의 사회를 공고히 하기 위한 남녀 간의 역할이라는 측면이 강조되는 것이다.

이러한 차이에서 알 수 있는 것은 재일동포 한국어 소설은 '민족'을 매개로 형성되고 있다는 것이다. 조국 바깥에서 조국을 그리워하며 조국으로 돌아갈 것을 꿈꾸기 때문에 재일동포 한국어 소설은 민족이 하나의 이상이 되고 그 이상으로 통합되기 위해 개인적인 것을 모두 헌납하는 형식이 된다. 민족은 절대적이고 거의 종교라고까지 할 수 있다. 민족이 절대화되는 배경에는 그들이 식민지 피압박 민족으로서 살아온 과정이나 일본 사회에서 귀화를 강요당하며 온갖 차별과 멸시를 받아온 경험이 놓여 있다. 그러므로 그것은 생존의 차원에서 이루어진 선택이지 관념의 차원에서 이루어진 선택은 아니다. 바로 여기에 재일동포들이 갖고 있는 민족의식의 특수성이 있다고 하겠다. 북한 소설의 경우에도 민족이 강조되긴 하지만 그것은 사회주의 체제를 공고히 하는 것과 좀더 깊게 맞물려 있다는 점이 재일동포 한국어 소설과 다르다.

그러나 이러한 차이점보다는 여전히 공통점이 많다. 공통점은 소설의 세부적인 항목에서 더 많이 발견되고, 차이는 위에서 살펴본 것처럼 작품의 주제를 전개하는 기저에 깔려 있는 작가의식에서 주로 발견된다. 세부적인 항목은 인물의 유형, 갈등의 양상, 결말의 유형, 서술자의 위치 등으로 나눠 볼 수 있다.[25] 첫째, 인물의 경우를 보면 긍정적 인물형이 부각된다. 재일동포 한국어 소설에서는 민족의식을 잃지 않고 살아가는 인물이, 북한 소설에서는 주체형의 긍정적 인물을 가리키는 '숨은 영웅'[26]이 주로 형상화된다. 둘째, 갈등의 양상을 보면 긍정적 인물과 부정적 인물의 대립과 갈등이 긍정적 인물의 승리로 종결된다. 이것은 셋째, 상승적 결말을 가져온다. 부정적 인물에 대한 긍정적 인물의 승리, 낡은 것에 대한 새로운 것의 승리는 상승적 결말의 주된 내용이다. 넷째, 서술자는 전지전능한 위치에서 등장인물의 모든 것을 조감한다. 흔히 말하는 전지적 작가시점이 주로 나타나는데 이것을 넘어서 서술자의 목소리가 직접 노출되는 경우도 적지 않게 있다. 김일성 수령의 행적이나 교시를 형상화할 때 그러한데 그것은 작품의 주제를 부각시키기 위해 의도적으로 이루어지는 경우가 많다.

이처럼 재일동포 한국어 소설은 북한 소설과 많은 공통분모를 갖고 있다. 그러나 그 기저에 깔려 있는 강한 민족의식은 북한 소설과 재일동포 한국어 소설을 구별 짓는 가장 큰 특징이라 할 수 있다. 이념으로 통합되지 않는 잉여의 관념인 민족은 재일동포들의 고난의 역사 속에서 나온 것이고 그것을 통해 재일동포들은 고난의 역사를 극복할 수 있는 힘을 얻었다. 문학의 주된 기능 중 하나가 현실에 상상적으로 개입하여

---

25) 이정석은 「재일동포가 창작한 한국어 소설문학 담론의 존재 양상」(한중인문학회 편, 『한중인문학연구』제16호, 2005.12, 263~286쪽.)에서 재일동포 한국어 소설의 특징을 다음과 같이 정리했다. 첫째, 긍정적 인물의 등장과 낙관적 결말, 둘째, 사회주의적 공동체에 대한 예찬과 상승적 결말, 셋째, 교환체계의 사회에 대한 고발과 낙관적 전망, 넷째, 전지적 서술자의, 특정한 도덕적·이념적 입장에 대한 지지이다. 이러한 특징은 북한소설에서도 고스란히 발견된다는 점에서 두 문학은 쌍생아적 유사성을 갖고 있다고 말할 수 있다.

26) '숨은 영웅'이란 주체형의 긍정적 인물로서 그들의 특징은 주체철학으로 무장하여 자주성을 발휘하면서 생활하고 있는 점이다. 김재용에 따르면, '숨은 영웅'은 '과거의 어느 때에 들은 교시에 힘입어 지금도 변함없이 일을 수행하는' 인물로 극히 평범하고 조용한 일상생활의 현자, 일상생활에서 만나는 보통 사람이다.(김재용, 『북한 문학의역사적 이해』, 문학과 지성사, 1994, 261쪽 참조.)

그 현실을 개선하는 참여적인 성격에 있다고 할 때, 재일동포 한국어 소설은 '민족'을 매개로 그러한 기능을 매우 충실하게 실현하고 있다고 할 수 있다. 현실에 발 딛고 현실과 상호 교호하는 재일동포 한국어 소설은 그런 점에서 민족 통합의 기초를 마련하는 통일문학의 성격을 띠고 있다고 말할 수 있다. 이념을 넘어선 '민족'이라는 의식은 남한 문학과 북한 문학을 잇는 매개 고리가 되고 그 매개 고리 안에 재일동포 한국어 문학이 또 얽혀 들어가기 때문이다.

참고문헌

1. 작품 및 작품집

A. 재일동포 작가

강룡옥, 「아들」, 『문학예술』제102호, 1992.봄, 106~119쪽.

김금녀, 「동백꽃」, 『문학예술』제81호, 1985.7, 64~71쪽.

리상민, 「황금탑」, 『문학예술』제96호, 1990.봄, 23~42쪽.

리은직, 「찾는 마음」, 『임무』, 문예출판사, 1984, 31~99쪽.

______, 「행복」, 『문학예술』제81호, 1985.7, 39~60쪽.

박순애, 「리별의 끝」, 『문학예술』제87호, 1987.여름, 66~82쪽.

______, 「입술연지」, 『문학예술』106호, 1993.여름, 24~31쪽.

박종상, 『원앙유정』, 문예출판사, 1989, 303쪽.

B. 북한 작가

김삼복, 『세대』, 문예출판사, 1985.

백남룡, 『벗』, 살림터, 1992.

백철수, 「어제도 오늘도」, 『조선문학』 1989년 4호.

북한 우수단편선 Ⅰ 『쇠찌르레기』, 살림터, 1994, 344쪽.

북한 우수단편선 Ⅱ 『뻐꾹새가 노래하는 곳』, 살림터, 1994, 367쪽.

윤리태, 「어제와 오늘」, 『조선문학』 1991년 6호.

2. 단행본

강덕상·정진성 외, 『근·현대 한일관계와 재일동포』, 서울대학교출판부, 1999, 523쪽.

고현철 외, 『북한문학 연구의 현황과 과제』, 국학자료원, 2005, 305쪽.

공봉식·이영동, 『재일동포』, 문학관, 1997, 541쪽.

김상현, 『재일한국인-재일동포 100년사』, 한민족, 1988, 634쪽.

김인덕, 『우리는 조센진이 아니다』, 서해문집, 2004, 159쪽.

김재용,『북한문학의 역사적 이해』, 문학과지성사, 1994, 322쪽.

김종회 편,『북한문학의 이해』, 청동거울, 396쪽.

________,『북한문학의 이해 2』, 청동거울, 2002, 413쪽.

________,『북한문학의 이해 3』, 청동거울, 2004, 304쪽.

김태영,『저항과 극복의 갈림길에서』, 지식산업사, 2005, 283쪽.

목원대학교 국어교육과 엮음,『북한문학의 이해』, 국학자료원, 2002, 361쪽.

박태상,『북한문학의 사적 탐구』, 깊은샘, 2006, 429쪽.

신형기·오성호 지음,『북한문학사』, 평민사, 2000, 364쪽.

윤건차,『한일 근대사상의 교착』, 문화과학사, 2003, 382쪽.

정인섭,『재일교포의 법적지위』, 서울대학교출판부, 1996, 525쪽.

한일민족문제학회 엮음,『재일조선인 그들은 누구인가』, 삼인, 2003, 226쪽.

최동호 편,『남북한 현대문학사』, 나남출판사, 1996, 574쪽.

크리스 하먼, 배일룡 옮김,『민족문제의 재등장』, 책갈피, 2001, 175쪽.

3. 논문

강태성,「재일 조선인 조선어 소설문학」,『재일 조선인 조선어문학의 현황과 과제』, 와세다대학 조선문화연구회·해외동포문학편찬사업 추진위원회·재일본조선문학 예술가동맹 공동심포지엄 자료집, 2004.12.11.

김재용,「1990년대 북한소설의 경향과 그 역사적 의미」,『오늘의 소설』통권 제12 호, 1993년 하반기, 303~327쪽.

김형규,「조선 사람으로서의 자각과 '재일(在日)'의 극복」, 한중인문학회 편,『한중 인문학연구』제14호, 2005.4, 89~416쪽.

______,「귀국 운동과 '재일(在日)'의 현실」, 한중인문학회 편,『한중인문학연구』제 15호, 2005.8, 411~432쪽.

손지원,「재일동포 국문 문학운동에 대하여」,『재일 조선인 조선어문학의 현황과 과 제』, 와세다대학 조선문화연구회·해외동포문학편찬사업 추진위원회·재일본조선 문학예술가동맹 공동심포지엄 자료집, 2004.12.11.

송혜원,「재일 조선인 문학의 조선어로의 창작 활동의 변천(1945~1970)」,『재일 조 선인 조선어문학의 현황과 과제』, 와세다대학 조선문화연구회·해외동포문학편찬사업 추진위원회·재일본조선문학예술가동맹 공동심포지엄 자료집, 2004.12.11.

이정석, 「재일동포가 창작한 한국어 소설문학 담론의 존재양상」, 한중인문학회 편, 『한중인문학연구』제16집, 2005.12, 263~286쪽.

한승옥, 「재일동포 한국어 문학연구 총론⑴」, 한중인문학회 편, 『한중인문학연구』제14호, 2005.4, 323~352쪽.

허명숙, 「재일동포 작가 량우직의 장편소설 연구」, 한중인문학회 편, 『한중인문학연구』제14호, 2005.4, 461~484쪽.

______, 「재일동포 한국어 소설문학의 최근 동향」, 한중인문학회 편, 『한중인문학연구』제15호, 2005.8, 389~410쪽.

조선 사람으로서의 자각과 '재일(在日)'의 극복

－ 재일동포 한국어 소설의 동기부여 양상에 대하여－

김 형 규

목 차

---

1. 머리말

재일동포 문학에 대한 관심은 한국문학의 지평을 확대하고 통일시대

문학을 대비한다는 차원에서 의미 있는 작업임에 분명하지만 이에 대한 그 동안의 관심과 성과는 미약했다. 특히 일본어로 창작된 재일동포 작품에 대한 연구는 가시적인 성과가 어느 정도 있는 편이지만[1] 한국어로 창작된 작품에 대해서는 연구 성과가 거의 없다고 해도 과언이 아니다.[2] 물론 이러한 사정에는 한국어 작품들의 창작이 대부분 친북 조직인 재일조선인총련합회(이하 총련) 계열의 작가들에 의해서 이루어져 왔기 때문에 자료의 접근 자체가 용이하지 않았다는 점, 그리고 자연스럽게 북한문학의 일부로 인식되면서 이념적, 미학적 선입견이 부지불식간에 작용해왔다는 점 등이 영향을 미쳤을 것이다.

이러한 연구의 제약에도 불구하고 재일동포가 일본의 식민 지배를 받았고 그 연장선상에서 억압받고 차별되어 온 객체적 존재[3]라는 점에서 그 역사성과 특수성은 더욱 구체적으로 탐색될 필요가 있다. 물론 이때 재일동포들이 한국어로 작품을 창작하는 문학현상을 일본 사회의 한 구성원으로 살아가는 그들의 현재 삶의 모습만을 대상으로 폐쇄적인 민족

---

1) 이한창, 「재일교포문학의 주제 연구」, 『일본학보』29, 1992
　　____, 「재일교포 문학 연구」, 『외국문학』, 1994.겨울
　　____, 「민족문학으로서의 재일동포 문학 연구」, 『일본어문학』3, 1997.6.
　　____, 「재일동포조직이 동포문학에 끼친 영향」, 『일본어문학』8
　　임헌영, 「재일동포 문학에 나타난 한국 여성의 초상」, 『한국문학연구』19, 1997.3
　　윤상인, 「전환기의 재일한국인 문학」, 『외국문학』, 1994.겨울
　　홍기삼, 「재일한국인 문학론」, 『외국문학』, 1994.겨울
　　유숙자, 『재일한국인문학연구』, 월인, 2000.
　　이재봉, 「재일 한인 문학의 존재방식」, 『한국문학논총』제32집, 2002.12.
2) 재일동포의 한국어 작품에 대한 관심은 다음의 연구물들 정도에서 확인할 수 있다.
　　심원섭, 「재일동포의 문학예술의 현황과 창작 방향」, 설성경 외, 『세계 속의 한국문학』, 새미, 2002.
　　____, 「재일 조선인 시문학에 나타난 자기정체성의 제양상」, 『한국문학논총』31, 2002.
　　김응교, 「일본 속의 마이너리티, 재일 조선 시」, 『시작』, 2004.겨울
3) 윤건차, 「21세기를 향한 ‘在日’의 아이덴티티」, 강덕상 외, 『근·현대 한일관계와 재일동포』, 서울대출판부, 1999, 288쪽.

주의의 잣대를 통해 단순하게 이해해서는 안 될 것이다. 그들이 겪어 온 역사적·사회적 상황을 고려하여 민족문학을 유지해 온 바탕이 되는 민족의식의 실체를 규명하고자 하는 노력이 전제되어야 할 필요가 있다.

재일동포는 한민족으로서의 자의식을 유지하고 있는 일본 사회의 소수자이면서 동시에 모국의 분단 상황에 영향을 받아 혼란스러운 국적과 국가관을 지닌 존재이기도 하다. 그렇기 때문에 그들의 역사는 차별과 소외 속에서 민족적 자의식이 굴절되고 변화되어 온 과정이면서 동시에 국가주의의 테두리 밖에 존재하는 민족주의의 역사적 현장이 될 수도 있다. 재일동포의 삶을 형상화하고 있는 재일동포 한국어 문학이 우리 민족의 역사적인 기억의 흔적을 구체적으로 담고 있으면서 국가주의나 폐쇄적인 민족주의를 넘어서는 민족의식의 모색을 가능하게 할 수 있는 이유가 여기에 있다. 이런 점에서 재일조선인문학[4]은 북한문학의 범주에서 북한문학과의 동질성을 확인하는 차원이 아니라 차별성을 규명함으로써 재일동포의 삶과 지향을 파악하고, 그 특수성을 한국문학의 범주 안에 객관적으로 자리매김하는 방향으로 나아가야 할 것이다.

본고는 재일동포 한국어 문학 작품에 대한 관심과 연구 가능성을 확대시키기 위해 구체적인 자료를 소개하는 것을 일차적인 목표로 삼아 재일본조선문학예술가동맹(이하 문예동)에서 엮은 다음의 단편집들을 살펴보고자 한다.

『찬사』, 재일본조선문학예술가동맹, 1962.
『대렬』, 재일본조선문학예술가동맹, 1965.

---

4) 일본 내 한국인·조선인을 본고에서는 포괄적인 의미로 '재일동포'로 통일한다. 마찬가지로 재일 한국인 작가에 의한 한국어 문학 작품도 '재일 한국인 문학'으로 명칭한다. 다만 본고의 연구대상인 문예동 작가들은 북한 지향이 뚜렷하기 때문에 '재일 조선인 문학', '재일 조선인'이란 용어를 함께 사용하기로 한다.

『조국의 빛발아래』, 조선문학예술총동맹출판사, 1965.

『주체의 한길에서』, 조선신보사, 1970.

『해빛은 여기에도 비친다』, 문예출판사, 1971.

『영광의 한길에서』, 재일본조선문학예술가동맹, 1973.

『재일조선인단편집』, 조선청년사, 1975.

『신인작품집』, 재일본조선문학예술가동맹 도꾜지부, 1977.

『조국은 언제나 마음속에』, 문예출판사, 1979.

2. 재일동포: 정주(定住)와 지향의 이중성과 괴리

일본에서 살아가는 동포들의 현실과 생활을 형상화하여 새로운 동포
상의 전형을 창조하고자 하는[5] 문예동의 소설들은 거의 모든 작품이
'재일조선인은 누구인가'라는 물음을 던지고 있다. 식민지 사회에서 배
태되었지만 해방 이후에도 모국이 아닌 피식민 국가에서 식민지적 차별
과 굴레 속에서 완전히 벗어나지 못한 채 살아가는 재일동포의 역사성
과 특수성을 고려해 볼 때, '자기'에 대한 확인과 자각은 근본적이고 핵
심적인 문제일 수밖에 없다. 재일동포 한국어 문학은 이러한 '자기'에
대한 확인과 자각을 구체적으로 형상화 하는 '자기회복', '자기표현'[6]의

---

5) 강태성, 「재일 조선인 조선어 소설문학」, 『재일조선인 조선어문학의 현황과 과제』,
   2004년도 제2회 조선문화연구회 발표 자료집, 2004.12, 4쪽.
6) 김학렬은 재일조선문학을 일제 식민지시기에 뺏긴 우리말을 도로 찾고 민족어에
   담긴 민족정신을 회복하는 '자기회복의 문학', 식민지 노예의 과거를 거절하고 청
   산할 뿐 아니라 미일의 동화정책에 반대하여 떳떳이 살며 싸우는 재일동포들의
   생활상을 표현하는 '자기표현의 문학', 통일 민족의 내일과 통일문학의 내일을 준
   비하고 건설하는 데 힘쓰자는 '통일 내일 지향'의 문학으로 규정하고 있다.
   김학렬, 「재일조선문학의 현황과 과제」, 『21세기 동북아 한국어문학연구의 현황
   과 전망』, 숭실어문학회 국제학술대회 발표논문집, 2005.2.

문학인 것이다.

하지만 문예동 작가들의 문학 활동이 총련의 지도아래 조직적으로 이루어진다는 점에서 '재일조선인은 누구인가'라는 '자기 확인'의 물음은 그 답이 어느 정도 주어져 있는 것이라 할 수 있다. 조직의 이념과 정책을 문학적으로 실현하고자 하는 그들의 문학적 노력은 곧 조직의 정체성에 기반하고 있기 때문에 구체적인 작품들에서 제기하고 있는 '자기 확인'의 물음은 문예동의 정체성, 총련의 정체성과 직결된다.

문예동은 총련의 문예지침에 따라 창작활동 및 문예운동을 지향하는 총련의 하부 조직으로 1959년에 결성된다. 문예동의 결성으로 1960년대 이후의 재일조선인 문학은 1948년 결성된 재일조선인문학회가 추구했던 '조선어문학운동'이 본격적으로 조직화되어 문예운동의 차원에서 실천되기 시작한다. 문예동의 조직적인 문학운동은 한편으로는 사회주의적 내용에 민족적 형식[7]이라는 북한의 문예이론을 실천하면서, 다른 한편으로는 재일동포 사회의 현실문제들을 다양하게 반영해 총련의 재일조선인운동의 취지를 적극적으로 반영하는 것을 기본 목표로 하여 전개된다. 이러한 목표는 '재일 동포들의 민주적 민족 권리를 옹호하며 일체의 반동 문화조류를 반대하고 군중 문화 수준을 제고하며 재일동포들을 애국주의 사상으로서 교양하기 위하여 헌신한다.'[8]는 문예동의 강령 3항에도 구체적으로 제시되어 있다. 일본 사회에서 살아가기 위한 민주적 민족 권리의 문제와 북한의 이념과 사상을 실천하기 위한 애국주의의 문제가 결합, 적시되어 있는 것이다.

요컨대 문예동이 추구하는 문학운동의 기본 목표는 일본 사회에서 생활하고 있다는 '정주성'과 북한의 정책과 사상을 실천하는 '지향성'의

---

7) 윤재근·박상천, 『북한의 현대문학』2, 고려원, 1990, 100쪽.
8) 「재일본 조선 문학 예술가 동맹 강령 및 규약」, 『문학예술』2, 1960.3, 76쪽.

두 가지 측면, 즉 재일조선인이 지닌 존재의 이중성을 인식하고, 그 둘의 괴리감을 극복, 통일하여 재일조선인으로서의 자기정체를 확고하게 하는 것에 있는 것이다. 총련을 '북한의 혁명사상을 지도이념으로 하는 조선민주주의인민공화국의 권위 있는 해외공민조직'9)이라고 하는 규정에서도 이념적으로는 북한의 지도 아래 북한의 사상을 실천할 것을 목표로 하면서 북한이 아닌 해외 일본에 정주하고 있는 단체라는 이중성을 기본 성격으로 지적하고 있음을 확인할 수 있다.

결국 문예동이 총련의 조직적 실천의 영향아래 놓여 있고, 총련은 북한의 정책과 노선의 실현을 지향한다는 점에서 '재일조선인은 누구인가'하는 근본적인 물음에 대한 답은 '북한 해외공민으로서의 자각'이 될 수밖에 없다. 그렇기 때문에 문예동의 소설들은 어떠한 형태로든지 재일조선이 처한 이중성을 통일시키는 '깨달음'의 내용을 형상화하고 있으며, 그 깨달음을 통해 이루어지는 작중인물의 인식변화를 주된 내용으로 한다. 대상으로 삼은 1960·70년대 문예동의 단편소설들도 기본적으로 총련의 당면한 사회 운동 목표였던 '조선인으로서의 자각'을 주된 소설적 주제 및 사상으로 활용함으로써 재일조선인의 정체성이라는 문제를 조선인으로서의 민족성을 자각하고 북한의 해외 공민으로서의 인식을 확고히 하는 것으로 귀결시키고 있다.

문예동의 소설들은 '재일조선인은 누구인가'라는 물음을 '북한의 해외공민으로서의 자각'으로 귀결시킴으로써 정주와 지향이라는 이중성을 인식하고 또 통일하고자 한다. 이런 점에서 문제는 '자기정체'가 무엇인가라는 결론이기보다는 자기 정체를 구성하는 방식, 즉 재일조선인이 지닌 존재의 이중성을 어떻게 인식하고 있는가, 정주와 지향의 거리를 극복하는 방식은 무엇인가를 구체적으로 탐색할 필요가 있다.

9) 김정일, 『재일본조선인 운동과 총련의 임무』, 조선로동당출판사, 2000, 5쪽.

3. 자각과 통일의 동기화(Motivation) 양상

1) 총련의 헌신적인 노력과 교육 사업

해외 공민으로서 조국과의 일체화를 이룸으로써 재일조선인의 이중성을 통일하고자 하는 양상은 우선 총련의 열성적인 활동과 지도를 통해 이루어진다. 문예동의 소설 거의 대부분에 직·간접적으로 총련의 활동이 작품의 표면에 드러나고 있으며 총련의 열성적인 활동을 통해 총련의 당면 사업 과제이기도 한 조선인으로서의 자각이 이루어지는 모습을 그리고 있는 작품들이 대다수를 차지한다. 특히 대중에 대한 교양 사업이 중요한 문예운동의 하나로 인식되고 있기 때문에[10] 총련 조직원들의 헌신적인 교양 사업을 통해 조선인으로서의 깨달음을 얻게 되는 경우가 많다.

재일 조선인임을 숨기고 살고자 하는 다다미집 노인 아들의 의식 변화를 형상화하고 있는 박종상의 <동포>는 총련 조직과 조직원들의 헌신적인 노력과 활약을 통해 동포애를 깨닫게 되는 과정을 전형적으로 보여주고 있다.

> 이때 그는 문득 다다미점 생각이 났다.
> (만약에 그가 조선동포라면…)
> 얼마나 외로우랴싶었다.
> (이 일본땅에도 사람은 산다. 그러나 이 땅은 사람을 시들어죽이고 곯아죽이는 사막과 같다. 만약에 총련조직이 없고 재일동포들의 단결된 힘이 없었더라면…우리 집인들 어떻게 되겠는가…그렇다. 한사람도 일본사람으로 만들어서는 안된다!)[11]

---

10) "인민대중을 공산주의적으로 교양하는데서 문학예술은 중요한 역할을 합니다. 우리 혁명과 새생활 건설의 참된 주인공들을 형상화하여 그것을 통하여 사람들을 당과 로동계급의 사상으로 교양하여야 할 무거운 사명이 작가, 예술인들에게 지워져 있습니다."(『김일성 저작집』15, 234쪽, 최형식, 『조선문학사 13』, 사회과학출판사, 1999, 7쪽에서 재인용.)

　　인용문은 일본 사람으로 동화되는 것을 막기 위해, 그리고 일본 땅에서 살아가는 어려움을 극복하기 위해서 동포들의 단결과 총련 조직의 중요성을 강조하는 부분이다. 이 작품에서 개발 열풍에 소외되어 강제퇴거의 위험에 처해있는 윤노인 일가를 위기에서 구해주고, 자라면서 당한 온갖 핍박과 무시로 인해 조선인임을 부정하고 살아온 아들의 의식을 변화시키는 것은 분회장 ‘석구’를 중심으로 한 분회원들의 헌신적인 노력이다. 조선 사람이라는 것을 의도적으로 숨기고 지내던 인물이 조선 사람으로서의 민족적 자각을 하게 되는 전형적인 ‘조선사람 찾기’12) 주제의 작품으로 재일동포의 애환과 그 애환을 동포들의 단결심을 통해 극복하고 있음을 보여준다.

　　소영호의 ＜가장 귀중한 것＞도 ＜동포＞와 비슷하게 조선인임을 부정하던 인물이 처한 위기를 극복할 수 있도록 헌신하는 총련상공회의 활동을 그리고 있으며, 박관범의 ＜분회장 고인호＞도 총련이나 민단 모두에 무관심한 건설청부업자 ‘리삼수’를 설득하는 분회장 ‘고인호’의 헌신적인 노력을 보여주고 있다. 특히, ‘리삼수’는 분회장의 노력으로 재일조선인이 조선민주주의인민공화국 최고인민회의의 대의원으로 선출되는 것을 축하하는 현 대회에 ‘나도 조선사람이요, 조선사람의 넋은 잃지 않았소’13)라고 말하며 대회에 참가하게 된다. 김재남의 ＜새출발＞도 영세공장을 하는 ‘룡환이’의 변화과정을 그리고 있는데, 총련 활동에 소극적이었던 그는 총련의 고아원 방문 활동을 통해 총련 활동의 중요성과 보람을 인식하고 새로운 마음을 먹게 된다. 또 량우직의 ＜준공식 날에＞에서는 총련 활동에 적극적인 ‘최기섭’의 헌신적인 노력과 언술을 통해 소극적이었던 ‘장만수’가 태도를 바꿔 조선학교 건물의 신축에 적

---

11) 박종상, ＜동포＞, 237쪽.(이하 작품 인용은 작품명과 인용면수만을 밝힌다.)
12) 강태성, 앞의 글, 7쪽.
13) 박관범, ＜분회장 고인호＞, 176~177쪽.

극적으로 나서는 모습을 보여주고 있다.

이 밖에 소영호의 <뜨거운 사랑>도 조선 사람이라는 것을 이웃 사람들이 알게 되는 것을 부끄럽게 여기고 일본 사회에 동화되어 살아가고자 하는 인물들이 총련 분회원들의 노력으로 조선인으로서의 정체성을 깨닫고 적극적으로 총련의 활동에 동참하게 되는 변화의 과정을 그리고 있다. 리인철의 <진로>는 조선학교 졸업을 앞둔 인물이 가족의 경제적 안정을 위해 취업을 할 것인지 조선신보사 기자로 총련의 조직 활동에 일조할 것인지를 고민하는 과정을 형상화하고 있다. 이 작품은 졸업 후의 진로라는 구체적인 상황을 통해 재일동포 1세와는 다른 상황에 놓인 2세대 인물의 갈등과 고민, 자각과 변화를 그리고 있다는 특징이 있다. 하지만 진로를 고민하는 인물이나 가족의 경제적 안정을 중요시 여기던 어머니의 변화가 총련의 선전삐라를 배포하고 있던 할머니와의 만남, 그 할머니와의 대화에 의해 이루어진다는 점에서 역시 총련의 열성적인 활동이 자각과 변화의 계기로 작용하고 있다고 할 수 있다.

총련의 헌신적인 노력과 활동을 통해 조선 사람으로서의 자각을 하게 된 인물들의 변화된 행동은 주로 교육활동에 참가하는 것으로 나타난다. 소영호의 <첫고지>와 한국신의 <뭇별이 퍽 아름답소>는 총련 단원들의 노력으로 총련에 무관심했던 인물들을 단기 학습과정에 참여시키는 과정을 보여주고 있으며, 리량호의 <해빛 비치는 곳에서>도 조선 사람임을 깨닫고 조선학교에 아이를 입학시키게 되는 결심을 형상화한다. 신영호의 <운동회날에>도 역시 조선학교의 운동회 날 참가를 계기로 일본학교에 보내고 있는 자신의 아이들을 조선학교에 보내겠다는 '옥선'의 의식 변화와 다짐을 보여준다. 그러한 다짐의 계기는 운동회 날의 화기애애한 분위기와 함께 '정애'에게 들은 보람찬 여맹 활동의 이야기이다.

소극적이거나 무관심한 인물들이 재일조선인으로서의 자각을 통해 총
련의 교육활동에 적극적으로 참여하게 되는 이야기가 많다보니 총련 조
직의 지도적 위치에 있는 인물들은 아니지만 그에 준하는 학교 교원의
헌신적인 노력이 자각의 모티프가 되는 경우도 많다. 김민의 <포옹>이
대표적인 경우인데, 시골 조선학교 교원인 '영숙'의 노력이 '옥자'의 마
음을 변화시키는 이야기를 재일동포들이 겪는 삶의 애환과 함께 보여주
고 있다. '영숙'은 홀어머니와 살다가 결혼했으나 남편이 일찍 죽고 난
후 교원양성소에서 교원교육을 받고 낙후된 지역에서 교사 생활을 하고
있다. 그녀는 감옥에 있는 아버지, 생모의 죽음, 의모의 가출 등으로 인
해 사람들과의 어울림을 두려워하던 '옥자'를 헌신적인 보살핌으로써 학
교로 나오게 만들게 된다. 리인철의 <손풍금>도 수령의 장학금으로 공
부를 마친 교원 량이순의 헌신적인 노력으로 조선인임을 부정하던 '영
일'이가 민족의식을 자각, 획득하는 과정을 구체적으로 그리고 있다.

이 외에도 남한을 배경으로 하여 빈민 대중투쟁의 성공적인 사례를 그
리면서 아내의 의식 또한 변화시키고 있는 리은직의 <생활 속에서>는
진보적인 의식을 지닌 학교 교원의 헌신적인 가정 방문과정이 변화를 만
들어내는 역할을 하고 있다. 리은직의 다른 작품 <신작로>에서도 전위
적인 의식을 가진 인물이 등장하여 마을 사람들의 의식 변화를 이끌어내
고 마을 사람들이 지주에게 대항하게 만드는 역할을 수행하고 있다.

2) 비극적인 과거 체험과 남한의 부정성

재일조선인이 처한 이중성을 부정적인 측면과 대비시킴으로써 북한
지향으로 통일시키고 그 당위성을 강조하는 경우가 있다.

김병두의 <대회장으로 가는 버스안에서>는 '그'가 8·15대회에 참

가하기 위해 버스를 타고 가는 과정에서 비극적인 과거 기억을 떠올림으로써 재일조선인의 자각을 강화하고 있는 작품이다. '그'는 일제 시대 때 동생과 함께 강제로 일본에 끌려 왔는데, 다리 기둥 밑에 사람을 생매장하면 다리가 무너지지 않는다는 이유로 동생이 생매장 당한 아픈 기억을 가지고 있다. 조선 사람이라는 이유로 비참한 죽음을 당했던 동생에 대한 기억을 회상함으로써 나라 없는 백성의 비참한 처지를 환기시키고 있다. 그리고 이를 통해 8·15 대회에 참가하고 있는 현재의 상황을 기쁨과 감격의 상황으로 인식하고, '그이께서(김일성 수령-편집자) 가리키시는 길을 따라 그이께 충직히 살아서 조국통일의 날을 보아야지!'14)라고 다짐하고 있다. '그'는 해외공민으로서의 자의식이 없거나 약했던 것은 아니지만 비극적인 체험을 현재와 대비시켜 해외공민으로서의 자의식을 한층 강화시키고 있다.

머슴살이와 탄광노동자로 비참하게 지냈던 과거사를 삽입하고 있는 박관범의 <분회장 고인호>도 과거사를 현재와 대비하여 총련의 활동에 동조하거나 참여하게 되는 과정을 그리고 있으며, 소영호의 <첫고지>도 비참한 과거 기억의 회상이 변화의 동기를 부여하는 역할을 한다.

부정적인 과거 체험을 부각시키는 것 외에 남한의 부정적인 상황을 대비하여 북한 지향을 합리화함으로써 현재의 이중성을 자각하고 괴리감을 극복하고자 하는 작품들이 있다.

리은직의 <신작로>는 남한 현실을 배경으로 하여 남한 사회의 모순과 부정성을 강조함으로써 상대적으로 북한에 대한 지향성을 합리화하고 있다. 이 작품은 아버지는 고리대금업자의 빚 독촉을 피해 서울로 돈 벌러 가고, 어머니가 고리대금업자의 종노릇을 하며 생계를 이어가고 있는 '철이'네 집의 힘겨움을 '철이'의 시선으로 그리고 있다. 이 과

---

14) 김병두, <대회장으로 가는 뻐스안에서>, 190쪽.

정에서 고리대금업자의 집에 혁명적 활동가인 '길서방'이 들어와 마을
사람들의 의식을 변화시키고자 노력한다. '철이'와 철이의 어머니도 '길
서방'에게 협조하며 변화하기 시작하며 결국엔 마을 사람들 모두가 지
주 황가에게 집단적인 저항을 하게 된다. 그런데 부실한 제방공사로 인
해 마을은 커다란 홍수 피해를 보게 되고 힘겹게 서울서 돈 벌다 돌아
온 철이 아버지는 배 삯 50원을 아끼려다 죽게 된다.

> ≪첫째원인은 그가 동네를 나가지 않으면 안되게 한 지주며 고리
> 대금업자인 황가한테 있었습니다. 둘째 원인은 그를 부려먹고 품삯을
> 안준 공장주인의 죄고 셋째원인은 강뚝 하나 옳게 고치지 않고 홍수
> 소동이 나게 한 이곳 집권자들의 잘못에 있습니다. 그러나 이러한 책
> 임을 모두 따지고 보면 그 근본적원인은 박정희괴뢰도당의 매국적정
> 책과 해방된후 우리 나라를 강점한 미국놈들에게 있습니다… 미국놈
> 들은 이 나라 백성들을 살려주기 위해서 온게 아니라 일제대신 이 나
> 라 백성들을 식민지종으로 만들기 위해서 온 것이니까요. 지금 이 땅
> 에서 벌어지고 있는 우리 민족의 모든 비극의 제일가는 원인은 이 간
> 악한 미국놈들 죄행에 있는거죠. 그리고 다음은 나라를 팔아먹고 그
> 졸개노릇을 하는 박정희놈한테 죄가 있고요…≫ 15)

작품의 끝부분에서 '길서방'이 비극적인 상황의 원인에 대해 언급하
고 있는 부분이다. 지주, 자본가, 정부와 미국까지 남한 사회의 부정성
을 총망라하고 있는 이 언급은 당시 북의 견해를 그대로 대변하고 있음
은 물론이다. 이렇게 남한의 부정성을 강조함으로써 마을 사람들의 인
식을 자연스럽게 부정적 인식에 공감하게 만들고, 특히 '북쪽하늘을 우
러러보며 굽히지 않고 전진할 것'을 다짐하는 '철이'의 인식 변화를 이
끌어 내고 있다.

---

15) 리은직, <신작로>, 40쪽.

리단숙의 <팥죽장사>는 대통령 선거철 빈민촌을 배경으로 하고 있다. 한국전쟁에서 치안대원들의 횡포에 남편을 잃고 월남 전쟁으로 인해 아들을 잃은 '최씨'는 미군 짚차에 마지막 생계수단인 팥죽장사까지 망쳐버리는 비참함을 겪는다. 선거를 통해 부정부패를 드러내고 전쟁수단으로 전락한 국민과 그로 인해 고통 받는 가족의 모습을 보여줌으로써 남한 사회의 부정성을 강조하고 있는 작품이다.16) 이 외에도 리은직의 <생활속에서>와 <노도의 거리>는 남한사회를 배경으로 하여 부정성을 부각시킴으로써 상대적으로 북한에 대한 지향성을 강화하여 작중인물의 자각을 이끌어내는 작품이다.

남한의 부정성을 강조하다보니 상대적으로 북한 현실의 긍정적인 면을 강조하여 인식의 변화를 얻게 되는 작품들도 있다. 조혜선의 <가죽구두>, 박관범의 <한권의 수첩>, 소영호의 <고향손님>, 리량호의 <첫걸음>, 리은직의 <관두에 서서>, 량우직의 <태양의 품> 남상혁의 <증언> 등의 작품이 여기에 해당된다.

조혜선의 <가죽구두>는 일제 시대 때 도호꾸 탄광에 끌려온 후 홋가이도에 정착한 '최봉수'의 인식 변화를 그리고 있다. 그의 인식 변화에 결정적인 역할을 하는 것은 북한을 방문하고 온 조카 '순이'이 편지이다. 그 편지에는 조국 방문단에 제공한 '가죽구두'를 통해 김일성 원수와 조국에 대한 감사함을 느끼고 '최봉수'의 아이들에게도 조국과 민족의 중요성을 일깨워줄 것을 당부하는 내용이 담겨 있다.

> 조국이 없이 어떻게 살아나갈수 있담. 나라를 빼앗겼기에 겪어야만
> 했던 망국노의 설음과 이국살이가 아니였던가.

---

16) 대개의 재일조선인 소설작품들이 자각의 당위성을 강조하고 북한의 문예 이론인 혁명적 낭만주의의 창작방법에 충실한 상승적 결말로 처리되고 있는 것이 대부분이지만 이 작품처럼 남한의 부정성을 상대적으로 강조할 때는 예외적인 결말을 보이기도 한다.

인용문에서 확인할 수 있듯이 어릴 적 가난한 처지 때문에 작은 신
발을 억지로 오래 신고 다녀 수술을 받은 경험이 있는 '최봉수'는 이
편지를 계기로 진정한 조국에 대한 깨달음을 얻고 민족 교육의 중요성
또한 자각하여 자신의 아이들을 민족학교에 보낼 것을 다짐하게 된다.

량우직의 <태양의 품>은 조국방문단으로 북한을 방문한 인물이 북
한 현실의 긍정적인 모습과 위대한 수령의 은혜를 체감하는 과정을 보
여주고 있다. 리은직의 <관두에 서서>는 어머니의 수기 형태를 통해
한 가족의 수난사를 집약적으로 보여줌으로써 민족적인 수난과 비극을
형상화하고 있다. 우여곡절 끝에 남편과 딸들을 북한에 보내고 입양시
킨 아들이 있는 남한을 방문하게 되는 과정을 통해 남한의 부정성을 강
조하고 상대적으로 북한 지향을 합리화하고 있다. 남상혁의 <증언>도
재일동포 유학생의 남한 방문 체험을 부정적으로 형상화하고 있다.

소영호의 <고향손님>과 리량호의 <첫걸음>도 남한의 부정성을 대
비시키고 있지만 자각을 얻는 주체가 남한 사람이라는 점이 특이하
다.[18] <고향손님>에서는 일본 자식네 집에 방문한 '강로인'이, <첫걸

---

17) 조혜선, <가죽구두>, 127쪽.
18) 김일성은 1964년 11월 「혁명적문학예술을 창작할데 대하여」라는 연설에서 남북
　　조선인민들을 끊임없이 혁명정신으로 교양하는데 이바지할 작품 특히 남조선혁
　　명가들을 고무할 수 있는 혁명적 문학예술을 보다 적극적으로 창작할 과업을
　　제시하고 그 실현을 위한 중요한 문제들을 해명한 것으로 알려져 있다.(최형식,

음>에서는 사촌 동생네를 방문한 '석준'이가 일본 내의 조선학교와 학생들을 보고 북의 교육지원에 감탄하는 반면 민단 측의 감시와 남한에서 고문을 당했던 기억들이 대비되어 북한 지향성을 얻게 되는 과정을 형상화한다. 박관범의 <한편의 수첩>은 인물의 자각과 의식 변화를 직접적으로 보여주고는 있지 않지만 남한에서 사회주의 운동을 하는 인물이 일본을 방문하여 김일성 저작을 구해 읽는다는 이야기를 통해 남한의 부정성을 드러내면서 간접적으로 북한의 사상 논리를 합리화하고 있다.

3) 불합리한 현실과 일본사회의 허구성

일본 내에서의 불합리한 처지와 불평등을 부각시킴으로써 재일조선인으로서의 자각을 확인하거나 강화하는 작품들이 있다.

조남두의 <올가미>는 외국인 등록증과 관련한 불합리한 차별의 상황을 그리고 있다. 다른 지방을 갈 때 지참해야 할 외국인 등록증 때문에 할 수 없이 오사카 역에서 아내를 기다리는 '한태'의 의식과 경험을 통해 자유롭게 이동할 수도 없는 불편한 상황을 제시하고 외국인 등록증과 지문날인에 관련된 치욕과 울분을 구체적으로 형상화하고 있다.

일본 정부의 외국인 등록제도는 1947년 '외국인 등록령'을 거쳐 1952년 '외국인 등록법'으로 제정되어 시행된다. 이 제도는 '일본에 거주하는 외국인의 거주 실태 및 신분관계를 명확히 해서 외국인의 공정한 관리를 위한 자료로 활용하기 위한' 것으로 목적이 제시되고 있지만 제정 당시 재일외국인의 90% 이상이 조선인이었다는 점을 감안하면 출입국 관리령과 함께 실질적으로는 재일한국인을 관리, 규제하기 위한 법이라고 볼 수 있다. 특히 1991년 폐지된 지문날인 제도는 출입국 관

앞의 책, 11쪽)

리제도의 퇴거 강제조항과 함께 재일조선인의 인권과 정주권을 박해하는 심각한 제도라고 할 수 있다.[19]

적어도 1990년대 이전 일본 정부의 재일조선인 정책은 배제와 동화라는 식민지적 인식을 유지하고 있었기 때문에 일본 사회에서 살아가는 재일조선인들의 구체적인 삶 또한 식민지적 차별과 굴레의 연장으로 인식될 수밖에 없다.

> 한태는 굴욕감을 느끼었다. 등록이고 뭐고 모두 내동댕이를 치고싶은 충동이 치밀어올랐다. 무엇 때문에 이렇게까지 하면서 일본에서 살지 않으면 안되는가? 일본이란 결국 한태에게 있어선 일시 발을 붙이고 있는 외국에 지나지 않다. 그러나 자기의 살아온 생애의 거의를 일본에 파묻고있다는것도 또한 부정할수 없는 사실이다. 한태는 복잡한 심정이 되었다. 이놈의것 언제까지 이런 생활을 계속해야 된단말인가? 휘휘 내젖고싶은 생각이 들었다. 그러나 그렇다고해서 감정이 나는대로 할 수는 없는 일이였다.[20](밑줄 인용자)

인용문에서처럼 재일조선인은 일본사회에 정주하고 있는 것이 인정되지 않는 제도적인 차별 아래 굴욕적인 삶을 살고 있다. '한태'는 지문날인 과정에서 겪은 치욕적인 경험을 통해 생애의 대부분을 일본에서 보내고 있에도 불구하고 '외국인'으로서 차별받고 있는 이중성을 실감하게 된다. 특히 일제시대 때 아무런 이유 없이 조선 사람이라는 이유로 박해받았던 그의 기억은 등록증의 문제 또한 단순히 외국인으로서의 대우가 아니라 조선 사람이기 때문에 받는 차별적인 대우임을, 그리고 일제시대 때부터 받아왔던 차별이 현재까지도 지속되고 있다는 것을 깨닫게 해준다. 결국 그는 차별받고 있는 불합리한 일본 사회의 현실을 절감하

---

19) 고병국, 「남·북한 재일동포 정책의 특성과 문제점」, 『민족연구』2, 1999, 73~75쪽 참조.
20) 조남두, <올가미>, 237쪽.

여 재일조선인의 현실을 '올가미 속에 갇혀있는 짐승과도 같은 존재'[21]로 인식하게 되는 것이다.

박관범의 <행진>에는 '일본에 사는 세계 각국 사람들이 모두 자유스럽게 제 나라에 오고 가는 데 조선 사람만이 자기 조국에 갔다 올 자유가 없는'[22] 설움이 형상화되어 있다. 일기 형식으로 되어 있는 이 작품에서 '나'는 대학진학을 바라는 어머니의 뜻에 반해 '조국왕래 자유 실천단 환영 도보행진'에 참여해 나팔을 불게 된다. 이 과정에서 아버지의 불우했던 일생을 떠올리게 되고 자유롭게 조국을 왕래하지 못하는 노인들의 사연을 통해 재일조선인이 겪는 차별을 실감하며 조선인으로서의 권익확장을 위한 투쟁에 동참할 것을 다짐하게 된다.

고찬유의 <배길>은 재일조선인의 북송 상황[23]을 배경으로 사진가 지망생인 '혁태'와 '수철'의 인식변화를 그리고 있다. 그 과정에서 사진만을 진실이라 생각하며 어려운 환경에서도 노동을 하며 사진학교를 졸업했지만 우수한 기술을 가져도 조선 사람이라서 취업하기 어려운 재일조선인에게 일본사회는 희망의 사회가 아님을 보여주고 있다. 그리고 표면적으로 비참해 보이는 귀국 동포들의 모습이나, 평범해 보이는 총련 조직원들의 모습이 공화국 공민으로서의 영예와 긍지에 찬 사람들임을 깨닫는다. 이외에 성윤식의 <길>에도 조선 사람이라서 일본에서 취업하는데 장애가 되고 그에 따라 생계와 사상 사이에서 고민하고 갈등하는 모습이 나타난다.

---

21) 조남두, <올가미>, 253쪽.
22) 박관범, <행진>, 154쪽.
23) 재일조선인의 북송은 1959년 10월 975명을 시작으로 1984년까지 지속되어 93,340명이 북한으로 귀국, 이주하였다. 재일동포의 북송문제에 대해서는 이광규의 『재일한국인-생활실태를 중심으로』(일조각, 1983), 고병국의 「남·북한 재일동포 정책의 특성과 문제점」(『민족연구』2, 1999), 진희관의 「재일동포의 '북송' 문제」(역사비평 61호, 2002.겨울호)를 참고할 수 있다.

4. '재일(在日)'의 극복: 집단적 기억으로서의 '민족'

1) 민족의식을 통한 지향성 강화

1960 · 70년대의 재일조선인 소설은 무엇보다도 민족의식의 강조를
통해 지향과 정주의 괴리를 극복하고자 하는 작품들이 많다. 민족교육
의 중요성을 강조하거나 필요성을 깨닫는 것으로 민족의식을 강화하거
나 각성시키는 양상이 많은 것이 이와 관련된다.

재일동포의 민족 교육은 1945년 10월 재일조선인련맹의 설립으로부
터 창설 지도된다. 당시 민족교육의 최대 기조는 식민지 시대부터 진행
되어 온 민족 말살 교육, 즉 일본의 동화정책에 대한 저항이었다. 이러
한 기조는 식민지 시절 빼앗겼던 모국어를 되찾는 것을 비롯하여 희석
화된 민족성을 되찾기 위한 당연한 시도라고 할 수 있다.

그런데 1955년 총련의 결성은 민족교육의 목적 · 방법 · 운동을 '공화
국' 공민의 육성에 적합하게 변혁시켜 나가게 되는 계기가 된다.[24] 즉,
민족교육의 목표였던 민족의식의 각성과 강화는 재일조선인의 구체적인
현실보다는 북한의 해외공민이라는 지향성이 강화되는 쪽으로 변화, 조
직화되기 시작하는 것이다.[25] 북한 지향의 강화는 상대적으로 재일조선
인이 처한 정주성의 문제를 관념적인 차원에서 다루게 되고 의식의 차
원에서 이중성의 괴리감을 통일하는 방향으로 나타난다. 물론 교육 지

---

24) 오자와 유사쿠, 이충호 역,『재일조선인 교육의 역사』, 혜안, 1999, 360쪽.
이외에 재일동포의 민족교육 문제는 김홍규의 「재일동포들의 민족교육에 대하
여」(『이중언어학』10, 이중언어학회, 1993)를 참고.
25) 오자와 유사쿠는 민족교육의 과제를 규정하고 있는 총련의 강령 4항을 들어 조
국인 북한의 교육목적과의 차이를 강조하고 있다. "우리는 재일조선 동포의 자
녀에 대해서 모국어로 민주 민족교육을 실시하고, 일반 성인들 사이에 남아 잇
는 식민지 노예사상과 봉건적 유습을 타파하고 문맹을 퇴치하여 민족문화 발전
을 위해 노력한다."(위의 책, 365쪽)
하지만 이러한 차이가 일본에 정주하고 있는 재일조선인의 현실적인 문제를 최
우선으로 고려하고 있는 것이라고 판단하기는 어렵다.

원 사업[26]을 비롯한 북한의 적극적인 재일동포정책은 재일동포들의 삶의 어려움을 극복하는데 실질적인 도움을 주었고 재일동포들의 유대감 강화에 어느 정도 역할을 했다는 점에서 지향성의 강화가 구체적인 현실에 근거를 두고 있다고 볼 수도 있다. 하지만 북한의 정책은 혁명역량 강화라는 의식적 목표에 부합하기 위한 민족 개념에 기반을 두고 있는데다가 이러한 정책의 시행 자체가 남북한과 일본과의 관계, 냉전적 국제 상황 등에 밀접한 영향을 받아 이루어진다는 점에서 혈연적 유대를 강화하는 북한의 적극적인 지원은 재일동포의 구체적인 삶의 내부 문제보다는 외적, 의식적 차원에서 이루어졌다고 할 수 있다.

이러한 양상은 작품에서 민족 교육의 중요성을 깨닫는 과정이 구체적인 형상보다는 타인의 관념적 진술을 통해 주로 이루어지는 것으로 드러난다. 그 진술들은 대부분 '조선 사람의 넋, 조선 사람의 정신'으로 강조된다. 즉, 일제의 동화정책으로 인한 피해나 민족교육을 받지 못해 가질 수 있는 부정적인 상황을 구체적으로 제시함으로써 민족교육의 중요성을 깨닫는 과정을 뒷받침하는 것이 아니라 이미 '수령의 은혜'나 '공민'으로서의 자의식을 지닌 각성된 인물의 관념적인 진술이 변화의 근거로 제시되는 것이다. 이러한 양상은 교육의 목표를 기술 대 정신으로 이분하여 '똑똑한 제정신을 가져야 기술을 배워도 옳은 기술을 배울 수 있다'[27]거나 '기술자가 되건, 학자가 되건 조선 사람은 조선 사람의 정신을 똑바로 가져야'[28] 한다고 정신을 강조하게 되는 것으로 이어진다.

민족의식의 강조가 결국엔 북한 지향의 관념적인 성격이 강화되고 있음은 민족의식을 자각하는 과정에서 대부분 자각 주체를 대상화하여 서

---

26) 재일동포에 대한 북한의 교육 원조비는 1995년 1월 현재 129차 422억여 엔에 이른다. 1957년부터 1971년까지 남북한의 교육 원조비는 북한이 30,315,320달러, 남한이 4,734,392달러로 압도적인 차이를 보이고 있다.(고병국, 앞의 글, 85~86쪽)
27) 리량호, <해빛 비치는 곳에서>, 348쪽.
28) 조혜선, <가죽구두>, 122쪽.

술하고 있는 것으로도 확인할 수 있다. 즉, 대부분의 작품이 민족의식을 깨닫고 변화하는 인물들의 이야기지만 그 인물들을 자각시키고 변화시키는 계기는 일본 사회 속에서 살아가는 과정에서 주체적으로 획득되거나 인식되는 것이 아니라 타인의 영향으로부터, 자각 주체의 외부로부터 주어지고 있다. 또, 대부분 작품의 서술도 인물들을 변화시키는 인물들, 총련 조직원이나 각성된 인물들의 활동에 초점이 맞추어져 있다.

> 나라와 민족이야 어떻게 되든말든 인간으로서의 긍지가 짓밟히든 말든 그저 자기의 집안만 생각하고 눈앞의 단란만 생각하여 돈벌이에 급급할수 있다.
> 그러나 그것은 파멸의 길이다.
> 나라와 민족을 생각하지 않고 개인의 행복과, 권리만을 생각하는 것은 어리석은 일이다.
> 지난날 우리 부모들의 력사가 그것을 여실히 발해주고있다.
> 나는 총련의 애국사업에 더 적극적으로 헌신함으로써 조국과 민족을 위하여 4천만 조선인민의 념원인 조국통일 하루속히 이룩하여 생지옥에서 허덕이고 있는 남조선 형제들을 구원하기 위하여 자기의 젊은 정열과 지혜와 힘을 다 바치겠다.
> 이 길만이 가정의 진정한 행복의 길이며 우리들 청녀들에게 틔여 있는 단 하나의 길이다.[29]

민족의식이 관념적인 의식의 문제로 강조되고 있음을 잘 보여주는 인용문이다. 앞에서 언급한 기술과 정신을 대립적으로 파악하여 '눈앞의 단란만 생각하여 돈벌이에 급급한' 것은 파멸의 길임을 강조하고 있다. 이러한 대립은 나라와 민족 대 개인의 행복과 권리의 대립으로 쉽게 확대되어 나라와 민족이라는 상상의 공동체를 개인의 구체적인 현실보다 우위에 두는 것이 된다.

---

29) 김영곤, <가정>, 217쪽.

재일조선인에게 있어 지향성은 곧 조국이라는 관념의 문제이고 정주성은 현실의 문제이다. 하지만 이 시기 문예동의 소설들은 민족의식을 조국 지향을 통해 강화함으로써 재일조선인이 처한 이중성을 통일하고 있다. '재일'이 민족=국민과 같은 공동태로 동화될 수 없는 '자기' 내면을 확립할 것이 요구된다[30]는 점에서 보면 이는 곧 치열한 갈등의 결과물로서 형상화되는 것이 아닌 일방적인 서술로 읽힐 가능성도 있으며 재일조선인들의 삶에 대한 객관적인 현실인식에 장애가 될 수도 있다.

2) 집단적 기억의 연장과 현실의 긍정

조국 지향의 강화는 민족의 집단적인 기억을 연장시키게 된다. 특히 재일동포가 일제 식민지라는 역사적인 기억의 산물이기 때문에 식민지적 인식이 현실 인식의 중요한 틀로 작용하고 있음을 확인할 수 있다.

> 인민의 행복이란 나라의 운명과 그 언제나 같이 있음을 뼈에 사무치게 느껴온 것은 최봉수 한사람만이 아니였다. 그것은 나라 잃고 고향을 빼앗겨 일본으로 끌려온 우리 동포들이 식민지 노예살이를 하면서 뼈아프게 틀어잡은 진리였다.[31]

위 인용문은 전절에서 확인한 공동체의 운명에 따라 개인의 행복이 결정된다는 인식을 그대로 보여주는 동시에 식민지 시절의 기억을 현재까지 연장하고 있음을 보여주고 있다. 즉, 아이들의 교육 문제에 대한 고민을 하면서 그 고민 해결의 기제로 과거의 기억, 민족적 기억인 '식민지 노예살이'를 떠올리는 것이다. 이러한 기억의 연장은 '8·15를 맞이하지 못했다'[32]와 같이 과거 식민지 시절과 동일한 차원으로 현실을

---

30) 윤건차, 앞의 글, 313~314쪽.
31) 조혜선, <가죽구두>, 121~122쪽.

이해하는 것으로 이어진다. 물론 재일동포들의 현실이 다양한 형태의 식민지적 굴레에 의해 아직까지도 얽매여 차별 받고 있는 실정이라는 점에서 과거 식민지적 인식의 연장에서 그들의 현실을 이해하는 것도 가능하다. 하지만 과거 일제 시대의 직접적인 식민 지배의 영향과 전후 독립된 모국이 존재하고 있는 현실의 식민지적 굴레는 구체적인 일상의 문제에서는 다양한 차이를 보일 수 있다는 점 또한 간과할 수 없다. 그럼에도 불구하고 민족적 기억의 연장을 통해 현실을 이해하고자 하는 시도는 항일무장투쟁시기의 혁명적 문예전통을 계승하고자 하는 북한의 문예정책[33]과도 관련이 있는 것으로 보인다.

민족적 기억의 연장은 거의 대부분의 작품에서 비참한 과거 기억의 삽입 구조를 통해 뒷받침되고 있는데, 문제는 강한 조국 지향을 통해 재일조선인이 처한 이중성을 통일하려고 하는 노력에 비추어 본다면 역설적 상황을 나타내기도 한다는 것이다. 즉, 북한 지향을 합리화하고 강화하기 위해 비참한 과거 기억을 부각시키고 있는데, 이러한 노력은 상대적으로 북한 지향의 의식을 지니고 있는 현재를 가능성의 현실로 인식하는 경우로 이어지기도 한다. 이는 기본적으로 비참한 과거 기억인 식민지적 현실과 재일동포 사회를 동질적인 차원에서 인식하고 있는 북한의 현실인식과는 결과적으로 상충되는 것이다. 이중성에 대한 이러한 역설적인 태도는 재일조선인 문학이 부정하고 있는 일본 사회를 긍정하는 역설적인 상황으로 나타나기도 한다.

현숙이는 실망한 듯 다소곳이 고개를 숙이었다. 그러다가 쭉 편 석준이의 다리를 보고 무릎을 다쳤다는 말이 생각났다.

---

32) 조혜선, <가죽구두>, 126쪽.
33) 손지원, 「재일동포국문문학운동에 대하여」, 『재일조선인 조선어문학의 현황과 과제』, 제2회 조선문화연구회 발표자료집, 2004.12, 3쪽.

(어쩌다가 다쳤을가?) 아직도 불편한 것 같았다.

(일본에서는 여간한 상처는 다 낫는데 왜 저러고 있을가.) 하는 생각이 들었다.

≪무릎이 아직 다 낫지 않았나요?≫ 현숙이는 조심스럽게 물었다.

≪이 이상 낫지 않는다는구나.≫

- 중 략 -

이때 멀리서 들려오던 싸이렌 소리가 점차 가까워지더니 ≪윙≫하고 지나갔다.

석준이는 벽에 기댔던 몸을 바로 일으키며

≪통행금진가요?≫

≪통행금지라니?≫

현숙이와 어머니도 어리둥절하여 석준이를 보았다.

≪오빠, 여기는 그런 것이 없어요.≫34)

위대하신 수령님을 모시고 있는 자랑을 안고 그의 입으로 언제나 나오는 이 노래, ≪죽지도 않고 잘 살아왔지!≫하는 말과 함께 입에서 터져나오는 이 노래, 그는 이 노래를 무척 좋아하였다.

이 노래가 단지 그의 뼈에 사무친 지나간 일을 말해주고 있다고 해서 좋아하는 것만은 아니지만 오늘의 행복과 기쁨, 자랑과 환희 속에 잠길 때면 지나간 일이 반드시 머리에 떠올랐다.

그에게는 오늘의 이 기쁨과 행복감이 어쩐지 지난날의 슬픔과 떼여서 생각할 수 없었다.35)

위의 인용문은 상대적으로 일본사회를 긍정적으로 보고 있는 부분들이다. 항일과 반일이 재일조선인 사회 또는 그들이 강하게 지향하는 조국 북한의 기본적인 인식이라는 점에서 위와 같은 일본 사회에 대한 긍정적인 인식은 상대적으로 남한이나 과거 기억의 부정성을 강조하기 위한 것이라 하더라도 특이한 점이라 할 만하다. 이러한 점은 낙관적인

---

34) 리량호, <첫걸음>, 99~100쪽.
35) 김정두, <대회장으로 가는 뻐스안에서>, 186쪽.

미래에 대한 확신을 그리고자 하는 사회주의 문학관과도 관련이 있겠지만 결국 재일조선인 소설에서 보이는 지향성의 강화가 그들이 처한 구체적인 현실에 기반을 두고 있지 못하다는 점, 재일조선인의 이중성을 관념적인 의식의 문제로 해결하고 있다는 판단을 가능하게 한다.

5. 맺음말

지금까지 문예동의 단편소설들에 나타난 자각의 양상들을 통해 재일조선인이 처한 정주와 지향이라는 존재의 이중성이 어떤 방식으로 통일되며 그 의미는 무엇인지 살펴보았다.

총련의 헌신적인 노력과 교육 사업, 비극적인 과거 체험과 남한의 부정성, 그리고 불합리한 현실과 일본사회의 허구성 등을 통해 자각의 동기를 부여하고 있는 문예동의 작품들은 강한 조국 지향을 통해 존재의 이중성을 통일하고자 하는 것으로 보인다. 이러한 지향성 강화의 방식은 구체적인 현실로서 기능하는 정주성을 상대적으로 배제하는 결과를 가져오게 되거나 객관적인 현실인식의 중요성을 간과하게 만드는 것이 된다. 결국 문예동의 소설들은 민족의식과 집단적인 기억을 관념적인 의식의 차원에서 강조함으로써 재일조선인이 처한 지향과 정주의 이중성과 괴리라는 '재일(在日)'의 상황을 극복하고자 시도하는 것으로 볼 수 있다.

이와 같은 결론은 물론 재일조선인 소설 작품이나 재일동포 한국어 문학 작품 일반으로 쉽게 확장될 수 있지는 않을 것이다. 특히 대상으로 삼은 1960·70년대는 총련이나 문예동이 창립된 직후이면서 본격적으로 조직적인 활동을 전개한 시기라는 점, 그리고 재일동포사회의 세대변화가 본격화 되지 않은 시기라는 점도 고려해야 할 것이다. 그렇기 때문에 앞으로는 재일동포 사회가 모국 지향성이 강한 1세 위주가 아닌

2세, 나아가 3, 4세가 중심이 되어가고 있다는 점에서 정주성이 강화된 변화의 양상들을 점검할 필요가 있다. 최근 1990년대 이후 민족교육의 기본 내용이 일본에서 정정당당하게 살아나가는 데 필요한 지식을 충분히 습득할 수 있도록 일본어와 영어, 일본이나 세계에 관한 지식을 잘 키우는 것[36]이 강조되고 있는 점은 '재일'의 특성인 정주성에 대한 인식의 변화가 반영된 단초로 볼 수 있다.

향후 문예동을 중심으로 한 재일동포 한국어 소설 작품들에 대한 관심은 객관적인 정보에 바탕을 둔 자료 수집을 확대하고, 작품을 중심으로 한 통시적인 특징을 추출할 필요가 시급하다고 할 수 있다. 또한 재일조선인 문학이 조직적인 활동에 바탕을 두어 문학 활동이 이루어진다는 점에서 지속성을 기본성격으로 하고 있다고도 볼 수 있지만[37] 그들의 문학 활동이 북한이나 총련의 정치적인 상황과 견해에 밀접한 영향을 받는다는 점에서 오히려 보다 민감한 변화의 양상들을 내포할 수도 있기 때문에 구체적인 작품을 중심으로 한 정밀한 독해가 필요하다고 하겠다. 나아가 주체사상의 공표를 기점으로 하는 북한 문학의 사적(史的)인 기준[38]이 재일동포 문학에도 그대로 적용될 수 있는가도 구체적으로 확인해보아야 할 과제이다.

---

36) 김송이, 「재일자녀를 위한 총련의 민족교육 현장에서」, 『이중언어학』10, 이중언어학회, 1993, 216쪽.
　　위 글에서 1990년대 이후 민족교육의 구체적인 커리큘럼을 확인할 수 있다.
37) 심원섭, 「재일조선인 시문학에 나타난 자기 정체성의 제 양상」, 『한국문학논총』31집, 2002, 282쪽.
38) 김재용, 「북한 문학계의 '반종파 투쟁'과 카프 및 항일 혁명 문학」, 『북한문학의 역사적 이해』, 문학과지성사, 1994, 125쪽.
　　윤재근·박상천, 『북한의 현대문학 2』, 고려원, 1990, 140~143쪽.
　　주체사상이라는 용어를 공식적으로 사용하고 유일사상이 강화가 문학에 반영되어 결과물로 즉각적으로 나타나는가 하는 문제도 있을 수 있지만 무엇보다도 유일사상의 강화로 수령 형상의 작품화가 강화되는 것이 재일동포문학에서는 직접적으로 표현되기는 쉽지 않을 것이다.

참고문헌

『21세기 동북아 한국어문학연구의 현황과 전망』, 숭실어문학회 국제학술대회 발표논
　　문집, 2005.2.

『재일조선인 조선어문학의 현황과 과제』, 2004년도 제2회 조선문화연구회 발표 자
　　료집, 2004.12.

강덕상 외, 『근·현대 한일관계와 재일동포』, 서울대출판부, 1999.

고병국, 「남·북한 재일동포 정책의 특성과 문제점」, 『민족연구』2, 1999.

김송이, 「재일자녀를 위한 총련의 민족교육 현장에서」, 『이중언어학』10, 이중언어학
　　회, 1993.

김웅교, 「일본 속의 마이너리티, 재일 조선 시」, 『시작』, 2004.겨울

김재용, 『북한문학의 역사적 이해』, 문학과지성사, 1994.

김정일, 『재일본조선인 운동과 총련의 임무』, 조선로동당출판사, 2000.

김홍규, 「재일동포들의 민족교육에 대하여」, 『이중언어학』10, 이중언어학회, 1993.

설성경 외, 『세계 속의 한국문학』, 새미, 2002,

심원섭, 「재일 조선인 시문학에 나타난 자기정체성의 제양상」, 『한국문학논총』31,
　　2002.

유숙자, 『재일한국인문학연구』, 월인, 2000.

윤상인, 「전환기의 재일한국인 문학」, 『외국문학』, 1994.겨울

윤재근·박상천, 『북한의 현대문학 2』, 고려원, 1990.

이광규, 『재일한국인－생활실태를 중심으로』, 일조각, 1983.

이한창, 「민족문학으로서의 재일동포 문학 연구」, 『일본어문학』3, 1997.6.

＿＿＿, 「재일교포 문학 연구」, 『외국문학』, 1994.겨울

＿＿＿, 「재일교포문학의 주제 연구」, 『일본학보』29, 1992

＿＿＿, 「재일동포조직이 동포문학에 끼친 영향」, 『일본어문학』8.

＿＿＿, 「재일동포 문학에 나타난 한국 여성의 초상」, 『한국문학연구』19, 1997.3

진희관, 「재일동포의 '북송' 문제」, 『역사비평』61호, 2002.겨울.

최형식, 『조선문학사』13, 사회과학출판사, 1996.

홍기삼, 「재일한국인 문학론」, 『외국문학』, 1994.겨울.

오자와 유사쿠, 이충호 역, 『재일조선인 교육의 역사』, 혜안, 1999.

제3장

희곡, 비평, 수필의 장르적 특성과 주제의식

재일동포 한국어 극문학 연구

백 로 라

───────────────── 목 차 ─────────────────

1. 머리말

재일동포 한국어 극문학은 재일동포 작가에 의해 한국어로 창작된 극문학을 지칭하는데, 이것은 다른 일반적인 해외동포 문학과 달리, 매우 복잡한 문제들과 얽혀있을 뿐 아니라, 특수한 성격을 지닌다.

재일동포 문학이 지닌 특수성은 '재일'(在日)이라는 용어를 둘러싼 다양한 논의들을 불러온다. 유숙자는[1] '재일'이라는 용어에 대해 구체적으로 논의하면서, '재일'은 '재일조선(한국)인'을 의미하며, 연구자의 시각에 따라 그들의 문학이 '재일조선(한국)인 문학', '재일문학', '재일조선인 일본어 문학'[2] 등으로 지칭되고 있음을 지적한다. 이 논저에서 유숙자 자신은 '재일한국인 문학'이라는 용어를 사용하면서, 그것이 일본과 한국에서 동시에 통용될 수 있는 용어라고 밝힌다. 그러나 다른 관점에서 보면, '재일한국인 문학' 역시 객관적 시각을 확보한 용어라고 보기 어렵다. 그 '한국'이라는 어휘가 한국(남한) 중심적 용어이기 때문이다. 사실 조총련계 재일동포들은 '한국'이라는 용어 대신 '조선'을 사용한다. 게다가 '재일한국인 문학'은 그 연구 대상이 일본어 문학인지 혹은 한국어 문학인지 알 수 없는, 다소 모호한 용어라고 할 수 있다. 따라서 본 연구는 재일동포의 복잡한 국적 문제와 언어 문제를 고려하여, '재일동포 한국어 극문학'이라는 용어를 사용하기로 한다. 이것은 '한국'과 '조선'으로 분열된 동포들의 국적 문제를 그대로 포용하고, 그 연구 대상을 '한국어'[3] 극문학 작품으로 한정하기 위해서이다.

재일동포 문학이 지닌 복잡하고 특수한 성격은 그 문학의 창작 및 수용 주체의 정체성 혼란의 문제와 무관하지 않다. 그 거주 국가의 국적이나 시민권을 가지고 있는 다른 해외동포와 달리, 재일동포들은 국가 주권과는 동떨어진 외국인으로서 존재한다. 재일동포들은 "일본에 의해 식민지 지배를 받고, 또한 그 연장선상에서 억압과 차별을 받아온 객체적 존재"라고 할 수 있다.[4] 또한 그들은 조국 분단으로 인해 "국

---

1) 유숙자, 『在日한국인 문학연구』, 도서출판 월인, 2000, 10쪽 참조.
2) 위의 책, 10쪽 재인용. (林浩治, 『在日朝鮮人日本語文學論』, 新幹社, 1991.)
3) 물론 '조선어'가 아닌 '한국어'라는 용어를 선택한 데에는 어느 정도 북한(조선)보다는 한국(남한)의 입장이 내포되어 있다. 그러나 이것은 어느 한쪽의 입장에 서 있기 때문이라기보다는 '조선어'와 '한국어'를 포함할 수 있는 객관적인 어휘를 찾지 못한 고육지책의 결과라고 할 수 있다. 용어와 관련하여 본 연구는 부득이하게 혹은 편의적으로 '조선' 대신 '북한'이라는 용어를 사용하고자 한다.

적 혹은 국적 표시도 '한국'이나 '조선'으로 분열"되어 있으며[5], 동포들이 단합하지 못하고 조총련계와 민단계로 분열되어[6] 그들의 일본에서의 위치는 더욱 복잡한 양상을 띠게 된다.[7] 결과적으로 재일동포는 "일본에 거주하는 외국인임에도 불구하고, 남북한의 정치 상황에 의해 그 삶이 크게 좌우되고, 본국의 국가 권력에 의해 다양한 형태로 구속받는 존재"로서, "'자기'와 그 내부에 숨은 '타자성', 그것도 '자기' 안에 내재화된 일본과 조선(한국/북한)이라는 두 개의 '타자성'과의 조우, 격투, 타협, 협조 등등의 곤란을 겪으며 매일 매일의 삶을 영위"하고 있는 것이다.[8]

재일동포 한국어 문학 작품을 논의할 때, 무엇보다 주목해야 할 점은 그것이 대부분 조총련계 작가들에 의해 창작되어 왔다는 사실이다. 민단계 작가들이 주로 일본어로 작품을 창작해온 것과는 달리, 총련계 작가들은 한국어로 작품을 창작해 왔던 것이다. 문제는 두 단체가 각기 다른 국가, 즉 한국(민단의 경우)과 북한(조총련의 경우)을 조국으로 인정하며, 두 국가로부터 한국의 동포 단체 혹은 북한의 동포 단체로 인정받고 있다는 사실이다. 이 때문에 한국에서 재일동포 문학연구는 주로 일본어 문학 작품을 대상으로 전개되어 왔으며, 한국어 문학 작품은

---

4) 윤건차, 이지원 역, 『한일 근대사상의 교착』, 문학과학사, 2003, 319쪽 참조.
5) 위의 책, 318쪽 참조.
6) 공봉식, 이영동, 「민단—한인 권익보호의 구심체」, 『재일동포』, 문학관, 1997, 499쪽 참조.
   이 글에 따르면, 현재 재일동포 수는 70만 명이며, 조국이 남북으로 갈린 것처럼 재일본대한민국민단(약칭, 민단)과 재일조선인총연합회(약칭, 조총련)으로 나뉘져 있다. 동포 비율은 민단이 41만 명, 조총련이 29만 명 정도라고 한다. (499쪽 참조)
7) 홍승직, 한배호, 「재일동포 실태조사」, 『아세아연구』20권, 1977.1, 1~2쪽 참조.
   이 글에서 저자는 재일동포들이 민족 차별 때문에 일본으로 귀화하는 것이 여의치 않고, 한국과 북한의 영향 때문에 조국으로 돌아가고자 하여도 그 선택이 쉽지 않으며, 그렇다고 외국인으로서 살아갈 수도 없는 처지에 놓여 있다고 지적하고 있다. (2쪽 참조)
8) 윤건차, 앞의 책, 328쪽.

그 창작 주체의 신분 때문에 북한 문학으로 간주되어 왔던 것이다. 그러나 한국문학이 한국인의 삶과 정서를 한국어로 표현한 작품들을 의미한다고 할 때, 조총련계 작가들에 의해 창작된 한국어 문학도 넓은 의미의 한국문학의 범주에 포함될 수 있다고 생각한다. 더구나 통일문학사를 기술할 시점에 이른 오늘날, 한국어로 동포들의 삶을 표현한 문학 작품을 배제하는 것은 지나치게 한국 문학의 범주를 축소시키는 결과를 초래할 수 있다. 따라서 정치적 이념이나 사상성에 치우치지 않고 보다 객관적으로 이들 조총련계 작가들에 의해 창작된 문학 작품을 검토할 필요가 있는 것이다.

이러한 재일동포 한국어 문학 중에서 특히 극문학은 그것이 상연 혹은 상영과 관련된 장르라는 점에서 그것의 한국어 창작이 현실적으로 어려웠을 것이라고 짐작된다. 실제로 현재까지 민단계 작가들의 한국어 극문학 작품을 입수하지 못했으며, 입수한 총련계 작품도 다른 장르의 작품수와 비교해 볼 때 양적으로 빈약한 상태에 있다. 더구나 발표된 극문학 작품이 실제로 무대 위에서 공연되거나 영화로 제작된 경우가 그리 많지 않으며, 상대적으로 레제 드라마적 성격을 지닌 것들이 상당수 발견되고 있다. 그러나 흥미롭게도 이처럼 열악한 환경 속에서도 작가들은 문예지를 통해 지속적으로 극문학 작품을 발표해왔을 뿐 아니라, 매우 다양한 극문학의 갈래를 보여주고 있다.

본 연구는 재일동포 한국어 극문학 작품이 지닌 특수성을 고려하여, 사상의 개념을 넘어서 민족과 언어의 개념을 가지고 작품에 접근하려고 한다. 구체적으로, 재일본 조선문학회 예술가동맹 중앙위원회(일명 문예동) 기관지 『문학예술』(1960-1999)과 문예지 『겨레문학』(2000-2002)에 발표된 극문학 작품을 연구 대상으로 삼아, 극문학이 전개되어 온 양상과 특징을 살펴볼 것이다. 이에 대한 선행 연구가 존재하지 않은 연구

환경을 고려할 때, 지속적으로 발표된 텍스트를 통해 재일동포 한국어 극문학의 지형도를 그려보는 작업이 우선적으로 요구된다고 생각한다. 이를 위해 본 연구는 북한 문예이론의 수용 양상과 다양한 극문학의 갈래와 특징을 살펴보고, 전형적인 갈등 구조 및 인물 구조를 분석하고자 한다. 이러한 연구 작업은 재일동포의 삶과 그들의 극문학에 대한 이해의 폭을 넓히는 한편, 그동안 배제되거나 간과되었던 재일동포 극문학 작품에 대한 보다 많은 연구자의 관심을 불러일으키는 계기가 될 것이라고 생각한다.

2. 북한 문예이론의 수용

재일동포 한국어 극문학 작품은 일관적이고 통일적인 이론적 토대와 방법론에 기초하여 창작되었는데, 이것은 창작 주체가 조총련계 작가들이라는 점과 무관하지 않다. 총 109권에 이르는 『문학예술』에는 거의 빠짐없이 문예이론을 소개하거나 문학 창작의 방향을 제시하는 글들이 실려 있다. 김일성의 강령적 교시나 혹은 동포 작가들의 해설, 대담, 논설을 통해 구체적인 창작의 방향을 제시하고 아울러 작품의 사상적·미학적 구심점을 마련했던 것으로 보인다.

> 즉, 천리마 현실을 폭 넓고 진실하게 묘사하며 사회주의건설 과정에서 새롭게 탄생하는 새 인간—천리마 기수들의 공산주의적 전형창조에서 커다란 성과를 달성하였다. (중략) 또한 문학 예술 창작을 대중화하는 사업에서도 새로운 성과를 거두었다. (중략) 그러므로 남북 인민을 혁명적으로 교양하기 위한 혁명적 작품 창작에 모든 힘을 집중하여야 한다. 혁명적 작품은 혁명하는 사람들과 투사들의 혁명 투쟁을 묘사하고 노래한, 혁명적 기백으로 일관된 작품을 말하는 것이다. (하략)[9]

이 글은 김일성의 교시를 바탕으로 총련계 내부에서 동포 작가들이 지향해야 할 창작 방향을 제시한 사설이다. 요컨대, 재일동포 한국어 문학은 '공산주의적 전형'을 창조하고, '문학예술'의 '대중화'에 앞장서며, '사회주의 건설'에 이바지하는 작품을 지향해야 한다는 것이다. 이와 같은 혁명적 작품 창작에 대한 요구가 『문학예술』[10] 전 권에 걸쳐 반복적으로 강조되는 것은 재일동포 한국어 문학의 이론적 뿌리가 북한의 문예이론에 닿아있기 있기 때문이다.

일반적으로 북한의 문예이론은 혁명적 문예전통, 공산주의적 인간학, 민족적 형식과 사회주의적 내용, 사회주의적 사실주의를 지향한다.[11] 우선, 혁명적 문예전통은 "김일성이 항일투쟁 시기에 혁명문학 예술의 사명과 역할, 창작 원칙과 그 실현방법으로 주체적 문예사상과 주체적 문예이론을 창시"[12]한 것으로부터 기원하는 것인데, 이러한 이론에 바탕

---

9) 「모든 힘을 혁명적 작품 창작에로!」, 『문학예술』제11호, 1964.12, 4~5쪽.
　　총련계는 김일성이 재일 작가 예술인들에게 준 강령적 교시를 수행하기 위한 구체적인 방법을 『문학 신문』(1964.11.17.)에 발표했는데, 이 사설이 『문학예술』에 다시 게재된 것이다.
10) 『문학예술』은 재일본 조선문학회 예술가동맹 중앙위원회(약칭 문예동) 기관지로서 대략 몇 편의 논설, 수필, 소설, 시, 가사, 동시, 노래, 잡문, 동맹소식 등으로 구성되어 있다. 이 잡지의 전 권(109권)에 걸쳐 혁명적 문학 창조에 대한 글이나 혹은 이와 유사한 문학 창작이론과 방법론이 게재되어 있다. 이 잡지는 비록 기관지라고 할지라도 당대에 재일동포 한국어 문학작품을 발표할 수 있는 소중한 통로였으며, 그 내용 구성으로 보아 기관지라기보다는 문예지에 가까운 성격을 보여주고 있다. 『겨레문학』은 『문학예술』이 폐간(1999년)된 이후, 재일본조선문학예술가동맹 문학부가 창간(2000년)한 순수문예지에 해당한다. 따라서 이 잡지에는 문학 작품만이 게재되어 있다.
11) 서연호, 이강렬, 『북한의 공연예술I』, 고려원, 1990, 264~277쪽 참조.
12) 위의 책, 264쪽.
　　이 글에 따르면, 주체적 문예이론은 "모든 것의 주인은 사람이며 사람이 모든 것을 결정한다는 주체사상의 철학적 원리에 기초하여 사회주의 문학예술의 실천적 차원에서 방법론적 지침이 되고 있는 것"을 의미한다고 한다. 이와 같은 주체사상에 기초를 둔 문예이론에 의하면, "김일성이 개척한 사회주의 문학예술 건설을 이어나가는 것"이 바로 "혁명적 문예전통을 고수하고, 계승 발전시키는 과정"에 해당하는 것이라고 한다. (264쪽)

한 주체적 혹은 혁명적 문예작품은 "사회주의 문학예술의 본성과 특성을 뚜렷하게 실현하고, 노동계급의 자주성을 옹호하며 실현"하는 강력한 사상적 무기로서 사명과 임무를 다하는 것이어야 한다.[13] 둘째로, 공산주의적 인간학의 핵심은 "산 인간의 전형"을 창조하는 데에 있다. 여기서 산 인간이란 자주적 인간의 전형을 의미하며, 구체적으로 사회주의 혹은 공산주의 위업의 승리를 위해 투쟁하는 자주적 인간을 의미한다.[14] 이러한 이론에 따르면, 자주적이며 투쟁적인 혁명가의 전형을 창조해내는 것이 무엇보다 중요하다. 셋째, 민족적 형식과 사회주의적 내용의 유기적 결합은 대중들에게 혁명적·계급적 이데올로기를 쉽고 정확하게 이해시키려는 의도와 관계된다.[15] 마지막으로, 사회주의적 사실주의의 본질적 특성은 "당성, 노동계급성, 인민성"에 있는데, 이것은 "당과 혁명, 노동계급과 인민을 위한 문학예술" 창작을 위한 방법론에 해당한다.[16]

재일동포 한국어 문학은 이러한 문예이론 중에서 특히 사회주의적 사실주의 창작 방법론을 적극적으로 수용한다. 따라서 동포 작가들은 동포들을 조국과 총련 조직에 강하게 결속시키고, 그들의 투쟁의식을 고무하는 데에 창작의 궁극적인 목표를 둔다고 하더라도, 사회주의적 사실주의 창작 방법론에 따라 "생활의 본질과 그의 발전의 합법칙성을 예술적으로 파악"하여, 작품 속에 "생활적인 구체성을 반영"하게 된다.[17] 이 때문에 작품 속에 자유로운 조국 왕래, 귀향과 관련된 국적 선택 문

---

13) 위의 책, 266쪽.
14) 위의 책, 268쪽 참조.
15) 위의 책, 270~272쪽 참조.
　　이 글에 따르면, "문학예술의 민족적 형식과 표현수단들에는 그 민족의 고유한 특성이 깃들어 있어서 그 나라 사람의 마음을 움직이게 할 수 있는 강한 미학적 정서적 작용력이 있다"고 한다. (271쪽)
16) 위의 책, 272쪽.
17) 장 철, 「창작 사업의 보다 큰 발전을 위하여」, 『문학예술』제8호, 1964.5, 9~10쪽.

제, 현실적 문제로서의 모국어 교육 문제 등과 같은 재일동포들의 현실적 문제가 절실하게 드러나고 있는 것이다.

사회주의적 사실주의 창작 방법은 극문학에 있어서도 예외 없이 적용된다. 일반적으로 극문학은 강한 대중적 선동 효과를 불러일으키며, 인물의 대사와 동작, 노래와 춤과 같은 다양한 요소에 의해 텍스트가 구성된다는 점에서 다른 문학 장르의 텍스트와 변별된다. 바로 이 때문에 동일하게 사회주의적 사실주의 창작 방법론을 수용하였다고 하더라도 그 구체적인 형상화 방법이나 강조되는 요소가 다르게 나타날 수 있는 것이다.

> 위대한 장군님께서는 대사는 희곡의 기본형상수단이며 희곡은 대사의 문학이라고 정식화하시였다. (중략) 희곡에서 대사를 어떻게 보며 대사형상을 잘하는가 못하는가 하는것은 작품의 사상예술성을 결정하는 근본 문제이다.
> 시대의 요구와 인민의 지향에 맞는 희곡의 높은 사상예술성은 결국 대사를 얼마나 진실하고 감명 깊게 창조하는가 하는데 전적으로 달려 있다.[18]

이 글은 희곡 창작의 가장 본질적인 부분이 '대사'의 창조에 있다고 지적한다. 실제로 재일동포 한국어 극문학에서 인물의 공간 이동이 극도로 제한되고, 인물간의 대화를 중심으로 극이 전개되는 것을 어렵지 않게 발견할 수 있다. 게다가 그러한 인물의 대사도 대부분의 경우 '진실하고도 감명 깊은', 설득의 형식을 띠고 있는 것이 특징적이다. 이처럼 이들의 극문학이 대사에 큰 비중을 두고 있기 때문에 상연성보다 레제 드라마적 성격을 강하게 내재하는 것이며, 설득적인 형식을 전경화하기 때문에 계몽적·교훈적인 특징을 드러내는 것이다.

---

18) 명일식, 『희곡창작과 대사』, 문학예술출판사, 2002, 3~4쪽.

재일동포 극작가들은 텍스트의 서사를 구성하는 과정에서 혁명적 극작품을 위한 "극적 정황과 갈등의 내적 심오화"나 "씨나리오에서의 영웅적 성격의 창조"[19] 문제에 전념하게 된다. 재일동포 한국어 극문학에서 '극적 상황(갈등적 상황)'과 그것에 정면으로 대결하여 문제적 상황을 극복하는 '영웅적 인물형'의 창조가 무엇보다 중요한 요소로 간주되기 때문이다. 이와 관련하여 텍스트에서 갈등적 상황은 주로 동포들이 살아가고 있는 삶의 현장이나 남한의 현실 속에서 선택되고 있으며, 영웅적 인물형은 평범한 인물이 자신에게 주어진 문제들을 하나씩 극복해 나가는 과정을 통해 제시되고 있다. 재일동포 작가들은 창작의 과정에서 구체적 현실성, 혁명성, 대중성을 크게 고려했던 것으로 보인다. 이것은 극문학이 사회주의적 사실주의 창작 방법을 통해 성취하고자 했던 핵심적인 특징이라고 할 수 있다.

3. 극문학의 다양한 갈래와 특징

재일동포 한국어 극문학은 희곡(각색 희곡 포함), 가극대본과 노래 이야기, 재담과 사이극, 아동극/동화극/민화극, 그리고 영화문학에 이르기까지 실로 다양한 갈래를 보여줄 뿐 아니라, 각각의 작품이 서로 다른 텍스트 구성 방식과 주제 표현 방법을 드러내고 있다는 점에서 특징적이다.

먼저 희곡은 각색 희곡을 포함하여 30여 편이 넘게 발표되었으며, 대표 작가로는 윤채, 허남기, 서상각 등을 들 수 있다. 이들 작품은 "애국적 동포들의 생활 현실 속에 더욱 깊이 침투하여 그들의 내면세계를 사실적으로 그려내며 애국적인 재일동포들의 전형적인 형상을 창조"[20] 해

---

19) 「조선 작가 동맹 중앙 위원회에서 연구 토론회」, 『문학예술』제12호, 1965.2. 17쪽.

야 한다는 창작 방향을 충실하게 따른 것으로 보인다. 대부분의 경우, 남한의 정치 현실을 비판하거나 재일동포들의 현실을 사실적으로 반영하고 있으며, 도식적인 갈등 구조와 전형적인 인물구조를 드러낸다. 이들 작품은 공통적으로 극적 현실의 사실성을 강조하면서도 정서의 감상적 노출을 절제하지 못하고 있다. 특히 집체작의 경우, 감상성과 함께 계몽성과 선동성이 강하게 표출된다. <뜨거운 심정>(1969.5)에서는 남한에 주둔하는 미군들의 만행 비판, 반미 구국투쟁을 위한 결의, 민단의 백인 사대주의와 민족 허무주의 비판, 개인주의적 사고방식에 대한 비판과 교화, 김일성의 혁명 사상 무장과 총련 애국사업 참여에의 결의 등의 서사를 순차적으로 다룬다. 그리고 <붉은 정성>(1972.4)은 일본의 정책(출입국 법안과 학교 교육법 일부 개정안)에 의해 억압받는 동포들의 삶을 설화자를 통해 이야기한 후, 이러한 상황 속에서 꿋꿋하게 학교 건설기금을 수합하는 동포들의 애국심과 민족애를 보여준다. 이와 같은 집체작들은 편지글, 긴 대사, 혹은 노래 등을 이용하여 보다 효과적인 계몽성을 획득하는 동시에 그들의 사상과 이념을 그대로 노출한다. 집단으로 창작한 작품이 소속 단체의 지향성을 분명하게 드러내는 것은 어찌 보면 당연한 것인지도 모른다.

다음으로 재일동포 한국어 극문학에서 발견되는 특징적인 갈래로서 가극 대본과 노래 이야기를 들 수 있다. 가극 대본은 대사와 노래로 구성된 뮤지컬 형식의 대본인데, 혁명적 영웅의 투쟁과정을 통해 통일을 염원하고, 사회주의 체제와 김일성을 찬양하는 내용(<싸워서 찾으리 고향땅>)을 다루거나, 귀국운동, 한일조약 체결 비판, 새 교사 건설, 김일성 찬양 등의 내용(<현해탄의 노래>)을 주로 다룬다. 가극 대본의 공통적인 특징은 그것이 궁극적으로는 김일성을 찬양하는 방향으로 흐르

20) 안우식, 「창작 사업을 활발히 할 데 대하여」, 『문학예술』제2권 1호, 1964.7. 49쪽.

고 있다는 점, 대사에 노래가 결합됨으로써 관객의 정서적인 반응을 쉽게 이끌어 내면서 주제를 효과적으로 전달하고 있다는 점을 들 수 있다. 한편, 노래 이야기는 가극 대본과 비교할 때 노래보다 대사에 훨씬 큰 비중을 둔다. 고향 방문(<꽃피는 우리 분회>), 총련의 애국사업 참여(<붉은 한마음>), 그리고 전태일을 비롯한 남한 청년들의 죽음 (<청춘을 조국에 바치자>) 등의 내용을 각각 다루고 있지만, 공통적으로 통일을 염원하고 김일성을 찬양하는 결말로 막을 내린다. 이와 같은 가극 대본과 노래 이야기는 대사나 노래를 통해 주제를 직접 표현한다거나 결말 부분에서 한결같이 김일성을 찬양하고 있다는 점에서 선동적 목적성을 가장 강하게 노출시키는 극형식이라고 할 수 있다.

재담과 사이극은 대단히 짧은 분량의 대화체 극본으로서 어떤 가무단 공연이나 예술 행사의 중간에 무대 위에서 발표되었을 가능성이 크다. 재담은 두 명 정도의 인물이 대사를 주고받는 것이 주를 이루며, 사이극은 단막극보다 짧은 분량의 희곡 형식으로 되어 있다. 재담이 특징적인 것은 강한 정치성을 띤다는 점인데, 주로 비꼼과 희화화의 방법을 통해 남한의 정치 지도자들을 비난하는 대사들이 전개된다. 김수중의 <청화대의 ≪개도주의≫>와 황경락의 <웃음보가 터지는 날>이 박정희를, 김수중의 <파쇼통치 청산하고 련방공화국 창설하자!>가 전두환을, 강룡수의 <모략>이 노태우를 각각 비판하는 것은 그 예가 될 수 있다. 반면, 사이극은 주로 총련의 활동(<자랑도 많다오>)이나 모국어 교육문제(<눈뜬 소경>)를 다루면서 교육적인 성격을 드러내고 있다.

아동극/동화극/민화극은 총 14편으로 순수 창작 희곡 다음으로 많은 편수를 차지하고 있다. 리영순의 <뿔난 너구리>, 남상혁의 <오누이>, 문옥선의 <삼년고개>를 제외한 나머지 작품은 모두 서상각에 의해 창작되거나 각색되었다. 고아 오누이가 동포들의 보살핌을 받아 북한으로 귀국하는 내용을 다룬 <오누이>를 제외한, 대부분의 작품들은 주로 전래 설화를 각색한 것이라고 할 수 있으며, 아동극/동화극/민화극 사이에 어떠한 변별점도 찾아내지 못할 만큼 유사한 내용과 형식으로 되어 있다. 양반과 하인의 갈등과 대결에서 하인이 승리하는 구조로 되어있는 서상각의 <영리한 돌쇠>(1989), <호랑이를 잡은 방망이>(1990), <밑진 재판>(1990) 등의 작품을 제외하면, 사상성이 거의 나타나지 않는다고 할 수 있다. 우화적 형식과 짧은 분량, 단순한 갈등 구조로 보아, 이들 작품은 대부분 아동들을 도덕적으로 교육하려는 의도에서 창작된 것으로 보인다.

마지막으로, 현재 한국 문학계에서는 거의 찾아볼 수 없지만, 재일동포 사회에서 지속적으로 창작되어 왔던 영화문학에 주목할 필요가 있다. 영화 '시나리오'가 아닌 영화'문학'이라는 명칭을 갖게 된 것은 아마도 그것이 지닌 레제 드라마적 특성 때문인 듯하다. 실제로 영화문학의 텍스트는 소설처럼 혹은 소설보다 쉽게 읽을 수 있는 형식으로 되어있다.

> 소설문학과 영화예술의 관계에서는 원래 소설문학이 선행되여야 한다. 그것은 영화예술의 사상예술적 기초인 영화문학을 소설을 각색하여 창작하는것이 더 빠르고 더 훌륭하게 될 수 있는 사정과 관련된다. (중략) 영화문학에 기초하여 만들어진 영화예술은 문학예술전반을 발전시키는데서 중요한 자리를 차지한다. 오늘 우리 당은 문학예술사업을 령도함에 있어서 혁명과 건설의 강력한 사상적무기인 영화예술에 지도의 화력을 집중하여 돌파구를 열고 그 성과를 문학예술전반에 일반화해나가는것을 기본원칙으로 삼고있다.[21]

영화문학이 영화예술에 대한 각별한 관심으로부터 비롯되었으며, 소

---

21) 「소설창작수업」, 『문학예술』제79호, 1984,11. 83~84쪽.

설의 각색을 통해 텍스트의 서사적 완결성을 갖추고자 하였음을 짐작할 수 있다. "영화예술이 문학예술 전반을 발전시키는 데 중요한 자리를 차지"하는 것은 영화라는 장르 자체가 지닌 강한 대중적 흡인력 때문이며, "혁명과 건설의 강력한 사상적 무기"가 될 수 있는 것은 빈번한 시·공간의 이동을 통해 혁명적 인물의 행동을 파노라마식으로 담아낼 수 있기 때문이다. 실제로 재일동포 영화문학은 주로 식민지 시대의 동포 수난사와 극복기(윤채, <갈 길을 찾은 날에>), 일본 대학 출신 동포의 생활 적응기(서상각, <넘원>), 일본인의 광주항쟁 체험기(소영호, <양심>), 남한 대학생의 광주 항쟁 참여 및 고난 극복기(허남기, <조선과 일본 사이의 바다>) 등을 다루고 있다. 이들 내용은 대부분 영화의 장면처럼 빠르게 전환되는 시간과 공간 속에서 주인공들이 다양한 현실적 장애에 직면하여 갈등하고, 그것을 의지적으로 극복하는 과정을 다루면서 그들이 혁명적 영웅으로 성장하는 과정을 보여주는 데 서사의 초점을 맞추고 있다. 요컨대, 영화문학은 대중성과 혁명성을 획득하기 용이할 뿐만 아니라, 영화제작의 현실적 어려움을 극복할 수 있는 일종의 대안 형식이 될 수 있으며, 보다 광범위한 수용 계층을 확보[22]할 수 있다는 장점 때문에, 동포사회에서 강한 생명력을 유지할 수 있었던 것이다.

4. '재일'의 현실적 조건과 갈등 구조

재일동포 한국어 극문학은 '재일'이라는 특수한 현실적 조건 속에서 생산되었기 때문에, '재일'을 둘러싼 정치적·사회적 문제들을 고려하지

---

22) 영화는 극장이라는 특정한 공간에서 감상해야 하지만, 영화문학은 소설처럼 시간과 공간에 제약 없이도 감상이 가능하다. 더구나 영화문학은 희곡이나 소설보다 훨씬 읽기 쉽다는 점에서 폭넓은 계층의 독자층을 확보할 수 있게 된다.

않고 작품의 형식미학적 측면만을 탐구할 경우 피상적인 결론에 이르게 될 가능성이 크다. 재일동포 극문학에서 발견되는 정치적 이데올로기와 일상적 리얼리티는 '재일' 현실에 대한 작가들의 심각한 문제인식으로부터 출발한 것이기 때문이다.

재일동포들이 직면한 '재일' 현실은 대체로 여섯 가지로 요약될 수 있다. 첫째, 재일동포들은 조국의 분단으로 인해 '민단'과 '조총련'이라는 두 개의 배타적 동포집단을 구성하고 있다. 둘째, 한국과 조선 중 어느 한쪽을 모국으로 선택해야 하는 분단의 정치현실 때문에, 동포들은 어느 한쪽의 국가로부터 국민으로서의 자격을 박탈당하고, 그 결과 자유로운 고국 방문을 제한받게 된다. 셋째, 과거 식민지 지배 국가였던 일본에서 거주하기 때문에, 적지 않은 민족적 차별을 경험하게 된다. 넷째, 동포들은 직/간접적인 식민지 경험 때문에 남다른 조국애를 갖게 되며, 불안한 실존적 현실 때문에 끊임없이 민족적 유대감 혹은 민족정체성을 확인하고자 한다. 다섯째, 민족정체성 확인을 위해 실시하게 된 모국어 교육은 동포들을 현실적 딜레마에 빠뜨린다. 조선학교에서 모국어와 역사를 교육받을 경우 일본 사회에서의 적응이 쉽지 않으며, 일본학교에서 일본인과 동일한 교육을 받는다고 해도 그들과 동등한 사회적 위치를 얻기 어렵기 때문이다. 여섯째, 식민지 시대에 이주(징병 혹은 징용)한 동포 1세로부터 그들의 후예들인 2세, 3세, 4세로 세대교체가 이루어지는 가운데, 재일동포들의 의식, 가치관, 생활형태가 다양한 국면에 접어들고 있다. 요컨대, "재일사회는 국적, 혈연, 의식상태, 세대교체 등의 측면에서 복잡한 양상"을 보이고 있으며, 동포들은 "일본 및 남한과 북한의 정치" 현실로부터 여전히 "자유롭지 못한 상황" 속에 처해 있다고[23] 할 수 있다.

---

23) 윤건차, 앞의 책, 316쪽.

이러한 현실 속에서 주로 민단계 동포들이 일본을 제 2의 조국으로 인식하고[24] 일본사회에 빠르게 적응하는 것과 달리, 조총련계 동포들은 그곳을 조국이 통일되기 전까지 그들이 임시적으로 머물러야 할 공간으로서 여기는 듯하다. 이들이 조선학교를 설립하여 모국어 교육과 역사 교육에 힘쓰는 것도 일본과의 민족적 '동화'를 거부하려는 태도와 무관하지 않다. 그리고 바로 이러한 태도 때문에 조총련계 재일동포들은 일본 사회에 뿌리내리지 못하고, 정체성의 혼란을 경험하면서 살아갈 수밖에 없는 것이다.

극문학 작품은 이러한 문제적 상황을 다루면서 일종의 해결책을 모색한다. 이들 작품은 일본과 한국을 극적 공간으로 선택하여 동포사회의 당면 문제나 한국의 정치적 혼란상을 다루고 있는데, 전자가 일상적 리얼리티를 보여준다면, 후자는 정치적 이데올로기를 강하게 노출한다.

재일동포들의 현실적 문제를 사실적으로 반영한 대표적인 작품으로서 리호의 <배고동>[25]을 들 수 있다. 이 작품에서 갈등 상황은 주인공 성팔이 고향 방문을 결심하는 데서 비롯된다. 즉, 칠순이 가까운 어머니가 홀로 지낸다는 소식을 듣고 어머니에 대한 걱정 때문에 고향을 방문하려는 성팔의 입장과, 국적 전환과 자녀의 일본학교로의 전학이 "반역의 길"(p.38)을 선택하는 것이라고 주장하는 윤령감의 입장이 팽팽한 대결구도를 형성한다. 그러나 고향 친구 칠성으로부터 남한의 정치·사회적 혼란상을 전해 듣고, 성팔 스스로 고향방문을 포기하면서 모든 갈등은 해결의 국면에 접어든다. 그리고 곧이어 성팔은 "조국통일을 위한

---

24) 1946년에 10월 3일, 창단 당시 '재일조선거류민단'이었던 명칭은 1948년 대한민국 정부 탄생 이후 '재일대한민국거류민단'으로 바뀌고, 다시 1994년 '재일본대한민국민단'으로 개칭된다. 이때 민단 측은 "동포들의 일본에서의 삶이 '거류'에서 '정주'로 바뀌었음을 천명한다. 공봉식·이영동, 앞의 책, 504쪽 참조.
25) 리 호, <배고동>, 『문학예술』제24호, 1968.2, 35~49쪽.

총련의 애국사업"(p.49)에 적극적으로 뛰어들 것임을 천명하고 모든 인물들은 기쁨에 찬 얼굴이 된다.

동포사회를 다룬 대부분의 작품들은 이 작품과 유사한 서사 구조를 보여준다. 즉, 주인공이 가족 혹은 개인의 안위를 위해 조총련 단체로부터 등을 돌리는 데서 극이 출발하며, 총련 일군의 끈질긴 설득에 의해 그 인물이 교화(혹은 감화)되어 이전의 개인주의적 가치관을 버리고 더욱 총련사업에 매진하는 것으로 대단원을 맞는 것이다. 그러나 이 작품에서 주목할 것은 전형적인 서사가 아니라 그러한 서사를 추동하는 갈등의 양상이다. 이 작품은 성팔과 윤 영감의 갈등을 통해 동포 집단과 재일 현실 사이의 갈등과 함께 동포 개인의 내적 갈등도 심각하게 보여주고 있다. 이 때문에 고향방문을 결심하거나 포기하는 사건 자체보다는 주인공이 고향방문을 포기하는 원인, 즉 그것을 포기하는 과정에서 노출되는 재일사회의 복잡한 문제들에 시선을 집중해야 하는 것이다.

가족을 만나기 위해 고향을 방문하는 극히 인도적이고 비정치적인 일에도 정치적인 논리가 개입하여, 동포들로 하여금 국적을 바꾸고 자녀의 교육기관을 바꾸도록 요구하는 현실이 '재일'의 현실이라고 할 때, 바로 이러한 현실로 인해 동포들은 외적 갈등뿐 아니라 심각한 내적 갈등을 일으키게 된다. 이 극에서 '재일'의 현실이 문제적인 것은 그것이 언제나 동포들을 선택적 상황으로 몰고 갈 뿐 아니라, 어느 한쪽을 선택한다고 해도 그 선택 자체가 근원적인 갈등의 해소를 의미하지 않는다는 점에 있다. <배고동>에서 성팔이 '불효자'가 되거나 '매국노'가 되어야 하는 선택적 상황에 놓이게 되고, 고향방문을 포기하면서 매국노가 되는 것은 면하지만, 어쩔 수없이 불효자로 남게 되는 것은 하나의 예가 될 수 있다.

이 작품에서 작가는 주인공이 고향방문을 스스로 포기하고 총련사업에 매진하는 결말 구조를 선택함으로써 개인이나 가족의 문제보다 민족과 국가의 문제가 중요하며, 통일을 이룩하는 그날까지 그 어떤 타협적 행위도 허용하지 않겠다는 태도를 드러낸다. 그럼에도 불구하고, 이 작품은 선택적 상황에 봉착한 개인이 내적으로 갈등하는 장면에서 가장 진한 페이소스를 일으킨다. 이 장면은 극적 인물들이 낙관적 결말에 도달하는 상황을 보다 극적으로 보여주기 위해 선택된 것이지만, 작품 전체를 통해 가장 강한 극적 리얼리티를 성취하게 된다. 작가의 의도가 어떠했든, 이 장면을 통해 관객(독자)들은 재일동포들이 처한 모순적 상황을 생생하고도 절실하게 경험하게 되기 때문이다.

한편, 동포사회를 배경으로 한 작품들이 주로 귀국, 고향방문, 국적문제, 조선학교 탄압, 모국어 교육문제, 총련의 애국사업과 같은 현실적・일상적 문제를 다룬다고 있다면, 한국을 배경으로 한 작품들은 부정선거, 군사 쿠데타, 광주 민주화 항쟁, 언론탄압과 같은 정치적인 문제를 다루게 된다. 이처럼 한국의 정치현실을 비판적으로 제시한 작품의 예로 허남기의 장막희곡 <단 하나의 길>26)을 들 수 있다.

이 작품은 에필로그와 프롤로그를 포함하여 전 3막 7장으로 구성된 장막극이다. 이승만 정부의 시기로부터 박정희가 쿠데타로 권력을 장악한 직후의 시기까지 약 2년여의 기간 동안 두 주인공이 남한 사회에서 경험하게 되는 정치・사회적 혼란을 주된 사건으로 다룬다. 이승만 정권 시기에 한국을 방문한 민단계 동포 추영수는 타락한 정치상과 피폐한 현실을 바로잡기 위해 동아신보 기자 민만수와 의기투합하여 민족신보사를 창립한다. 그러나 쿠데타로 정권을 획득한 군사정부는 반공법과 보안법을 수단으로 삼아 민족신보사를 탄압한다. 조간신문이 군인들에

---

26) 허남기, <단 하나의 길>(一), 『문학예술』11호, 1964.12, 73~98쪽.
　　＿＿＿, <단 하나의 길>(二,), 『문학예술』12호, 1965.2, 60~76쪽.
　　＿＿＿, <단 하나의 길>(三), 『문학예술』13호, 1965.5, 113~123쪽.

의해 강제적으로 압수되고, 신문사 대표인 추영수와 민만수는 결국 체포되어 반공법, 국가보안법, 특수범죄 처벌에 관한 특별법에 의해 '빨갱이'로 몰려 사형을 언도받는다.

이 극에서는 남한의 정치적 변화의 흐름에 따라 사건이 파노라마식으로 전개되며, 두 주인공의 자유 의지(자유 언론활동)가 억압적 정치적 상황에 부딪치면서 갈등이 발생한다. 이는 자유/억압, 정의/불의(쿠데타 세력), 통일/반공법과 보안법, 시민/미국 혹은 군부세력의 대립으로 구조화 되는데, 이러한 갈등 구조를 통해 박정희 군사 정부의 언론 탄압 정책을 비판하는 동시에 불의한 세력에 의해 형성되고 유지되는 '체제' 자체를 집중적으로 공격한다.

> 김태훈: 난 이제까지 법률 공부를 헛했소. 내가 배운 법률은 이 나라에
> 선 하낫두 통용하질 않는단 말이오. 내 둘째 아들 창수가 잡혜
> 간 것두, 단지 그애 형이 북으루 갔다는 그것이 리유구, 내가
> 법과 대학을 쫓겨나와 시원찮은 사립 대학에서 시간 강사 노릇
> 을 하잖으면 안된다는 것두, 그게 리유죠. (하략) (— 편, p.88)
> 미치광이: 내 자식을 내놔! 내 아들 자식과 딸 자식을 내 놓란 말이
> 야. 네놈 때문에 빨갱이라 몰려서, 억울하게 형사한 내 자식
> 을 내 놓라 — 내놔! (— 편, p.96)

개인의 삶이 억압받거나 무고한 시민들이 '빨갱이'로 몰려서 죽게 되는 것은 이 사회가 반공주의 체제에 의해 유지되고 있기 때문이다. 주인공 추영수가 조총련계 인물이 아니라 민단계 인물로 설정된 것도 그가 빨갱이로 몰려 사형 언도를 받는 것이 억울한 상황임을 보여주기 위한 것이다. 이 극은 반공주의 체제가 사라지지 않는 근원적인 이유로서 남한 사회에 깊게 뿌리박힌 미국에 대한 사대주의를 지적한다. 라디오에서는 "짜즈화한 조선 민요"(—편, p.89)가 흘러나오고, 한 회사원은

"상전의 말"인 "영어"를 못한다고 회사에서 해고당한 사실을 이야기하며, 추영수는 한국 맥주에서 "외국 기술에만 의존하지 않으면 안 되는 한국 맛"(90면)이 난다고 비아냥거린다. 이러한 장면들은 모두 경제적·정치적·문화적으로 미국에 종속되어 있는 한국의 현실적 상황과 사대주의에 물든 사회적 분위기를 비판하는 것이다.

이 작품이 특징적인 것은 다른 작품과 달리 도식적인 결말구조를 따르지 않으며, 프롤로그와 에필로그가 마련되어 있다는 점이다. 이 극은 두 주인공이 사형 언도를 받는 암울한 상황으로 중심 사건을 마무리하는 대신, 프롤로그와 에필로그 부분에서 비사실주의적인 대사를 통해 현실극복의 방향을 암시한다.

> 할아버지: … 자 갑시다. 저 고개만 넘어 서면, 평화통일의 큰 길이
> 　　　　　보인답니다.
> 한 노친네: … 아, 우리 춘식이가 우릴 부르구 있수. … 조국이 통일
> 　　　　　되는 그 날까지, 조국의 남녘땅에서 미국 승냥이 떼와 그 졸
> 　　　　　개들을 물리치는 길 우에 할머니두 나서라구 … . 그 길에
> 　　　　　나서서 싸우는 것만이, 할머니와 춘식이가 서루 만날 수 있
> 　　　　　는 길이라구…
> 　(중략)
> 　다들 걸음을 멈추고, 먼 하늘을 쳐다 보고 선다.
> 　먼 하늘이 조금씩 밝아 온다. (三 편 에필로그 부분, p.123)

프롤로그와 에필로그에 등장하는 인물들은 조국의 민주화나 통일을 위해 투쟁하다가 억울하게 죽어간 인물들의 가족이거나 혹은 월북한 인물들의 가족이며, 동시에 조국통일을 위한 투쟁을 과제로 부여받은 일반 대중(인민)이라고 할 수 있다. 따라서 이들이 '고개'를 넘는 행위는 통일을 앞당기는 힘든 투쟁의 과정을 의미하게 된다. 통일의 그날, 헤어

진 혹은 잃어버린 가족과 해후할 수 있다는 대사를 통해 작가는 이들처럼 힘없고 나약한 대중일지라도 투쟁의 대열에 합류할 때, 이미 죽은 자들의 투쟁이 헛되지 않게 될 뿐 아니라 진정한 의미에서의 가족 해후의 순간을 맞이하게 될 것임을 주장하고 있다. 남한 사회에서 그 어떤 낙관적인 전망도 찾아낼 수 없었던 작가는 프롤로그와 에필로그를 통해 현실극복의 방향을 모색하고 있다고 할 수 있다.

5. 전형적 인물 구조와 혁명적 영웅

재일동포 한국어 극문학에는 매우 도식적이고도 전형적인 인물형이 나타난다. 동포 1, 3, 4세가 함께 사는 대가족이 등장하지만, 이들을 통해 세대 갈등보다는 동포 사회 내부의 갈등을 중점적으로 보여준다. 동포 1세대는 식민지 시대에 징용으로 끌려와 일본에 정착하게 된 인물들로서 반일 감정과 조국에 대한 향수를 강하게 드러낸다. 그리고 동포 2세대는 민단이나 총련에 소속되어 살아가는 인물들인데, 전자는 빠찡꼬를 경영하는 부유한 상공인으로서 후자는 가난한 총련 일군들로서 형상화되는 경우가 많다. 이때, 민단계 동포들은 개인주의적 가치관을, 총련계 동포들은 민족주의적 가치관을 각각 드러내게 된다. 동포 3세는 학생세대들로서 부모 세대가 어떤 단체와 관계를 맺고 있는가에 따라 각각 조선학교(총련)와 일본학교(민단)에 다니게 된다. 이러한 전형적인 인물형은 각각 긍정적이거나 부정적인 인물로서 도식화된다. 즉, 조총련 분회원, 남한의 신문기자와 학생들이 긍정적으로 형상화되는 반면, 민단계 상공인 부부, 영사관 직원, 특무, 남한의 정치가나 형사, 미군 병사 등은 부정적으로 형상화되는 것이다.

서상각 희곡 <아버지>[27]는 인물의 전형성과 도식성을 강하게 드러
내는 작품들 중의 하나이다. 총련 사업에 적극적으로 참여하고 있는 리
종호 가족은 그 옆집에 사는 노동자 박칠성에게 성인학교에 나갈 것을
권유한다. 동포 1세대인 칠성은 일제 때 징용으로 끌려온 이후 가족과
헤어져 혼자 살아가고 있다. 식민지 경험과 가족 이산의 고통을 체험한
칠성은 비관적, 허무주의적 태도를 드러내면서 현실적 문제들을 외면한
다. "나 같은 무식한 놈이 어찌 그런 일에 감히 참견허겠소. 제 밥벌이
도 못하는 것이"(p.104)라는 대사나 "이제 글 배워서 학자가 되겠니 뭐
가 되겠니"(p.106)라는 대사에서 암시되듯이, 칠성은 집단적 문제에 무
관심할 뿐 아니라 조국에 대한 그 어떤 애정도 보이지 않는다. 어느 날,
그에게 남한의 아들로부터 월남으로 파병될 것임을 알리는 편지가 도착
하고, 글을 못 읽는 그를 대신하여 종호의 딸 영희가 그것을 읽어준다.
이 사건을 계기로 칠성은 한국어(조선어)를 학습하고 <한일회담> 반대
궐기대회에도 참여하기로 다짐한다. 집단적인 문제를 해결하지 않는 한
개인의 평화스러운 삶이 보장될 수 없음을 아들의 월남 파병을 계기로
깨달았음이 분명하다.

재일동포 극문학에서 빈번하게 다루어지는 조선어(한국어) 학습 문제
는 그것이 단순한 모국어 교육이 아니라, 민족정체성을 확인하는 과정
이라는 점에서 중요한 의미를 갖게 된다. 바로 이 때문에 조선어 교육
을 거부하는 인물들은 대개의 경우 총련의 사업이나 민족의 문제에 무
관심한 태도를 드러내는 경우가 많다. 그러나 이들은 조총련 단체의 물
질적·정신적 도움을 받은 후에, 혹은 분회원의 끈질긴 설득에 의해 가
치관의 변화를 보여주게 된다. 재일동포 극문학은 이처럼 한 인물의 가
치관을 바꾸어 놓는 데에 거의 모든 사건을 집중시킨다. 이러한 사실은

---

27) 서상각, <아버지>, 『문학예술』제13호, 1965.5. 99~112쪽.

극 행동의 대부분이 교화의 대상을 관찰하거나 설득하는 것으로 나타난다는 점, 장시간의 설득 장면을 위해 '집' 공간을 극적 공간으로 설정하고 있다는 점, 그리고 철저하게 대사 중심으로 극을 전개시키고 있다는 점에서 알 수 있다.

타인의 설득에 의해 자신의 개인주의적 가치관을 민족주의적, 집단주의적, 혁명주의적 가치관으로 바꾸는 인물형에서 보다 발전한 인물형이 바로 혁명적 영웅형 인물이라고 할 수 있다. 북한 문예이론에서는 "시대의 인간 전형, 혁명과 건설을 위한 주인공의 전형적 형상을 창조하는 것을 사회주의적 사실주의 문학예술 창작의 과제로 제시"[28]하고 있는데, 이와 관련하여 재일동포 극문학에서도 혁명적 인물의 전형을 창조하는 것이 무엇보다 중요한 가치를 지니는 듯하다.

> 간고하면서도 영광으로 가득 찬 혁명가의 이러한 일생을 잘 묘사한 작품을 창작하여 싸우는 인민들의 청년들로 하여금 어떠한 곤난도 겁내지 않고 싸우게 하여야 한다. 혁명가를 전형화함에 있어서 그의 일생을 묘사하는 것이 중요하다.[29]

> 토론자들은 혁명적 씨나리오 및 희곡을 창작하는 작가의 주장은 주인공들의 혁명적이며 영웅적인 성격을 통하여 구현된다고 일치하게 강조하면서 주인공의 영웅적 성격을 창조하기 위한 구체적인 문제를 논의하였다. (중략) 문제는 성격 발전의 론리에 맞게, 생활 론리에 합당하고 진실하게 형상하는 것이다. 전쟁과 같은 엄혹한 시련 속에서, 혁명의 피바다를 헤쳐야 하는 준엄한 환경 속에서 성장 발전하는 영웅적인 인간으로 된 주인공의 형상은 얼마나 매혹적이겠는가.[30]

이 글에 따르면, 대중들을 혁명과 투쟁으로 이끌기 위해 전형적인 혁

---

28) 서연호·이강렬, 앞의 책, 278쪽.
29) 「모든 힘을 혁명적 작품 창작에로!」, 『문학예술』제11호, 1964.12, 7쪽.
30) 「씨나리오와 희곡 창작에서 혁명적 대작을!」, 『문학예술』제11호, 1965.2, 52~53쪽.

명가를 형상화하는 것이 필요한데, 특히 극문학에서는 주인공의 혁명성과 영웅성을 통해 효과적으로 주제를 표현할 수 있다고 한다. 그리고 혁명적 영웅은 의지와 용기를 가지고 어떤 시련을 헤쳐 나갈 뿐 아니라, 위기 극복의 과정에서 스스로 성장하고 발전하도록 형상화되어야 한다고 밝힌다.

남상혁의 영화문학 <해빛을 따라>[31]는 주인공 영민을 통해 혁명적 영웅의 전형을 보여줌으로써 재일동포 문단에서 높은 평가를 받게 된 작품이다.

> 주인공 영민을 통하여 재일조선청년들이 수령님의 령도따라 보람찬 생활을 어떻게 누려왔는가 하는것이 잘 그려져있었고 또한 혁명의 계승에 대한 문제도 두드러지게 나오고 있습니다.(p.92)
> 주인공 영민의 성장과정을 통하여 수령님의 령도따라 일본에서 민족교육이 어떻게 꽃피였는가. 수령님을 따라가기 위하여 총련이 어떻게 하였는가를 한눈으로 알수 있었습니다. [32] (p.95)

이 극의 서사는 주인공 영민의 조국진학 선발 시험 준비, 합격, 고향 집 어머니의 가난한 생활 목격, 귀국 시도, 좌절, 고향에서 학생 교육, 조선대 입학, 교원 생활, 조국 방문 등으로 요약된다. 영민은 삶의 과정에서 좌절을 경험하지만, 그때마다 강한 의지로써 현실적 장애를 극복하여 결국 자신의 목표를 이루게 된다. 이처럼 주인공이 시련을 극복해 나가면서 발전하고 성장하는 모습을 보여준다는 점에서 이 극은 혁명적 영웅의 전형을 제대로 형상화하였다는 평가를 받게 된다.

재일동포 극문학의 혁명적 영웅은 선구자적 모습을 보여준다는 점에

---

31) 남상혁, <해빛을 따라>(상), 『문학예술』제56호, 1975.7, 62~88쪽.
    ______, <해빛을 따라>(하), 『문학예술』제57호, 1975.10, 138~163쪽.
32) 「창작사업을 왕성히 벌리자」, 『문학예술』제59호, 1976.2, 92쪽, 95쪽.

서 한국의 30년대 계몽주의 소설의 영웅형 인물과 유사하다. 그러나 이들은 매우 평범한 인물들이며 대중에게 시혜적인 입장을 드러내지 않는다는 점에서 한국 계몽 소설에 나타나는 영웅형 인물들과 변별된다. 이러한 인물들은 선천적으로 혁명정신을 갖게 된 자들도 아니고, 살아가는 과정에서 혁명과 투쟁을 선동하지도 않는다. 그럼에도 불구하고 이들이 혁명적 영웅형 인물로서 평가되는 것은 주체적으로 자신의 삶을 개척해 나가면서 스스로 혁명정신을 습득하기 때문이며, 그러한 태도 자체가 대중들에게 뚜렷한 삶의 방향을 제시해 주기 때문이다.

6. 맺음말

본 연구는 '재일'(在日)이라는 특수하고도 복잡한 현실적 조건 속에서 조총련계 작가들에 의해 한국어로 창작된 극문학을 대상으로 하여, 이들의 작품이 전개되어 온 구체적인 양상과 특징을 살펴보고자 하였다.

첫째, 재일동포 한국어 극문학 작품은 주요한 창작 이론과 방법으로서 북한의 문예 이론을 수용하고 있다. 그러나 이들의 극문학은 재일동포들의 삶의 현실과 감정을 반영하고 있다는 점에서 북한 문학과 변별된다고 할 수 있다. 현재까지 입수된 80여 편의 극문학 작품 중에서 북한을 배경으로 한 작품이나 북한 주민을 주인공으로 내세운 작품이 한 작품도 발견되지 않았던 것은 이에 대한 하나의 예가 될 수 있다.

둘째, 재일동포 극문학은 다양한 극문학의 갈래를 보여주고 있다는 점에서 특징적이다. 희곡, 가극대본과 노래 이야기, 재담과 사이극, 아동극/동화극/민화극, 그리고 영화문학 등 실로 다양한 갈래의 극문학이 존재한다. 이 중에서 가극대본과 노래이야기는 감상적, 낙관적, 찬양적인 성격을, 재담과 사이극은 정치성과 풍자성을, 아동극/동화극/민화극은 교훈성을 각각 드러내고 있다. 이러한 작품들과는 비교해볼 때, 희곡과 영화문학은 상대적으로 다양한 소재와 주제를 다루고 있다고 할 수 있다.

셋째, '재일'이라는 현실적 조건과 관련하여 극에 나타난 갈등 구조를 살펴본 결과, 이들 작품이 전형적인 구조를 드러내고 있음을 알 수 있었다. 대부분의 극작품은 일본이나 남한 사회를 극적 공간을 선택하여, 각각 재일동포의 삶과 남한의 사회상을 다루고 있는데, 전자가 일본에서 거주하는 동포들의 갈등 상황과 갈등 극복 과정을 통해 낙관적인 전망을 보여주고 있다면, 후자는 정치적 혼란과 체제의 모순이 심화되는 암울한 상황을 주로 그려내고 있다. 이처럼 재일동포의 현실과 남한의 사회상에 관심을 두는 것은 작가를 포함한 조총련계 재일동포들이 두 공간을 문제적 공간으로 인식했기 때문이다. 사실, 두 공간으로부터 환기되는 현실성(일본)과 정치성(한국)은 재일동포들의 삶에 가장 강력한 영향을 미쳐왔던 두 가지 요소이기도 한다. 이 요소들이 조화롭게 결합될 수 없는 상황에 처해있기 때문에 재일동포들은 갈등하는 것이며, 고통 받는 것인지도 모른다. 결국, 이러한 두 요소의 긴장적 관계가 해소되는 것은 조국의 통일을 통해서만 가능해지는데, 바로 이 때문에 재일 작가들은 궁극적으로 통일을 지향하는 것이다.

넷째, 전형적인 인물 구조와 혁명적 영웅의 형상화를 통해 집단주의적, 민족주의적, 혁명주의적 세계관을 대중들에게 내면화시키고자 한다. 특히 재일동포 극문학에서 가장 중요하게 다루어지고 있는 것은 혁명적 인물형의 창조인데, 그것은 평범한 개인이 현실적인 역경을 이겨내면서 혁명적 영웅으로 발전하는 모습을 통해 제시된다. 동포들의 극문학에서 이러한 인물형이 가치를 갖는 것은 성장과 발전을 통해 형상화된 인물이야말로 대중들에게 진실한 감동을 주고, 그들에게 진실한 의미에서의 혁명정신을 일깨워줄 수 있기 때문이다.

이와 같은 특징을 드러내는 재일동포 한국어 극문학은 일본, 한국(남한), 조선(북한) 중 그 어느 공간에도 완전하게 귀속될 수 없는 재일동포들의 불안한 존재 의식을 드러낼 뿐 아니라, 그 극복으로서의 민족정체성 확인에 대한 욕망을 반영하고 있다고 할 수 있다.

참고문헌

1. 기본 자료

『문학예술』창간호(1960.1)-109호(1999),

『겨레문학』창간호(200.5)-제7호(2001년.겨울, 2002년.봄, 합동호)

남상혁, <해빛을 따라>(상), 『문학예술』제56호, 1975.7.

______, <해빛을 따라>(하), 『문학예술』제57호, 1975.10.

리 호, <배고동>, 『문학예술』제24호, 1968.2.

서상각, <아버지>, 『문학예술』제13호, 1965.5, 99~112쪽.

허남기, <단 하나의 길>(一), 『문학예술』11호, 1964.12.

______, <단 하나의 길>(二,), 『문학예술』12호, 1965.2.

______, <단 하나의 길>(三), 『문학예술』13호, 1965.5.

2. 주요 저서 및 논저

공봉식, 이영동, 「민단―한인 권익보호의 구심체」, 『재일동포』, 문학관, 1997.

명일식, 『희곡창작과 대사』, 문학예술출판사, 2002.

서연호, 이강렬, 『북한의 공연예술I』, 고려원, 1990.

유숙자, 『在日한국인 문학연구』, 도서출판 월인, 2000.

윤건차, 이지원 역, 『한일 근대사상의 교착』, 문학과학사, 2003.

홍승직,한배호, 「재일동포 실태조사」, 『아세아연구』20권, 1977.1.

안우식, 「창작 사업을 활발히 할 데 대하여」, 『문학예술』제2권 1호, 1964.7, 49쪽.

장 철, 「창작 사업의 보다 큰 발전을 위하여」, 『문학예술』제8호, 1964.5, 9~10쪽.

「모든 힘을 혁명적 작품 창작에로!」, 『문학예술』제11호, 1964.12, 4~5쪽. 7쪽.

「조선 작가 동맹 중앙 위원회에서 연구 토론회」, 『문학예술』제12호, 1965.2, 17쪽.

「씨나리오와 희곡 창작에서 혁명적 대작을!」, 『문학예술』제11호, 1965.2, 52~53쪽.

「창작사업을 왕성히 벌리자」, 『문학예술』제59호, 1976.2, 92쪽.

「소설창작수업」, 『문학예술』제79호, 1984.11, 83~84쪽.

재일동포 한국어 극문학의 양식적 특성과 주제의식

- 가극(歌劇), 시극(詩劇), 극소품(劇小品)을 중심으로 -

백 로 라

목 차

1. 머리말

재일동포 한국어 극문학은 그동안 한국어 교육을 체계적으로 받아온 조총련계(재일본조선인총연합회) 동포들에 의해 창작되어 왔다. 다른 문학 장르와 달리, 재일동포 한국어 극문학 장르에서 민단(재일본대한민국 거류민단)계 작가들의 작품을 찾아보기 어려운 것은 상연과 관련된 장르적 특성 때문이다. 장르의 특성상, 극문학은 작가, 연출가, 배우, 스텝 등과 같은 연극 생산자뿐 아니라 그것을 수용하는 관객의 능숙한 한국어 구사 능력을 필요로 하며[1], 하나의 문학 텍스트를 공연텍스트로 전환시키는 과정에서 신뢰할 만한 조직력과 경제력을 요구하게 된다. 따라서 재일 사회의 열악한 공연 환경[2] 속에서 공연 제작을 위한 조직력과 경제력을 고려하지 않고, 한국어 극문학 텍스트를 창작하는 것이 거의 불가능할 뿐만 아니라, 수용계층이 극히 제한되어 있는 텍스트를 창작하고자 하는 작가 역시 현실적으로 드물 수밖에 없는 것이다. 이러한 사실은 그동안 '왜 민단계 작가들이 한국어 극문학 작품을 창작하지 않았는가' 하는 의구심을 어느 정도 해소시켜주는 한편, 그럼에도 불구하고 '왜 조총련계 작가들이 그것을 지속적으로 창작해 왔는가 하는 문제로 시선을 돌리게 한다.

기존의 연구에서 지적하고 있듯이, 재일동포 극작가들이 한국어 극문학을 창작해 온 것은, 첫째 재일 사회의 특수성과 관련하여, 민족어(한국어)를 통해 고유한 민족적 정체성을 유지하고자 함이며[3], 둘째 수용

---

1) 희곡문학은 최종적인 텍스트가 직접적, 즉각적, 집단적으로 수용된다. "희곡에서는 인물의 대사에 의해 극적 서사가 전개되기 때문에, 창작주체가 능숙하게 한국어를 다룰 수 있어야 하며, 그것의 상연과정에서 배우와 관객이 원할하게 소통하기 위해서는 반드시 양측 모두 한국어 구어를 정확하게 표현하고 이해할 수 있어야 한다."
백로라, 「재일동포 한국어 희곡에 나타난 주체문예 이론의 수용 양상과 '민족 이데올로기」, 『한중인문학연구』제17집, 한중인문학회 편, 2006.4, 268쪽 참조.
2) 재일동포 연극인 김지석에 의하면, 한국의 공연환경과 유사하게, 일본의 공연 환경 역시 열악하다고 한다. 상업적인 뮤지컬을 제작하는 대형 기획사가 공연 시장을 거의 독점하고 있는 상황이며, 대부분의 군소 공연 집단이 적자를 면치 못하고 있다고 한다. 일본 연극도 공연계에서 생존하기 어려운 현실 속에서, 한국어를 이해할 수 있는 특정 관객을 대상으로 공연되는 한국어 연극이 경쟁력을 상실하는 것은 어찌 보면 당연한 현상이라 할 수 있다. 그래서 최근 대부분의 재일동포 한국어 연극 공연이 일본어 자막 서비스를 하고 있지만, 관객층의 폭을 넓히기 위해서는 다방면의 고민이 필요하다고 한다. '김지석과의 인터뷰', 2006.1.16. 오사카, 일본.
3) 재일동포들은 민족차별이 지속되고 있는 '재일' 현실 속에서 일본 민족에 동화되지 않고, 고유한 민족적 정체성을 유지하기 위해 민족어로서의 한국어를 교육하고 그것을 일상화 하려는 노력을 기울여 왔다. 동포 사회에서 한국어 극문학 창

방식의 집단성과 관련하여, 창작 주체의 정치적 혹은 민족적 이데올로기를 효과적으로 전달하기 위함이다. 이것은 대부분의 작품이 모국어 교육과 민족의식의 관계를 인물의 대사에 의존하여 전달하면서 주제의 계몽성, 교훈성, 선동성을 전경화 한다는 사실에서 어렵지 않게 짐작할 수 있다.[4]

이와 같이 뚜렷한 목적의식 아래 창작된 재일동포 극문학은 북한의 주체문예 이론을 창작의 기본 원리로 수용한다. 대부분의 재일동포 극작가들이 친북 성향이 있는 총련계 문예 단체('재일본조선문학예술가동맹', 약칭 '문예동')에 소속되어, 단체가 요구하는 북한의 창작방법론을 수용하고 있기 때문이다. 재일동포 극문학의 대표적인 유형으로는 일반적인 희곡 대본, 가극이나 시극과 같은 가극류 대본[5], 사이극, 재담, 토막극 등과 같은 극소품 대본[6] 등이 있다. 일반적인 희곡의 경우, 재일

작과 한국어 공연은 모국어 사용을 대중화 혹은 일상화하기 위한 실천적 방법 중의 하나로서 간주된다. 백로라, 앞의 글, 268~269쪽 참조.

4) 백로라, 위의 글, 269쪽 참조.
   재일동포 희곡에서는 전형적인 인물구조와 갈등구조를 통해 집단주의적, 민족주의적, 혁명주의적 세계관을 대중에게 내면화시키고 있는 작품들이 많다. 백로라, 「재일동포 한국어 극문학 연구」,『한중인문학연구』제14집, 한중인문학회 편, 2005.4, 437~428쪽 참조.

5) 북한에서 '가극'은 서구의 '오페라'에 해당하는 공연 양식이다. 1970년대 이후 '사회주의적 문학예술을 시대적 요구와 대중들의 지향에 맞게 발전시키기 위해' 혁명가극이라는 새로운 공연 양식을 만들게 된다. <피바다>, <꽃 파는 처녀>, <당의 참된 딸>, <밀림아 이야기하라>, <금강산의 노래> 등이 북한의 5대 혁명가극인데, 이중에서 <피바다>(1971)는 북한 혁명 가극의 대표적인 작품으로서 '<피바다>식'이라는 가극 형식을 출현시켰다. 서연호·이강호,『북한이 공연예술 I』, 고려원, 1990. 196쪽 참조.
   재일동포 극문학 중에서 '가극'은 이러한 북한의 '피바다식' 가극의 형식을 수용하고 있다는 점에서, '시극'은 산문적인 '대사'보다 음악적인 '시'에 의존한다는 점에서, 본 연구는 두 극형식을 가극류로 분류하였다.

6) 북한에서는 다양한 극소품들이 공연되고 있는데, 사이극, 막간극, 촌극, 독연극, 재담, 만담, 구연 등의 장르 명칭을 가진 극형식이 바로 그것이다. 극소품들은 대체로 상연 시간 5-15분 정도의 짧은 극들을 일컫는다. 박영정, 「북한연극의 공연 방식과 미학」,『한국극예술연구』제13집, 한국극예술학회편, 2001.4. 211쪽.

사회에서 동포들이 직면한 현실 문제를 집중적으로 다루고 있다는 점에서 북한의 극문학이 지향하는 바와 차이성을 보인다.[7] 이와는 달리, 가극류와 극소품은 북한의 문예 이론이 요구하는 '혁명성'을 강하게 반영하고 있기 때문에, 표면적으로 북한의 극문학과 뚜렷한 변별점을 발견하기 어렵다. 이러한 점은 가극류와 극소품이 현재 남한에서는 존재하지 않고, 오로지 재일사회와 북한에서만 존재하는 극 양식이라는 사실과 관련하여, 기존의 연구에서 깊이 있게 다루어지지 않았던 이유가 될 수 있다. 이 경우, 자칫하면 재일동포 극문학과 북한 극문학의 상관관계를 밝히는 데에 논의가 집중되어, 재일동포 극문학 고유의 특성과 가치를 드러내는 데까지는 이르지 못할 가능성이 많기 때문이다.

그러나 이러한 한계에도 불구하고, 본 연구가 가극, 시극, 극소품 대본을 연구 대상으로 삼고자 하는 것은 그것이 재일사회에서 지속적으로 생산되었던 극 양식으로서[8] 일반 희곡과는 또 다른 측면으로 재일동포 극문학의 성격을 드러낼 것이라 생각되기 때문이다.

가극류와 극소품에 대한 구체적인 탐구를 위해 본 연구는, 가극 <싸워서 찾으리 고향땅>(서묵), 시극 <4월>(허남기), 토막극 <소조일가>(히로시마 조선가무단), 재담 <민족의 얼을 되찾고 우리 식대로 살며 생활하자>(김수중> 등을 주된 연구대상으로 삼아 작품의 양식적 특성과 주제 의식을 분석하고자 한다.

이러한 작품들은 북한과 재일 사회에만 존재하는 독특한 극 양식으로

---

7) "재일동포 희곡(연극)은 60년대로부터 90년대 초까지 재일사회에서 직면하게 되는 국적문제, 민족차별, 민족정체성, 모국어 교육(총련애국사업), 남한의 체제 비판 등과 같은 주제를 다루고 있다."
백로라, 「재일동포 한국어 희곡에 나타난 주체문예 이론의 수용 양상과 '민족 이데올로기」, 앞의 논문집, 282쪽.
8) 조총련 기관지 『문학예술』(1960-2001)에 발표된 작품으로는, 가극 2편, 시극 1편, 재담 9편, 노래 이야기와 사이극 10편, 가요만담 1편, 토막극 1편, 촌극 1편 등 총 25편이 있다.

서 일반 희곡보다 '상연성'[9]과 정치성을 강하게 드러내는 것이 특징적이다. 따라서 이러한 작품들은, 첫째 서구의 극형식을 수용한 남한의 극문학과 구별되는, 재일동포 극문학 고유의 양식적 특성을 이해하게 해줄 것이며, 둘째 그것의 상연성이나 정치성과 관련하여, 동포 작가들이 극문학이라는 장르적 특성을 이용하여 대중들에게 내면화시키고자 한 이데올로기의 성격을 파악하도록 할 것이라 생각한다.

2. 군중 문예적 특성과 관념적 혁명의식:
가극 <싸워서 얻으리 고향땅>

일반적으로 재일동포 한국어 극문학은 북한의 주체문예 이론을 창작의 기본 원리로 수용하여, 구체적인 창작방법론으로서 '민족적 형식'과 '사회주의적 내용'[10]을 선택해 왔다. 이때 '민족적 형식'이란 민족의 고유한 심리, 정서, 관습, 취미 등과 같은 민족적 특성에 부합하면서도 대중들에게 강한 미학적·정서적 영향을 발휘할 수 있는 형식과 표현수단을 가리키며, '사회주의적 내용'은 계급의식과 혁명정신을 고취시키는 주제와 사상을 의미한다.[11] 이러한 형식과 내용을 창작방법론으로 선택

---

9) 가극과 시극 대본은 조명, 음악, 무대 세트 등을 구체적으로 표현하고 있으며, 재담, 촌극, 사이극 등과 같은 극소품 대본은 짧은 분량의 대사로 이루어져 있다. 전자가 비용이 많이 드는 대규모 공연을 전제로 하고 있다면, 후자는 별다른 공연 준비 없이 어떠한 장소에서도 공연이 가능한 형식이라고 할 수 있다. 어떠한 경우든 실제 공연을 전제로 창작되었다는 점에서 일반 희곡보다 공연텍스트로서의 특징을 더욱 강하게 드러낸다고 할 수 있다.

10) 「혁명의 무기로서의 사회주의적 문학예술에 관한 김일성 원수의 사상과 그 위대한 생활력」, 『문학예술』제35호, 1970.10. 16쪽 참조.
「창작에서 주체를 세우고 생활을 진실하게 그리자」, 『문학예술』제84호, 1986.7, 3쪽 참조.

11) 백로라, 「재일동포 한국어 희곡에 나타난 주체문예 이론의 수용 양상과 '민족

한 데에는 북한과 조총련 문예 집단(문예동)이 문학과 예술을 군중 문화 사업의 하나로서 간주하였던 것과 무관하지 않다.

> 금번 총련 七전 대회 보고서에서 한 덕수 의장 동지는 ≪총련 일꾼들은 재일 동포들 속에 휘황 찬란한 조국의 문화성과를 군중적으로 보급함으로써 그들을 사회주의적 애국주의 사상으로 교양하며 총련 결정 집행에로 고무 추동하는 문화 사업을 더욱 강화해야 하겠습니다≫라고 강조하였습니다.[12]

이는 재일사회에서 군중 문화 사업의 중요성을 강조하는 글인데, 이를 극문학의 영역에 적용시키자면 '조국의 문화성과를 군중적으로 보급'하기 위한 극 형식이 '민족적 형식'과 관계되며, 대중들을 '사회주의적 애국사상으로 교양'시키기 위한 극적 내용이 '사회주의적 내용'과 관계됨을 알 수 있다. 재일동포 한국어 극문학 중에서 이러한 형식과 내용을 통해 동포집단이 지향하는 군중 문예 사업의 목적을 가장 충실하게 수행하고 있는 것이 바로 가극이라 할 수 있다.

'가극'은 생활을 음악 – 극적으로 반영하는 종합예술로서 서구의 오페라와 유사한 극 형식을 가리킨다. 가극의 주된 표현수단은 극적 내용과 인물들의 심리를 시적으로 묘사하는 가사와 음악이며, 여기에 배우의 연기와 무용, 무대미술 등과 같은 다양한 공연적 요소들이 유기적으로 결합된다.[13] 남한의 가극이 서구의 오페라 형식을 수용한 것과는 달리,

---

이데올로기」, 앞의 논문집, 272쪽. 이 논문에서 필자는 김일성을 찬양하거나 혁명의식을 구호처럼 표현하고 있는 혁명가극, 시극, 음악무용서사시 및 음악무용서사시극, 집체극, 촌극 및 재담 등이 북한의 문예이론을 충실하게 수용하고 실천한 결과물이라고 밝히고 있다.
'민족적 형식'에 대해서는 서연호와 이강렬의 앞의 책, 270~277쪽 참조.
12) 김성호, 「군중 문화 사업을 발전시킬 데 대하여」, 『문학예술』제2권, 제1호, 1964.7. 58쪽.
13) 『문학예술사전』상, 과학백과사전종합출판사, 1988. 111쪽.

재일동포 극작가들은 북한의 가극 형식을 수용해 왔는데, 그것은 김일성이 창조한 항일혁명가극과 민족가극의 전통[14]을 이어오다가 1970년경에 이르러 김정일의 문예이론에 기초한 '피바다'식 가극[15]을 추구하게 된다. 이러한 북한 가극은 대체로 다음과 같은 형식적·내용적 요소들을 요구한다. 첫째, 가극예술은 민족적 형식과 사회주의적 내용을 통해 주체를 수립하는 것이어야 한다. 둘째, 가극의 대본은 종자와 주제사상, 인물의 성격과 줄거리를 제시하고, 음악, 무용, 무대미술을 규정해야 하며, 그것이 높은 사상예술성을 보여주어야 한다. 셋째, 가극의 가사는 뜻이 깊으면서도 통속적이고 운율적이어서 곡을 붙여 부르기 쉽게 창작되어야 한다. 넷째, 가극의 노래는 인민이 좋아하는 절가로 만들어야 한다. 다섯째, 가극의 무용은 사상예술성을 높이는 데 이바지 하는 중요한 형상 수단의 하나가 되어야 한다. 여섯째, 장치와 배경은 사실주의적 원칙을 철저히 지켜서, 인물의 성격과 생활을 생동하게 보여주며 시대와 사회제도의 특징을 밝히고 무대의 조형미를 살리는 역할을 해야 한다.[16]

재일동포 한국어 가극 작품 중에서 <싸워서 찾으리 고향땅>(서묵 작, 최동옥 곡)은 이러한 북한 가극의 형식과 내용을 수용한 흔적을 보여준다. 전 3장 4경으로 구성된 이 작품은 60년대 말 서울을 배경으로 하여, 미군의 노동착취에 대한 창고 노동자 리룡수의 저항과 희생을 통해 다수의 노

---

14) 항일혁명가극은 1930년 오가자에서 처음으로 막을 올린 <꽃파는 처녀>로부터 시작되는데, 이것은 혁명적이며 인민적인 새형의 주체적인 가극예술창조 원칙과 모범이 구현되어 있다고 한다. 또한 민족가극으로서는 <무궁화꽃수건>, <해빛을 안고>, <인간에 대한 지극한 사랑>, <이것은 전설이 아니다> 등이 있는데, 이는 근로자들을 공산주의적으로 교양하며 그들을 혁명화, 로농계급화 하는데 기여한다고 한다. 『문학예술사전』상, 과학백과사전종합출판사, 1988. 112쪽.

15) 북한에서 '피바다'식 가극은 '사회주의, 공산주의를 건설하고자 하는 시대적 요구와 인민대중의 지향을 가장 정확하게 구현하고 있는 가극예술의 전형인 동시에 새로운 가극예술의 시원'으로서 평가되며, 그것의 출현은 북한 가극의 역사상 일대 혁명으로 일컬어지고 있다. 위의 글, 112쪽 참조.

16) 위의 글, 114~116쪽 참조.

동자들이 투쟁의식과 혁명의식을 쟁취하게 되는 과정을 그리고 있다.

> 멀리 봉래산이 보이고 무대정면은 화물차선로가 엉키여 있으며 때때로 화차의 기적소리가 들린다. 왼편은 미군군용창고가 무대안까지 늘어있으며 오른편에 있는 화물차에서 로동자들이 군용품을 무겁게 실어 나르고 있다. 막이 오르면 무대안에서 로동자들이 짐을 나르며 다음 노래에 맞추어 검은 솔녀인들의 춤이 시작된다. 춤이 시작되면 로동자들의 검은 그림자는 멈추고 제자리에 짐을 내려놓고 그 우에 걸터 앉는다.[17]

작품의 서두에 제시된 무대 지시문이다. 무대 후면에 봉래산을, 전면에 미군 군용 창고와 화물차 선로를 원근법적으로 배치하고, '화차의 기적소리'와 같은 음향 효과를 사용하는 것은 극적 공간을 사실적으로 형상화하기 위한 형식적 장치에 해당한다. 또한 이러한 무대 구조는 공간적 거리감에 의해 북쪽의 봉래산(금강산)과 미군이 지배하는 서울을 대립시키며, 미군 군용 창고 근처에서 '무겁게' 짐을 실어 나르는 노동자들의 극 행동에 의해 장차 미군과 노동자들이 갈등하게 될 것임을 암시한다. 노래와 춤으로 극이 출발하는 것은 가극 고유의 형식적 특성이라 할 수 있는데, 막상 극이 본격적으로 전개되면 춤의 요소가 사라지고, 주로 노래와 인물의 대사, 그리고 집단적인 몸동작이 극을 지배하게 된다.

> 꼬마　전라도 깡주 아주방!
> 전라도로동자　아따 념려 말랑께로
> 독창　우리 나라의 가장 넓은
> 　　　호남평야 들판엔
> 　　　<삼백>이라 하잖나!

---

17) 서묵 작, 최동옥 곡, <싸워서 찾으리 고향땅>, 『문학예술』제28호, 1969.2, 123쪽. 이후 본문 인용은 페이지 수만 적기로 한다.

쌀, 면화, 고치가 제일이라오
                    (중략)
꼬마   아이구 배곺아라
       합창 미국놈 때문에 옥토는 갈라지고
       왜놈들 때문에 바다는 헛탕이네
       에헤라
       이것도 미국놈과 괴뢰들 탓이로구나
김인식   러분! 그렇습니다. 미제와 그 주구들을 이땅에서 몰아내야만
       잘. 살수있습니다.
독창   이나라 남쪽은 미제국주의자들의
       완전한 식민지 (중략) (125)

이것은 가극의 전형적인 형식적 특성을 엿볼 수 있는 부분이다. 여기
서 인물들의 대사는 '대화'의 양상을 띠지 않기 때문에, 갈등을 조성하
거나 극 행동을 불러오지 못한다. 그것은 단지 독창이나 합창이 시작되
기 전에 가창의 분위기를 조성하거나 영탄적인 어투의 선동적인 표현을
통해 혁명적 투쟁의 분위기를 주도하는 기능적 역할을 할 뿐이다. 가극
의 형식적 특성에서 비롯된 것이겠지만, 이 작품에서 커다란 비중을 차
지하고 있는 것은 역시 노래다. 대사, 노래, 춤으로 구성된 작품에서 노
래는 양적으로 가장 많은 분량을 차지하고 있을 뿐만 아니라, 재일동포
극작가들에게 요구된 '민족적 형식'과 '사회주의적 내용'을 그대로 수용
하고 있다는 점에서 중요한 의미를 지닌다.

일반적으로 노래는 그것의 음악성과 서정성을 통해 무대 위에서 강한
대중 흡인력을 발휘한다. 그러나 이 작품의 노래는 서정성이 약화되었
음에도 불구하고 강한 대중성을 성취하는 것이 특징적이다. 이것은 누
구나 쉽게 따라 부를 수 있도록 반복적인 가사와 단조로운 운율을 선택
하고 있는 것과 무관하지 않은데, 바로 여기서 대중성이나 통속성과 관

련된 '민족적 형식'을 수용한 흔적을 발견하게 된다. 특히 이러한 노래
에서 서정성이 약화된 것은 그것의 가사가 개인의 감정과 정서를 드러
내지 않고, 개인과 집단의 강한 의지를 표현하거나 주제와 관련된 외적
상황을 직접적으로 설명하는 데서 연유한다. 인용된 노래 가사에서 확
인할 수 있듯이, 이 작품은 분단의 원인을 미국과 일본에 돌리고, 혁명
적 투쟁을 통해 이들의 세력을 남한 땅에서 몰아냄으로써 통일을 이룩
하자는 작품 전체의 주제를 노래 가사를 통해 직접적으로 표현한다. 이
로써 가극 예술에 요구되는, '높은 사상예술성'을 띤 '사회주의적 내용'
이 인물의 대사가 아닌 노래 가사를 통해 구현되고 있음을 알 수 있다.

　이 작품에서 노래 다음으로 중요한 의미를 지니는 것은 행동 지시문이
다. 대사에서 발견되지 않았던 극적 요소라든가 노래에 담겨 있지 않았던
정서적인 요소가 바로 행동 지시문을 통해 드러나고 있기 때문이다.

　　헌병 리영숙을 떼여 발길로 찬다. 분격한 김인식이가 ≪이놈의 새
　끼!≫하며 그 헌병에게로 달려든다. 이것을 계기로 하여 모든 로동자
　들이 제각기 욕질을 하면서 헌병들에게 달려든다. 헌병은 공포와 함
　께 실탄도 몇방 쏘아 로동자들의 비명소리 들린다. 란장판이 벌어진
　다. 싸이렝소리 들린다. 더 많은 헌병들이 로동자들을 둘러싼다. 리룡
　수는 김인식에게 ≪어서 피하라≫고 지시한다. 김인식은 싫어하는 신
　수련과 리영숙을 억지로 데리고 무대 오른편으로 빠져나간다. 리영숙
　은 끌려가면서 ≪아버지!≫하면서 웨친다. 혼란중에 총소리 나며
　≪앗≫하면서 헌병한놈이 자빠진다. (중략) (132)

　　리룡수 ≪김일성 만세!≫하고 웨친다. 군중들 ≪만세!≫ ≪만세!≫
　하며 이에 합한다. 미군헌병들 당황하여 리룡수의 걸음을 재촉한다. 공
　중에 총을 쏘며 군중을 위협하는 한편, 군중들속에서 우는 사람, 분격
　에 찬 사람들이 머리를 들고 리룡수를 격려하는 노래 ≪유격행진곡≫
　을 작은 소리지만 힘차게 하밍으로 부른다. (중략) (136)

이것은 인물의 행동과 간단한 대사를 구체적으로 지시해주는 행동 지시문이다. 이러한 행동 지시문이 극적으로 느껴지는 것은 그것이 미군에게 저항하는 노동자들의 투쟁적 모습을 그렸기 때문이 아니라, 노동자와 미군 간의 갈등을 선명하게 드러내고, 그러한 갈등을 구체적인 극 행동과 연계시키고 있기 때문일 것이다. '발길로 찬다', '달려든다', '둘러싼다', '끌려가면서 웨친다', '자빠진다' 등의 서술어는 그 자체로 두 세력 간의 갈등을 내포하면서 역동적인 극 행동을 불러오게 된다. 게다가 이러한 갈등과 극 행동은 집단적인 분노, 안타까움, 슬픔 등과 같은 다양한 정서를 수반하면서 일반 대사나 노래보다 훨씬 더 강하게 대중들을 선동하게 된다.

재일동포 한국어 가극 <싸워서 찾으리 고향땅>은 쉬운 형식의 노래를 통해 대중과 소통하고, 투쟁적 혁명의식이 담긴 가사를 통해 사회주의적 주제의식을 구현하며, 극적이고도 정서적인 행동 지시문을 통해 집단적 선동성을 성취하는 양상을 보여준다. 이는 민족적 형식과 사회주의적 내용을 통해 군중들을 '사회주의적 애국사상으로 교양'하고자 하는 군중 문예로서의 뚜렷한 목적의식에서 연유하는 것이다. 그러나 이 작품은 대중들에게 혁명의식을 고취시키고자 하는 과도한 목적의식으로 인해, 가극의 핵심적인 구성 요소라 할 수 있는 노래 영역의 극적 요소와 정서적 요소를 소홀하게 다룸으로써 극적 리얼리티를 결여하는 결과를 초래하고 만다. 게다가 작품 전편에 걸쳐 미국의 식민지적 지배 상황에서 벗어나 민족적 존엄을 지키고 주체적인 민족국가를 세우자는 강한 주제의식을 드러내지만, 그것이 노래 가사를 통해 직접적으로 표현되기 때문에, 관객을 정서적으로 감동시키지 못하고 단순한 정치적 구호를 반복하고 있다는 인상만 주게 된다. 그러나 무엇보다도 문제가 되는 것은 이러한 주제가 김일성과 북한 체제를 찬양하는 노래 가사나 행

동 지시문과 뒤섞이면서 '혁명의식' 자체가 다소 관념적인 성격을 드러
내고 있다는 점에 있다.

> 리룡수 이를 무시하고 왼쪽우의 쇠창문을 가리키며 《오오 북녘하
> 늘이여!》 할때 창문은 사라지고 그 대신 백두산과 천리마가 나래치는
> 웅장한 평양거리가 환등으로 나타난다. (중략) (129)

> 리룡수 독창　아 사랑하는 영숙아
> 　　　　　아 사랑하는 안해여
> 　　　　　굳게 굳게 손을 잡고
> 　　　　　모두다 북반부를 우러러
> 　　　　　힘을 내여 싸워다오

> 이때 왼편우의 살창이 있던 자리에서 붉은 별이 그 빛을 뿌리며
> 세사람을 비쳐준다. (중략) (131)
> 이때 배경에는 경애하는 수령 김일성원수의 초상이 나타난다. 전원
> 투쟁의 대렬로부터 정돈되면서 초상을 향하여 두손을 올리며 (중략) (134)

이 부분에서는 미국 세력을 축출하고 민족자족성을 회복하여 통일을
이루자는 주제의식이 현격하게 약화되는 대신, 이상향으로서의 북한을
동경하고 구원자로서의 김일성을 미화하는 의식이 전경화되고 있다. '백
두산과 천리마가 나래치는 웅장한 평양거리', '북반부를 우러러', '붉은
별', ''김일성 원수의 초상' 등은 북한과 김일성을 환기시키는 어구로서
작품의 극적 서사나 주제와 연계되지 않는 다소 생경한 장면이라고 할
수 있다. 이 작품에서 혁명의식이 관념적이고도 이상적인 성격을 띠게
되는 것은 그것이 통일성 있는 극적 구성을 통해 구현되지 않기 때문이
다. 북한에 대한 무조건적인 동경과 김일성에 대한 숭배와 찬양이 혁명
의식을 의미하지 않을 뿐만 아니라, 그 자체로 사회주의적 내용이 될

수는 없다. 이 작품의 한계는 그것이 혁명의식을 고취하는 사회주의적 내용을 다루고자 하였기 때문이 아니라, 그러한 목적의식에 강박되어 치열한 갈등과 대결의식을 결여한, 관념적 성격의 혁명의식을 보여준 데 있을 것이다.

3. '은폐'로서의 함축적 형식과 혁명적 투쟁의식: 시극 <4월>

가극과 마찬가지로 시극 역시 북한의 예술 장르 중의 하나로서 그것의 형식과 내용이 일반 희곡과 차이를 드러낸다. 음악적 요소가 삽입된다는 점에서 가극과 시극은 형식적으로 유사하지만, 가극의 주된 구성 요소가 노래인 것과는 달리 시극의 주된 구성 요소는 시가 된다. 시극은 '극적 방식과 시 낭송 형식을 통해 생활을 반영하는 극 형식'으로 정의될 수 있다. 이때 시 낭송은 인물들 사이에 주고받는 감정과 행동에 기초하여 등장인물들의 격동적인 사상과 감정세계를 직접적으로 표현하는 시적 형상을 창조하는데, 시극에서의 이러한 시적 형상은 강한 선동성, 호소성, 서정성을 갖게 된다.'[18]

허남기의 시극 <4월>은 이와 같은 북한의 시극 형식을 그대로 수용한다. 앞서 논의한 가극 작품과 달리, 시극 <4월>에는 구체적이고도 사실적인 무대장치가 생략되어 있다. 무대 위에는 단지 혼성합창단 40여 명이 양쪽에 갈라져 서 있고, 오케스트라 박스에 교향악단이 자리 잡고 있을 뿐이다. 이것은, 첫째 배우의 대사와 동선을 통해 극적 서사를 전개하지 않고, 배우의 시 낭송과 가수의 합창을 통해 극적 장면을 진술하는 장면이 지배적이기 때문이며, 둘째 시위가 벌어지는 남한의 거리를 주된 극적 공간으로 선택하고 있기 때문이다. 즉 이 작품은 특

18) 『문학예술사전』중, 과학백과사전종합출판사, 1988. 333쪽.

별한 무대 세트 없이도 극을 진행시킬 수 있는 극 형식과 내용으로 구성되어 있는 것이다.

이 작품은 합창, 시 낭송, 대사, 역사적 사실의 진술로 구성되어 있다. 노래 부분이 독창이나 중창이 아닌 합창으로 이루어져 있다거나 낭송되는 시의 대부분이 서정시가 아닌 산문에 가까운 서사시라는 점이 특징적인데, 이것은 이 작품이 60년대부터 70년대 말까지 남한 사회에서 발생한 민주화 투쟁의 역사를 다루고자 한 것과 관계된다.

> 합창　우리의 생활엔 행복넘쳐도
> 　　　짓밟힌 남녘땅 몸부림친다
> 　　　세월은 흐르고 산천은 변해도
> 　　　혁명의 과녁은 변치 않았다
> 　　　　　　(중략)
> 　　　청춘의 끓는 피 조국에 바쳐
> 　　　삼천리 강산에 붉은기 날리자
> 　　　위대하신 수령님 높이 모시고
> 　　　남녘형제 길이길이 살아가리라
> 　　　　　　(후렴)
> 　　　조국통일 성스러운 혁명위업을
> 　　　우리의 세대에 기어이 이룩하리라[19]

이것은 막이 오르자마자 합창단원이 부르는 노래로서 작품 전체의 주제를 암시하는, 일종의 프롤로그 기능을 한다. '짓밟힌 남녘땅'이 '혁명'의 움직임으로 '몸부림'치고 있음을 알려주면서, 재일동포들도 그러한 혁명에 참여하여 '붉은 기'가 휘날리는 '조국통일'을 이루자고 노래하고 있는 것이다. '혁명'과 '조국통일'에 대한 내용을 다룰 뿐 아니라, 작품

---

19) 허남기, <4월>, 『문학예술』제71호, 1980. 158쪽. 이후로 본문 인용은 페이지 수만 적기로 한다.

의 주제가 북한의 정치 이데올로기를 반영하고 있다는 점에서, 이 작품은 앞서 논의한 가극 작품과 유사한 경향을 보여준다. 대부분의 재일동포 극작가들이 그러하듯이 허남기 역시 '사회주의적 내용'을 다루어야한다는 주체문예 이론의 창작방법론에 강박된 듯하다.

프롤로그의 합창이 극의 전체적인 분위기와 주제를 암시하고 있다면, 이후에 전개되는 합창은 함축적인 어휘를 통해 시적 분위기를 살리면서도 역사적 사건을 압축적으로 제시하는 한편, 행동을 촉구하는 의지적 발화를 통해 대중들을 각성시키고자 하는 작가적 의도를 노출한다.

> 합창   (중략)
> 　　　4월은, 4월은 꽃의 시절이라지만
> 　　　남녘의 땅우에는 눈보라치네
> 　　　로망한 독재자의 주름살 우에다
> 　　　붉게 탄 사자의 주먹을 쳐박자
> 　　　테로와 폭압으로 물러설 자는
> 　　　이땅엔 단 하나도 찾을수 없다
> 　　　　　　(중략) (162)
> 합창 (중략)
> 　　　마산이 터졌다 서울이 노했다
> 　　　항쟁의 발구름 천지에 울린다
> 　　　미제를 족치자 철천지 원쑤놈
> 　　　결사의 혈전에 형제여 나서라
> 　　　　　　(중략) (167)

1960년에 발생한 마산 사건과 4.19 학생 운동에 대해 노래하는 합창 부분이다. 대체로 4음보의 시적 운율을 지키면서 '눈보라', '로망한 독재자의 주름살', '붉게 탄 사자' 등과 같은 비유적 표현을 사용하고 있는데, 이것은 각각 '남한의 시련', '독재자 이승만', '분노한 혁명세력' 등을 암시하면서 4.19 민주화 항쟁을 환기시킨다. 전형적이고도 관습적인 비유를 사용함으로써 일반 대중이 남한의 정치적 상황이나 노래 가사에 내포된 함축적 의미를 쉽게 포착할 수 있게 하는 것이다. 합창 부분이 '형제여 나서라'와 같이 행동을 촉구하는 표현을 빈번하게 사용하면서 강한 선동성을 드러내고 있음에도 불구하고, 그것이 정치적 투쟁 구호처럼 들리지 않는 것은 노래 형식에 내재된 음악성과 압축적이고도 비유적인 표현 방법에 힘입은 바 크다.

이 작품이 북한의 정치 이데올로기를 바탕으로 창작되었음에도 불구하고, 남한의 정치적 사건을 외부자적 시선으로 다루고 있다는 인상을 주는 것은 서술자의 존재 때문이다.

> 설화자 1 (시랑송) (중략)
> 　　　　　남녘의 시인 조지훈(趙芝薰)은
> 　　　　　1960년 3월에 있은
> 　　　　　마산 인민봉기를
> 　　　　　이렇게 노래했노라.
> 　　　　　(중략) (159)
> 설화자 2 이리하여
> 　　　　　4월 15일
> 　　　　　경상도 마산에서 터진
> 　　　　　청년학생들의 성스러운 싸움은
> 　　　　　4월 28일
> 　　　　　리기붕의 자살로서
> 　　　　　끝이 났다.
> 　　　　　(중략) (172)

설화자가 등장하여 시를 낭송하거나 사건을 설명하는 부분이다. 중략된 부분에서 설화자 1은 남한의 시인 조지훈의 시를 직접 낭송함으로써 마산 사건에 대한 남한 대중들의 입장을 시적 화자의 목소리를 빌어 전달한다. 또한 설화자 2는 4.19 항쟁의 전모를 마치 뉴스 보도를 하듯이 사실적으로 진술한다. 어느 경우든 극적 상황과 발화 주체 사이의 정서적 거리가 유지되기 때문에, 발화된 내용은 객관성을 확보하게 되며, 관객들은 극적 상황에 높은 신뢰를 갖게 된다. 작가 자신의 목소리를 은폐시키는 이와 같은 표현 방식은 작품 전체에 객관성과 진실성을 부여함으로써 관객들이 자발적으로 작가가 지향하는 세계에 동참하도록 한다.

그러나 이 작품에서 주목할 것은 그처럼 작가의 태도를 간접적으로 드러내려는 의도에도 불구하고, 극적인 요소를 삽입하는 과정에서 관객들의 투쟁의식과 혁명의식을 고취시키고자 하는 목적의식을 노출하고 만다.

> 진 영 숙   어머니…
>
> (이때 순경놈들의 총소리가 쾅하고 난다.)
> (진영숙인 그냥 쓰러지고만다.)
> (한형녀자중학교의 학생들이 달려와 진영숙이를 끌어안는다.
>
> 한성중학생1   영숙아! 영숙아! (눈물진다.)
> 한성중학생2   영숙아!
> 한성중학생3   영숙아! (눈물진다.) 너를 쏜놈이 누구냐!
> 진 영 숙   어머니, 어머니, 부디 몸 건강히……(숨진다.) (166)

이것은 어머니에게 눈물 어린 편지를 남기고 시위대에 가담한 여자중학생이 진압군의 총에 맞아 쓰러지는 장면으로서 다른 인물들뿐 아니라 관객들에게 분노와 슬픔을 동시에 안겨주게 된다. 이 장면이 관객의 정서를 자극하는 것은 '어머니'와 '어린 여학생의 죽음'이라는 정서적 코드 때문이다.

강명희 (중략)
　　　　오빠, 언니들은
　　　　책가방을 안고서
　　　　왜 총에 맞았나요?
　　　　도적질을 했나요?
　　　　무슨 나쁜 짓을 했기에
　　　　점심도 안먹고
　　　　말없이 쓰러졌나요?
　　　　자꾸만 자꾸만 눈물이 납니다.
　　　　(중략) (170)

초등학교 여학생이 등장하여 학생들이 쓰러져 간 시위 현장에서 시를 읊는 장면이다. 시라기보다는 인물의 내적 독백처럼 들리는 이 장면에서 관객들은 희생된 청년들에게 깊은 동정심을 느끼는 반면, 총을 쏜 진압군에게 분노를 느끼게 된다. 앞에 인용된 장면처럼 관객이 어린 여학생의 희생 장면을 직접 목격하거나 혹은 이 장면에서처럼 초등학교 여학생이 발화 주체가 되는 경우 관객들은 강한 정서적 반응을 보여주게 된다. 극 행동과 발화의 주체가 모두 순진무구하고도 폭력 앞에 무력할 수밖에 없는 어린 여학생으로 설정되어 있기 때문이다. 비록 등장인물들의 목소리 뒤에 작가 개인의 목소리를 감추고 있다고 하더라도, 이와 같이 눈물샘을 자극하는 감상적 장면은 관객의 정서를 자극하여 투쟁의지를 고취시키고자 하는 작가의 숨겨진 의도를 노출시킨다. 결말 부분에서 설화자가 구호처럼 외치는 대사는 이러한 작가의 의도를 결정적으로 입증해 주고 있다고 할 수 있다.

설화자　남녘땅의 각계각층 인민들은 남조선사회를 민주화하며 나라의
　　　　자주적평화통일위업을 앞당기기 위하여 줄기차게 싸워야 한다.

(설화자 넷, 합창으로)

설화자 4 통일된 하나의 조선, 자주적인 새 조선을 위하여 더욱 억
세게 싸우고 또 싸워나아가자! (174)

　이것은 관객에게 작품의 주제를 각인시켜주는 대사에 해당한다. 이
장면이 흥미로운 것은 두 대사 모두 투쟁의지를 촉구하는 것임에도 불
구하고, 그것이 남한 대중과 재일동포라는 각기 다른 대상을 향해 발화
되고 있다는 점이다. 이 작품이 재일사회에서 창작·공연되었음을 염두
에 둔다면, 첫 번째 대사는 대상 없이 던져지는 헛된 구호처럼 여겨질
수 있다. 그러나 이러한 대사는 그 자체로는 무의미하지만, 재일동포를
향해 던져지는 두 번째 대사에 강한 힘을 실어주게 된다. 극이 전개되
는 동안 남한의 정치적 상황을 지켜보게 하다가 결말 부분에서 유사한
구조의 대사를 병치시킴으로써 남한 동포와 재일동포 관객들을 하나의
투쟁하는 집단적 주체로 결합시키기 때문이다.
　허남기의 시극 <4월>은 작가의 목소리를 직접적으로 노출하지 않으
면서도 문예동 집단이 요구하는 '사회주의적 혁명의식'을 효과적으로 작
품 속에 구현하고, 이를 관객들이 자발적으로 내면화 하도록 하고 있다.
합창, 시 낭송, 설화자의 사건 진술, 인물의 대사와 극 행동에 이르는
작품의 전 요소가 부패한 남한의 정치상과 그에 격렬하게 저항하는 대
중들의 투쟁을 전달하는데 기여하고 있을 뿐, 실제 관객이라고 할 수
있는 재일동포들을 향해 어떠한 정치적 이데올로기나 혁명의식을 강요
하지 않는 것이다. 그러나 바로 이 때문에 관객들은 눈물을 강요하는
감상적 장면에서조차도 극적 상황을 현실로서 인식하게 되며, 작가가
의도한 대로 동정, 슬픔, 분노와 같은 일련의 정서적 반응을 거쳐, 극
속에서 형상화된 혁명의지를 자발적으로 내면화 하게 되는 것이다.

4. 민족적 형식과 대중적 계몽의식: 토막극, 재담

토막극, 사이극, 재담 등과 같은 극소품은 짧은 막간에 공연될 수 있도록 소박한 형식과 내용으로 구성된 극 양식이다. 북한에서 '극소품'은 비교적 간단한 사건을 다루며, 구성과 줄거리가 단순하고 등장인물의 수도 적은 토막극이나 재담 등을 일컫는데, 이러한 극 양식의 주된 목적은 사회의 정책적 요구를 제때에 민감하게 반영하여 즉각적으로 공연함으로써 대중을 교양하는 데에 있다고 한다.[20]

우선 토막극은 가장 짧은 형식의 극으로서 한 장소에서 벌어지는 생활의 단면이 반영되며, 희극적 내용과 낙천적인 생활 정서를 담는 것이 특징적이다. 때와 장소에 구애됨이 없이 간단한 무대장치와 소도구를 가지고 공연할 수 있다는 점에서, 토막극은 북한에서 기동적이고도 전투적인 예술 형식으로 간주되고 있다.[21] '사이극'이라는 극 양식의 이름이 붙여져 발표된 <눈뜬 소경>[22], <웃물이 맑아야 아래물이 맑다>도[23] 이러한 토막극과 형식이나 내용이 유사하다는 점에서, 일종의 토막극으로 볼 수 있다. 재일동포 극작가들이 이러한 극 양식을 적극적으로 수용한 것은 정치적 의미 외에, 그것의 경제성도 고려하였기 때문일 것이다.

히로시마 조선가무단이 집단적으로 창작한 토막극 <소조일가>는 그 창작 주체의 신분으로 보아 그것이 독립적으로 공연되었다기보다는 소속 가무단 공연의 다양한 레퍼토리 가운데 하나로서 공연되었음을 짐작하게 한다.

---

20) 『문학예술사전』상, 과학백과사전종합출판사, 1988. 264쪽.
21) 『문학예술사전』하, 과학백과사전종합출판사, 1988. 141쪽 참조.
22) 오정숙, <눈뜬 소경>, 『문학예술』제80호, 1985.3. 89~97쪽.
23) 김종현, <웃물이 맑아야 아래물이 맑다>, 『문학예술』제80호, 1985.3. 98~105쪽.

막이 오르기 전에 해설자가 등장하여 관객에게 장차 전개될 작품에 대해 설명하고 있는 부분이다. 관객에게 관극 포인트를 미리 알려줌으로써 보다 편안하게 작품을 즐길 수 있도록 하는 것이다. 이처럼 관객을 의식하는 극적 장치는 토막극이 단막극과 다른 성격의 극 양식임을 짐작케 한다. 이 작품은 표면적으로 단막극과 유사한 형식과 내용으로 되어 있지만, 단막극보다 분량이 적을 뿐만 아니라, 극적 갈등이 거의 나타나지 않는다는 점에서 그와 변별된다. 이 작품에서 굳이 극적 갈등을 찾아보자면, 유쾌식이 처나 딸과 달리 분회의 소조 활동을 하지 않는 것과 관련하여, 소조활동에 무관심한 유쾌식과 적극적인 다른 인물들이 사사건건 마찰을 빚는 것이라 할 수 있다. 그러나 이러한 갈등은 유쾌식이 평소 관심을 가져 왔던 야구(소프트볼) 소조에 기꺼이 가입함으로써 쉽게 해결된다.

이처럼 날카로운 문제의식이나 치밀한 갈등 구도가 나타나지 않기 때문에, 토막극은 하나의 극문학 작품으로서 문학적 혹은 연극적 완성도를 갖추고 있다고 평가받기 어렵다. 그러나 또 다른 측면에서 토막극의 형식적 특성은 오히려 일반적인 희곡보다 강한 대중 흡인력을 발휘하게 된다.

녀맹분회장   주인께서 큰일을 하셨구만요. 조선사람찾기운동에서 큰

---

24) 히로시마 조선가무단, <소조일가>, 『문학예술』제63호, 1977.2. 170쪽. 이후 본문
인용은 페이지 수만 적기로 한다.

유 쾌 식   모범을 보여주셨어요.
          어데요. (하면서도 얼굴에는 기쁨이 넘쳐있다.) 아까 우리
          집사람한테 되게 꾸중을 받았지요. 우리 같은 젊은이들
          이 애국사업에 나서지 않으면 되겠는가요.
녀맹분회장 (고개를 끄덕이며) 그래요. 위대한 수령님께서는 ≪여러
          분들이 총련의 주인된 자각을 높이고 자기의 임무를 다
          할 때 분회의 전투적 기능과 역할이 높아지게 되며 분
          회앞에 아무리 복잡한 과업이 제기되더라도 그것을 훌
          륭히 수행할수 있습니다.≫라고 가르치시었습니다. (중
          략)(174)

갈등이 해결되는 장면으로서 이 작품이 다루고자 하는 것이 유쾌식의
소조활동 참여 여부가 아님을 보여준다. 결말 부분에 이르러 등장인물
이 소조활동을 통해 분회의 애국사업 활동(조선사람 찾기 운동)에 적극
적으로 가담하게 되었다는 사실이 유독 강조되고 있기 때문이다. 이 작
품의 의도는 동포들이 총련의 분회 활동에 자발적으로 참여하는 것이
김일성의 교시임을 밝히는 부분에서 보다 선명해진다고 할 수 있다. 이
처럼 극적 서사를 무겁지 않게 이끌어가면서 관객의 긴장을 이완시키다
가 결말 부분에서 핵심적인 주제를 던져주는 것은 토막극의 고유한 서
사 진행 방식이라 할 수 있다. 토막극이 관객들을 계도하는 데 효과적
인 것은 그것의 극 형식과 갈등 구조가 단순하기 때문일 것이다. 즉 단
순한 하나의 문제적 상황이 제시되고, 간단한 문제 해결 과정을 거쳐
단숨에 낙관적 결말에 도달하기 때문에, 관객들은 작품의 주제(혹은 주
장)를 저항감 없이 즉각적으로 수용하게 되는 것이다.

토막극과 달리, 재담은 극 행동이 극도로 배제된 대화극으로서 해학
과 기지가 넘치는 재담 고유의 대화 방식을 이용하여 창작 주체가 의도
한 주제를 관객에게 자연스럽게 전달하는 것이 특징적이다.

김 　그런데 동문 우리 식대로 산다는 게 어떻게 사는건지 아는가?
박 　동무도 참! 지금 그걸 모른 사람이 어데있소? 잘 들어보라구. 우
　　리 식대로 산다는 건 말이야 남의 식대로 안산다는거란 말이야.
김 　아니?… 그럼 남의 식대로 안산다는건 어떻게 산다는거요?
박 　그게 우리 식대로 산다는거란말이야.25)

재담의 전형적인 형식을 보여주는 김수중의 <민족의 얼을 되찾고 우리 식대로 살며 생활하자>의 서두 부분이다. 이처럼 재담은 두 명의 배우가 등장하여 별다른 극 행동 없이 주어진 화제에 대해 말장난을 하듯 대사를 주고받는 형식으로 진행된다. 특히 김수중의 경우, 서두 부분에서 반복의 기법을 이용한 언어유희를 통해 관객의 웃음을 불러일으키면서 관객에게 핵심 화제를 강하게 각인시킨다. 이 작품의 구조를 살펴보면, 서두에서 '우리 식대로 사는 것'과 '남의 식대로 안 산다는 것'을 반복적·교차적으로 발화함으로써 '주체사상'이라는 중심 화제를 제시하고, 중간 부분에서는 주체사상이 결여된 다양한 사례를 이야기한 후, 결말 부분에서 '사대주의나 민족허무주의 사상'(102)에 빠지지 않도록 '주체사상으로 튼튼히 무장'(102)해야 한다는 주제를 강조하고 있다. 가볍고도 재미있는 말장난으로 출발하여 점진적으로 진지한 주제를 다루어 나감으로써 관객들의 흥미를 유발시키고, 결과적으로 관객들이 작가가 전달하고자 하는 주제에 깊은 관심과 호감을 느끼도록 한다.

　　김, 박 자리를 바꾼다.
동　포 　아이구 새댁이, 오래간만이네. 다들 잘계시냐?
며느리 　(말없이 방긋 웃는다.)
동　포 　(걱정스레) 근데 듣자하니 친정어머니가 병원에 입원을 하셨다

---

25) 김수중, <민족의 얼을 되찾고 우리 식대로 살며 생활하자>, 『문학예술』제70호, 1980.봄호. 98쪽. 이후로 본문 인용은 페이지 수만 적기로 한다.

　　　　면서? 참 안됐구만.
　　며느리 (말없이 방긋 웃는다.)
　　　　　　　　　　(중략)
　　　김, 박 제자리에 돌아선다.
　　　　　　　　　　(중략) (100)
　　김　아니 굿거리 장단이요, 자진머리장단이요 무슨 장단이요?
　　박　놀랜장단이요. 쿵덕덕쿵덕덕! 쿵쿵쿵! 합따라라기궁따따 쿵! 하고
　　　　말이야.
　　　　　　　　　　(중략) (101)

　재담의 극적 재미가 두드러지게 드러나는 부분이다. 김과 박이 자리를 바꾸어 각각 동포와 며느리로 변신했다가, 제자리로 돌아서서 본래의 인물로 되돌아오는 장면은 일종의 역할극에 해당한다. 두 명의 등장인물이 다양한 캐릭터로 변신함으로써 자칫 지루해질 수 있는 이야기의 흐름에 생동감을 주는 동시에 동일한 인물이 다른 인물로 변화하는 과정을 직접 보여줌으로써 극적 흥미를 더하게 된다. 또한 박이 놀란 심정을 '굿거리장단'으로 표현하자 김이 장단의 종류를 묻고, 다시 박이 '놀랜 장단'이라고 받아치는 장면에서는 언어유희뿐 아니라 북장단의 의성어를 통해 이야기를 '듣는' 재미를 느끼게 해준다. 이러한 요소들은 모두 관객들이 두 인물의 대사에 주의를 집중하도록 하는 극적 기능을 수행하게 된다.

　극소품 중에서도 재담은 가장 많은 수를 차지하는데, 이 작품 외에도, 문화어 사용을 촉구하는 <말은 한다고 다 말이 되는것이 아니라 말을 말답게 하여야 말이 말값을 한다>[26], 남한의 정치상 비판을 통해 투쟁의식을 고취하는 <팔아먹게 두겠는가>와 <모략>[27], 북한의 풍족한

---

26) 도고조선가무단 집체작, <말은 한다고 다 말이 되는것이 아니라 말을 말답게 하여야 말이 말값을 한다>, 『문학예술』제32호, 1969.12. 39~42쪽.

생활상과 사회상을 선전하는 <올해도 대풍년>과 <사회주의공업국가 좋기도 좋아>[28], 총련의 애국혁신 운동을 강조하는 <애국혁신운동 힘차게 벌려가세>[29], 고려연방공화국 창설을 지지하는 <우리 소원, 우리 행복 고려인민공화국>과 <파쇼통치 청산하고 련방공화국 창설하자>[30] 등이 있다. 이러한 작품들은 각기 다른 내용을 다루고 있지만, 대사를 주고받으면서 주제를 향해 점진적으로 발전하는 대화 형식을 보여준다는 점에서 앞서 논의한 김수중의 재담과 유사한 특징을 드러낸다. 재일동포 극문학 중에서도 이러한 재담의 극 양식은 두 가지 측면에서 중요한 의미를 갖는다. 그것은, 첫째 남한에서 거의 사라져버린 '만담'이라는 민중들의 희극 형식을 계승하는 극 양식이며, 둘째 재일동포 한국어 희곡의 전형적인 특징 중의 하나인 '대화극' 형식의 모태가 되고 있다는 점에서 그러하다.

가극이나 시극과 비교해 볼 때, 토막극이나 재담과 같은 극소품은 극형식이나 주제전달의 방식 면에서 '사회주의적 내용'보다는 '민족적 형식'에 보다 충실한 측면을 보여준다. 적은 제작비용, 간편한 공연 방식, 명료한 주제 표현은 극소품이 보다 폭넓은 관객층을 확보할 수 있게 하는 요소가 될 수 있다. 더욱이 토막극의 낙관적인 결말 구조와 재담의 해학적인 대화 방식은 주제의 선동성을 약화시키면서 관객으로 하여금 즐거운 마음으로 작가의 의도를 수용하도록 한다. 그것이 비록 대중들

---

27) 김성호, <팔아먹게 두겠는가>, 『문학예술』제13권, 1965.5. 77~79쪽.
　　　강룡수, <모략>, 『문학예술』제90호, 1988. 74~88쪽.
28) 기다간또조선가무단 집체작, <올해도 대풍년>, 『문학예술』제63호, 1977.2. 176~177쪽.
　　　김수중, <사회주의공업국가 좋기도 좋아>, 『문학예술』제38호, 1971.9. 98~104쪽.
29) 김수중, <애국혁신운동 힘차게 벌려가세>, 『문학예술』제70호, 1980. 102~106쪽.
30) 황경락, <우리 소원, 우리 행복 고려인민공화국>, 『문학예술』제72호, 1981.3. 49~53쪽.
　　　김수중, <파쇼통치 청산하고 련방공화국 창설하자>, 위의 잡지, 54~57쪽.

을 특정한 방향으로 계도하기 위해 창작된 것으로 강한 계몽성을 내재하고 있다고 하더라도, 독특한 형식과 유희적인 표현 방식은 재일동포 한국어 극문학 중에서도 가장 돋보이는 부분이라 평가할 만하다.

5. 맺음말

본 연구는 재일동포 한국어 극문학 중에서 그동안 연구 대상으로서 다루어지지 않았던 가극, 시극, 극소품(토막극과 재담) 작품을 대상으로 하여 극의 양식적 특성과 주제의식을 살펴보고자 하였다. 가극, 시극, 극소품은 북한과 재일동포 사회에서만 발견되는 독특한 극 양식으로서 일반 희곡보다 북한의 주체문예 이론을 충실하게 수용한 흔적을 보여준다. 북한 문학(혹은 연극)과의 깊은 친연성에도 불구하고, 이러한 극 양식을 논의의 대상으로 삼은 것은 그것이 재일사회에서 지속적으로 발표(상연)되면서 강한 생명력을 유지해 왔기 때문이다.

보다 구체적인 논의를 위해, 본 연구는 가극 <싸워서 찾으리 고향땅>, 시극 <4월>, 토막극 <소조일가>, 재담 <민족의 얼을 되찾고 우리 식대로 살며 생활하자> 등을 분석 대상으로 삼아, 다른 극 양식과 변별되는 가극, 시극, 극소품 고유의 형식적 특성을 추출해내고, 그것이 작가의 주제의식 및 특정한 주제를 구현하고자 하는 작가적 의지와 관련되어 있음을 밝히고자 하였다.

먼저, 가극 <싸워서 찾으리 고향땅>은 서울을 극적 공간으로 하여 미군과 노동자들이 갈등하다가 주동 인물 리룡수의 저항과 희생을 계기로 노동자들이 혁명의지를 불태우는 내용을 다루고 있다. 이 작품은 독창, 중창, 합창으로 구성된 노래를 통해 주제를 직접적으로 표현하는 한편, 인물의 행동 지시문을 통해 대사에서 약화된 극적인 요소를 보완하고 있다. 그러나 이 작품은 가극 예술에 요구되는 민족적 형식과 사회주의적 내용을 지나치게 의식한 나머지 노래의 형식을 단순화시키고 있을 뿐만 아니라, 대중에게 고취시키고자 했던 혁명의식마저도 내적 개연성을 마련하지 못하고, 이상적이도고 관념적인 형태로 그려내고 만다.

반면, 시극 <4월>은 가극과 유사하게 사회주의적 내용을 다루면서도, 함축적인 표현과 객관적인 어조를 통해 작가의 의도를 은폐하고 있는 것이 특징적이다. 남한의 정치적 시위 현장을 극적 공간으로 하여 부패한 정치세력에 저항하는 남한 청년들이 저항하는 상황을 관객이 직접 목격하도록 하거나, 객관적인 표현방식을 통해 그것을 전해 듣게 함으로써 관객이 투쟁의식을 자발적으로 내면화 하도록 한다. 이것은 남한의 시를 낭송함으로써 극적 상황과 거리를 유지하고, 설화자의 사실적 진술 태도를 통해 객관성과 진실성을 확보하는 한편, 희생 대상과 시적 발화의 주체를 남한의 어린 여성 인물로 제시함으로써 관객으로부터 연민, 슬픔, 분노의 정서적 반응을 얻어내는 데서 연유한다. 비록 예술미학적 측면에서 그것의 가치를 인정받지 못한다 하더라도, 시적 화자와 설화자가 등장하는 시극 고유의 형식적 특성을 이용하여 관객의 정서와 의식에 깊은 울림을 주고 있다는 점에서, 이 작품은 일정한 성과를 거두었다고 할 수 있다.

가극이나 시극과 달리, 토막극이나 재담과 같은 극소품은 '사회주의적 내용'보다는 '민족적 형식'이 강화된 극 양식이라 할 수 있다. 저렴한 제작비용, 간편한 공연 방식, 단순한 극적 서사와 갈등 구조, 낙관적 결말과 희극적 대화 방식 등 극소품이 갖고 있는 특징적인 요소는 그것이 대중적인 공연 방식을 지향하고 있음을 짐작하게 한다. 비록 토막극이나 재담이 결말 부분에서 인물의 대사를 통해 직접적으로 주제를 전달하고 있음에도 불구하고, 그것이 작가의 의식이나 정치 이데올로기의 강요로 여겨지지 않는 것은 이러한 극 양식의 미덕이라 할 만하다. 이는 가볍고 쉬운 극 양식이 진지한 주제를 효과적으로 전달할 수 있음을 보여주는 예가 될 수 있다.

일반 희곡과 비교할 때, 가극, 시극, 토막극 및 재담은 강한 정치성, 선동성, 목적성, 대중성을 드러내는 것이 사실이다. 이는 주체문예 이론에서 요구하는 '민족적 형식'과 '사회주의적 내용'의 창작방법론에 극작가들이 지나치게 강박되어 있는 것과 무관하지 않으며, 본질적으로는 극 양식 자체가 대중에게 강한 영향력을 발휘할 수 있는, 노래, 춤, 시, 가벼운 대화, 언어유희 등과 같은 요소로 구성되는 것과 관련되어 있다. 이러한 극 양식이 주목받지 못한다면 그것은 재일사회의 현실적인 문제를 소홀히 다룬 채, 이데올로기에 가까운 관념적 혁명의식을 주된 내용으로 다루고자 하였기 때문이며, 그 가치가 인정된다면 그것은 남한 사회에서는 이미 사라져 존재하지 않는 고유한 극 형식을 재일동포 연극계가 보존하고 있다는 사실 때문일 것이다. 요컨대, 가극, 시극, 극소품은 그 형식이 문제가 아니라, 극작가 자신이 당위론적으로 주어진 이데올로기의 틀에 얽매여 있는 것이 문제가 된다는 것이다. 따라서 재일동포 극작가들은 강한 대중 흡인력을 발휘할 수 있는 이들 극 양식을 통해 어떻게 극적 리얼리티를 살려낼 것인가에 대해 고민해 보아야 할 것이다. 그것은 아마도 북한과 문예동이 지속적으로 추구해왔던 사회주의적 사실주의의 창작 방법론과 결코 그 뿌리가 다르지 않을 것이라 생각된다.

참고문헌

1. 기본 자료

강룡수, <모략>, 『문학예술』제90호, 1988.

기다간또조선가무단 집체작, <올해도 대풍년>, 『문학예술』제63호, 1977.2.

김성호, <팔아먹게 두겠는가>, 『문학예술』제13권, 1965.5.

김수중, <민족의 얼을 되찾고 우리 식대로 살며 생활하자>, 『문학예술』제70호, 1980, 봄호.

_____, <사회주의공업국가 좋기도 좋아>, 『문학예술』제38호, 1971.9.

_____, <애국혁신운동 힘차게 벌려가세>, 『문학예술』제70호, 1980.

_____,, <파쇼통치 청산하고 련방공화국 창설하자>, 『문학예술』제70호, 1980.

김종현, <웃물이 맑아야 아래물이 맑다>, 『문학예술』제80호, 1985.3.

도고조선가무단 집체작, <말은 한다고 다 말이 되는것이 아니라 말을 말답게 하여야 말이 말값을 한다>, 『문학예술』제32호, 1969.12.

서 묵, <싸워서 찾으리 고향땅?, 『문학예술』, 제28호, 1969.2.

오청숙, <눈뜬 소경>, 『문학예술』제80호, 1985.3.

황경락, <우리 소원, 우리 행복 고려인민공화국>, 『문학예술』제72호, 1981.3.

허남기, <4월>, 『문학예술』제71호, 1980.

히로시마 조선가무단, <소조일가>, 『문학예술』제63호, 1977.2.

2. 저서, 논문, 기타 자료

김성호, 「군중 문화 사업을 발전시킬 데 대하여」, 『문학예술』제2권, 제1호, 1964.7.

서연호・이강호, 『북한의 공연예술 I』, 고려원, 1990.

박영정, 「북한연극의 공연방식과 미학」, 『한국극예술연구』제13집, 한국극예술학회편, 2001.4.

백로라, 「재일동포 한국어 극문학 연구」, 『한중인문학연구』제14집, 한중인문학회편, 2005.4.

_____, 「재일동포 한국어 희곡에 나타난 주체문예 이론의 수용 양상과 '민족 이데

올로기」, 『한중인문학연구』제17집, 한중인문학회 편, 2006.4. 268면 참조.

「혁명의 무기로서의 사회주의적 문학예술에 관한 김일성 원수의 사상과 그 위대한 생활력」, 『문학예술』제35호, 1970.10.

「창작에서 주체를 세우고 생활을 진실하게 그리자」, 『문학예술』제84호, 1986.7.

『문학예술사전』상, 중, 하, 과학백과사전종합출판사, 1988.

'김지석과의 인터뷰', 2006.1.16. 오사카, 일본.

재일동포 한국어 비평문학의 개관

―『문학예술』소재 비평·논설을 중심으로―

곽 원 석

목 차

1. 머리말

이 글은 재일동포 한국어 비평문학의 형성과 전개과정, 그리고 그 성격을 개관하는 데 목적을 둔다. 최근 괄목할만한 성과를 거두고 있는 해외동포문학 연구 노력이 있었음에도 불구하고 재일동포 한국어문학만큼은 전혀 관심의 대상이 되지 못했다.[1] '일본어로 창작된 재일동포 문

---

1) 설성경·김영민·최유찬·양문규·심원섭에 의해 수행된 「통일 한국문학의 진로와 세계화 방안 연구」(『동방학지』제107집, 연세대학교 국학연구소, 2000.3)는 이

학'의 문제성에 대해서는 지금도 심도 있는 논의가 진행 중이며2), '중국조선족문학'과 '재러고려인문학' 그리고 '재미한국인문학'에 대한 연구 열기 또한 이것에 못지않다. 그럼에도 불구하고 학계의 시선이 유독 재일동포 한국어문학을 외면해 왔던 것은 무엇 때문일까. 일단 이제껏 대립과 반목의 각을 세워온 분단현실 속에서 내면화된 냉전이데올로기에 혐의를 둘만하다. 재일동포 한국어문학 창작 활동에 깊숙이 간여하는 '총련'의 특수한 정치·사회적 위치로 인해 연구자들이 은연중 자기검열을 작동시킬 수 있었기 때문이다. 이것은 남한 문학연구자들이 문예동 중심의 재일동포 한국어문학3)을 대상화하면서 '낯설고 기이한 북한문학'과 크게 다를 바 없는 것으로 호명하고, 총련과 북한 사이의 친연성을 비판해 왔던 사실과도 무관하지 않다. 이러한 점을 수긍하게 된다면, 재일동포 한국어문학에 대한 기존 연구자들의 무관심이나 편향적 시각을 마냥 탓할 수만은 없다. 사실 총련 결성 이후의 재일동포 한국

방면의 유일한 선행연구물이다. 이 글은 '재일 동포 문학예술의 현황과 창작 방향'이라는 제명 아래 "재일 한국어문학" 창작의 기본 방침과, 작품의 주요 모티브를 살피고 있다. 다만, 필자들 스스로 인정하고 있듯이 논의 대상으로 삼은 작품이 극히 제한된 것이었다는 점에서 한계를 드러낸다.

2) 홍기삼(편), 『재일한국인 문학』, 솔출판사, 2001.
　홍기삼, 「재일한국인 문학론」, 『일본학』제19집, 동국대학교일본학연구소, 2000.12.
　이와 관련된 많은 성과와 연구현황 등을 종합적으로 정리한 논문으로는 「재일동포문학의 역사와 그 연구현황」(이한창, 『일본학연구』제17집, 단국대학교일본연구소, 2005.10)을 참고할만하다.

3) 앞의 논문에서 설성경(외 4인)은 이 용어를, '재일 한국인에 의해 한국어로 창작되고 소비된 문학'으로 규정하고 있다. 이것은 '재일조선인문학'이나 '재일동포문학' 등과는 그 개념에서나 대상의 범주를 달리한다. 본고는 설성경(외 4인) 논문과 그 연구 대상의 범주를 같이 하지만, 그것을 '재일동포 한국어문학'으로 지칭하기로 한다. '재일'이라는 말이 갖는 다양한 의미로 인해 혼란을 가져올 수 있기 때문이다. 다만 이 용어에 문제점이 있다면, 창작 수단으로서의 언어적 조건인 '한국어'가 문예동 소속 문인들이 관습적으로 사용하는 '조선어'라는 용어를 어떻게 수렴할 수 있느냐는 것일 터이다. 그러나 소수에 불과하지만 한국어로 창작하는 민단계, 혹은 비총련계 문인의 작품도 궁극적으로 본 연구 대상에 포함될 수 있다는 사실을 고려하지 않을 수 없다. 따라서 본 논문에서의 용어 '한국어'는 어디까지나 편의상 사용된 것임을 밝혀둔다.

어 문학이 '북한 문화 문예정책에 따른 사회·역사적 상황의 등가물, 즉 당의 문예정책에 대해 한치의 틈도 보이지 않는 즉각적 반응'[4]이었다는 비판은 피해갈 도리가 없어 보인다. 재일동포 한국어 문인들의 창작활동이 북한의 문예이론과 창작방법론에 기댈 수밖에 없었던 것이 엄연한 현실 조건이었기 때문이다. 그리고 주지하다시피 총련의 생래적 조직 성향은 그들의 개성적인 문예활동이나 다양한 문예적 실험을 보장할 수도 없었다.

장래의 민족통일문학사 수립을 기획하고 이를 향해 나아가는 도정에 있다면, 반드시 해결해야 할 과제는 분명 이러한 재일동포 한국어문학의 문제일 것이다. 언제까지나 재일동포 한국어문학을 정치적 헤게모니 장악과, 이를 선전·교양하는 사회주의 문학담론으로만 바라볼 수는 없다. '재일'[5]의 특수 상황에서 우리말과 글, 엄정한 '민족적 순결성'을 지키며 질곡의 한 시대를 가로질러온 독이(獨異)한 체험과 시선이 어떤 형태로든 그들의 문학 속에 자리잡고 있을 것이기 때문이다. 대부분 피지배식민지인으로서 일본에 끌려와, 대를 이어 유·무형의 압제와 차별을 감내하며 언제나 '경계인'으로 남을 수밖에 없었던 그들의 삶과 의식의 음영에, 우리 민족의 역사와 문학사를 향해 던지는 나름대로의 물음도 담겨 있을 터이다.

---

4) 윤영천, 「중국 조선족 시문학의 형성과 전개」, 『민족문화사연구』제17호, 민족문학사연구소, 2000.12. 202쪽.

5) '재일'이란 말은 1970년대 후반부터 2, 3세 젊은 세대의 새로운 정체성 모색과 관련되어 쓰이기 시작했다. 그러나 이 말도 '재일한국인(조선인)문학'만큼이나 다양한 차이를 보이고 있는데, 대체로 '민족적 정체성 부재의식'과 연계되어 쓰이는 경향이 많다. '잠시 일본에 머물고 있을 뿐이며, 현재적 사회문화적 조건 속에서 일본인도 한국인(조선인)도 아닌' 상황을 드러내는가 하면 '재일한국인(조선인)'의 약칭어로 쓰기도 한다. 후자의 경우, 재일동포들이 일본에 거주하게 된 역사적 경위를 은폐하게 되는 문제점을 안고 있다.(김인덕, 『우리는 조센진이 아니다』, 서해문집, 2004.4. 14~15쪽 참조)

　요컨대 재일동포 한국어문학을 연구함에 있어 결정적 걸림돌로 작용하는 것은 '북한문학과 재일동포문학 사이의 친연성'에 기미된 연구자의 편향적 시선이다. 우선, 해방 이후 한국문학과 궤를 달리하면서 목적성과 이념성에 경도되어 온 북한문학과의 접점을 찾지 못하면, 이 문제의 해결은 그리 쉽지 않을 것이다. 지금까지의 이념적 대립이나 정치적 대결구도가 그대로 유지되는 한, 그 접점은 어디에서도 찾을 수 없을 것이기 때문이다. 혹자는 이런 문제해결을 위해 '다분히 개념적이고 추상적인 한민족 문화권'이라는 논리를 대안으로 제시하기도 한다. '전체 재외동포들의 문학 구도 속에 남북한 문학의 지위를 자리 매김하고, 제3세계로 확산되는 동아시아론의 논리를 차입하여 남북 대결 구도를 희석시키면', 궁극적으로 한민족 문화통합까지도 기대할 수 있다는 것이 이 제안의 핵심 내용이다.[6] 그리고 재일동포 한국어문학의 총체적 파악을 시도함에 있어, 그들이 한국어로 작품을 생산하는 과정 속에서 보여준 국문학의 장르적 지속·변이라는 공시성과, '재일'과 '분단'이라는 현실 조건으로서의 동시성을 아울러 검토하는 접근 방식[7]도 한 가지 대안이 될 만하다. 따라서, 재일동포 한국어문학 연구에 임할 때 선입견을 가지거나 섣불리 가치 판단을 내리는 일은 바람직하지 않다. 그들의 존재 방식에 대한 객관적 접근, 충분한 자료 수집과 체계화, 그리고 정확한 자료 해석이 무엇보다 선행되어야 할 것이다. 그리고 지금은 재일동포 한국어문학에의 접근 자체를 가로막아 온 이제까지의 편견에서 벗어나, 그것을 바라보고 분석하는 규준(criterion)의 객관화[8]가 필요한 시점이다.

---

6) 김종회, 「재외 동포문학의 어제·오늘·내일－재미국·재일본·재중국 동포문학의 범주와 실상을 중심으로」, 『어문연구』제124호, 한국어문교육연구회, 2004.12. 281~282쪽 참조.
7) 조규익, 「초창기 재미한인들의 국문시가에 대한 인식」, 『국어국문학』제124호, 국어국문학회, 1995,5. 231쪽 참조.
8) 이 문제에 대한 구체적 논의는 박태상의 『북한문학의 현상』(깊은샘, 1999) 52~81

본고는 이러한 문제의식 아래 1960년부터 1999년까지의 '문예동' 기관지 『문학예술』에 소개된 재일동포 한국어 비평문학을 개관한다. 특히 북한 문예이론의 변화와 관련하여 재일동포 한국어 비평문학이 형성되는 배경, 그들의 비평 유형과 논리를 중점적으로 살펴볼 것이다. 그리고 본고는 본격적인 재일동포 한국어 비평문학 연구라기보다 이제껏 봉인되어 있던 이 분야의 기본 자료들을 소개하고, 그 문예미학적 지향에 대한 총체적 연구 가능성을 가늠해 본 시론적 글임을 밝혀둔다.

2. 총련의 결성과 재일동포 한국어문학

대체로 '재일동포 문학'의 시점을 개화기 일본 유학생들의 활동으로부터 잡는 것에 크게 이견이 없어 보이지만, 오늘날 선행 연구물들에서는 '재일동포 문학'이라는 용어의 개념과 범주 규정을 두고 많은 논란이 있어왔다. 해당 연구의 목적이나 성격, 혹은 그 대상에 따라 천차만별의 의견을 내놓고 있기 때문이다.[9]

쪽을 참조할 수 있다. 박태상은 북한문학에 대한 연구방법론상 상호보완성의 필요성을 강조하면서 텍스트 내부의 창작원리에 따른 작품분석 방법을 설정하는 역사주의적 안목과 텍스트에 외재하는 규준에 따라 연구하는 남한위주의 전통적 입장을 결합한 '객관적 시각'의 확보가 시급한 것으로 보고 있다.

9) 설성경(외)의 앞 논문에서는 '재일 한국인문학'이라는 용어를 규정하면서, 개화기 및 식민지 시대 유학생과 일본어로 창작하는 문인들을 그 범주에서 제외하고 있다. 따라서 본격적인 의미에서의 '재일 한국인 문학'을 해방 이후 오늘날까지 일본에서 장기 거주하는 '재일 한국인'에 의해 창작·소비된 '한국어문학'으로 규정한다. '재일 한국인 문학'을 이와 같이 규정한다면 최근 활발하게 논의되고 있는 일본어로 창작된 '재일 한국인'작가의 문학을 어떻게 처리할 것인가에 대한 심각한 문제를 제기하게 된다. 이 문제가 어떻게 결말나든지 간에 '재일 한국인 문학'의 범주를 지나치게 좁히게 되는 문제점은 피할 수 없을 것이다. 자세한 내용에 대해서는, 홍기삼의 『문학사와 문학비평』(해냄, 1996.8, 283~301쪽)을 참고할만하다.

　　본고에서 다루고자 하는 '한국어로 창작된 재일동포 문학'은 그들이
사용한 언어적 측면에서나 지향하는 문예이념과 창작·소비 주체의 측
면에서 매우 특별한 성격을 지니고 있다. 한국어로 문예창작에 나서는
재일동포 문인의 대부분이 '재일본조선인총연합회'(총련) 산하 '재일본조
선문학예술가동맹'(문예동)에 소속되어 있을 뿐만 아니라 이 작품의 독
자들 역시 특정 사회구성원에 한정되어 있다는 점에서 그러하다. 또한
재일동포 한국어문학이 존립하는 현실적 토대가 일본이라는 자본주의
문화지형 속에 포함되어 있음으로 하여 부르주아적 문학 실천과 첨예하
게 대립하고 있다는 것도 간과할 수 없는 한 특징일 것이다. 문예동 소
속 작가들의 그러한 문예활동이 총련의 방침이나 강령에서 크게 벗어나
지 않는다고 볼 때, 그들의 문학이 북한 문예이념에 규율될 것임은 어
렵지 않게 짐작할 수 있다. 총련 결성과 문예동 발족 저간의 상황을 간
략히 살펴보는 것도 이 점을 이해하는데 도움이 될 것이다.

　　제2차 세계대전 종전 당시 재일 한국인은 무려 230여 만 명에 달했
다. 1945년 10월 15일 이들 중 5천명이 '재일본조선인연맹'(조련)을 결
성, 비정치적, 비이데올로기적 입장을 천명하며 재일 한국인을 대표하고
나섰지만, 얼마가지 않아 그 주도권이 일본공산당에 의해 장악되고 만
다.[10] 이에 맞서 민족주의계 민주인사들이 11월 16일 '조선건국촉진청
년동맹'(건청)을 결성하고 이듬해 1월 2일에는 '신조선건설동맹'이라는
조직이 등장하게 된다. 같은 해 10월 3일 이 두 단체가 통합한 것이
'재일본조선거류민단'이다. 이후, '조련'은 북한정권을, '민단'은 대한민
국을 지지하고 나서면서 정치적 색채를 강하게 띠게 되는데 이로 말미
암아 재일동포 사회조차 양분되어 치열한 이데올로기 대립의 단계로 접

---

10) 조련이 일본공산당 하부기관처럼 전락하게 된 것은, 세계대전 중 일본공산당원으
　　로 활약하던 김천해가 석방되어 조련의 최고고문에 추대됨으로써 비롯되었다.

어들게 된다. 미군정이나 일본정부와 사사건건 대립하던 '조련'은 그들에 의해 해산되고 '조련' 맹원들은 일본공산당 산하기관이었던 '재일조선통일민주전선'(민전)으로 다시 결집한다. 그러나 '민전'을 북한정권에 직속된 동포단체로 재개편해야 한다는 한덕수의 주장에 따라 1955년 5월 24일 제6차 전체대회를 끝으로 이를 해산하고 5월 25일 지금의 '재일본조선인총연합회'(조총련)의 출발을 보기에 이른다. 이들은 북한의 대내외 정책을 동포사회에 실현시키고 그 혁명노선을 지지하기 위한 조선노동당 재일지부로서의 역할을 자임하고 나서게 된다.[11] 조총련에서는 『조선신보』, 『조선시보』를 비롯한 40여 종에 이르는 각종 정기간행물 발행을 통해 북한의 지도내용 및 총련 결정사항을 학습시키는가 하면, 민족학교를 세워 모국어에 의한 민족교육에도 지대한 관심을 보인다. 그러나 이때 사용한 교과서나 교육내용 자체가 북한의 것이었으며, 재정지원도 온전히 북한에 의해 이루어지고 있었다는 점에서 그들의 '친북적 성향'은 필연적 결과일 수밖에 없다.

'민전'의 해체에 이어 결성된 '조총련'의 산하기관 '조선인문학예술가동맹'이 당시 절대 다수 재일동포 문예인을 아우르며 출발한 것은 1959년 6월이다. 이들의 작품활동은 주로 문예동 기관지 『문학예술』[12]을 통해 이루어지고 있었다. 그러나 조직 차원에서의 사상적 통제나 작품검열이 강화되면서부터 일부 맹원들과의 마찰이 빈번히 발생하게 된다.[13] 그럼에도 불구하고 이들이 계속 문예동에 잔류할 수밖에 없었던 것은

---

11) 한일민족문제학회(편), 『재일조선인 그들은 누구인가』, 삼인, 2003.3, 42쪽 참조. 총련으로 출발하면서 일본공산당과의 공동투쟁 방침에서 전환하여 '북한의 공민'으로서 운동을 전개하겠다는 의지를 표명하게 된다.
12) 기관지로서의 표면적 기능은, 북한의 문예이론이나 김일성의 문예적 관심사가 표명된 논설을 하나의 강령처럼 게재하고 있는 것 정도이다.
13) 그 대표적 문인으로서는 잡지 『진달래』에 「조선총련」이라는 시를 발표하여 조직을 비판한 김시종이 있으며, 『계림』을 통해 활동하던 김달수, 변재수 등도 여기에 속한다.

극히 제한되어 있던 작품발표 공간 때문이었다. 당시 재일동포 문인들이 자신의 작품을 발표할 수 있는 공간이래야 『민주조선』이나 『조선문예』 정도가 고작이었다. 이러한 상황에서 문예동은 일본 주요 도시에 지부를 두고 왕성한 문예활동을 주도하고 있었다. 그러나 총련과 내부적 마찰을 빚고 있던 김달수, 김석범, 이회성 등이 끝내 문예동을 이탈하고, 그 외 많은 작가들이 일본잡지에 작품 발표 기회를 얻게 되면서부터 조직을 떠나는 일이 많아지게 되었다. 이러한 상황 변화로 인해 총련과 문예동의 세력 약화는 불가피했다.

하지만 재일동포 한국어문학에서 『문학예술』이 차지하는 비중과 의미는 여전히 무시할 수 없는 것이었다. 통일된 이론적 토대와 방법론에 기초하여 창작되는 이곳의 작품들이 비록 북한 문예이론에 의해 강력히 규율된 것이었다고 할지라도 재일동포 한국어문학 40여 년의 전개 양상을 『문학예술』에서 확인할 수 있기 때문이다.

3. 비평의 유형과 교시의 경전화

비평 본래의 역할은 작품 분석과 해석을 통해 일정한 가치평가를 수행하고, 동시에 창작과정에서 발견되는 문제의 소재를 지적함으로써 새로운 창작방향을 제시하는데 있다. 그리고 '개개의 작가나 작품 배후에 있으면서 부단히 유동하는 실재적 정신의 흐름을 파악'[14] 하는 것은 그 무엇보다 우선해야 할 비평 본연의 의무일 것이다. '평론이 작가들의 창작 실천을 직접적으로 구체적으로 방조하고 문학예술의 새로운 발전에 필요한 원동력을 제공하는 선도적 위치에 있다'[15]는 북한 평론가 김하

14) 장사선, 『남북한 문학평론 비교 연구』, 도서출판 월인, 2005, 15쪽.
15) 김하, 「문예평론의 선도성을 제고하기 위하여」, 『문학예술』제6호, 재일본문학예

의 견해에서 볼 수 있듯이, 비평의 원론적 기능에 대한 북한의 인식 또한 이와 크게 다를 바 없었다. 다만 '비평의 선도성'을 강조할 때 거기에 전제된 혁명성과 사상성이 문제라면 문제이다. 당시 재일동포 한국어 비평문학의 경우, 독자적인 비평 이론의 체계를 갖지도 못한 상태이며 북한문학이 지향하는 목적성과 이념성을 결코 무시할 수 없는 입장에 놓여 있었으므로 그들의 실제적 위상은 김하가 말하는 '선도성'에 의해 결정될 수밖에 없었다. 그 '선도적 위치'가 어디까지나 북한의 문예정책을 해설·선전하며 그에 따른 창작방향을 지도하는 것이었기 때문이다.

재일동포 한국어비평문학은 주로 논설, 개별 작가론, 작품론, 합평회나 좌담회, 문예이론의 해설 형태를 띄고 있다. 우선 논설 형태의 글들은 『문학예술』 전권에 걸쳐 대략 20여 편 정도가 확인되고 있는데, 그 대표적 필자로는 김하명, 박종상, 김성우, 김윤호, 류만, 김학렬, 엄호석, 김두권, 서상각, 허남기, 동근훈, 소영호, 진길언 등이 있으며, 『평양신문』, 『조선예술』, 문예동 같은 단체 명의로 발표된 것도 다수 포함되어 있다. 논설은 북한의 '주체적 문예사상'과 정책의 해설, 그에 따른 창작 실천 방향을 제시하는 것들이 대부분이다. 특히 『문학예술』에서 이러한 논설을 집중적으로 게재하는 시기가 1970년대 초반이었다는 사실16)은

술가동맹, 1963, 35쪽. 논자는 이 글에서 평론의 선도성 제고 방안으로 평론가들 자신의 투철한 생활 파악, 평론가 자신의 견해에 대한 확신성 확보, 우유부단한 절충적 태도의 불식, 평론의 과학성과 이론적 수준 제고 등을 들고 있다.

16) 이 시기에 게재된 논설이 무려 15편에 이른다. 그 목록은 다음과 같다. 「김일성 동지의 전형성에 대한 교시를 더욱 철저히 관철하기 위하여」(엄호석, 제26호, 1968.7), 「위대한 수령 김일성원수님의 주체적인 혁명적문예사상의 구현인 조선 로동당의 문예정책의 빛나는 실현」(『조선예술』에서 전재, 제43호, 1972.12), 경애하는 수령 김일성원수님의 주체적인 문예사상을 높이 받들고 문예동 조직을 튼튼히 다지며 창작연주사업에서 혁신과 앙양을 일으키자」(문예동, 제46호, 1973.4), 「창작의 붓대를 꼬느어들자」(김두권, 제46호, 1973.4), 「재일동포들의 생활과 투쟁을 그린 국문학작품들을 더 많이 쓰자」(서상각, 제46호, 1973.4), 「경애

시사하는 바가 크다.

엄호석의 「김일성동지의 전형성에 대한 교시를 더욱 철저히 관철하기 위하여」(『문학예술』제26호, 1968.7)[17]에서는 마르크스－레닌주의미학의 기본문제라고 할 수 있는 '전형성'과 관련된 김일성 교시를 집중 해설하고 있다. 뿐만 아니라 '수령형상문학' 창작에 있어서 논리적 근거가 되는 전형성을 제대로 인식하여 '혁명적 문학작품' 창작에 적극 구현할 것을 촉구한다. 「위대한수령 김일성원수님의 주체적인 혁명적문예사상의 구현인 조선로동당의 문예정책의 빛나는 실현」(제43호, 1972.12)은, 김일성의 혁명적인 문예사상에 기초하여 당성, 계급성, 인민성의 원칙을 구현하고, 사회주의적 사실주의 창작방법론에 따라 사상성과 예술성의 결합을 요구한 북한 문학예술의 방향성을 확인하고 있다. '문예동'이 1970년대 벽두 『문학예술』에 이 글을 전재하고 있다는 점은 1967년의 김일성 주체문학론 등장과 관련하여 주목할만하다. 「주체의 인간학리론은 사회주의적 문학예술건설의 강령적 지침」(제60호, 1976.6)은 『평양신문』에서 전재한 논설이다. 혁명문학을 '주체의 인간학, 공산주의 새 인간학'으로 규정하면서 자주적인 인간 전형을 성공적으로 그려내는 것만이 '주체사상의 합법칙적 요구'에 부응하는 것임을 논증하

하는 수령 김일성원수님의 주체적인 문예사상을 높이 받들고 '총련시보'제작에서 이룩한 성과」(허남기, 제46호, 1973.6) 「문학예술창작에서 종자를 바로쥘데 대한 조선로동당의 독창적인 문예사상」(김하명, 제49호, 1973.12), 「동포들을 주체사상으로 무장시키고 조국통일위업실현에로 불러일으키는데서 문예일군들의 역할을 더욱 높이자」(문예동, 제50호, 1974.2), 「문예작품창작에서 속도전을 벌릴데 대한 우리 당의 독창적인 방침」(동근훈, 제51호, 1974.5), 「수령님의 주체적문예사상을 높이 받들고 총련의 문예창작사업에서 획기적인 발전을 이룩하자!」(소영호, 제53호, 1974.12), 「문착창작을 왕성히 벌리자!」(문예동, 제54호, 1975.2), 「총련을 주체사상으로 일색화하는데 적극 이바지하는 문예작품을 많이 창작하자」(진길언, 제55호, 1975.5), 「주체의 인간학리론은 사회주의적 문학예술건설의 강령적지침」(『평양신문』에서 전재, 제60호, 1976.6), 「작가들의 정치적식견과 창작적기량을 높일데 대한 당의 독창적 문예방침」(김하명)
17) 이후 본문에서의 『문학예술』 출처는 통권 호수와 발행일만을 병기한다.

고 있다. 김하명의 「작가들의 정치적 식견과 창작적 기량을 높일데 대한 당의 독창적 문예방침」(제73호, 1981. 7)은 사회주의적 사실주의 문학예술에 기반하여 작가들이 '정치적 식견과 창작적 기량'을 높일 수 있도록 하는 것이 곧 '공산주의문학 건설의 강령적 지침'임을 전제하고, 그것이 곧 주체형 공산주의자의 성격을 사상·예술적 수준에서 형상화하기 위한 선결조건이라고 말한다. 아울러 당 차원의 구체적 방침인 작가들의 '생생한 현실체험과 정치학습, 혁명적 독서기풍 강화'에 대해 자세히 해설하고 있다.

이상에서 살펴본 북한 논설들은 대체로 '위대한 사회주의 건설과 수령 형상'을 위한 조선노동당의 방침과 강령에 다름 아니었다. 상호소통이 배제된 조직의 교조적 성격으로 인해 문예동 맹원들은 이것을 일방적으로 수렴하고 있었을 것인데, 이쯤에서 그 반응태라고 할 수 있는 재일동포 한국어 비평을 살펴볼 필요가 있겠다. 「경애하는 수령 김일성원수님의 주체적 문예사상을 높이 받들고 문예동 조직을 튼튼히 다지며 창작연주사업에서 혁신과 앙양을 일으키자」(제46호, 1973. 4)라는 논설은 '재일본조선문학예술가동맹 중앙위원회 제5기 제4차회의에 제출한 중앙상임위원회사업보고서' 형식을 취하는데, 1970년대 문예동의 공식적 입장과 방침을 어느 정도 확인시켜 준다는 점에 그 의의가 있다.

> 문예동은 조직안에 주체의 사상체계를 확고히 세우고 조직을 힘있는 공화국의 해외문예단체로 튼튼히 꾸림으로써 조국의 통일과 민족의 번영을 위한 총련애국사업에 적극 이바지하는 영예로운 과업수행에 새로운 혁신을 일으켜 나갈 것입니다.[18]

---

18) 문예동, 「경애하는 수령 김일성원수님의 주체적 문예사상을 높이 받들고 문예동 조직을 튼튼히 다지며 창작연주사업에서 혁신과 앙양을 일으키자」, 『문학예술』 제46호, 재일조선인문학예술가동맹, 1973.4, 28쪽.

여기에서 문예동은, '주체의 사상'체계를 조직의 사상적, 철학적 토대로 삼아 '총련애국사업'으로 요약되는 '사상교양사업'의 방향을 분명히 하고 있다. 주체사상체계에 확고히 자리를 잡을 때라야만 '조직의 집체적인 지도와 통제 밑에 모든 사업을 집행하는 제도를 세울 수 있고' 나아가 '주체적 문예사상의 구현'을 비로소 기대할 수 있다는 것이다. 1980년대 중반 문예동은 다시 「창작에서 주체를 세우고 생활을 진실하게 그리자」(제84호, 1986. 7)를 통해 자신들의 구체적인 창작 방향을 제시한다. 이 글은, '재일조선문학은 조선문학의 한 부분이며 조선어를 형상창조의 기본수단으로 삼으며, 자연과 사회의 주인인 사람을 기본묘사 대상으로 하는 민족문학'이라는 기본 명제로부터 출발한다. 여기에 충실하기 위해 문예동은 작가들에게 창작 현장에서 '주체'를 튼튼히 세울 것을 요구한다. 이 때의 주체는 '우리말과 글로 우리민족의 정서와 감정, 그리고 미풍량속을 작품에 뚜렷이 반영하여 동포들의 생활과 투쟁에 기여하도록 하자는 것'으로 규정된다.

문예이론 해설 형태의 비평으로는 주로 북한의 핵심 평론가들인 강능수, 김하명, 엄호석, 리봉진 등의 글이 소개되고 있는데 강능수의 「혁명과 문학(上)/(下)」(제26호, 1968. 7/제28호, 1969. 2)이 단연 관심을 끈다. 이 글의 논점은 김일성의 '혁명적 미학사상과 문예정책'과 관련하여 혁명적 문학에 대한 사상, 문학의 교양적 목적과 전형성의 문제, 사상성과 예술성 결합, 생활반영의 진실성, 주체사상과 민족적 특성의 해명에 맞추어져 있다. 리봉진의 「창작에서 종자를 잘 골라잡고 깊이있게 심기 위하여」(제56호, 1975. 8)에서는 김일성의 주체적 '문예사상' 구현 방안으로 조선로동당에서 내놓은, '종자론'의 사상미학적 기능과 역할을 검토하고 있다.

개별 작품 비평[19]은 대체로 시와 소설에 국한되고 있는데 독후 감상

평이나 강평의 형식을 취하기도 하고 1980년대부터는 본격적인 개별 작품론 형태의 것들도 나타나기 시작한다. 1970년대에 당의 방침과 주체문예이론의 소개가 집중되었던 점과 비교한다면, 이것은 재일동포 한국어비평문학이 나름대로 자리잡아 가고 있었다는 사실을 반증하며, 또한 그 가능성을 엿볼 수 있게 한다. 특히 박연승의 「시인 허남기의 시세계」는 『문학예술』 전권을 통해 유일하게 확인할 수 있는 본격적인 시인론 형태를 취하고 있다. 그러나 이 시기 비평들이라고 해서 총련 방침과 강령에의 복무를 면제받았던 것은 아니다. 재일동포 한국어 비평문의 논리전개 방식은 일정한 틀을 하나의 규범처럼 받아들이게 된다. 먼저 '수령의 교시'를 전면적으로 해설하거나 부분 인용함으로써 비평적 논리 전개의 기본 근거로 삼고, 당 정책과 문예정책을 해설하며, 실제 창작지침의 제시 등을 통해 자기 의견을 표현하는 방식이 그것이다. 이것은 문예동 조직에서의 문학비평이, 문예조직 활동이나 창작활동에 '수령의 교시'와 당 정책을 구체적으로 적용하기 위한 연결고리로 작용하고 있었다는 점과 무관하지 않다. 특히 수령의 교시를 반드시 기본 논거로 제시하는 비평은 북한의 경우 1970년대부터 나타나는 일반적 현상이었으며 재일동포 한국어 비평에서도 차착 없이 이를 수렴하고 있다. 1950

---

19) 대표적 비평들로서, 「생활의 진실성과 매력있는 시적형상을 추구하자-최근 시 작품을 읽고 느낀 창작상의 문제」(김학렬, 제78호, 1984.7), 「동시의 요구성-4편의 작품을 놓고」(김학렬, 제80호, 1985.3), 「단편소설 <원앙유정>에 대하여」(김정호, 제82호, 1985.12), 「소영호 단편집 『고향손님』에 대하여」(박관범, 제83호, 1986.3), 「소설 <두 녀인>을 읽고」(김정호, 제86호, 1987.봄), 「류인성시집 『뜸부기 울면』을 두고」(김윤호, 제87호, 1987년.여름), 「김사량의 작품집을 두고」(박관범, 제90호, 1988.가을), 「『내고향』(김윤호시집)에 대하여」(정화흠, 제92호, 1989.봄), 「『불씨』 10호를 두고」(김정호, 제94호, 1989.가을), 「로진용시집 『나는 들었네』를 읽고」(허옥녀, 제94호, 1989.가을), 「윤동주의 시작품」(류순희, 제94호, 1989.가을), 「시인 허남기의 시세계」(박연승, 제96호, 1990.봄/제97호, 1990.여름), 「단편소설 <편지>에 대하여」(박관범, 제97호, 1990.여름), 「보편성과 특수성-99호의 소설 두편을 보고」(김정호, 제100호, 1991.여름) 등이 있다.

— 1960년대와 명백히 구별되는 주체문예론 시대 비평의 한 특징이라고 할 것이다. 이것은 김일성, 김정일의 문예관련 교시, 즉 어떤 특정 상황에서 구체 장르와 작가, 작품에 대해 설명한 어록이 비평실천에서 규범화하는 가운데 하나의 경전처럼 격상되었음을 의미하는 것이기도 하다. 그러나 1985년 이후, 특히 1990년대에 이르면 재일동포 한국어 비평, 특히 개별 작품비평 분야가 이러한 비평 논리전개 방식으로부터 벗어나는 양상을 보이기 시작한다. 이것은 북한의 문예이론을 어느 정도 내면화한 결과로 이해할 수 있겠지만, 그만큼 재일동포 한국어 비평의 역량이 성숙했음을 보여주는 것이기도 하다.

『문학예술』에서 중요시하는 또 하나의 비평형식이 좌담회나 합평회이다. 총련의 각종 출판물에 게재된 작품을 평가하고 있는 「문학창작을 왕성히 벌리자!」(제54호, 1975. 2), 젊은 시인들이 모여 서정성, 철학성 그리고 시어·운률과 관련된 민족성 문제를 토론한 「새맛이 나는 시를 써나가자」(제83호, 1986. 3), 문예의 대중화와 주체문예운동 방향에 대한 심포지움 「문예운동의 새로운 발전을 위하여」(제86호, 1987. 봄), 문예창작에 있어서의 질적 제고 방안을 다룬 「시다운 시란 무엇일까?」(제92호, 1989. 봄), 재일동포 한국어소설 창작의 새로운 방향을 모색하고 있는 「우리 소설에서 극복해야 할 문제점」(제93호, 1989. 여름), 그리고 90년대 이후 재일동포 한국어문학과 예술이 감당해야 할 과업이 무엇인지를 토론한 「통일년대에 림하는 우리 문학과 예술」(제100호, 1991. 여름) 같은 글이 그것이다. 이러한 형식은 문예동의 조직 활동이나 장르별·분기별 창작 성과를 종합 평가함으로써 '수령의 교시'를 비롯한 조직 강력이나 방침을 작가나 대중에게 선전하고 심화 전달할 수 있는 적절한 통로로 활용되고 있다. 그러나 총련의 조직 방침상 창작상 제반 문제를 '집체적인 힘으로, 조직적으로 해결하고', '서로의 수준을 올리기 위한 합평, 동지적 비판'의 강화와 그 제도화가 필요했겠지만, 이것은 상대적으로 비평가들로 하여금 주제론, 작품론, 작가론에 소홀케 만드는 요인이 되기도 했다.

4. 비평 규준으로서의 전형성과 '민족'

문예동 기관지 『문학예술』[20] 전권에 걸쳐 실려 있는 문예비평적 성향의 글은 어림잡아 100 여 편 정도이며 대표적 필자들로서는 림경상·리은직·윤학준·안우식·소영호·김석범·김학렬·정화흠·박관범·정호수·박연승·김정호 등이 보인다. 이러한 『문학예술』지 소재 비평은 크게 두 가지 범주로 나누어 볼 수 있는데 북한 평론가에 의해 쓰여진 소위 '주체문예이론' 해설이나 재일동포 한국어 작품에 대한 비평, 그리고 재일동포 문인에 의해 수행된 평론들이 그것이다.

이러한 글들 중에서 특별히 눈길을 끄는 것은 창간호 권두언에 이어 특별 기고문 형태로 게재된 북한 '조선작가동맹'의 「현대 조선문학 개관」과, 김하명의 「문학의 민족적 특성과 생활 반영의 진실성」이다. 이 글이 발표되던 당시 북한 문학계의 중심 화두는 단연 '천리마시대에 맞는 문학예술의 창조', '전형성의 구현'이었다. 이것은 1960년 11월 27일에 발표된 김일성 교시의 핵심 내용이면서 동시에 김정일 '주체문예이

---

20) 『문학예술』은 총련 산하 재일본 조선문학회 예술가동맹 중앙위원회(문예동)의 기관지로 출발한다. 문예정책에 대한 강령이나 북한의 문예이론, 문예동중앙위원회 사업 보고서 등의 글로부터 문예의 전 장르에 걸친 작품들이 실려 있다. 가사, 시, 장·단편소설, 희곡, 수필, 동요, 동시, 노래가 그 대표적인 것들이다. 이외에도 창작방법론이나 문예사전 같은 교육 목적용 글들도 다수 확인된다. 원래 격월간으로 발행했으나 훗날 계간으로 전환되고 다소 부정기적인 발행이 이루어지는 경우 있다. 1999년 6월 29일 통권109호를 끝으로 폐간되고, 문예동 문학부의 순수문예지 『겨레문학』(2000.5.25)의 창간으로 명맥을 잇는다.

론'이 확립되기까지 북한의 확고한 문예정책으로 자리 잡고 있던 요목이었다. 이 화두의 중요한 논점은 대중을 '새 인간으로 교양하고자 하는 문학예술의 기본 목적'에 이르기 위해 '인간개조'가 필요하다는 것이었다. 물론 그 최종 목표는 '진실한 생활의 반영'과 함께 '높은 수준의 전형화'를 거쳐 '혁명화 과정과 혁명적 세계관'을 심화시키는 것이었다. 북한문학의 이러한 형편은 기왕의 북한문학 관련 연구물에서 충분히 논의된 바 있다.

1953년 이후 북한은 전후 사회주의 국가 건설과 '조국의 평화적 통일에 떨쳐나서도록 인민을 독려'해야 하는 나름대로의 엄중한 사회적 과제를 떠안고 있었다. 당연히 북한문학은 여기에 충실히 복속할 것을 요구받게 되고, 1953년 9월 전국 작가 예술가 대회에서 이의 실천과 관련하여 문예정책을 내놓게 된다. 그 일부를 살펴보면 다음과 같다.

> "첫째 전체 작가 예술가들은 우리 조국의 국토 완전 통일 독립의 강력한 담보로 되는 전후 인민 경제 복구 발전을 위하여 우리 나라의 공업화를 위하여 자기의 창조적 재능과 정력을 다 바칠 것이다. 그리하여 로동 계급의 가장 선진적 인물의 전형을 창조할 것이며, 경제 건설 투쟁에 궐기한 전체 인민들의 승리에 대한 신심을 더욱 강고케 할 것이며, 전쟁 승리를 위하여 우리 인민들이 발휘한 애국주의와 대중적 영웅주의를 건설 투쟁의 승리에로 계속 앙양시키도록 할 것이다.
>
> 둘째 전체 작가 예술가들은 현실의 거대한 전변 속에 대담하게 들어가 로동 계급의 실지 생활을 체득할 것이며 그들에게서 배움과 동시에 그들을 교양하며 로력 혁신자들의 위훈을 생동한 형상을 통하여 전체 인민들에게 보여주며 우리의 청소년들로 하여금 로력을 사랑하며 로동 속에서 기쁨을 느끼는 고상한 도덕성으로 교양할 것"[21]

21) 윤세평, 「전후 복구 건설 시기의 조선문학」, 『해방후 10년간의 조선문학』, 조선 작가동맹출판사, 1955, 280쪽.

위 인용문에는 전후 북한문예의 큰 흐름이 확연히 드러나고 있다. 이
것은 전형적인 인물 형상화와, 직접적이고 실제적인 생활 체험을 그려
야 한다는 창작방법론 문제로 요약될 수 있다. 그러나 이 문예정책은
1956년 작가 대회를 기점으로 내부적 자기비판[22]을 거치면서 '사회주의
적 사실주의' 방법론으로 전변하지만, 여전히 전형성 문제가 그 중심에
놓여 있다. 다만 1953년에 주창된 전형론이 정치적 요인에 의해 기계적
'과장'과 '강조'가 지나치게 된 점, 그것으로 인해 생활의 다양성이나
개성적인 창작 가능성이 차단되었던 점을 비판하고 '생활의 진실을 반
영'하는 전형성 개념으로 바꾸어 놓았을 뿐이다. 이것은 필연적으로 문
예 창작인에게 더한층 당에의 복무를 요구하게 되는 빌미가 된다. 따라서
위 인용문에서 보듯 북한 문예인들이 '국가정책의 구현자', 혹은 '사상적
투사'를 강력하게 자임하는 것은 매우 자연스러운 현상이며, 북한문학이
이념 지향적 성향을 고수하는 한 그렇게 새삼스러울 것도 없는 일이다.

문예동에서 전형성 문제를 창작방법론으로 공식 제기하면서 활용한
글은 엄호석의 「김일성동지의 전형성에 대한 교시를 더욱 철저히 관철
하기 위하여」이다. 이 글은 1968년 3월 1일자 『문학신문』에 실렸던 것
을 『문학예술』 제26호(1968.7)에 전재한 것이다. 엄호석은 이 글에서,
문예작품의 정치사상성을 강조한 '김일성 교시'들을 중심으로, 전형성
문제가 마르크스-레닌주의 미학의 기본명제이며 그 바탕에 시대와 예
술의 관계, 대중교양을 맡은 작가와 당성의 관계, 당과 혁명 그리고 인
민에 대한 작가의 책임성과 정치적 입장 같은 것들이 가로놓여 있음을
확인하고 있다. 아울러 현실의 진실한 반영만이 전형성을 담보할 수 있

22) 장사선, 앞의 책, 294~295쪽 참조. 1956년 제2차 조선작가대회에서의 중심 구호
　 는 '도식주의 비판'이었다. 이와 관련하여 북한에서는 서정시에 대한 관심이 제
　 고되고, 아울러 해방문단, 천리마 시기 문단에서 주제의 적극성이 지나치게 강
　 조되던 경향에 대해 비판이 제기된다.

고, 그것을 전제로 진실한 현실 반영 또한 가능한 것이라고 주장한다. 이 때 작가에게 부여되는 중요한 과제가 소위 '높은 수준의 전형화'를 통해 '시대의 본질을 밝히는 것'이며 이것은 곧장 '조선 혁명 승리의 로정', 즉 '김일성 동지의 형상(수령의 형상)'에로 이어진다. 결국 '수령 형상'은 공산주의자의 절대적 전형인 김일성을 직접 형상화함으로써, 소위 '주체사상'이 요구하는 내용을 구현하고 거기에 충실히 복무하는 혁명적인 문학예술로 나아가게 하는 주체문예이론의 핵심 동력이 되는 것이다.

따라서 전형성 문제는 1960년대 이후『문학예술』에 전재된 북한 문예이론의 글이나, 재일동포 한국어 작품을 평가한 북한의 여러 비평문에서 일관된 비평원리로 작동하고 있다. 그 점을 엿볼 수 있는 글로서는, 윤세평의 「풍만한 창조적 결실로 자랑찬 1960년」(제3호, 1961년 5월 전재), 강능수의 비평 「천리마의 현실과 작가」(제3호, 1961년 5월 전재), 김민의 「생활에 대한 깊은 통찰」(제3호, 1961년 5월 전재), 그리고 엄호석의 「재일조선작가예술인들의 성과」(제3호, 1969년 12월 전재) 등이 있다. 이들은 생활에의 침투, '천리마시대의 새 현실 반영'과 '사회주의적 로동' 속에서 형성된 '새 인간'의 창조를 강조하고, '현실 속에서 옳고 그른 것과 본질적인 것과 부차적인 것을 가려 생활을 반영해야 전형화의 높은 수준에 오를 수 있다'고 말한다. 이로 미루어 볼 때, 그들이 찾고 있었던 비평적 준거라는 것은 곧 사회주의적 사실주의 창작방법론이었음이 분명하다.

그렇다면 재일동포 한국어 비평문학에서는 이 전형론을 어떻게 수렴하고 있는가. 문예작품 현상 응모작을 단평한 림경상의 글, 「창작 운동의 새로운 앙양」(제1호, 1960. 1)에 우선 주목할 필요가 있다. 림경상은 응모작들의 미숙성을 '전형적 상황에서의 전형적 인물 형상화'가 부족했던 데서 찾고, 향후 재일동포 한국어문학의 나아갈 바가 사회주의적 사실주의의 기본 요소인 '혁명적 랑만성'[23]을 심화시키는 데 있다고 독려한다. 그리고 짧은 감상평 「올바른 지향성이 주는 감동」(제6호, 1963.5)에서, 안우식은 재일동포 한국어 시의 올바른 지향성을 '재일동포들의 생활'이나 '천리마로 내닫는 조국 북반부의 발전 현실'을 정확히 인식한 '수령의 전사' 창조에 있다고 규정하는데, 이것은 「수령께 무한히 충실한 동포들의 전형」(제26호, 1968년 7월)에서 김학렬이 확보하고 있는 비평적 규준과 크게 다를 바가 없다. 김학렬도 1960년대 상반기 『문학예술』에 수록된 시들의 주제적 요소를 살피면서, 그 성과를 '수령에 대한 충성심을 노래'하는 가운데 총련 방침을 시에 적극적으로 관철시킨 점, '혁명사상으로 가득 찬 총련일군과 재일동포의 전형을 창조'한 점으로 요약함으로써 어김없이 전형론을 비평의 잣대로 활용한다. 전형론에 의한 수령형상의 문제가 최근까지도 재일동포 한국어 비평문학에서 중요한 규준으로 작용하고 있음은 여러 글에서 쉽게 확인할 수 있다.

1990년대 벽두에 발표된 문학예술 총동맹 중앙위원장 김병훈의 다음과 같은 발언을 보자

> 친애하는 김정일 동지께서는 1980년 1월 8일 문헌 <현실 발전의 요구에 맞게 작가들의 정치적 식견과 창작적 기량을 결정적으로 높이자>를 발표하시여 온 사회의 주체사상화 위업이 다그쳐지고 있는 오늘의 요구에 맞게 우리 문학을 주체의 인간학의 높은 경지로 올려 세우기 위한 과업과 방도를 전면적으로 밝혀주시였다. 문헌은 창작에서 작품의 생명을 담보하는 사상적 핵이며 그 가치를 규정하는 결정적

---

23) 장사선, 앞의 책, 310~311쪽 참조. 엄호석이 창작기법론으로 "낭만적 정열로서의 빠뽀스"와 혁명적 낭만성을 강조한 적이 있다. '혁명적 낭만성'이란 사회주의적 사실주의와 보완적 관계에 있으며, 이것의 강조는 곧 지나친 사상성의 과잉에 대한 반작용으로 이루어진 것이다.

여기에는 90년대에도 1980년대의 문예이념과 정책, 창작 실천방안을
그대로 이어가겠다는 북한의 문예방침이 간접적으로나마 드러나고 있다.
문학을 주체의 인간학으로 전제하고 그 창작지침으로 종자론을, 전형론
의 내용으로는 수령형상을, 그리고 형상화 방법론으로 사상성과 철학성
을 강조하고 있다는 점에서 그러하다. 요컨대 90년대 문학의 의무는, 사
회주의적 사실주의 방법에 의거하더라도 창작실천 과정에서의 도식주의
나 유사성 극복 방책을 찾는 데 있다고 본 것이다. 김병훈이 확인한 위
사항들이 그대로 문예동의 창작지침이 되고 있다는 사실은 의심의 여지
가 없다. 하지만 이것은 1992년 김정일 주체문학론에 따라 사회주의적
사실주의를 비판적으로 계승하는 '주체적사실주의'에로의 전변을 준비하
지 않으면 안 된다.

이상에서 살펴본 재일동포 한국어비평은 사회주의적 사실주의 문예이
론에 입각하여 생활의 진실한 반영 여부로부터 열리고, 동시에 전형성
의 검증으로 닫히는 획일성을 노골화하고 있다. 그러나 「위대한수령 김
일성원수님의 주체적인 혁명적문예사상의 구현인 조선로동당의 문예정
책의 빛나는 실현」(제43호, 1972. 12)에서 "문학예술을 민족적 바탕에서
현대적 미감에 맞게 발전시켜야"한다는 방침이 천명된 이후, 민족문화
유산의 비판적 계승문제가 새로운 문예비평의 규준으로 등장하게 된다.

---

24) 김병훈, 「우리문학을 주체의 인간학의 높은 경지에로 이끌어주는 강령적 지침」,
    <로동신문>, 1990.1.8.

물론 문예동에서도 「동포들을 주체사상으로 무장시키고 조국통일위업실현에로 불러일으키는데서 문예일군들의 역할을 더욱 높이자」(제50호, 1974. 2), 「문학창작을 왕성히 벌리자!」(제54호, 1975. 2) 같은 글을 통해 "표현에서의 민족적인 맛", "조선사람으로서의 자각과 긍지", "민족적 정서를 내포한 선율" 그리고 "민족교육" 등의 준거를 비평에 전면화하기 시작한다. 80년대에 접어들어 재일동포 한국어 비평문학에서 이 '민족'이라는 테제가 김정일 '주체문예이론'의 문학적 구현을 검증하는 필요 불가결한 규준으로 확고히 자리잡게 된 것이다. 김학렬의 「생활의 진실성과 매력 있는 시적형상을 추구하자」(제78호, 1984. 7), 박종상의 「군중속으로―『산울림』의 가일층 발전을 위하여」(제81호, 1985. 7)와 「시대가 요구하는 문학창작을 위하여」(제88호, 1987. 가을)가 그 대표적인 예가 될 수 있는데, 여기에서 강조된 '전통의 현대적 계승', '주체적인 민족문화' 그리고 '조선사람다운 것'의 실체는 1947년 제29차 상무위원회에서 천명된 "조선민족의 유구한 전통을 정당하게 계승한 기초 위에서 민족적 특성을 옳게 구현한 민족문화 건설"25)로부터 1980년대 주체문예이론의 실천 방침으로 새롭게 부상하는 북한의 '민족문학론'에서 잘 드러난다. 사실 이 민족유산의 현대적 계승 문제는, 빨치산 혁명문학 전통 못지않게 주체문예미학에서 중요시하는 항목이다.26) 김정일의 주체사상이 전통적인 마르크스―레닌주의 미학보다 '반외세적 민족주의를 강조하고 있다'27)는 점에서, 이 '민족담론'은 사회주의 몰락이라는 세계적 추세에 대응하기 위해 자주성을 강조해야 했던 정치적 필요에서 나온 것임에 틀림없다. 그러나 문예동이 '민족'이라는 개념을 재일

---

25) 박종식, 「우리 문학에서 주체의 확립과 민족적 특성」, 『조선문학』 1955.12, 97쪽.
26) 김성수, 『통일의 문학 비평의 논리』, 책세상, 2001.4. 274쪽.
27) 김성수, 앞의 책, 275쪽.

동포 한국어 비평담론 속으로 수렴할 때 이러한 정치적 요구를 배제할 수 없었겠지만, 그들의 특수한 삶의 조건은 이 민족담론에 또 다른 유효성과 시의성을 담보하게 된다. 따라서 '재일동포 한국어 문학' 창작 주체와 소비자들에게 부과된 '재일'의 조건은, 소위 '전통·민족정서·조선적인 것' 찾기로 요약되는 이 '주체적 민족문화예술운동'의 당위성을 더욱 배가시켰음에 틀림없다. 왜냐하면 '민족'은 곧 그들이 '상상적 공동체'[28]로 신화화했던 '조국'에의 지향을 구체화시킬 수 있는 적절한 매개항이면서, 동시에 자신들의 문학 존재방식을 확고히 할 수 있는 바탕이 될 수 있었기 때문이다.

5. 맺음말

본고는 지금까지 1960년에서부터 1999년까지 『문학예술』에 게재된 비평과 논설을 대상으로 미학적 비평 기준을 확대해 나가는 재일동포 한국어 비평의 가능성을 타진해 보았다. 그리고 필연적으로 마주칠 수밖에 없는 '재일동포 한국어문학과 북한문학 사이의 친연성' 문제를 넘어 재일동포 한국어문학과 우리 문학이 소통할 수 있는 접점을 찾기 위해, 가능한 그들이 보여주는 북한문학과의 거리에 주목했다. 특히 재일동포 한국어 비평이 그들만의 특수 조건, '재일(在日)'이라는 현실에서 어떻게 북한문학의 이념을 내면화하는지를 중점 검토했다. 이것은 그들의 존재방식을 결정하고 동시에 비평적 준거 형성에 영향을 미칠 수 있

---

28) 김명인, 「민족문학과 민족문학사 인식의 전환을 위하여」, 『민족문학사연구』제19호, 민족문학사연구소, 2001. 17~22쪽 참조. 김명인은 여기에서 베네딕트 앤더슨이 "제한되고 주권을 가진 것으로 상상되는 정치공동체"로 민족을 규정한 것에 동의하면서도 자칫 경제공동체로서의 물질적 실체성을 흐릴 수 있다는 우려를 표명한다.

는 결정적 사안이다. 사실 '재일'의 조건은 재일동포 한국어비평문학에 각별한 의미를 더할 수 있다. 재일동포 한국어문학은 그러한 모순의 조건 속에서 끊임없이 직면할 수밖에 없었던 다양한 갈등 속에서 문학적 실천을 추동하는 힘을 찾았을 것이기 때문이다.

재일동포 한국어 비평은 근본적으로 북한의 정치적, 이념적 변화에 민감한 반응을 보일 수밖에 없다. '재일본조선인예술가동맹' 소속 문인들에게는 조직의 방침과 강령을 해설하고 선전 교양해야 할 기본 책무가 있었기 때문이다. 특히 60년대 초 주체사상이 확립되면서부터 '김일성 교시'를 거의 '경전화'하고, 이를 문예평가의 핵심 준거로 삼는 데서 이 점은 분명히 확인된다. 그러나 1980년대 이후의 본격적인 작가론이나 작품론을 통해 재일동포 한국어 비평은 나름대로 자신들의 비평적 체계와 역량을 구축해 가고 있음을 보여준다. 뿐만 아니라 이 시기에 이르러 김일성·김정일 교시의 '경전화' 경향이 약화되거나 아예 자취를 감춘 사실은 의미하는 바가 적지 않다. 끝으로 본고에서는, 재일동포 한국어 비평의 핵심 준거로 부상한 '민족'담론의 함의에 주목했다. 이것은 재일동포 문인들에게 육박해 오는, 지난한 구체적 삶의 조건을 문학·문화로 재생산하고자 할 때 적절한 매개항이 될 수 있는 것이다. 에드워드 사이드의 표현을 빌리면, '문학이란 정치나 사회경제의 영역에서 비교적 독립된, 그래서 즐거움이라는 심미적 형태로 존재하는 문화적 실천'이다. 이러한 측면에서 문학이 이루어낸 결정적 역할, 즉 '상상된 공동체로서의 민족 창출'은 재일동포 한국어문학의 입장에서도 충분히 매력적인 것일 수 있다.

앞에서도 전제했듯이 본고는, 재일동포 한국어 비평문학의 자료를 소개하고 그 전개과정을 개관하는데 머물고 있다. 이 분야의 총체적 연구를 위해서는, '한국어로 창작된 재일동포 비평문학'의 폭넓은 자료 확보와 체계화가 급선무이다. 이를 바탕으로 수행해야 할 재일동포 비평문학의 성격, 비평적 시각과 그 미학성 등에 관한 연구는 앞으로도 중요한 과제가 될 것이다.

참고문헌

1. 기초자료

『문학예술』창간호(1960. 1) - 109호(1999)
『겨레문학』창간호(2000. 5) - 제4호(2001.봄)

2. 논저

김성수,『통일의 문학 비평의 논리』, 책세상, 2001.4.
김인덕,『우리는 조센진이 아니다』, 서해문집, 2004.4.
박태상,『북한문학의 현상』, 깊은샘, 1999.
장사선,『남북한 문학평론 비교 연구』, 도서출판 월인, 2005.7.
한일민족문제학회 편,『재일조선인 그들은 누구인가』, 삼인, 2003.3.
홍기삼,『문학사와 문학비평』, 해냄, 1996.8.
홍기삼 외,『재일한국인 문학』, 솔출판사, 2001.
A. V. Lunacharskii 외, 김휴(편),『사회주의 리얼리즘 - 세계관과 창작방법』, 일월서
    각, 1987.6.
김병훈,「우리문학을 주체의 인간학의 높은 경지에로 이끌어주는 강령적 지침」,『로
    동신문』, 1990.1.8.
김종회,「재외 동포문학의 어제·오늘·내일 - 재미국·재일본·재중국 동포문학의
    범주와 실상을 중심으로」,『어문연구』제124호, 한국어문교육연구회, 2004.12.
김현양,「민족주의 담론과 한국문학사」,『민족문학사연구』제19호, 2001.12.
김명인,「민족문학과 민족문학사 인식의 전환을 위하여」,『민족문학사연구』제19호,
    2001.12.
박종식,「우리 문학에서 주체의 확립과 민족적 특성」,『조선문학』1955년 12월호.
설성경·김영민·최유찬·양문규·심원섭에 의해 수행된「통일 한국문학의 진로와
    세계화 방안 연구」,『동방학지』제107집, 연세대학교 국학연구소, 2000.3.
윤세평,「전후 복구 건설 시기의 조선문학」,『해방후 10년간의 조선문학』, 조선작가
    동맹출판사, 1955.

윤영천, 「중국 조선족 시문학의 형성과 전개」, 『민족문학사연구』제17호, 민족문학사
    연구소, 2000.12.
이한창, 「재일동포문학의 역사와 그 연구현황」, 『일본학연구』제17집, 단국대학교일
    본연구소, 2005.10.
조규익, 「초창기 재미한인들의 국문시가에 대한 인식」, 『국어국문학』제124호, 국어
    국문학회, 1995,5.
홍기삼, 「재일한국인 문학론」, 『일본학』제19집, 동국대학교일본학연구소, 2000.12.

재일동포가 창작한 한국어 산문문학의 존재양상

― '수기'와 '예술산문'을 중심으로 ―

이 정 석

목 차

---

1. 머리말

'재일동포'[1]는 말 그대로 경계지대에 위치에 있는 사람들이다. 일본

---

1) 이 글에서는 '재일조선인'을 지칭할 때 '재일동포'라는 명칭을 사용하고자 한다. 이는 혈연관계에 근거한 자민족 중심주의의 인상을 강하게 풍김에도 불구하고, 국적이나 정치적 입장과 상관없이 재일적 존재를 두루 포괄할 수 있는 장점이 있다. 물론 그들 자신이 재일교포를 아우르면서 민족 전체를 총칭할 경우에 '조선'이라는 말을 사용해 주기를 원하고 있고(서경식, 이목 옮김, 「한국어판을 내며」, 『소년의 눈물』, 돌베개, 2004), 일반적으로도 '재일조선인'이라는 용어가 일본의

에 정주하지만 민족적 자존심을 포기하지 않는 한 사실상 일본으로의 귀화가 불가능하다. 또 미묘한 정치적 입장으로 인해 남북 어느 쪽으로도 완전히 귀속될 수 없는 처지에 놓여 있기도 하다. 이런 애매한 입장을 감안한다면, 그들만큼 '경계인'이라는 표현이 잘 어울리는 사람들도 드물 것이다. 경계인은 어느 쪽으로도 완전히 동화될 수 없는 존재지만, 그 모호한 입장이 도리어 민족과 국가의 경계선을 뛰어 넘어 어느 쪽과도 소통이 가능한 존재가 될 수 있게 한다.[2]

경계인으로서의 재일동포는 아물지 않는 역사의 상처로 남아 단일한 민족 정체성을 가능하게 하는 동시에 불가능하게 한다. 어쩌면 그들은 식민주의의 산물로서 온갖 차별과 소외를 받아가며 살아오는 동안 누구보다 예민한 민족적 자의식을 키워올 수밖에 없었다는 점에서, 우리보다 더 우리 같은 존재일지 모른다. 하지만 또 한편으로 타국에서의 정주가 유발할 수밖에 없는 문화적 정서적 차이를 차치하고라도, 이념의 장벽이 야기하는 우리와 너무나 다른 역사감각과 자기의식으로 말미암아 단일 민족의 신화에 심각한 균열을 야기시키는 존재이기도 하다. 이

조선 강점에 기인하여 일본에 체류하게 된 모든 조선인과 그 자손을 가리키지, 국적이나 정치 사상적 입장과 순혈성 등을 가리지 않는다(송혜원, 「재일조선인 문학의 조선어로의 창작 활동의 변천(1945-1970)」, 『재일조선인 조선어문학의 현황과 과제』, 해외동포문학편찬사업 추진위원회·재일본조선문학예술가동맹 공동 심포지엄 자료집, 2004.12.11.)고 한다. 그러나 일본 현지에서 폭넓게 사용되는 '조선'이라는 용어가 한국에서는 북한을 연상시킬 수 있다는 점, 설령 그것이 조선 왕조를 가리킨다고 해도 퇴행적인 느낌을 피할 수 없다는 점, 게다가 민족 차별적 정서가 담긴 부정적 어휘라는 점에서 공식용어로 사용하기에 적절치 않을 수 있다. 따라서 다소 문제가 있더라도 재일동포란 용어를 사용하되, 여기서 말하는 '재일동포'가 '재일조선인'과 별다른 의미론적 차이가 없기 때문에, 문맥상 필요한 경우 '재일조선인'이라는 용어를 혼용해 쓸 것이다.

2) 이러한 재일조선인의 미묘한 위치가 남북한과 일본의 민족주의라는 완고한 성채에서 빠져 나와 그 근본적인 지반을 비판적으로 성찰할 수 있게 한다. 예를 들어, 재일동포 2세 이성시는 민족주의적 시각의 바깥에 서서 근대 국민국가의 형성이라는 각국의 현재적 욕망에 의해 동아시아의 고대사가 어떻게 자의적으로 만들어지는가를 날카롭게 파헤친다(박경희 옮김, 『만들어진 고대』, 삼인, 2001).

같은 특수한 위치와 남북과 일본의 정치적 역학관계가 복잡하게 얽히면서, 재일동포는 오랫동안 대한민국이라는 국가 공동체로부터 방치 혹은 배제의 대상으로 치부되어 왔다. 이는 문학의 영역에서도 동일하게 발견되는 현상으로서, 재일동포 문학은 북한문학 연구가 활발하게 전개되고 있는 현재까지도 사실상 연구의 사각지대에 방치되어 있다. 그러나 재일동포가 방치의 대상이 아니라 반드시 끌어안아야 할 우리의 또 다른 분신이라면, 그 노력의 일환으로 재일동포 작가들이 한국어로 창작한 문학작품에 대한 연구가 조속히 이루어져야 한다.[3]

재일동포작가가 창작한 '한국어 문학'[4] 작품의 연구 필요성은 다양한 측면에서 제기된다. 실상 재일동포의 한국어 문학작품은 그 존재 자체만으로도 민족의 사회·문화사적 궤적을 살피는 데 귀중한 자료가 될 수 있다. 물론 그것이 문학과 유리된 사회·문화사적 연구 대상에 그치는 것만은 아니다. 재일동포의 문학작품은 최근 문학 연구에 새로운 바람을 불러일으키고 있는 사회·문화사적 관점에서의 문학 연구[5]의 범위를 넓히고 거기에 깊이를 더하게 한다. 사회·문화사적 문학 연구는 정전(Canon)만을 연구 대상으로 삼는 방식에서 탈피하여 그 성취도의 높낮이에 개의치 않고 신문 연재소설과 대중소설은 물론 번안소설과 야담에 이르기까지 문자로 표현된 모든 인쇄물을 연구의 대상으로 포괄한

---

3) 재일동포 작가가 일본어로 창작한 문학에 대한 작가론·작품론 연구가 상당히 진척되어 있는 상황에 비교한다면, 재일동포의 한국어문학에 대한 연구는 더욱 때 늦은 감이 없지 않다.

4) 여기서는 '재일동포'의 표기와 병행해, 조선어 문학을 '한국어 문학'으로 표현한다. '한국어 문학'보다 '한글 문학'이라는 용어를 선택하고 싶은 생각도 없지 않지만, 일반적으로 한국어라는 용어를 선호함으로 그에 따르도록 한다.

5) 권보드래의 『연애의 시대-1920년대 초반의 문화와 유행』(현실문화연구, 2003), 이경훈의 『오빠의 탄생-한국근대문학의 풍속사』(문학과지성사, 2003), 천정환의 『근대의 책읽기-독자의 탄생과 한국 근대문학』(푸른사상, 2003) 등이 바로 그 새로운 연구동향의 결과물들이다.

다.[6] 이는 단순히 연구 대상의 확대에 그치는 것이 아니라 기존에 당연하게 받아들여지는 문학적 범주와 규범들을 의문에 부치며 새로운 논의의 생성을 가능케 하는 중요한 효과를 낳는다. 사실 근본적으로 파고들어가 보면, 근대문학의 규범 자체가 상대적 준칙에 불과하지 않은가. 재일동포 문학이 근대문학을 지탱하는 범주와 규범을 근본적인 지점에서부터 재배치하도록 압력을 가하는 것은 아니지만, 최소한 그에 대한 성찰의 여지를 남긴다. 이를테면, 그것은 문학사 서술에 개입된 상대적인 판단척도와 역사 감각을 일깨우며 새로운 관점에서 문학사를 다시 쓰는 데 기여할 수 있다. 그렇다면 재일동포 문학은 통일 문학사의 기술을 위해서 빠뜨릴 수 없는 준비작업이 되는 셈이다.

단 재일동포 문학 연구가 더욱 다양하고 풍요로운 문학의 영토를 조성하기 위해 반드시 거쳐야 할 필수적 작업이긴 하지만, 그것이 한국문학의 영토를 확장하려는 팽창주의에 물들어서도 안 될 것이다. 다시 말해 재일동포 문학 연구의 중심에 민족이 자리 잡는 것은 불가피하겠지만, 그건 동질적 주체이자 이질적 타자인 재일동포라는 유동적 존재와의 만남을 위함이지, 그들을 전유함으로써 폐쇄적 민족주의 혹은 완고한 국가주의를 확장하려는 방편이 아니라는 것을 유념해야 할 것이다.[7] 그런 측면에서, 재일동포가 겪어야만 했던 디아스포라(diaspora)의 체험에 각별히 주목할 필요가 있다. 재일동포는 단일 민족의 울타리에 갇혀

---

6) 대체로 재외동포 문학작품은 문학성이 미흡해서 연구 가치가 없다는 시각을 가지고 있다. 그러나 그와 같은 견해에도 불구하고, 사회문화사적 문학 연구가 생산한 의미 있는 결과물들은 연구대상의 우수성이 곧 연구의 질적 성과를 보장하는 것이 아니라는 점을 확실하게 보여 준다.

7) 1999년 12월에 제정된 '재외 동포의 출입국과 법적 지위에 관한 법률'은 그런 점에서 시사하는 바가 크다. 애초부터 이 법은 일본, 만주, 연해주 등지의 동포들을 배제한 채 부유한 재미동포의 투자를 촉진하는 데만 초점을 맞추고 있다는 의심을 산다. 결국 재외동포법은 대한민국의 강화를 위한 편이적 법률이라는 비판을 받다 끝내 2002년 3월 위헌 판결을 받고 만다.

있는 사람들이 미처 자각하지 못하는 수많은 차별과 모순을 온몸으로 감내하며 살아야 했을 것이다. 따라서 그들의 입장을 무조건적으로 옹호해서는 안 되겠지만, 최소한 그들이 처해 있는 미묘한 위치를 감안한 연구가 이루어져야 한다. 이산(離散)과 재일(在日)이라는 정치·사회·문화·역사적 조건이 어떠한 방식으로 창작활동을 선결정하는 외적 기제로 작용하는지, 그들만의 고통과 상실의 체험이 어떻게 문학적으로 투영되어 있는지를 조심스럽게 고찰할 필요가 있다. 결국, 재일동포 문학의 연구는 이질적인 타자와의 만남이자 자기 발견의 과정일 수밖에 없고, 이는 자연스럽게 특수성과 보편성을 오가는 왕복운동을 추동한다.

2. 운동으로서의 문학과 의사소통 양식으로서의 문학

재일동포 작가의 대부분은 조총련(재일본조선인총연합회)의 산하조직 문예동(재일본조선문학예술가동맹) 소속이다. 이는 재일동포 문학의 존재양태를 결정짓는 핵심적 요인으로 작용한다. 조총련이 북한과의 밀접한 연관 속에 움직이듯이, 문예동 소속의 작가들은 북한의 체제이념의 영향권 아래서 창작활동을 한다. 심지어 문예동 소속 작가의 작품이 북한에서 제작되어 재일동포 사회로 역수용되는 일도 흔하게 벌어지는 현상이다. 이처럼 북한이 문학 생산의 주요한 결정 요소로 작용하는 탓에, 재일동포 문학은 재일이라는 중요 항수를 빼고 나면 북한의 문학작품과 별다른 차이를 보이지 못하는 것처럼 보이기도 한다. 따라서 재일동포 문학의 연구는 북한문학과의 연관성을 고려할 필요가 있다.

문학은 '미적 과정으로서의 예술'이기도 하지만, '이데올로기적 형식으로서의 예술'[8)이기도 하다. 일반적으로 근대적 문학관이 주로 전자의 특성을 강조하지만, 실제로는 후자의 특성도 전자 못지 않은 중요성을 지니고 있는 것이다. 소설이 민족주의의 형성에 지대한 역할을 했다는 사실9)에서 단적으로 드러나기도 하지만, 민족주의와 탈식민주의에서부터 페미니즘과 생태문학에 이르기까지 문학의 이데올로기적 국면에 초점을 맞춘 연구는 의외로 넓은 패러다임을 가지고 있다. 그럼에도 북한의 문학이 통상적인 문학과 판이한 양상을 보이기 때문에, 북한문학의 연구는 '이데올로적 형식'에 초점을 맞추는 것만으로는 부족하고 아예 근본적으로 다른 문학관의 밑받침이 필요하다. '운동으로서의 문학개념'10)과 '의사소통 양식으로서의 문학개념'11)을 설정하는 이유가 바로 여기에 있다.

북한의 문학은 국가이념을 설파하고 사회성원을 공산주의 체제에 부합하는 교양인으로 양성하는 데 주목적을 둔다. 이처럼 미적 형상화 자체보다 실천적 효과에 훨씬 더 강조점을 두기 때문에, 북한의 문학은 예술양식이기에 앞서 운동의 수단이 될 수밖에 없다. 선전선동을 통한 정치적 효과의 달성이 중시되는 문학관은 당연히 누구나 쉽게 이해하고 공감할 수 있는 문학을 요구하게 된다. 따라서 운동으로서의 문학개념은 필연적으로 의사소통 양식으로서의 문학개념과 만나지 않을 수 없다. 미적 양식으로서의 문학이 발신자 즉 작가에 중심을 두고 있다면, 의사소통 양식으로서의 문학은 수신자 즉 독자에 더 비중을 둔다. 미적 양식으로서의 문학관이 '어떻게' 쓸 것인가, 혹은 작가가 얼마나 개성적

---

8) Pierre Macherey, 「반영의 문제」, Dominique Lecourt 외, 이성훈 편역, 『유물론 반영론 리얼리즘』, 백의, 1995, 223쪽.
9) Benedict Anderson, 윤형숙 역, 『상상의 공동체- 민족주의의 기원과 전파에 대한 성찰』, 나남출판, 2002.
10) 김도연, 「장르 확산을 위하여」, 김사인·강형철 엮음, 『민족민중문학론의 쟁점과 전망』 푸른숲, 1989 참조.
11) 김동식, 「개화기의 문학 개념에 관하여- 의사소통양식으로서의 문학을 중심으로」, 국제어문학회 편 『한국 근대문학의 형성과 발전』, 보고사, 2004 참조.

인 표현의 획득에 성공했는가에 주안점을 둔다면, 의사소통 양식으로서의 문학관은 '무엇'을 쓸 것인가, 또는 얼마나 효율적인 의미 전달을 통해 정치적 효과를 달성했는가에 관심을 둔다.

너무나 당연한 말이지만, 문학관의 변화는 장르 체계의 변화를 가져온다. 실천적 국면에서의 계몽적 효과를 중시하는 운동으로서의 문학관과 의사소통 양식으로서의 문학관은, 정치적 효과를 극대화하기 위해서라면 파격적인 장르 변형마저 서슴지 않는다. 따라서 문학의 정치적 효과가 중시되는 풍토 아래서는 기존의 장르체계에 구애받지 않는 다양한 형태의 장르 해체와 변형, 개별 장르 간의 소통과 융합, 새로운 장르의 창안이 빈번히 이루어지게 된다. 북한문학에서 때로는 낯설다 못해 혼란스럽게 느껴질 정도로 다양한 장르 명칭이 등장하는 것도 다 이유가 있는 셈이다. 장르 구분이 고정불변의 선험적 분류체계가 아니라 사회역사적으로 형성된 상대적 분류체계라는 것을 감안한다면, 장르의 부침현상이 별로 이상할 것도 없다. 다만 북한의 장르 분류체계는 지나치게 기동성과 효용성을 중시하다 보니 다소 편의주의적 발상에 침윤되어 일관성을 결여하고 있는 듯한 인상을 준다.

또 한편으로 운동으로서의 문학관과 의사소통 양식으로서의 문학관은 문학개념의 확대를 가져온다. 근대의 문학관은 허구성을 기준으로 문학과 비문학을 판별한다. 그러나 문제는 이렇게 되면 허구적 성격이 강한 글들만이 문학으로 인정받는 대신, 수필, 실기, 일기, 기행문 등 사실에 바탕을 두면서도 독특한 실존적 울림을 간직한 다양한 형태의 산문들이 문학의 영토로부터 추방된다는 점이다.[12] 따라서 이런 문제점을 극복하기 위해서 실기적 성격이 강한 글들을 포괄할 수 있는 좀더 폭넓은 문

---

12) 비록 이것들이 좁은 테두리의 문학에서는 변두리 형식으로 치부되지만, 그것이 비전을 의미 깊게 넓혀 줄 때는 문학의 범주에 포함시켜야 한다(유종호, 「변두리 형식의 주류화」, 『세계의 문학』, 1984.가을, 51쪽).

학관이 요청된다. 운동으로서의 문학관과 의사소통 양식으로서의 문학관은 좁은 차원의 문학관이 지닌 문제점을 손쉽게 해결하면서 당면한 요구를 충족시켜 준다. 사실 두 문학관은 자체로 3분법에서 탈피해 산문문학(교술문학)을 문학의 중요한 장르로 부각시킬 수밖에 없는 강한 내적 동인을 갖고 있다. 물론 3분법에서 4분법으로 옮아가면, 허구성 혹은 창조성이 문학과 비문학을 구분 짓는 기준이 아니라 문학 장르를 분류하는 기준이 되어버리고, 이는 문학과 비문학의 경계선을 모호하게 만드는 약점을 불러온다.[13) 하지만 교술 장르를 설정[14)함으로써 협소한 장르 체계가 포용할 수 없는 풍부한 고전문학의 유산을 자연스럽게 한국문학의 영토에 편입시키는 모습에서 보듯, 4분법은 그 약점을 상쇄하고 남을만한 미덕을 지니고 있다. 더구나 개화기처럼 근대적 문학관이 확고하게 뿌리내리지 못한 상태에서 시대가 요구하는 급박한 필요를 충족시키려는 집필활동이 활발하던 시기의 문학을 조명할 때는 4분법의 약점이 장점으로 전화되기도 한다. 그리고 비좁은 문학관에 도전해 운동으로서의 문학을 주창하면서 전통적 장르 관념을 과감하게 돌파하려한 80년대의 문학적 실험과 진보적 논의를 고찰할 때도 4분법은 매우 요긴하다. 뿐만 아니라 사실성에 기반한 산문문학이 만만치 않은 비중을 차지하는 북한문학[15)과 재일동포 문학을 연구하기 위해서는 4분법의 장르 체계가 매우 긴요해진다. 그리고 보면, 4분법은 근대적 문학관이 포괄할 수 없는 여러 글쓰기 양식들을 새롭게 성찰할 수 있게 하는 강력한 매개항의 역할까지도 떠맡을 수 있다.

---

13) 김준오, 『한국 현대장르 비평론』, 문학과지성사, 1990, 20쪽.
14) 조동일, 「자아와 세계의 소설적 대결에 관한 시론」, 『한국소설의 이론』, 지식산업사, 1977.
15) 특히 북학 문학사(김선려·리근실·정명옥, 『조선문학사11-해방후 편(조국 해방전쟁 시기)』, 평양: 사회과학출판사, 1994)에서 한국전쟁 시기의 종군기들이 비중있게 다루어진다.

3. 공적 세계가 자아를 압도하는 글쓰기로서의 '수기'

운동으로서의 문학관과 의사소통 양식으로서의 문학관에 기초해 재일
동포 산문문학을 조명하려 할 때, 단연 눈길을 끄는 것이 수기와 예술
산문이다. 이들은 산문문학에 속하면서도 상호 대조적인 존재양태를 보
여 준다. 수기가 공적 세계가 지배하는 작품공간을 구축하고 있다면, 예
술산문은 사적 세계가 중심이 되어 공적 세계를 아우르는 양상을 띠고
있다. 또 수기가 서사성이나 기록성을 많이 지니고 있는 반면에, 예술산
문은 주관적 사색적 특성을 함유하고 있다. 따라서 수기를 서사적 교술
혹은 보고적 교술의 성격을 띠고 있다고 볼 수 있는데 비해, 예술산문
은 감성적 교술의 성격을 지니고 있다고 할 수 있다. 이것은 수기와 예
술산문이 실제적 국면에서 다른 쓰임새를 지닌 탓에 빚어지는 현상이라
판단되지만, 그 상반성은 곧 재일동포 문학의 이중적 성격을 단적으로
드러내는 것이라는 점에서 중요한 의의가 있다.

일반적으로 수기는 자신이 직접 겪은 경험을 기술하면서 그 위에 주
관적 감상을 덧붙인다. 재일동포의 수기는 그와 같은 수기의 작법을 잘
따르는 듯하면서도 상당히 특이한 모습을 보이기도 한다. 먼저 문예동
의 기관지 『문학예술』에 실린 「잊지 못할 화술강습」[16]이라는 수기를
살펴보자. 잡지라는 제한[17]된 조건으로 말미암아 『문학예술』에 실린 수
기류의 글 대부분이 그렇지만, 이 글도 북한에서 파견된 강사에게서 민
족교육을 받는 재일조선인의 열정을 원고지 20매 가량의 짧은 분량에
담아내고 있다. 거기에 "배움의 마당을 마련해주신 경애하는 장군님에

---

16) 손지원, 「잊지 못할 화술강습」, 재일본조선문학예술가동맹 중앙상임위원회, 『문
학예술』제108호, 1998.겨울.
17) 『문학예술』은 약 100~150쪽 정도의 분량으로 이루어져 있는데, 이는 북한도 마
찬가지여서 대개 북한의 잡지는 100여쪽 내외의 분량으로 구성되어 있다고 한
다(전영선, 『북한의 문학예술 운영체계와 문예이론』, 역락, 2002, 45쪽).

대한 감사"와 "장군님의 뜻을 기어이 실현해나갈 억센 결의도" 빠뜨리지 않고 있지만, 그것은 의례적인 차원에 머물 뿐 강조점은 어디까지나 재일조선인의 뜨거운 교육열에 놓여 있다. 이때 현실세계와 작품세계가 일치하고 서술자가 전달자의 역할만을 떠안을 뿐 독특한 개인적인 시각을 보이지 않는다는 점에서 전형적인 교술에 속한다고 볼 수 있는 이 글에도, 간간이 글쓴이의 감정이 덧 씌어지지만 이마저도 철저히 공적 세계에 매몰되고 만다. 이처럼 대개의 재일동포 수기가 사적 공간을 남기지 않고 자아를 철두철미 세계화하여 의미전달의 기능에 충실하고자 한다.

또 한편으로 서사성이 엷어진 대신 사실에 충실한 짧은 분량의 수기류와 달리, 책에 실린 긴 분량의 수기는 상당히 서사적 형식에 가까운 형태를 유지하고 있다. 방문기로 표기된 「대덕산을 찾아서」라는 글이 바로 그런 종류의 수기다.[18] 재일조선인 처녀 원정희는 김정일 장군의 부대방문 때 영웅적인 모습을 보여 준 병사들을 취재하기 위해 대덕산 군초소를 찾아간다. 거기서 그녀는 문제의 두 인민군 병사를 만나 김정일 장군의 부대방문 때 그들이 보여준 사랑과 의리를 직접 전해 듣고 커다란 감격에 휩싸인다. 이와 같은 내용을 토대로 볼 때, 이 글은 외부인의 객관적 시점을 가장해 지도자의 위대성을 찬양하는 전형적인 체제 선전용 수기라 판정할 수 있다. 그런데 여기서 가장 눈길을 끄는 것은 천진난만해 보이는 애송이 병사 윤광남의 입을 빌려 김정일 장군의 비범성을 형상화하는 방식이다.

…그이게서 포대경으로 남쪽을 바라보시기 시작한 순간 신비한 일

---

18) 만약 이 글이 잡지에 실렸다면, 분량의 제한으로 말미암아 서사적 교술이 아니라 「제12차세계청년학생축전에 참가하여」(임현숙, 재일본조선문학예술가동맹 중앙위원회, 『문학예술』제82호, 1985.12)처럼 기록하여 전달하는 형태의 보고적 교술이 되었을 가능성이 높다.

이 벌어졌다. 금방까지만하여도 한발자국앞도 가려볼수 없이 자욱히 끼였던 안개가 걷히면서 남쪽의 콩크리트장벽이며 림진강이 선명하게 드러나는것이였다.그러다가 장군님께서 포대경으로 돌아서시자마자 짙은 안개가 다시금 뽀얗게 서리면서 남쪽을 완전히 가리워버렸다.

≪…안개까지도 우리 장군님의 안녕을 지켜드렸지요. 진정 경애하는 장군님께서는 하늘이 내신 분이시구나 하는 생각이 우리 병사들의 가슴마다에 차고넘쳤습니다.≫

그의 이야기가 얼마나 구체적이고 섬세한지 마치도 기록영화를 보는 것 같은 착각조차 일어났다.[19]

위 인용문에서 김정일 혹은 김일성을 신화화하는 정형적 패턴을 목격할 수 있다. 우선 자연물까지 경애의 자세로 떠받드는 김정일 장군은 일상적 질서를 초월한 신적 존재로 묘사된다. 그리고 그 비범성에 대한 묘사 이후에는 어김없이 "진짜 친아버지"처럼 인민을 따뜻하게 보듬는 자상한 인간적 면모가 덧붙여진다. 이렇게 해서 신적 존재이면서 자애로운 아버지라는 숭고한 지도자상이 부각되는 것이다. 그러므로 이 수기는 '신-아버지'를 정점으로 한 종교공동체[20]이자 가족공동체라는 이데올로기를 전파하는 북한의 문학예술과 별다른 차이를 보여주지 못한다.[21] 그것은 형식의 측면에서도 마찬가지여서, 이 글은 사실과 허구를

---

19) 원정희, 「대덕산을 찾아서」, 리명호 편집, 『풍랑을 헤치며- 총련결성 45돐 기념문학작품집』, 평양; 문학예술종합출판사, 2000, 248~249쪽.

20) "김일성은 신화적인 원초적인 상징성을 갖추고 있고 그가 지닌 이같은 상징성이 중심이 되고 정점이 되어 북한 사회가 이룩되고 있다는 뜻에서 북한은 이른바 특수한 '공민종교'(civil religion)의 사회라고 불러도 무방할 것이다. 이 경우, 공민종교란 세속적인 원리나 표상이 종교적 상징과 같은 차원에서 공동체 전 구성원의 집단적 소유물이 되고 그 결과 전 사회가 결속영위되는 사회현상을 지칭하는 것이라고 규정해 두고 싶다. 이때, 종교적인 신념이며 체계가 정치적 신념이며 체계와 구별되지 않는다는 것, 그리고 국가가 어떤 이데올로기를 거의 신비적인 실체로 전향시킨다는 것을 덧붙여 두고 싶다."(김열규, 「북한문화의 특성과 남한 문화교류의 전망」, [문학포털 PenArt 북한문학관 http://www.pen-art.com])

21) 추후 이런 유형의 재일조선인 문학을 재일동포 문학으로 분류할지, 아니면 북한

혼용하는 북한 수기와 동일한 특성을 드러내고 있다. 이를테면, 인용문의 신이한 자연현상은 사실적 묘사로 진실성이 부여되지만, 실제로는 허구일 가능성이 크다. 북한의 수기는 실제의 사실에 기초하면서도 상당 부분 허구를 가미하는데, 이때 묘사가 상세하고 세부적일수록 그것이 허구일 가능성은 그만큼 더 커진다. 왜냐하면 수기가 자신이 겪은 경험을 사실적으로 써 내려가는 글쓰기임에도 불구하고, 북한의 수기는 허구적 상상력을 총동원하여 진실성을 부여하려 하기 때문이다.22) 이처럼 북한의 문학예술은 정치적 목적의 달성을 위해서라면 장르적 규범까지도 서슴없이 위반한다. 특히 수기는 사실이라는 선입견이 비현실적 사건마저 손쉽게 실제의 사실인양 믿게 하는 효과를 가져올 수 있기 때문에, 정치적 목적 달성을 위한 장르적 규범 파괴현상이 개입될 수밖에 없다.

한편 여기서 재일조선인 문학의 상당 부분이 북한문학의 교조성에 깊이 침윤되어 있는 모습을 어떻게 보아야 하는가 라는 문제와 봉착하게 된다. 사실 폐쇄적 민족주의와 더불어 북한문학과의 유사성은 재일동포 문학의 가장 문제적인 측면이다. 하지만 그 문제적 성격에 대한 접근은 재일조선인의 특이한 상황에 대한 고려 속에서 행해져야 한다. 사실 재일조선인의 북한 지향성은 일차적으로 일본이 동화가 쉽지 않은 식민 모국에 정주하고 있다는 점에 기인한다. 더구나 한국이 재일동포를 방기하는 기민(棄民)정책을 편 반면, 북한은 1954년 8월 20일 북한의 외상 남일이 재일조선인을 북한의 해외공민(公民)의 자격을 부여한 이래 적극적인 포용정책을 꾸준히 구사해 왔다.23) 특히 재일조선인의 민족교

<hr>

문학으로 분류할지의 문제가 좀더 심도 깊게 논의되어야 할 것이다.
22) 실화의 경우에도 제3의 서술자가 체험자의 경험담을 기술할 때, 내적 심리와 세부적인 대화까지 촘촘히 옮겨 놓는 경우가 흔하다. 그 실례로『청춘은 래일을 위해 산다(90년대 청년전위들1)』(재일본조선인총련합회 중앙상임위원회, 평양; 금성출판사, 1988)과 『척후에서 싸워이긴 소년들』(평양; 금성청년출판사, 1976)을 들 수 있다.

육을 위해 아낌없는 물적 지원을 함으로써 재일동포 공동체 유지에 크게 기여한다. 교환관계가 아닌 인격이 결부된 증여적 관계를 형성함으로써, 북한은 재일조선인과 민족공동체라는 강한 유대성을 형성할 수 있었던 것이다. 게다가 현실적 삶의 국면에서 몸소 겪는 소외와 차별은 재일조선인으로 하여금 북한이 견고한 민족적 정체성의 구축을 위해 동일시해야 하는 대상으로 비추어졌을 것이다. 결국 증여적 관계로 맺어진 민족공동체라는 현실과 이상적 공동체라는 상상의 이데올로기가 합쳐져, 재일조선인 문학 속에서 북한은 실제의 장소가 아니라 유토피아적 공간으로 표상된다. 재일동포 일본어문학의 주요한 화두가 정체성의 혼란인데 비해, 재일조선인의 한국어문학에서는 오히려 민족적 자부심이 강하게 드러나는 것도 그 같은 상황에 기인한다고 볼 수 있다.

1965년 평양에서 출판된 재일조선인 작가소설집에 실린 「임무」라는 수기는 여러 가지 측면에서 눈길을 끈다. 이 작품은 조선학교 학생 김기태가 아직 조선총련에 가입하지 않은 가정을 방문하여 그들을 총련에 가입시키는 임무를 수행하는 과정이 주된 내용을 이루고 있다. 그 내용에 비추어 본다면, 자아가 공적 세계에 결박되어 이야기가 전개되어 나간다는 점에서 여타의 수기와 크게 다를 바가 없어 보인다. 형식의 측면에서도, 1인칭 시점으로 되어 있지만 정작 실제의 서술을 경험자(김기태) 대신 제3의 인물(리은직)이 떠맡고 있어, 현실적 필요성에 따라 사실을 왜곡하고 있는 것이 아닌가 하는 의심을 자아낸다. 하지만 표면적

---

23) 그런 측면에서 다음의 통계는 시사하는 바가 매우 크다. 1953년 3월의 통계를 보면, 재일동포의 대부분이 남한 출신으로 경상도 61%, 제주도 12%, 전라남도 11% 등 98%를 차지하고 있고, 북한출신은 2%에 불과하다. 그러나 이들의 국적은 출신지와 전혀 다른 양상을 보이고 있어, 조선적은 42만 4,657명으로 76.4%에 달하고, 한국적은 13만 1,427명으로 23.6%에 불과하다. 그러다 점차 조선총련 계열의 동포가 줄어들어 95년 현재로는 재일동포 70여만 명 중에 조선총련 소속은 25만명 가량이지만, 이 역시도 일본국적을 취득한 교포를 빼고 나면 결코 적지 않은 수치다.(진희관, 「조총련 연구」, 『역사비평』30호, 1995.가을호)

인 서사의 구도에도 불구하고 구체적인 국면에서 교조적 이념의 과잉 분출이 없으며, 현실감을 살리기 위해서 허구를 가미한 흔적이 있지만 사실을 왜곡하고 있다는 인상을 주지도 않는다. 외려 재일동포의 삶의 실상을 있는 그대로 보여 주고 있으며 심지어 공산주의에 대한 혐오의 감정까지도 솔직하게 담아내고 있다. 이는 당시만 해도 주체사상이 문학담론을 선별·통제·평가하는 강력한 검열기제로 작용하지 않았기 때문에 가능한 현상이라 추정된다. 물론 서두와 말미에 김일성이 인물의 행동을 규율하는 이념적 좌표로 언급되기도 하지만, 이야기의 전개 과정에서 전경화되는 것은 재일조선인의 삶과 그로부터 촉발된 주인공의 인간적 감정이다.

> 그래 이 곳에서 몇 년이나 살고 있느냐고 물으니까 십 삼 년째라고 말하면서 자기는 장사 관계로 조선 사람 티를 내면 영업이 되지 않으므로 전연 동포들과 접촉을 하지 않고 생활을 위해서 일본 사람 티를 냈다는 것입니다.
> 나는 이러한 동포가 있다는 소문을 들은 일이 있긴 했지만 실지 자기 눈으로 보는 건 처음이었습니다. 나는 복잡한 심정을 억누를 수 없었습니다.[24]

'나'가 자신의 임무를 달성하기 위해 움직일 때마다, 생업을 위해 조선인임을 숨기고 살아야 하는 사람, 조선총련의 활동을 높이 평가하면서도 공산주의가 싫어 냉소적 거리를 유지하는 사람, 사람 사는 집인지 돼지우리인지 분간이 안 될 정도로 허름한 판자집에서 곤궁한 삶을 영위하는 사람 등 재일동포의 삶의 실상이 하나씩 드러난다. 수기는 '나'가 지금껏 알지 못했던 재일조선인의 열악한 삶의 현장을 직접 목격하

---

24) 리은직, 「임무-○○고급 학교 ○○통학반 김기태 학생의 수기」, 리은자 편집, 『조국의 빛발 아래- 재일조선작가 소설집』, 평양; 조선문학예술총동맹 출판사, 1965.

고 커다란 충격을 받는 장면과, 그들이 왜 그렇게 살아야만 하는가의 문제에 의문을 품는 소년의 모습에서 성장소설의 면모까지 보여준다. 결국 자아가 공적 세계에 완전히 함몰되지 않고 수시로 사적 시점을 취함으로써, 이 작품은 일정 부분 현실적 인물 형상화와 일상적 삶의 단면을 포착하는데 성공한다.

4. 자아가 사적 세계에 치중하는 글쓰기로서의 '예술산문'

예술산문은 크게 보면 수필에 속하는 글쓰기 양식이다. 경험에 기반한다는 공통점에도 불구하고 수기가 자신이 겪은 의미 있는 체험을 사실적으로 서술하는 데 초점을 맞춘다면, 수필은 경험 자체보다 그로부터 촉발된 생각이나 느낌을 주로 다룬다. 흔히 자유로운 글쓰기라고 정의하는 데서 알 수 있듯이, 수필은 별다른 제약 없이 일상적 경험에서 비롯된 개인적 단상이나 주관적 감상이 주가 되는 글쓰기인 것이다. 그렇다면 수필과 예술산문의 차이는 무엇인가? 일단 형태상으로 예술산문은 수필에 비해 다소 짧은 분량의 글이라고 말할 수 있다. 하지만 문예동 기관지 『문학예술』에는 예술산문이라는 표지를 단 글이 없는 대신 예술산문과 비슷한 분량의 글들이 모두 수필이라는 명칭을 달고 있다. 이에 근거해 보면, 분량이 예술산문과 수필을 나누는 절대적 기준이 될 수 없을 뿐더러 예술산문이 수필과 다른 변별적 자질을 지닌 글쓰기가 아니라는 조심스런 추정마저 가능하다. 그럼에도 예술산문이라는 표지가 붙어 있는 글과 수필을 전혀 구분지을 수 없는 것은 아니다. 정치적 효과가 중시되는 재일조선인의 수필작품에서는 대체로 개인의 주관적 감정마저 공적 세계에 흡수되고 만다. 즉 수필에서는 주관적 감정의 분출

도 지도자의 위대성에 대한 감격과 찬탄, 혹은 사회주의 조국과 민족의
우월성을 나타나기 위해서 존재하는 경향이 강하다.[25] 그에 비한다면,
예술산문은 현저히 사적 세계에 기울어져 있는 글쓰기임을 알 수 있다.
거기서는 공적 의견이 개진되더라도 개인의 주관적 견해에 입각해 있기
때문에, 교조적 성격이 상당히 희석되어 있다. 따라서 재일조선인의 예
술산문은 근대적 문학에서 말하는 수필에 가장 부합하는 글쓰기라 할
수 있다. 굳이 수필과 구분해서 '예술산문'이라는 명칭을 부여한 것도
다소나마 공적 글쓰기에서 탈피해 사적 글쓰기를 펼칠 수 있는 장을 마
련하려는 욕망에 기인한 것으로 판단된다.

　『사랑은 만리에』[26]라는 작품집에 실린 예술산문을 구체적으로 살펴
보자. 김일성 수령을 만났던 감격을 회상조로 읊조리는 「한 장의 사진」
같은 글이 없는 것은 아니지만, 냉면 맛을 통해 조국과 동포에 대한 단
상을 적은 「평량랭면과 이와데랭면」, 어릴 적 동네사람들이 한데 어울
려 흥겹게 추던 춤을 회상하는 「춤판」, 물질만능주의에 사로잡힌 일본
의 세태를 비판하는 「우리의 사생활」, 교토의 뜨거운 날씨와 일본경찰
의 교토 조선총련본부 강제수색에 대한 항의시위를 연결짓고 있는 「교
또의 6월」, 조선대학과 일본대학을 나온 남녀의 결혼식에 얽힌 에피소
드를 통해 날로 복잡해져 가는 재일동포 사회의 단면을 말하는 「새출발」
등, 이야기의 폭이 매우 넓다. 표현방식도 경직되지 않아서 일상생활에
서 느끼는 삶의 희로애락을 진솔하게 잘 드러내고 있다.

　한편 정구일의 작품집 『발자국』에 실린 예술산문도 자잘한 일상적
소재부터 정치·역사적 문제는 물론 김일성 찬양에 이르기까지 주제의

---

25) 그와 관련해서는 『문학예술』과 『은혜로운 해빛은 이역만리에도 4』(재일본조선인
　　총련합회 중앙상임위원회, 동경; 조선신보사, 2000)에 실린 수필을 참조할 것.
26) 리명호 편집, 『사랑은 만리에- 총련결성 40돐 기념문학작품집』, 평양; 문학예술
　　종합출판사, 1996.

폭이 대단히 넓을 뿐 아니라, 전문적 작가의 글답게 독후감과 서간문의 형식을 취한 글에서부터 지적 에세이풍의 글에 이르기까지 다양한 형태의 글쓰기 방식을 선보이고 있다.

> 조선호박은 나로 하여금 향수를 자아내게도 하고 또 향수를 달래게도 한다.
>
> 처음에 나는 조선호박씨를 남반부고향의 사촌누이동생한테서 보내온것을 심었다. 그리하여 나는 매해 청둥호박에서 씨를 받아심고 필요한분들에게 나누어드리기도 하였다. 이 호박은 길둥근모양의 호박이였다. 그런데 수년전부터 나는 조국에서 보내온 조선호박씨를 얻어서 심기 시작하였다. 이 호박은 둥근모양이다.
>
> 나는 길둥근호박씨와 둥근호박씨를 멀찌감치 간격을 두고 한밭에다 심어본적이 있다. 호박넝쿨이 자라 마침내는 꽃이 피고 호박손이 서로서로 손을 잡고서 둥근호박, 길둥근호박이 달리기도 하고 아주 길둥글지도 않고 둥글지도 않은 어중간한 호박도 달렸었다.
>
> 그러나 그 호박도 조선호박과 다름이 없었고 맛도 그리 다르지 않았다.[27]

「향수와 조선호박」이라는 글은 텃밭에 심은 호박을 통해 남과 북이 화해롭게 공존할 수 있음을 암시적으로 드러낸다. 이 글의 미덕은 그럼에도 그것을 성급하게 남북의 화해라는 교훈적 주제와 연결짓지 않는다는 점이다. 또 한편으로 여기서 주목되는 점은 북을 '조국'이라고 지칭하는 반면 남을 '고향'이라고 부르는 점이다. 이는 재일조선인이 어떻게 자신의 정체성을 구성하는가를 보여주는 매우 중요한 표지다. 자기가 태어난 나라라는 조국의 사전적 정의에 비추어 보면, 당연히 한국이 글쓴이의 조국이 되어야 한다. 하지만 한국을 지칭할 때는 태어나서 자란 곳을 뜻하는 고향이라는 명칭을 사용함으로써 자연적 공간의 속성만을 인

---

27) 정구일, 「향수와 조선호박」, 『발자국』, 평양; 문학예술종합출판사, 1998, 63쪽.

정한 채, 의도적 전치를 통해 북한에 조국의 지위를 부여한다. 이렇게 되면, 북한은 재일조선인에게 구체적인 실체이기에 앞서 조선 왕조라는 사라진 조국을 대체하는 상상의 공동체가 되고 만다. 이처럼 재일조선인은 상상적으로 구성된 조국, 북한과의 동일시를 통해 확고한 민족적 정체성을 확립하게 되는 것이다. 이때 재일조선인의 욕망이 투사된 상상의 공동체로서의 북한은 현실적 실체와 상관없이 무결점의 지상낙원이 된다. 그렇다면, 남한의 부정적 현실을 대단히 날카롭게 비판하다가도 북한에 대해서는 터무니없이 이상화하는 태도를 취하는 것은, 의도적인 정치의식의 소산이기도 하지만 실재와의 대면을 피하려는 무의식적 도피의 소산이기도 한 것이다. 일반적으로 재일조선인이 쓴 예술산문 중에서도 북한보다 한국의 현실을 논하는 작품들이 보다 지적 논리적인 에세이의 본질에 가까워지는 것도 그로부터 결과한 현상이라 볼 수 있다.

5. 맺음말

지금까지 살펴본 바와 같이, 재일동포가 창작한 한국어 문학은 의미 전달의 효과와 정치적 실천의 효과를 대단히 중시한다. 재일동포 한국어 문학이 근대적 문학관으로는 해명되지 않는 측면을 지니고 있는 이유도 그 때문이다. 따라서 재일동포 문학이 지닌 고유한 특성을 고찰하기 위해서는 그에 맞는 새로운 접근방식이 필요하다. 이에 본고에서는 운동으로서의 문학관과 의사소통의 양식으로서의 문학관에 입각해 재일동포가 창작한 한국어 산문문학을 조명해 보았다. 그 결과 재일동포의 수기는 공적 세계가 자아를 압도하는 양상을 보여주고 있음을 확인할 수 있었다. 이는 수기문학의 본질적 특성, 즉 설득과 참여를 호소하는

실용적 측면을 최대한 활용하려 하기 때문에 빚어지는 현상이라 판단된
다. 그러나 몇몇 수기작품들은 교조성의 외피에도 불구하고 그 안에 재
일동포의 삶의 실상을 생생하게 드러내고 있기도 하다. 특히 예술산문
은 교술적 글이면서도 자아가 공적 세계에 완전히 함몰되지 않고 사적
세계에 치중하며 개인의 주관적 견해들을 적극적으로 피력한다. 이에
비추어 보면, 다른 어떤 산문양식의 글보다도 예술산문이 한국문학과
소통할 수 있는 자질을 많이 갖고 있다고 볼 수 있다.

　재일동포가 창작한 한국어 산문문학은 북한의 영향으로 말미암아 개
인의 실존을 미적으로 드러내기보다 정치적 이념의 설파와 민족적 정체
성을 고양하는 데에 초점을 맞추고 있다. 따라서 재일동포 문학의 연구
는 그것을 둘러싼 정치 사회적 조건에 대한 충분한 고려 속에서 이루어
져야 한다.[28] 아울러 그 같은 상황의 고려 하에서 재인동포 한국어문학
의 고유한 특성을 좀더 정치(精緻)하게 규명하는 동시에, 한국문학과 원
활하게 소통할 수 있는 작품들을 새롭게 발굴하는 작업이 병행되어야
할 것이다.

---

[28] 특히 북한에서는 재일조선인의 문학작품이 작가의 허가 없이 무단 게재되거나
　　심지어 정치적 필요에 따라 작가의 동의 없는 무단 개작마저 이루어지는 경우
　　도 있다고 한다.

참고문헌

1. 기초자료

리명호 편집, 『사랑은 만리에- 총련결성 40돐 기념문학작품집』, 평양; 문학예술종합
　　　출판사, 1996.
리은직, 『임무-○○고급 학교 ○○통학반 김기태 학생의 수기』, 리은자 편집, 『조
　　　국의 빛발 아래- 재일조선작가 소설집』, 평양; 조선문학예술총동맹 출판사,
　　　1965.
손지원, 『잊지 못할 화술강습』, 재일본조선문학예술가동맹 중앙상임위원회, 『문학예
　　　술』제108호, 1998.겨울.
원정희, 『대덕산을 찾아서』, 리명호 편집, 『풍랑을 헤치며- 총련결성 45돐 기념문학
　　　작품집』, 평양; 문학예술종합출판사, 2000.
임현숙, 『제12차세계청년학생축전에 참가하여』, 재일본조선문학예술가동맹 중앙위원
　　　회, 『문학예술』제82호, 1985.12.
재일본조선인총련합회 중앙상임위원회, 『은혜로운 해빛은 이역만리에도 4』, 동경;
　　　조선신보사, 2000.
재일본조선인총련합회 중앙상임위원회, 『청춘은 래일을 위해 산다(90년대 청년전위
　　　들1)』, 평양; 금성출판사, 1988.
정구일, 『발자국』, 평양; 문학예술종합출판사, 1998.

2. 논저

권보드래의 「연애의 시대- 1920년대 초반의 문화와 유행」, 현실문화연구, 2003.
김도연, 「장르 확산을 위하여」, 김사인·강형철 엮음, 「민족민중문학론의 쟁점과 전
　　　망」 푸른숲, 1989.
김동식, 「개화기의 문학 개념에 관하여- 의사소통양식으로서의 문학을 중심으로」,
　　　국제어문학회 편 「한국 근대문학의 형성과 발전」, 보고사, 2004.
김선려·리근실·정명옥, 「조선문학사11-해방후 편(조국 해방전쟁 시기)」, 평양: 사
　　　회과학출판사, 1994.

김열규, 「북한문화의 특성과 남한 문화교류의 전망」, [문학포털 PenArt 북한문학관 http://www.pen-art.com])

김준오, 「한국 현대쟝르 비평론」, 문학과지성사, 1990.

서경식, 이목 옮김, 「한국어판을 내며」, 「소년의 눈물」, 돌베개, 2004.

송혜원, 「재일조선인 문학의 조선어로의 창작 활동의 변천(1945-1970)」, 「재일조선인 조선어문학의 현황과 과제」, 해외동포문학편찬사업 추진위원회·재일본조선문학예술가동맹 공동심포지엄 자료집, 2004.12.11.

유종호, 「변두리 형식의 주류화」, 「세계의 문학」, 1984.가을.

이경훈의 「오빠의 탄생- 한국근대문학의 풍속사」, 문학과지성사, 2003.

이성시, 박경희 옮김, 「만들어진 고대」, 삼인, 2001.

전영선, 「북한의 문학예술 운영체계와 문예이론」, 역락, 2002.

조동일, 「자아와 세계의 소설적 대결에 관한 시론」, 「한국소설의 이론」, 지식산업사, 1977.

진희관, 「조총련 연구」, 「역사비평」30호, 1995.가을호.

천정환의 「근대의 책읽기- 독자의 탄생과 한국 근대문학」, 푸른사상, 2003.

Benedict Anderson, 윤형숙 역, 「상상의 공동체- 민족주의의 기원과 전파에 대한 성찰」, 나남출판, 2002.

Pierre Macherey, 「반영의 문제」, Dominique Lecourt 외, 이성훈 편역, 「유물론 반영론 리얼리즘」, 백의, 1995.

■ 필자

김학렬 | 시인, 전 조선대(동경) 교수
허명숙 | 숭실대 국문과 강사
백로라 | 숭실대 국문과 강사
곽원석 | 숭실대 국문과 강사
이정석 | 숭실대 국문과 교수
김형규 | 아주대 국문과 강사
이정희 | 경희대 국문과 강사
최종환 | 경희대 국문과 강사
강명혜 | 강원대 국문과 강사
김은영 | 아주대 국문과 강사
윤의섭 | 아주대 국문과 강사
조해옥 | 고려대 국문과 강사
이경수 | 고려대 국문과 강사

재일동포 한국어 문학의 전개양상과 특징

지은이 김학렬 외

인쇄일 초판1쇄 2007년 10월 1일 발행일 초판1쇄 2007년 10월 8일
발행처 국학자료원 등록일 제324-2006-0041호

편 집 박지혜, 이초희, 김나경 영 업 정구형
총 무 한선희, 손화영, 박지연 물 류 박홍주, 김종효

서울시 강동구 암사동 463-25 2층
Tel 441-1762, 442-4623,4,6 Fax 442-4625
www.kookhak.co.kr / kookhak2001@hanmail.net

ISBN 978-89-6137-264-0 *93180
가 격 35,000원

저자와의 협의하에 인지는 생략합니다.